MANUAL DE COACHING

O GEN | Grupo Editorial Nacional – maior plataforma editorial brasileira no segmento científico, técnico e profissional – publica conteúdos nas áreas de ciências sociais aplicadas, exatas, humanas, jurídicas e da saúde, além de prover serviços direcionados à educação continuada e à preparação para concursos.

As editoras que integram o GEN, das mais respeitadas no mercado editorial, construíram catálogos inigualáveis, com obras decisivas para a formação acadêmica e o aperfeiçoamento de várias gerações de profissionais e estudantes, tendo se tornado sinônimo de qualidade e seriedade.

A missão do GEN e dos núcleos de conteúdo que o compõem é prover a melhor informação científica e distribuí-la de maneira flexível e conveniente, a preços justos, gerando benefícios e servindo a autores, docentes, livreiros, funcionários, colaboradores e acionistas.

Nosso comportamento ético incondicional e nossa responsabilidade social e ambiental são reforçados pela natureza educacional de nossa atividade e dão sustentabilidade ao crescimento contínuo e à rentabilidade do grupo.

Arnaldo Marion

MANUAL DE COACHING

GUIA PRÁTICO DE FORMAÇÃO PROFISSIONAL

gen | atlas

O autor e a editora empenharam-se para citar adequadamente e dar o devido crédito a todos os detentores dos direitos autorais de qualquer material utilizado neste livro, dispondo-se a possíveis acertos caso, inadvertidamente, a identificação de algum deles tenha sido omitida.

Não é responsabilidade da editora nem do autor a ocorrência de eventuais perdas ou danos a pessoas ou bens que tenham origem no uso desta publicação.

Apesar dos melhores esforços do autor, do editor e dos revisores, é inevitável que surjam erros no texto. Assim, são bem-vindas as comunicações de usuários sobre correções ou sugestões referentes ao conteúdo ou ao nível pedagógico que auxiliem o aprimoramento de edições futuras. Os comentários dos leitores podem ser encaminhados à **Editora Atlas Ltda.** pelo e-mail faleconosco@grupogen.com.br.

Direitos exclusivos para a língua portuguesa
Copyright © 2017 by
Editora Atlas Ltda.
Uma editora integrante do GEN | Grupo Editorial Nacional

Reservados todos os direitos. É proibida a duplicação ou reprodução deste volume, no todo ou em parte, sob quaisquer formas ou por quaisquer meios (eletrônico, mecânico, gravação, fotocópia, distribuição na internet ou outros), sem permissão expressa da editora.

Rua Conselheiro Nébias, 1384
Campos Elísios, São Paulo, SP – CEP 01203-904
Tels.: 21-3543-0770/11-5080-0770
faleconosco@grupogen.com.br
www.grupogen.com.br

Designer de capa: Caio Cardoso

Imagem: patpitchaya | iStockphoto

Editoração Eletrônica: Caixa Alta Editoração | Ronaldo Alexandre

Projeto gráfico: Formato Editora e Serviços

CIP-BRASIL. CATALOGAÇÃO NA PUBLICAÇÃO
SINDICATO NACIONAL DOS EDITORES DE LIVROS, RJ

M295m

Marion, Arnaldo
Manual de coaching : guia prático de formação profissional / Arnaldo Marion. - [3. Reimpr.]. - São Paulo: Atlas, 2019.

Inclui bibliografia
ISBN: 978-85-97-00952-1
1. Liderança. 2. Administração de pessoal. I. Título.

17-38921

CDD: 658.4092
CDU: 658.310.42

SUMÁRIO

INTRODUÇÃO, IX

1 OS FUNDAMENTOS DO COACHING, 1
1.1 O que é coaching, 2
1.2 A revolução do coaching, 11
1.3 A origem do coaching, 12
1.4 A ciência da mudança, 19
1.5 Os promotores de mudança, 34

2 AS FERRAMENTAS DO COACHING, 53
2.1 Perguntas eficazes, 54
2.2 Ferramentas de Mapeamento do Estado Atual, 68
2.3 Ferramentas de Projeção do Estado Desejado, 86
2.4 Ferramentas de construção de Planos de Ação, 104

3 AS SESSÕES DE COACHING, 121
3.1 O ciclo de coaching, 122
3.2 Roteiro de sessão, 124
3.3 Roteiro de conversa, 128
3.4 Atividades de casa, 135
3.5 *Templates* de registro, 149

4 REPROGRAMAÇÃO EMOCIONAL, 157
4.1 PNL aplicada ao coaching, 158
4.2 Comunicação Não Verbal (CNV), 173
4.3 Sistema de crenças e condicionamento, 182
4.4 Reedição de crenças, 199
4.5 Traumas e memórias feridas, 215
4.6 Vícios emocionais, 222
4.7 A crença master: identidade, 228
4.8 Reconstrução de hábitos e padrões, 231

5 CRITÉRIOS DE FORMAÇÃO PROFISSIONAL, 237
5.1 O coaching é profissão regulamentada?, 238
5.2 Órgãos de referência, 239
5.3 O Código de Ética, 242
5.4 As onze competências do coach, 243
5.5 Critérios de certificação, 248
5.6 Carreira como coach, 250

6 COACHING COMO NEGÓCIO, 255

    6.1 Mercado de coaching, 256
    6.2 Atrativos da profissão, 259
    6.3 Definições do seu coaching como negócio, 260
    6.4 Estabelecendo um acordo de coaching, 267

ANEXO 1 *Templates* de Sessão, 271

1. Círculo da Vida, 273
2. Ordenação de valores de resultados profissionais, 274
3. Ordenação de valores pessoais, 275
4. Ordenação de valores de trabalho, 276
5. Lista de sonho – *Dream-List*, 277
6. Smartirização de metas, 278
7. Autocoaching, 279
8. Plano de Ação – 5W2H, 280
9. Os alvos do tempo, 281
10. Minha agenda extraordinária, 284
11. Criando personagens para as categorias da sua vida, 285
12. Minha agenda personificada, 286

ANEXO 2 *Templates* de Registro e Informação, 287

1. *Prework*: questionário inicial, 289
2. Cartilha de pré-sessão, 290
3. Agenda de sessões, 292
4. Guia do coach, 293
5. Mapa de progresso, 294
6. Relatório final: quantitativo, 295
7. Relatório final: qualitativo, 296

ANEXO 3 *Templates* de Diagnóstico Profundo, 297

1. Autorresponsabilidade, 299
2. Avaliação multidirecional I.E., 300
3. Avaliação multidirecional de habilidades gerenciais, 304
4. Avaliação multidirecional de vendas, 308
5. Avaliação multidirecional de eficácia no trabalho, 312
6. As 15 estratégias para restaurar relacionamentos pessoais, 316
7. Evolução de crenças PCM, 317
8. Autobiografia, 317

9. Mapa da Zona de Preocupação, 318
10. 101 perguntas terapêuticas, 319

ANEXO 4 Recursos de Formação e Acordo de Coaching, 325
1. Modelo de contrato de coaching, 327
2. Coaching Log, 329
3. Código de Ética, 330
4. *Check-list* de formação, 333

BIBLIOGRAFIA, 337

INTRODUÇÃO

Este livro é para você?

Como em tudo no coaching, são as boas perguntas que nos ajudam a focar aonde queremos chegar, inclusive para uma simples escolha cotidiana, como esta, de ler ou não um livro. Mais do que isso, é compreender os motivos que dão legitimidade às escolhas que fazemos. Se você tiver bons motivos, certamente suas escolhas terão sentido.

Por isso, quero começar lhe oferecendo algumas ideias e motivos para não interromper sua leitura somente nesta Introdução.

O **primeiro motivo** está na razão pela qual este livro foi escrito: resgatar a essência dos princípios que fizeram do coaching uma poderosa ferramenta para alcance de objetivos e que tem despertado o potencial adormecido de milhares e milhões de pessoas em todo o mundo.

O **segundo motivo** beneficia especialmente coaches em formação, escolas de coaching ou ainda organizações dedicadas a programas ligados ao desenvolvimento humano, gerencial e de lideranças. Este grupo encontrará neste material uma proposta abrangente, clara e organizada para o estudo, a pesquisa e a formação profissional em coaching de simples aplicação prática.

O **terceiro motivo** está na disponibilização de um pacote substancial de ferramentas de coaching, exercícios de modelagem para idealização de projeto de vida, e, por fim, de ferramentas e exercícios para ativação de recursos emocionais, fortalecendo a capacidade realizadora de projetos ousados e extraordinários.

Se até aqui nenhum desses motivos realmente despertou sua atenção, espero que este último e **quarto motivo** faça o trabalho. Somente ler este livro não o tornará um *expert* em coaching, mas certamente o colocará em uma posição de reconhecer o enorme valor e potencial que o coaching tem para oferecer. Se estiver aberto, talvez o conduza a uma trilha de autoconhecimento e a novas descobertas sobre você que poderão provocar um impacto profundo no seu projeto e visão de vida, nas suas habilidades pessoais ou sociais e acelerar resultados importantes para você, que representem sucesso e satisfação de vida!

PREPARANDO A SUA LEITURA

Há cinco princípios que influenciarão diretamente tudo aquilo que você irá ler neste livro. Considerar esses princípios o ajudará em uma assimilação mais rápida e poderosa. Também minimizará a interferência do ceticismo, da crítica sabotadora e da incredulidade de mudanças na vida. Não só os leia; diga, sinta e creia em cada um.

1 – Eu sou ilimitado em potencial!

Sou um ser extraordinário, criado à imagem de um ser ilimitado, e ainda não atingi o máximo do meu potencial! Nunca houve outro de mim em toda a história da humanidade. Sou novidade para a natureza, sou único, portanto ninguém é capaz de prever onde sou capaz de chegar.

Isso significa que não existem pessoas comuns e sim pessoas únicas que ainda não desvendaram o potencial que carregam dentro de si.

Introdução

Ouvi no noticiário certa vez sobre uma mãe que lutou contra um crocodilo para salvar seu filho, liberando uma força sobre-humana para abrir a boca daquele animal; ou de um avô que encontrou coragem para agarrar uma jiboia gigante a fim de salvar seu neto. Esses são alguns casos de pessoas que encontram em si um potencial muito além do que imaginavam ter. Sim, podemos fazer muito mais do que fazemos usualmente se tivermos o estímulo correto, que não precisa ser necessariamente salvar a vida de um ente querido.

A forma como você visualiza o potencial humano nas pessoas é um atributo fundamental em uma relação de coaching, e afetará a efetividade de seu trabalho nessa profissão. Se você acredita de fato que exista um potencial oculto e que alguém esteja vivendo aquém daquilo que é capaz, isso orientará a forma como você enxerga as pessoas à sua volta.

Um coach deve olhar para as pessoas não segundo os resultados que elas apresentam hoje, mas pelo potencial inexplorado que carregam dentro de si.

■ 2 – Tudo aquilo que vamos aprender tem uma perfeita linguagem: o amor.

Nascemos para amar e sermos amados. Desde o primeiro suspiro, o nosso *design* humano necessita de afeto, carinho, afirmação e aceitação. O amor tem linguagens e pode ser expresso de inúmeras formas. Contudo, quando sofremos a falta de amor, tanto por quantidade quanto por qualidade, especialmente nos primeiros anos de nossa existência, isso acarretará consequências em nosso senso de identidade, valor, mérito, capacidade e possibilidade. A ausência de amor nos transforma em seres primitivos que buscam primariamente sobreviver, criamos muros de isolamento, mentalidade egoístas, carregamos ressentimento e dor. Uma vida sem amor é vazia, solitária e sem propósito. Sim, a vida consiste em encontrar amor no nível transcedental, relacional e pessoal. Seremos absolutamente felizes quando experimentarmos o amor nessas três dimensões.

■ 3 – Reconcilie-se com a sua humanidade.

O perfeccionismo é uma das consequências de uma vida com falta de amor. Consiste na busca interminável de provar o nosso valor e conquistar o que tanto ansiamos em nossa vida: aceitação, valor e amor.

Infeliz ou felizmente, não somos perfeitos. A nossa humanidade implica também enfrentarmos fracassos contínuos, que por sua vez se tornarão os grandes mestres da nossa existência. Nossas melhores qualidades usualmente são resultado não dos sucessos que tivemos, mas do aprendizado que tiramos de nossos próprios erros. Acolher a nossa humanidade nos tornará pessoas mais tolerantes e pacientes uns com os outros e, em última instância, nos proporcionará uma vida mais feliz.

■ 4 – Os seus resultados serão proporcionais à qualidade com a qual você os comunica.

Nossa comunicação é uma combinação daquilo que falamos e na intensidade e frequência na qual falamos, envolvendo nossas emoções. Uma criança, por exemplo, compreenderá 90% de uma mensagem pela intensidade emocional como está sendo dita e apenas 10% pelo conteúdo da mensagem em si. Podemos alterar o sentido de uma mensagem quando também alteramos nossa intensidade e emoções, envolvendo postura corporal, tom de voz e expressão facial. Por fim, para cada intensidade da nossa comunicação há uma química correspondente que produzimos dentro de nós, portanto a comunicação que cultivamos é também responsável pelo estado de humor que experimentamos diariamente.

- **5 – O seu lado cognitivo não deverá preponderar sobre seu lado emocional.**

Este princípio se aplica especialmente aos críticos e céticos, que gostam de racionalizar tudo em sua vida e precisam encontrar lógica em tudo que fazem. Tão importante quanto o conhecimento é um pouco de mistério em nossas vidas. Em parte do que fazemos no coaching, usamos a mente consciente, aquela que racionaliza e encontra lógica. Mas temos em nós outra mente, mais poderosa do que a consciente: a mente inconsciente. Esta é quem faz seu coração bater cem mil vezes por dia sem você nem sequer pensar sobre isso. No coaching, sabemos que a mente inconsciente guarda poderosas chaves para mudança e transformação de vida. Portanto, em parte, sabemos e em parte sentimos.

RESUMO DAS PARTES

Este livro foi escrito e organizado em torno das chamadas onze competências essenciais do coach, definidas pelo International Coaching Federation (ICF), órgão de maior credibilidade e abrangência conhecido no mercado de coaching atualmente. As competências foram agrupadas em diferentes itens, mas você poderá estudá-las e conhecê-las em detalhes na Parte 5.

Esta obra, portanto, está organizada em seis grandes blocos que reúnem temas abrangentes ligados à compreensão das raízes e dos fundamentos do coaching, ferramentas e aplicação, metodologias, o papel das emoções, aspectos sobre a profissão e sobre seu mercado e como opção de negócio.

PARTE 1 – OS FUNDAMENTOS DO COACHING

Nesta primeira seção, nos dedicaremos a um embasamento teórico sobre o coaching, tratando da essência da definição de coaching, seu processo, seu direcionamento, suas distinções em relação a outras atividades profissionais semelhantes, suas origens, seu embasamento científico e suas tendências. Abordamos também princípios sobre a ciência da mudança, o poder das escolhas e a origem das crises. Por fim, trataremos dos pressupostos do coaching como efeito do enquadramento mental que fazemos da vida, do papel da autoconsciência e da autorresponsabilidade no coaching.

PARTE 2 – AS FERRAMENTAS DO COACHING

A segunda parte é dedicada à equipar o coach, com ferramentas alinhadas a cada etapa do processo de coaching: Estado Atual – Estado Desejado – Plano de Ação. Você conhecerá em detalhes as características de cada ferramenta e como melhor utilizá-las ao longo de suas sessões de coaching. Também poderá aprofundar-se na mais importante habilidade de um coach, ao lado de ouvir ativamente: a capacidade de fazer perguntas eficazes e poderosas que conduzam o coachee a um novo nível de consciência, responsabilização, ação, decisão e/ou recurso.

PARTE 3 – AS SESSÕES DE COACHING

A Parte 3 organiza o chamado ciclo de coaching, cujo intuito é orientar, e não engessar, o trabalho do coach. Este poderá se beneficiar do Roteiro de Sessão, cujo papel é integrar a aplicação das ferramentas dentro do ciclo de coaching. Também poderá utilizar o roteiro de conversa durante a sessão de coaching e os dez tipos de atividades presentes em sessões de coaching, as atividades de casa, que devem ser passadas semanalmente ao coachee. Apresenta também recursos para ajudar o coach a planejar suas sessões, agenda com o cliente, registros de sessão e relatórios finais dos trabalhos de coaching.

PARTE 4 – REPROGRAMAÇÃO EMOCIONAL

Vamos conhecer na Parte 4 os recursos e princípios da Programação Neurolinguística (PNL) aplicados ao coaching. A importância do *rapport*, do sistema representacional e suas submodalidades e do metamodelo de linguagem. Tratamos também do papel da comunicação verbal e de toda a fisiologia humana na conquista de novos resultados. Aprofundaremos o estudo da dualidade da mente consciente e inconsciente e seus respectivos papéis em nosso desenvolvimento. Tratamos a formação de um sistema de crenças e seus efeitos em nosso condicionamento de vida. Abordamos o processo de manifestação e matriz de reprogramação de crenças como recursos para reedição de crenças sabotadoras e limitadoras. O coach poderá se beneficiar ainda de diferentes exercícios emocionais a serem aplicados em sessões de coaching pelo sistema *VAK* (ou VAS).

Por fim, abordamos o "fluxo de ruptura de traumas e padrões comportamentais", que visa ampliar o conhecimento do coach e equipá-lo para ajudar seu coachee a superar obstáculos emocionais aprisionadores e construir novos e poderosos hábitos de vida a partir de uma identidade renovada.

PARTE 5 – CRITÉRIOS DE FORMAÇÃO PROFISSIONAL

Dedicamos a Parte 5 para explorar a carreira e a profissão de coaching. Discorremos sobre regulamentações, certificações e órgãos internacionais de referência. Apresentamos diferentes possibilidades de especialização e a carreira designada pelo International Coaching Federation (ICF). Abordamos a importância do aspecto ético e do profissionalismo no exercício do coaching e discorremos sobre as onze competências essenciais da formação profissional em coaching.

PARTE 6 – COACHING COMO NEGÓCIO

A última parte visa abordar os aspectos mercadológicos do coaching, como seu crescimento e suas tendências. Oferecemos um sistema simples para elaboração de seu de Plano de Negócio como coach e como estabelecer um Acordo de Coaching.

Você contará ainda com os anexos deste livro, que dispõem de todos os *templates* para tornar o seu processo de coaching dinâmico e organizado. Pronto para começar?

OS FUNDAMENTOS DO COACHING

1

Os fundamentos do coaching

1.1 O que é coaching?

"Coaching é desbloquear o potencial de pessoas e maximizar seu desempenho e resultados".

Gallwey

1.1.1 Definição de coaching

A ideia de coaching ainda é estranha para muitas pessoas, por isso é comum que o coaching seja confundido com atividades similares, treinamentos motivacionais, ou relacionado a ajudar pessoas a crescerem ou passarem por uma transição profissional ou pessoal; contudo, a grande maioria tem dificuldade em definir o coaching e o que realmente ele faz.

Por isso, nossa jornada começa com esta pergunta:

> **O QUE É O COACHING?**

Para o International Coaching Federation (ICF),[1] o coaching profissional é:

> *Uma parceria com o cliente em um instigante e criativo processo que os inspira a maximizar o seu potencial pessoal e profissional, que é particularmente importante no ambiente incerto e complexo de hoje.*

O ICF ainda afirma que: "*O coach honra o cliente como o* expert *em sua vida e trabalho e acredita que cada cliente é criativo, inventivo e completo. Baseado neste fundamento o coach é responsável por*":

- *descobrir, esclarecer e alinhar-se ao que o cliente quer atingir;*
- *incentivar a autodescoberta do cliente;*
- *provocar soluções e estratégias geradas pelos clientes;*
- *responsabilizar o cliente pelos compromissos assumidos.*

Esse processo ajuda os clientes a melhorar drasticamente a sua visão sobre sua vida profissional e, ao mesmo tempo, melhorar suas habilidades de liderança e desbloquear o seu potencial.

Como uma definição alternativa e mais simplificada, apresentamos a seguinte descrição de coaching por um dos personagens mais influentes do coaching no mundo, John Whitmore (2009):

> *Coaching é um processo de mudança e transformação focado em futuras possibilidades e não em erros do passado.*

---

[1] Disponível em: <www.coachfederation.org/need/landing.cfm?ItemNumber=978>. Acesso em: 5 out. 2016.

Os fundamentos do coaching

Para Whitmore, a essência do coaching é a mudança e a transformação. O coaching exerce o papel de apoio a qualquer pessoa a partir das infinitas e futuras possibilidades.

Fundamentalmente, o coaching se concentra nas decisões presentes alinhadas à visão do futuro. Portanto, o coaching:

- **ajuda as pessoas a esclarecerem o que querem**: fortalecendo uma visão e definindo metas tanto no curto como no médio e longo prazos.
- **ajuda as pessoas com o porquê elas querem essas coisas**: atuando na conscientização das suas verdadeiras motivações e conectando-se com seus valores mais profundos.
- **dinamiza e acelera o alcance de objetivos**: por meio de planos de ação consistentes somados a novos hábitos, comportamentos e atitudes empoderadoras.

Vamos usar a definição de Whitmore para explorar os resultados e objetivos pretendidos em um processo de coaching.

1.1.2 Objeto do coaching

Coaching promove mudança e transformação.

Este é o grande objetivo de um processo de coaching: materializar mudanças (exteriores) a partir de transformação (interior) de pessoas.

A palavra "transformação" vem da palavra "metamorfose", que significa "mudança de forma". Quando se viabilizam pequenas transformações interiores em pessoas, abrimos janelas de possibilidade que não existiam até ali. Um exemplo disso ocorre quando mudamos nossa forma de pensar sobre algo ou alguém, mudamos nossa perspectiva sobre um relacionamento ou ainda quando mudamos nossa disposição emocional: isso afeta significativamente as possibilidades à nossa volta. Ter um recurso interior a mais possibilita que você faça o que antes parecia inviável, até impossível.

As pessoas e organizações procuram um coach pois desejam mudanças que, sozinhas, não conseguem promover. Um processo de coaching aumenta substancialmente suas chances de progresso.

Resumidamente, podemos dizer que o coaching é mais eficaz quando aplicado em linha com a sua natureza de apoio a mudanças, visando objetivos mais comuns, como os que seguem:

- apoiar a melhoria contínua do desempenho individual e organizacional, a partir da congruência com uma missão;
- prover o apoio e o encorajamento para a transformação pessoal e a transição de carreira, ou de vida;
- oferecer suporte no desenvolvimento de líderes, fortalecendo o desenvolvimento do pensamento estratégico, da visão direcionadora, da aceleração de mudanças, da honestidade e integridade, motivando e energizando pessoas, viabilizando o

trabalho em equipe e em parceria, aumentando o poder de influência, entregando resultados, valorizando e desenvolvendo todas as pessoas ao seu redor;
- proporcionar um ambiente adequado para tratar um problema específico ou um desafio em uma área; e
- apoiar e facilitar a criação de uma cultura organizacional que valorize a aprendizagem, criatividade e melhoria contínua.

1.1.3 Processo de coaching

Coaching é um processo.

O coaching é um ciclo que tem início, desenvolvimento e término. Tão importante quanto ter claro o início de um processo de coaching é ter claras as suas etapas de desenvolvimento e sua conclusão.

Um ciclo de coaching precisa acabar em algum momento, e esse momento deve estar claro e bem definido desde o começo. O término é especialmente importante, pois um processo de coaching não deve jamais gerar uma relação de dependência entre quem aplica o coaching (coach) e quem recebe o coaching (coachee). Novos ciclos de coaching poderão ser iniciados, contudo, sempre o compreendendo como um processo.

O processo de coaching é definido basicamente por três etapas, conforme demonstrado na **Imagem 1.1.3**.

Imagem 1.1.3 Etapas do coaching

Mapeamento do Estado Atual (EA): é o primeiro estágio do processo de coaching; é nele que definimos o ponto de partida da mudança.

Aqui, o coachee consegue assimilar com mais precisão e de maneira ordenada como está sua vida hoje e perceber eventuais pontos críticos nos quais deseja progresso.

Os fundamentos do coaching

Projeção do Estado Desejado (ED): no segundo estágio do processo de coaching, o coachee se concentra na visualização do que realmente quer para si. É neste estágio que se define o destino da mudança. Focaliza-se em futuras possibilidades, sonhos, vocação, valores e visão de vida.

Construção do Plano de Ação (PA): no terceiro estágio do processo de coaching, o coachee se dedica à construção de um Plano de Ação. É nesta etapa que se trabalhará um caminho viável para sair do Estado Atual (EA) e chegar ao Estado Desejado (ED). Serão considerados estratégias, recursos e passos que viabilizarão a mudança.

Podemos descrever ainda uma quarta etapa, que, apesar de não ser o objeto de coaching, pode interferir no processo de mudança.

Acessar o Estado Original (EO): neste estágio, o coach conduz o coachee a acessar memórias feridas e superá-las. Essas memórias, conforme veremos mais adiante, são responsáveis por criar comportamentos disfuncionais e afetam o senso de valor e a autoestima. Este estágio é especialmente importante, pois viabiliza uma estrutura emocional no coachee que o permite acelerar a mudança.

1.1.4 Como funciona o coaching?

O coaching funciona como um relacionamento de parceria.

Esse relacionamento dá-se entre o "coach" (se pronuncia *couche*), aquele que aplica o processo de coaching, e o "coachee" (se pronuncia *couchí*), aquele que recebe o coaching.

Esse processo, fundamentado em uma relação de parceria, é um dos principais motivos da entrega de resultados em larga escala que vem sendo observada no coaching.

Nesse relacionamento, o objetivo do coach é ajudar o coachee a aprender a aprender, em vez de ensinar.

Pense em como você aprendeu a andar? Sua mãe lhe instruiu, ou melhor, ensinou-lhe? Todos nós temos uma capacidade natural de criar novas sinapses neurais de aprendizagem, ou seja, de assimilar novas habilidades, comportamentos, conhecimentos e emoções.

A habilidade de aprender reforça a sensação de autoconfiança e autonomia que cada indivíduo precisa desenvolver em si a fim de superar continuamente seus desafios e limites.

Ao contrário do que muitos esperam em uma relação de coaching, o coach não oferece resposta, não resolve problemas e não dá conselhos. O processo de coaching não cria potencial, e sim ajuda a desbloquear o potencial que já existia e não era utilizado.

Talvez você esteja intrigado a esta altura pelo fato de existirem inúmeras outras relações de parceria entre pessoas como um mentor, treinador, consultor, professor e entre outras relações milenares entre seres humanos. O que faz da relação de coaching algo tão especial e extraordinário? A resposta se constrói com pelo menos três grandes diferenciais:

- **a ênfase na mudança**, na ação, na solução e no futuro;
- **a natureza do relacionamento** de coaching, que não propõe ensinar ou aconselhar, mas empoderar, potencializar, encorajar a aprendizagem, o crescimento e o desenvolvimento, a partir da responsabilização do coachee pelos seus resultados;
- **o estilo de comunicação** do coach.

Há outras características que tornam a relação de coaching única, contudo não são observadas de maneira geral por todas as linhas de coaching que se desenvolveram nas últimas décadas.

Algumas metodologias, por exemplo, enfatizaram o estabelecimento de **um novo sistema de crenças**. A crença de um indivíduo é o teto e o limite do que poderá alcançar e conquistar em sua vida. Por isso, reeditar crenças possibilita a realização de metas ousadas ou tidas anteriormente como inalcançáveis ou inacessíveis.

Há metodologias que incorporaram atributos dos estudos de Daniel Goleman sobre Inteligência Emocional, desenvolvendo suas competências Pessoais (Intra) e Sociais (Inter).

Existem ainda trabalhos de coaching que abordaram a superação de traumas e bloqueios emocionais, uma vez que esses traumas distorcem o senso de identidade e a autoestima de um indivíduo.

1.1.5 Direcionamento do coaching

Coaching foca em futuras possibilidades, e não em falhas do passado.

Tudo o que escolhemos fazer hoje em nossa vida tem a influência do que estamos focalizando:

- Podemos focar nos erros e nas limitações do passado ou nas possibilidades do futuro.
- Podemos focar em novas ações ou focar no problema.
- Podemos focar em soluções ou em achar os culpados.

O nosso foco determinará as nossas escolhas.

No coaching, trabalhamos focados na ação, solução e principalmente no futuro.

Estar orientado pelo passado é usarmos o passado para definirmos o futuro. Ou seja, o passado passa a ser a nossa verdade, ele define quem somos e o limite do que é possível ou do que somos capazes de fazer, baseado nas nossas próprias experiências de fracasso e sucesso, de decepção ou superação. Chamamos uma vida focada no passado de **visão tradicional**, conforme observado na **Imagem 1.1.5**.

Uma visão orientada para o futuro está direcionada às possibilidades futuras que ainda não foram exploradas. Focamos no que faremos ou no que conquistaremos. Esse futuro inspira em quem podemos nos tornar. Chamamos essa vida inspirada pelo futuro de **visão orientada**.

Os fundamentos do coaching

VISÃO TRADICIONAL

PASSADO — Presente — FUTURO

VISÃO ORIENTADA

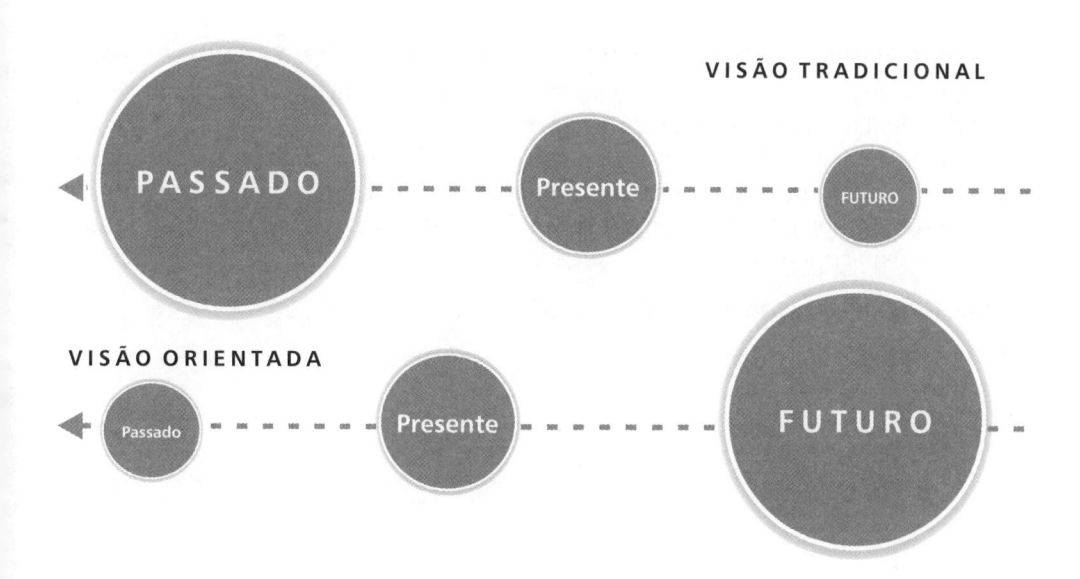

Passado — Presente — FUTURO

Fonte: <www.coaching4.com>.

Imagem 1.1.5 Direcionamento do coaching

1.1.6 O que não é coaching

O coaching inclui princípios de variadas origens científicas, como veremos adiante, sendo uma delas do próprio coaching esportivo, como, por exemplo, o trabalho em equipe, a excelência pessoal e o "foco no resultado". Mas, ao contrário do coaching esportivo, o coaching dedicado a carreiras, pessoas e organizações não foca no competir nem é baseado em perder ou ganhar. Ele se concentra em ajudar um indivíduo a se conscientizar do que é preciso para aumentar sua capacidade atual, definir metas significativas e ser responsável por seus resultados. Um coach ajuda um indivíduo a compreender e eliminar as barreiras para uma atuação mais efetiva.

Tendo isso em vista, queremos esclarecer o que não faz parte de um processo de coaching. Compreender e respeitar esses limites não só afeta o desempenho do trabalho de um coach, mas demonstra o respeito e a ética profissional de não exercer uma atividade sem a devida qualificação profissional. É muito comum, como veremos adiante, que um coach exerça de forma conjunta outras atividades profissionais. Isso oportuniza seu trabalho e seus resultados, contudo pode também gerar sobreposições e confusão do que é um trabalho de coaching e do que não é.

Portanto, nesta seção, queremos destacar algumas atividades que geralmente são confundidas com coaching, enfatizando as principais diferenças ou mesmo as similaridades.

Existem duas diferenças essenciais a respeito dos relacionamentos profissionais citados a seguir em um relacionamento de coaching:

- A primeira diferença é que esses relacionamentos, em sua maioria, **focalizam o desempenho** da pessoa, enquanto o coaching **focaliza o seu potencial**.
- A segunda está na transferência de experiência, saber e crenças. Tradicionalmente, o profissional transmitirá sua própria experiência, opinião, conhecimento e crenças para o seu paciente/cliente/aluno, a partir dos resultados e do desempenho apresentado. Em contrapartida, no coaching adota-se uma visão otimista contrária àquela tida como "realista", que em sua maioria está condicionada por resultados passados experimentados.

Observe as diferenças no **Quadro 1.1.6**.

Os fundamentos do coaching

Quadro 1.1.6 Comparação do coaching com outras atividades

ATIVIDADES	O QUE DIZ	FOCO DE ATUAÇÃO	DIFERENÇAS DO COACHING
MENTORING	É assim que eu faria...	A essência do *mentoring* é transmitir o conhecimento e sabedoria. Funciona como um discipulado, no qual o discípulo observa alguém mais experiente, recebe conselho, orientação e toma o mentor como um modelo. Tanto o *mentoring* quanto o coaching estão relacionados, por conduzir alguém além dos seus próprios limites e conhecimentos. Contudo, a natureza do relacionamento de um e de outro é distinta.	No processo de coaching, o coach não precisa ser mais velho de idade ou mais experiente. No coaching, não é requerido que se tenha especialidade nos assuntos que serão tratados como objeto de desenvolvimento. O coach precisa ser um especialista em coaching.
COUNSELING	Tente fazer desta forma...	Pessoas que procuram este atendimento usualmente chegam desmoralizadas, angustiadas ou em um estado de espírito negativo sobre algo. Cabe ao *Counseler* prestar aconselhamento ou orientação na tomada de decisões, em particular em situações emocionalmente significativas. O foco desse trabalho é sair de um problema e promover alívio.	No coaching, não se oferecem conselhos, pressupõe-se que a resposta está no coachee e terá maior significado se ele mesmo a descobrir. O coaching também não foca no problema, antes propõe a mentalização de novos alvos que se pretende conquistar.
PSICOTERAPIA	Por que você tem agido assim?	É essencialmente um tratamento para problemas psicológicos, que pode variar de acordo com as linhas da psicologia (cognitivo-comportamental, interpessoal etc.). Pode ser um relacionamento individual ou coletivo com um psicólogo. Procura focar nas doenças da mente, como depressão ou ansiedade, aprofundando-se nas suas causas e nos efeitos que resultam em dor psicoemocional.	O coaching não é remediativo, e seu foco não é a cura de traumas emocionais sofridos. O coaching atua mais sobre a psicologia positiva. No coaching, o acesso a memórias feridas acontece quando elas delimitam o potencial que precisa ser liberado e é realizado em situações pontuais, com exercícios predefinidos.

Continua

Os fundamentos do coaching

ATIVIDADES	O QUE DIZ	FOCO DE ATUAÇÃO	DIFERENÇAS DO COACHING
TREINAMENTO	Aprenda a fazer assim...	Um treinamento está destinado a desenvolver ou aprimorar conhecimentos, habilidades e comportamentos. O treinamento depende de um *expert* no assunto, que também dispõe de habilidade didática para a capacitação de um grupo. Espera-se que a partir de um treinamento se desenvolvam conhecimentos, habilidades ou atitude para melhoria de desempenho.	O coach é um *expert* em coaching, e nessa relação não se visa à capacitação em alguma nova competência ou habilidade. No coaching, a aprendizagem acontece como autodescoberta por um processo de *Discovery*. Pressupõe-se que o cérebro é um *Big Data* cheio de informações sobre você e o mundo, que precisam ser acessadas de maneira criativa, liberando um potencial bloqueado. Diferentemente da maioria dos treinamentos, sessões de coaching são uma relação de um para um.
CONSULTORIA	É assim que deve ser feito...	Um consultor é um especialista contratado para prover ferramentas, métodos, conhecimento e informação visando à melhoria no resultado de uma atividade organizacional. Usualmente, oferece um plano de ação e/ou recomendações para serem executadas pela organização.	Novamente, o coach não é um especialista em negócios e não emite recomendações ou sugestões de melhoria a uma organização ou equipe organizacional. Pressupõe-se que o coachee é capaz de identificá-las e o ajudará nesse labirinto do conhecimento, das escolhas e decisões, visando desenvolver um Plano de Ação claro, a partir da identificação de problemas críticos e metas bem estabelecidas.
ENSINO	Faça desta forma...	Uma relação pedagógica de ensinar e aprender. Geralmente o professor é tido como o detentor do conhecimento; o aluno, como o aprendiz. A maioria dos sistemas de ensino adultos está pautada em princípios de aprendizagem pedagógico-tradicional e cria repetidores de informação, e não pensadores críticos.	Em uma relação de coaching, não se ensina. O coachee tem em si as respostas de que precisa. O coach o ajudará a identificá-las.

Os fundamentos do coaching

Diferentemente dos métodos acima, em um processo de coaching, a abordagem seria essencialmente por perguntas que levem à conscientização, ao aprendizado e à possibilidade de novas ações para novos resultados: O que você já tentou? O que aprendeu com essa experiência? O que mais é possível ser feito? Como pode fazê-lo?

1.2 A revolução do coaching

> *"No futuro, todos os líderes serão coaches. Quem não desenvolver esta habilidade, automaticamente será descartado pelo mercado."*
>
> Jack Welch – CEO mais admirado do mundo

O coaching é um fenômeno mundial! Especialistas e jornalistas dizem que a palavra "coaching" é mais falada do que a palavra "lucro" nos EUA.

Segundo o International Coaching News (ICN), a indústria de coaching é a segunda maior em crescimento, atrás apenas da indústria de Tecnologia da Informação (TI). Ainda segundo o ICN, esse crescimento se deve a quatro motivos:

1. **A visibilidade dos benefícios positivos:** a explosão de um novo padrão de desempenho pode fazer absoluta diferença em um negócio, na saúde ou nos relacionamentos. O coaching permite que um indivíduo contemple de fato seu real potencial e ajuda a ter foco em seu objetivo mais importante.

2. **O papel crítico do coaching na superação de momentos de crise:** o coaching conduz um processo profundo de conscientização para mudanças, o que permite melhorar significativamente a perspectiva em tempos de crise e o rápido realinhamento de objetivos.

3. **O coaching promove ambos – resultados quantitativos e qualitativos:** negócios que contratam serviço de coaching sugerem que o Retorno sobre Investimento (ROI) chega em até 10:1 frente à percepção de ganhos e valor. Qualitativamente, a rotatividade corporativa frequentemente reduz, e a produtividade e a eficiência aumentam por toda a organização.

4. **O equilíbrio entre demanda e oferta:** a procura por serviços de coaching tem crescido, fruto do sucesso e dos resultados encontrados no coaching, sustentando o crescimento e desenvolvimento profissional nesse segmento.

Segundo o International Coaching Federation (ICF):[2]

- **99%** das pessoas estão satisfeitas com a experiência geral que tiveram;
- **96%** fariam novamente o processo de coaching caso se encontrassem na mesma circunstância que as levou a procurar esse serviço no princípio;
- **70%** afirmam terem tido melhoria no desempenho profissional;
- **80%** afirmam terem melhorado seu senso de autoconfiança;
- **86%** das empresas afirmam que o coaching no mínimo rendeu seu investimento.

---

[2] 2009 ICF Global Coaching Client Study.

Para o ICF, a realidade da maioria das empresas é de apertar os cintos e melhorar seus resultados com menos recursos. O coaching tem se tornado uma significativa tendência em desenvolvimento de lideranças, pois ele entrega resultados pelo aumento da efetividade e pelo empoderamento dos colaboradores.

Segundo o Institute of Leadership and Management (ILM),[3] 80% das empresas entrevistadas usam coaching e outros 9% planejam usar. Dessas empresas, 53% esperam que seus gestores sejam coaches e 85% dos executivos sênior e média gerência dessas organizações já receberam coaching.

Isso ocorre essencialmente porque o coaching viabiliza que pessoas aumentem sua sensação de autoconfiança, que pode ser decisiva para uma nova escolha ou atitude; viabiliza também uma direção clara e promove uma forte sensação de satisfação.

1.3 A origem do coaching

1.3.1 A origem da palavra

A palavra "coaching", que pode ser traduzida como "treinamento" ou "instrução", tem a sua origem no termo "coche", um veículo de quatro rodas puxado por animais, ou seja, uma carruagem. Esse era o principal meio de transporte público até a implantação das ferrovias. O termo "coche", por sua vez, deriva de "Kocs", cidade húngara onde o modelo mais primitivo foi construído por volta de 1450.

Esse meio de transporte ficou muito famoso e passou a ser exportado para outras partes do mundo. Mais tarde, por volta do século XVIII, os nobres universitários ingleses transportavam-se em suas carruagens por cocheiros, chamados "coacher". Aqui se percebem as primeiras relações entre a função do coacher de transportar ou conduzir alguém de um ponto inicial a um destino, semelhante à função de um coach tal qual o conhecemos.

Por volta de 1850, a palavra "coach" passou a ser utilizada nas universidades da Inglaterra para denominar a figura de um "tutor pessoal", cuja função era ajudar os estudantes a se prepararem para os exames. A expressão "to coach" era compreendida especificamente como preparar alguém para um exame.

Por volta de 1880, a palavra "coaching" passou a ser associada à profissão de esportes em suas variadas formas. A ideia de "to coach", nesse contexto, tem sua melhor tradução como "treinar", no caso um atleta visando ao seu melhor desempenho. De lá para cá, o termo "coaching" ficou muito conhecido nos esportes, de maneira que os treinadores de atletas e times esportivos são denominados "coaches".

Ao longo do tempo, a palavra "coach" foi adotada para treinar músicos, oradores e atores. Estes contam com seus coaches para desenvolver suas habilidades, superar obstáculos, manterem-se focados e chegarem aonde querem.

---

[3] 2011, Fev. – Pesquisa com 250 empresas nos EUA pela ILM.

Os fundamentos do coaching

1.3.2 A origem do conceito

Um dos grandes divisores de águas na popularidade do coaching e uma das principais fontes de inspiração nessa prática vem do livro de Timothy Gallwey *O jogo interno do tênis* (*The Inner Game of Tennis*) de 1974, que vem sendo amplamente citado no desenvolvimento do coaching (BROCK, 2008; LAGES; O'CONNOR, 2011).

Gallwey fala sobre como, no jogo de tênis, o adversário do outro lado da rede não é o único a trabalhar contra você. Você também tem um adversário interior, ou crítico interno, que assume a forma de seu Ego (lado realístico e coibidor) destinado a garantir sua sobrevivência, por isso permite a manifestação do medo. Essa é a voz que julga, critica e tem uma segunda opinião para cada movimento seu. Em vez de ajudar você a melhorar, o Ego, na verdade, dificulta seu progresso.

Segundo Gallwey, em vez de ouvir o seu interior crítico, você precisa:

- aprender a observar a si mesmo a partir de um ponto de vista neutro, para avaliar o que você deve fazer objetivamente e sem julgamento;
- programar uma nova aprendizagem a partir do uso de imagens e exemplos.
- deixar acontecer.

Os princípios de Gallwey podem ser aplicados a diversos domínios, como de fato foram, quando escreveu sobre o jogo interno do golfe, da música, do esqui e do trabalho. No que se refere à evolução do coaching, o livro de Gallwey foi fundamental. O Modelo GROW (Crescer) provavelmente é o modelo mais influente de coaching no mundo.

Também como parte do material de Gallwey, ficou conhecida a equação de desempenho:

$$\text{DESEMPENHO} = \text{POTENCIAL} - \text{INTERFERÊNCIAS}$$

O trabalho de Brock, que foi o primeiro estudo abrangente da história e origens do coaching, revelou as 82 pessoas mais influentes no desenvolvimento de coaching. Desse importante grupo, apenas alguns tiveram realmente uma forte influência em nível mundial. Gallwey foi um deles, citado por um bom número de entrevistados como o mais significativo para o coaching.

John Whitmore e Graham Alexander foram influentes na propagação do coaching no Reino Unido e em toda a Europa.

Whitmore e Alexander transmitiram amplamente as ideias do livro de Timothy Gallwey, *O jogo interno do tênis*. Alexander baseou-se nos treinamentos Werner Erhard, criador de um influente programa de *empowerment* na década de 1970, e no livro de Gallwey para desenvolver um novo modelo de treinamento em 1985, que explodiria em sucesso: o Modelo GROW.

Whitmore incorporou as ideias de Gallwey em um contexto de coaching de negócios com *Coaching para desempenho* (*Performance Coaching*) em 1992, o primeiro livro que distingue o coaching como uma profissão separada. Ele também popularizou o Modelo GROW nesse livro.

Um marco definitivo na propagação do coaching ocorreu provavelmente em meados dos anos 1990, quando o coaching de negócios realmente decolou. A IBM foi a primeira grande empresa a fazer uso de coaching e redirecionar o coaching de um veículo de desenvolvimento pessoal para um veículo de desenvolvimento de pessoas para os negócios.

O coaching passou a trazer inúmeros benefícios para um mercado emergente e dinâmico que se iniciava na década de 1990:

- Grandes mudanças na natureza do trabalho passaram a acontecer a partir da década de 1990: *downsizing*, terceirização de trabalho e uma mudança na maneira como as pessoas se relacionavam com o emprego. Em vez de ficarem em um só emprego toda a vida, elas passaram a migrar de carreira, em média, três vezes.
- A perda de bons funcionários para uma organização pode ser cara, e a formação contínua ajuda a manter boas pessoas. No entanto, a formação não é suficiente porque as pessoas muitas vezes esquecem o que aprenderam quando elas retornam para o dia a dia. O coaching ajuda a consolidar e solidificar o aprendizado de formação, mantendo os seus efeitos ativos.
- O coaching também ajudou as pessoas a lidarem com o estresse e as pressões de tempo.
- As ascensões de organizações mais planas forçaram a eliminação de uma grande quantidade de gerentes de nível médio, que resultou em um vácuo de liderança. O coaching executivo contribuiu substancialmente para preencher esse papel.

Foi por volta de 1990 a 2004, portanto, que o coaching emerge e se consolida como profissão.

1.3.3 A fundamentação científica do coaching

Coaching não é ciência. Ainda que esteja alicerçado em várias teorias científicas, é uma prática com suas próprias premissas, alvos, ferramentas e formas de medir progresso.

Até 2005, havia quatro áreas-chave de conhecimento diretamente relacionadas à pesquisa e à prática de coaching, conforme mostra a **Imagem 1.3.3**, ideia proposta pelo Dr. Anthony Grant em 2002.

Os fundamentos do coaching

Fonte: Grant (2002).

Imagem 1.3.3 Quatro componentes-chave do coaching profissional

O coaching integra e sintetiza teorias e técnicas de outras áreas, para além da sua capacidade de inovação. Mais recentemente, por meio da proliferação de literatura de coaching e da ênfase em publicações científicas baseadas em evidências, o coaching está desenvolvendo sua própria base da investigação e consolidando-se como atividade profissional própria e como carreira.

Mais recentemente, as teorias e literaturas que mais influenciaram a composição do coaching, segundo Brock, foram os estudos da **Psicologia** e as **Teorias Organizacionais**, seguidos da **Andragogia**, **Esportes** e **Artes Cênicas**. Subjacentes a essas influências, estão a **Filosofia** (tanto oriental quanto ocidental) e a **Teoria de Sistemas**.

Essa influência pode ser analisada a partir das teorias e modelos de coaching, em que a psicologia tem maior influência, ou a partir das ferramentas e dos aplicativos usados no coaching, em que as teorias organizacionais tiveram maior influência.

A tabela a seguir, denominada "As raízes do coaching", apresenta as diversas literaturas que contribuíram para construir o que conhecemos como coaching hoje. Essa rica herança científica tem feito do coaching um trabalho multidisciplinar, integrando diferentes inteligências e perspectivas somadas durante centenas de anos.

Tabela 1.3.3 As raízes do coaching

Literatura	Disciplina	Subdisciplina	Influência no coaching
Literatura de Ciências Sociais	**Psicologia** – Todos os estudos da psique humana	Psicologia estrutural e funcional	Estrutura e funcionalidade do foco, percepção, auto-observação e consciência de pensamento e sentimento.
		Psicologia humanista	**Stober (2006)** Visão orientada para o crescimento de um indivíduo; visão holística da pessoa, escolha e responsabilização.
		Psicologia comportamental	**Peterson (1996)** Modelagem, *feedback*, autogestão, recompensa e reforço.
		Psicologia cognitiva	**Auerbach (2006)** Pensamento tudo ou nada; supergeneralização; filtro mental e leitura mental.
		Psicologia transpessoal	Autoconhecimento.
		Psicodinâmica	Dinâmica de interação entre o indivíduo e o seu ambiente.
		Especialidades	PNL; psicologia positiva.
	Sociologia – Estudo das relações sociais		Mudança cognitiva, mudança de valores e mudança comportamental a partir de relações sociais.
	Linguística – Comunicação e linguagem		Realidades criadas a partir do que se diz.
	Antropologia – Estudo das manifestações do comportamento humano		*Feedback*, aceitação e mudança.

Continua

Os fundamentos do coaching

Literatura	Disciplina	Subdisciplina	Influência no coaching
Literatura da Teoria das Organizações	**Teorias Organizacionais** – Desde as bases da administração industrial à abordagem humanística e de liderança	Gestão	Estilo de liderança; Melhoria contínua; Avaliação de desempenho.
		Desenvolvimento Organizacional	Diagnóstico organizacional; Construção de equipes etc.
		Consultoria	Parceria de desenvolvimento e superação.
		Treinamento	Desenvolvimento de habilidade ou conhecimentos específicos.
		Desenvolvimento de carreira	Identificação de pontos fortes, personalidade, habilidades, interesses e valores.
		Facilitação	Condução de processos com imparcialidade.
		Recursos Humanos	Gestão de pessoas e de competências.
		Liderança	Modelos de liderança e competências.
Literatura de Processos de Ensino e Aprendizagem	**Andragogia** – Aprendizagem autodirigida dos adultos		Aprendizagem baseada em alvos; Aprendizagem customizada.
	Aprendizagem Adulta – Estágios de Desenvolvimento		Avaliação de Habilidades; *Life Long Learning* (Aprendizagem para toda a vida).
Literatura dos Esportes	Psicologia nos esportes		Aprendizagem experimental e adversário interior.

Continua

Os fundamentos do coaching

Literatura	Disciplina	Subdisciplina	Influência no coaching
Literatura de Filosofia	Filosofia oriental	Hinduísmo Budismo Taoísmo Confucionismo	Flexibilidade, adaptabilidade, simplicidade, felicidade apropriada; tolerância; paz interior e integridade.
	Filosofia ocidental	Filosofia analítica	Estudos da mente.
		Filosofia existencial	A imprevisibilidade da vida, da liberdade individual e do subjetivismo.
		Filosofia humanística	A vida como descoberta, uma aventura a ser explorada, busca por conhecimento e explorando opções.
		Filosofia fenomenológica	Experiências conscientes e inconscientes.
		Filosofia teológica	Ajudar outros a compreenderem e viverem o plano de Deus para si.
		Filosofia ontológica	Considerar o contexto histórico do indivíduo.
		Filosofia integral	Integração de corpo, mente, alma e espírito.
Literatura de Outras Áreas		Artes cênicas	Expressão artística e emocional.
		Comunicação	Comunicação verbal e não verbal.
		Criatividade	*Brainstorming*; perguntas eficazes; ouvir e inovação.
	Ciências Naturais	Biologia	Estudo da Fisiologia Humana.
		Teoria de Sistemas	Integração das Ciências Sociais com a Biologia, a Física e a Química corporal.
		Neurociência	Estudo do cérebro humano e seus sistemas.

Os fundamentos do coaching

Segundo uma pesquisa conduzida por Brock, o grau de influência dos modelos de coaching e suas ferramentas pode ser medido estatisticamente como mostra o **Gráfico 1.3.3**.

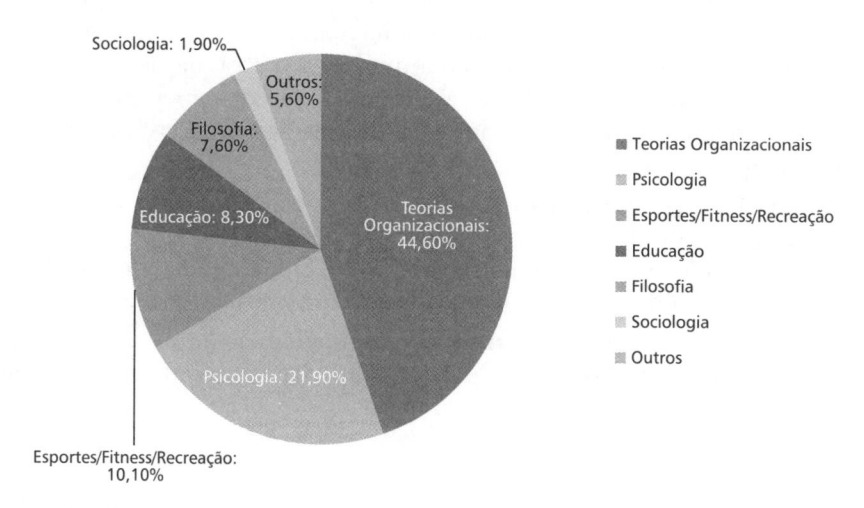

Sociologia: 1,90%
Outros: 5,60%
Filosofia: 7,60%
Educação: 8,30%
Teorias Organizacionais: 44,60%
Psicologia: 21,90%
Esportes/Fitness/Recreação: 10,10%

- Teorias Organizacionais
- Psicologia
- Esportes/Fitness/Recreação
- Educação
- Filosofia
- Sociologia
- Outros

Fonte: Brock (2008).

Gráfico 1.3.3 Profissões de maior influência no coaching (%)

1.4 A ciência da mudança

"Mudanças são automáticas. Progresso não. Progresso é o resultado consciente de pensamento, decisão e ação."

Tony Robbins

Como vimos, mudança e transformação são os grandes objetivos de um processo de coaching. A ciência de entender aquilo que move a vida das pessoas deve ser a principal especialidade de um coach. É todavia fundamental que o coach compreenda a diferença designada entre "mudanças involuntárias", aquelas as quais todos nós, seres humanos, estamos sujeitos sem que tenhamos controle algum, e um "processo de transição", que corresponde a nossa resposta intencional a esta mudança.

No seu livro *Managing transitions (Gerindo transições)*, o autor William Bridges (2009) faz uma clara distinção do processo de "Mudança" do processo de "Transição". Ajuda a compreender por que transições de vida podem ser tão desconfortáveis e por que algumas pessoas são capazes de se adaptar rapidamente ao novo, enquanto outras resistem e prolongam um período de transição.

Nesta seção, vamos explorar ainda a natureza da mudança e a sua relação com as diferentes crises que enfrentamos em diversos estágios da vida. Mais do que isso, queremos compreender não só como sobreviver às mudanças, mas de fato promover progresso em nossa jornada pessoal e profissional.

1.4.1 A natureza da mudança

Mudança não é o mesmo que transição. Sem um processo de transição, a mudança pode ser desastrosa.

Segundo Bridges (2009), a **mudança** é situacional e acontece em um mundo exterior a nós. Alguns exemplos disso são a mudança para uma nova unidade da empresa, o início da sua aposentadoria, a reorganização de papéis na equipe, um novo gestor na área, um processo de fusão entre empresas. O foco da mudança é o novo resultado que ela produzirá.

Já a **transição é psicológica** e acontece em nosso mundo interior. Consiste em um processo interno de três etapas, em que as pessoas desconectam-se de uma realidade e identidade antiga para um novo mundo! O foco inicial de um processo de transição está em enfrentar o término de um ciclo e assimilar uma nova realidade.

Nesse sentido, podemos dizer que transições se iniciam com um "final" e terminam com um "começo". O **Quadro 1.4.1** mostra as três etapas de um processo de transição.

Quadro 1.4.1 As três etapas da transição

ETAPA	CARACTERÍSTICAS
Etapa 1 – Desapego	Consiste em deixar para trás hábitos antigos e uma identidade que se tinha. Esta primeira etapa consiste em encerrar um ciclo, e o desafio é lidar com as perdas.
Etapa 2 – Zona neutra	Trata-se de uma fase intermediária, quando o antigo já se foi, mas o novo ainda não está operacional. É nesta fase que acontece um realinhamento psicológico crítico e o estabelecimento de novos padrões.
Etapa 3 – Novo começo	É o término da fase de transição e o início de um novo começo. Nesse momento, as pessoas desenvolvem uma nova identidade, experimentam uma nova energia e descobrem um novo senso de propósito que permite que a mudança funcione.

Fonte: Bridges (2009).

Quando essas três etapas não estão claras, elas podem ser ignoradas, resultando em um processo mais doloroso e muitas vezes na estagnação definitiva da vida ou da carreira de um indivíduo. Isso é o que acontece quando se parte do estado antigo direto para o "Novo Começo" sem assimilar as duas primeiras etapas, conforme demonstrado na **Imagem 1.4.1**. Apesar de as mudanças acontecerem de maneira rápida e dinâmica, muitas vezes da noite para o dia, as transições geralmente são lentas, e as etapas da transição precisam ser respeitadas e superadas no seu tempo.

Em outras situações, acontece de nunca se superar o desapego, vivendo uma nostalgia do passado, em contínua negação da nova realidade e da necessidade de se adaptar ao novo.

Os fundamentos do coaching

Cumprir as três etapas permite uma transição saudável, respeitando a sensação que sentimos de perdas psicológicas quando deixamos de viver uma realidade conhecida e confortável. As três etapas da transição permitem também a assimilação de novos comportamentos e hábitos que precisaram ser aprendidos e incorporados nessa nova realidade que se inicia.

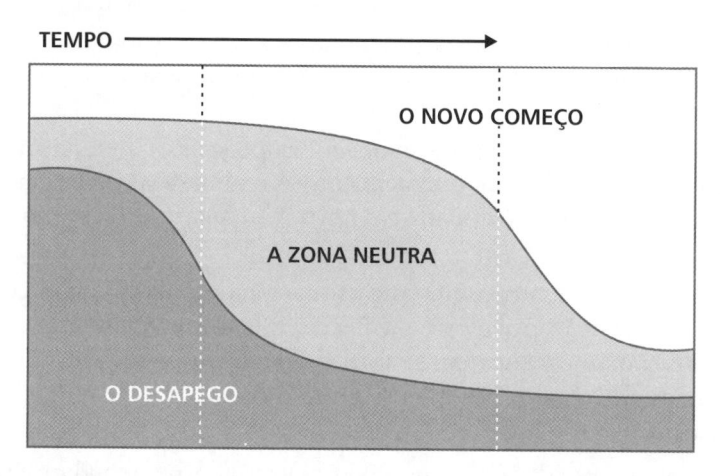

Fonte: Bridges (2009).

Imagem 1.4.1 O desenrolar das três etapas da transição

Vamos explorar as principais características de cada etapa apresentada acima.

Fase do desapego: todo processo de mudança implica ganhos e perdas. A fase do desapego implica terminar, perder, deixar coisas, relacionamentos, hábitos, estilos, modelos e realidades para trás. É como tentar vestir uma roupa que não serve mais; por mais que goste daquela roupa, precisa se conscientizar de que o tempo dela acabou. Aceitar isso nem sempre é fácil, mas é fundamentalmente necessário em um processo de transição.

Quando falamos de mudanças, não nos referimos necessariamente às mudanças de caráter negativo; muitas das mudanças que vivemos são positivas e ainda assim haverá perdas, fazendo-se necessário cumprir a fase do desapego.

Pense em mudanças positivas possíveis na vida de alguém, como, por exemplo, uma promoção no emprego. Não há dúvidas de que isso é um grande progresso em sua jornada profissional. Isso é um reconhecimento do seu trabalho, talento, potencial e fidelidade. Uma promoção trará novas possibilidades de desenvolvimento, aumento salarial, prestígio social, quem sabe até alguns benefícios extras, um bônus maior, enfim, podemos fazer uma grande lista dos ganhos resultantes dessa promoção. Contudo, a promoção também pode trazer perdas: antes se podia sair no horário; agora, com as novas responsabilidades, talvez tenha que estender as horas de trabalho. Aumenta-se a complexidade do trabalho, as expectativas dos outros, o peso das decisões tomadas, talvez não se sinta mais tão confortável com seu antigo grupo de almoço, enfim, a nova realidade trará novas demandas. Uma boa mudança que gerou ganhos e perdas.

Dizemos que uma mudança é positiva caso haja a percepção de que os ganhos se sobrepõem às perdas. Isso naturalmente variará a cada pessoa, de acordo com seus valores e objetivos.

O papel central do coach é a conscientização daquilo que acabou e do que não acabou. Muitas vezes, a realidade é interpretada pior do que ela realmente é, aumentando a sensação de intimidação gerada pela mudança. Nessa etapa, deve-se também estimular uma responsabilização, muitas vezes justificada ou ocultada pelas reinvindicações, reclamações e acusações. Contudo, somente a autorresponsabilização levará à superação dessa etapa!

Fase da zona neutra: esta, para a maioria das pessoas, é a etapa mais difícil. Psicologicamente, essa é a terra de ninguém entre a realidade antiga e a nova. É um limbo entre o velho senso de identidade e o novo. Um lugar perigoso, mas também cheio de oportunidades!

Como vimos anteriormente, a mudança situacional (externa) acontece instantaneamente, já a transição psicológica (interna) é bem mais lenta. Portanto, em vez de uma transição automática em se tornar uma nova pessoa, um indivíduo se encontrará num estado de conflito interno entre o estilo antigo e o desconforto do novo desconhecido.

Buscar a fuga prematura da zona neutra pode não só abortar a mudança no âmbito pessoal e organizacional, mas anular uma grande oportunidade. A zona neutra se assemelha em alguns momentos a um deserto emocional e a um senso confuso do que é ou não é real.

É o caos que desfaz formas antigas e de onde emergem as novas.

Alguém, por exemplo, que mudou para uma casa maior e melhor poderá, nessa fase, sofrer conflito de se sentir inseguro no novo bairro, sem o apoio dos antigos vizinhos, sem saber onde comprar o pãozinho de manhã e diante de uma nova realidade que requer novas rotinas e novos hábitos. Isso se agrava ainda mais se essa mudança for de região ou mesmo de país, onde a cultura e/ou o idioma for outro.

Dificuldades típicas dessa fase são: queda da motivação e aumento da ansiedade, queda na produtividade e até mesmo aumento da incidência de problemas de saúde.

O papel de um coach aqui é imprescindível, ajudando as pessoas a compreenderem que a zona neutra é uma etapa normal, mais do que isso, é redefinir como a zona neutra está sendo assimilada, desafiando seu coachee no uso de linguagem que reforça a percepção de uma realidade. Por exemplo, quando uma unidade fabril de determinada empresa estava fechando, foi metaforicamente chamada de "barco afundando". Qual é a reação esperada das pessoas? Pular do barco e se salvar, é claro! Mais à frente, o grupo foi desafiado a substituir a metáfora por "barco chegando ao porto". Muda completamente a percepção de realidade e a reação de quem a percebe.

O coach deverá ajudar grupos e pessoas nessa etapa a criarem um sistema temporário para a zona neutra (estruturas, funções ou regras temporárias que ajudem no momento), bem como a fortalecer as conexões intragrupos.

Os fundamentos do coaching

Fase do novo começo: inícios são fenômenos psicológicos! São marcados por liberarem nova energia em uma nova direção. Essa é a principal característica dessa terceira e última etapa do processo de transição.

Um novo começo traz a expressão de uma nova identidade! Novos inícios acontecerão após um período desértico que os leva a um novo compromisso emocional. Alguns passos-chave a serem observados pelo coach nessa etapa são:

- clarifique e comunique o propósito do que está sendo feito;
- estabeleça uma imagem para o futuro (concreto);
- estabeleça um Plano de Ação que possa ser a base da construção de novos hábitos e rotinas.

1.4.2 Os cinco passos da mudança

Durante um processo de coaching, é muito comum enfrentar um grande vilão: **a resistência a mudanças**.

É da natureza humana que qualquer pessoa saudável psicologicamente deseje progresso em sua vida. Contudo, o progresso está necessariamente ligado a mudanças que acontecem ou precisam acontecer. A nossa natureza, todavia, prefere acomodar-se, procurar uma zona de conforto, conhecida, previsível e controlável. Não gostamos de mudar, pois mudanças implicam incertezas, evocam nossas crenças mais profundas sobre nós (quem somos, do que somos capazes ou o que é possível ser feito).

Mudanças, como vimos, exigem perdas em troca daquilo que vamos ganhar (menos tempo de TV, para fazer um novo curso, para promover minhas chances de crescimento profissional) ou qualquer tipo de troca; perdemos algo para ganhar algo.

Apesar de considerar natural a resistência ao novo desconhecido, encontramos casos especiais em que há um histórico de traição, decepção, frustração contínua, fracassos, a partir do qual se criou um mecanismo de defesa e proteção psicológico destinado a evitar ou minimizar mais sofrimento.

Essa resistência nada mais é do que travas e bloqueios interiores que se revelam como obstáculos ao novo. Ficamos presos por diferentes motivos:

a) As **crenças pessoais** são as "verdades absolutas" criadas a partir de experiências doloridas do passado que estabelecem um condicionamento limitador e interpretador do mundo à nossa volta.

b) O **estado emocional** afeta a disposição de mudança, a autoestima, a energia de superação e busca por crescimento. Sem recursos emocionais, inviabiliza-se a superação de obstáculos comuns em um processo de mudança, como o medo, a ansiedade e a incerteza, tornando-nos mais vulneráveis a desistir, a voltar atrás e a sabotar o progresso em nossa vida.

c) Os **hábitos** são rotinas de um estilo de vida e comportamento aprendido, muitas vezes incorporado falsamente como traço de personalidade, tornando-se justificativa para resistir à mudança.

Os "Cinco Passos para Mudança" são um recurso simples que o coach poderá utilizar visando ajudar o seu coachee a superar a resistência. A seguir, descrevemos em detalhe cada um dos cinco passos.

● PASSO 1: VEJA A SITUAÇÃO COMO É, E NÃO PIOR DO QUE É

Ajude seu coachee a ver o problema como ele é, mas não torne o problema maior do que ele é. Aumentar o problema o inclinará a desistir.

Não importa qual a situação, veja-a como é, e não pior. Tende-se muitas vezes a dramatizar uma situação além da realidade; isso acontece na linguagem que usamos, generalizando-se realidades pontuais. Por exemplo, quando seu coachee, reclamando de uma situação em que seu colega não o convidou para um *happy hour*, aumentaria-a, dizendo: "... **sou sempre excluído** dos convites sociais dos meus amigos".

É nesse momento que as pessoas se deprimem e reagem de maneira a criar uma compensação à sensação de rejeição, dor, perda, decepção etc. Se lançam num prato de comida, alcoolizam-se, drogam-se, entre outros compensadores escolhidos.

Essa reação resultará em um pessimismo generalizado e na própria estagnação. Algumas estatísticas sugerem, inclusive, que 63% dos norte-americanos acreditam que o estilo de vida futuro será pior que o estilo de vida passado.

● PASSO 2: VEJA A VERDADE E ENFRENTE-A!

Boas perguntas que poderão ser feitas pelo coach nesse passo são: Qual é a verdade por trás desse fato? O que preciso admitir a mim mesmo?

Ajude seu coachee a assumir responsabilidade pela realidade na qual ele se encontra. Procurar culpados, reclamar e justificar apenas prolongarão a sensação de miséria e incapacidade de mudar.

Vamos supor que eu esteja procurando um emprego há dois anos na mesma indústria a que me dediquei em toda minha vida. Contudo, essa indústria foi ultrapassada por uma nova tecnologia, reduzindo expressivamente a demanda pela qualificação que eu apresentava. Qual a verdade que terei que encarar? O mercado mudou. Precisarei me reinstrumentalizar em outro campo de conhecimento que me coloque de volta no mercado. Talvez tenha me acomodado por anos e decidi ignorar as mudanças que vinham acontecendo.

O disco de vinil foi uma indústria milionária durante 85 anos; chegaram as fitas cassetes e essa indústria ainda permaneceu. Contudo, chegou o CD e a digitalização da música e hoje disco de vinil é um mercado de colecionadores. Se você atua no negócio de disco de vinil, é necessário que se reinstrumentalize.

Por pior que seja a verdade, por mais impossível, injusta, dolorosa... é preciso confrontá-la.

● PASSO 3: ESTABELEÇA UMA VISÃO E SE FORTIFIQUE NELA

A visão é o combustível psicológico e a força propulsora de que precisamos para mudar. Quanto mais clara e inspiradora for a visão, maior será o seu efeito para superar obstáculos, como a resistência. No livro de sabedoria de Provérbio, diz-se que um povo sem visão está suscetível a se corromper ou perecer. Visão é um vislumbre de como o futuro se parece para mim, uma foto de um futuro que visitei. A visão precisa ser escrita, ou melhor, desenhada em uma imagem e continuamente visualizada.

PASSO 4: TENHA UM MODELO DE REFERÊNCIA E APRENDA SUAS ESTRATÉGIAS

Não precisa reinventar a roda. Pode-se aprender com a experiência de outros que já passaram por aquilo que seu coachee está passando. Nessa etapa é necessária uma investigação, uma pesquisa quanto à experiência de outras pessoas vivas ou mortas, que pode facilitar e agilizar a lacuna de onde você está para onde você quer chegar.

De tempos em tempos, o mercado passa por um ciclo econômico de crise. É uma fase repleta de pessimismo, e as pessoas tendem a assumir uma atitude conservadora, apegando-se ao máximo às coisas que têm. Um coach desafiaria um cliente a olhar para uma crise econômica com outro olhar, talvez encontrando oportunidade que um mercado aquecido não oferece. Ao se deparar com esse quarto passo, podemos encontrar alguns modelos de pessoas que desenvolveram estratégias para enriquecer na crise, ou seja, tomaram proveito do pessimismo do mercado.

Uma intrigante história é a de Sir John Templeton, um investidor multibilionário de origem humilde que decidiu quando jovem que iria enriquecer a ponto de não se privar de ajudar pessoas financeiramente. O resultado disso foi a criação de uma das maiores fundações filantrópicas do mundo, a "John Templeton Foundation".

O curioso nessa história, que pode ser encontrada em diversos livros, na Wikipédia ou mesmo no *site* <sirjohntempleton.org/biography>, é que, para ele, **pessimismo era o segredo** do sucesso. Com base nesse modelo, ele montou sua primeira estratégia. No auge da Segunda Guerra Mundial, quando todos estavam pessimistas, certos de que Hitler dominaria o mundo e vendendo seus bens pelo preço que podiam, Sir John Templeton juntou 10 mil dólares e comprou ações com valor igual ou menor do que 1 dólar. O que aconteceu? Após a guerra, a economia foi retomada, as indústrias voltaram a produzir e crescer e o preço das ações se multiplicou.

PASSO 5: DÊ MUITO MAIS DO QUE ESPERA RECEBER

Esse último passo é um dos grandes segredos que levam à mudança e à apreciação do valor que ganhamos diante dos outros. Quando você decide fazer pelos outros mais do que qualquer outra pessoa, procurando uma forma de atender às necessidades das pessoas à sua volta (negócios, família, funcionários), terá um novo jogo.

A doação é a melhor comunicação. Pense um pouco em alguém que realmente ame e valorize na sua vida. Perceba que o valor das pessoas está diretamente relacionado à maneira como nos serviram e nos ajudaram mais do que qualquer outra pessoa. Não só isso: ao fazer, não crie a expectativa de receber algo em troca, isso lhe dará uma sensação de liberdade contra frustrações e decepções que poderá sofrer.

Na **Imagem 1.4.2** você encontra um modelo de como aplicar esses cinco passos, por meio de um exercício de simples aplicação.

PENSE EM UMA SITUAÇÃO CRÍTICA DA SUA VIDA QUE DESEJA MUDAR...

PASSO 1: DESCREVA A SITUAÇÃO COMO ELA É E NÃO PIOR DO QUE É

PASSO 2: VEJA A VERDADE E ENFRENTE-A
Admitindo que...

PASSO 3: ESCREVA UMA VISÃO INSPIRADORA DO FUTURO

PASSO 4: QUAL A PESSOA COM QUEM VOU APRENDER E QUAL ESTRATÉGIA USOU...

PASSO 5: COMO SE DOARÁ ÀS PESSOAS E A QUE NECESSIDADES ATENDERÁ

Imagem 1.4.2 Os cinco passos da mudança

1.4.3 A natureza das crises

De onde vêm as crises? Por que elas acontecem invariavelmente em nossas vidas? O que uma crise pode nos ensinar? Como podemos superá-la?

Os fundamentos do coaching

TIPOS DE CRISE

Não importa quem você seja, todos nós enfrentamos algum tipo de crise durante a nossa jornada. Algumas crises estão ligadas a épocas específicas do nosso desenvolvimento, como a crise de identidade na adolescência, a crise de talentos e de vocação no início de nossa carreira, a crise de autenticidade durante a meia-idade ou ainda a crise biológica no início da maturidade. Há crises que enfrentamos relacionadas a eventos pontuais que fogem do nosso controle, como o falecimento inesperado de alguém querido. Mas a maioria das crises que enfrentamos são aquelas que nós mesmos geramos, ainda que inconscientemente.

DIRECIONADORES DE ESCOLHA

Antes, contudo, de ampliarmos a visão sobre como as crises se estabelecem, vamos dar um passo para trás para compreender dois importantes direcionadores de escolha que nos movem cotidianamente e afetam diretamente a quantidade e profundidade de crises que enfrentamos ao longo de nossa caminhada. São duas forças que nos guiarão como bússolas de vida.

A primeira é o nosso ímpeto por progresso pessoal. É tudo aquilo que "Eu mais quero" para a minha vida. Essa é a essência da nossa existência, característica-chave da nossa humanidade. Quando progredimos, desenvolvemos e crescemos, estamos vivendo o que fomos criados para viver. A vida está sempre nos chamando a crescer e progredir. Progresso pessoal gera satisfação. Maslow, em sua teoria de Hierarquia de Necessidades, já falava exatamente disso. Nada nos faz sentir tão bem quanto a consciência de progresso pessoal, mesmo em áreas em que já nos sentimos realizados.

A segunda força é o nosso ímpeto de preservação. É a busca por segurança de tudo aquilo que "Eu mais temo", baseado em nosso próprio instinto de sobrevivência.

Dessa forma, a maioria das pessoas vive suas vidas dançando entre esses dois extremos, como demonstrado na **Imagem 1.4.3a**. Primeiro, a busca daquilo que mais querem para si, com base no seu próprio mapa de vida e no significado que dão à vida, por exemplo, alcançar, ter, ajudar, doar, amar, entregar-se etc. Segundo, buscando evitar o pior. Talvez o pior seja perder o emprego, perder a família, uma doença ou uma dívida.

Tanto o ímpeto por progresso quanto o ímpeto por preservação nos levam a concentrar energia na forma de tempo, pensamentos, emoções, decisões e ações naquilo que estamos focando.

Pense sobre isso, especialmente se a minha energia está concentrada naquilo que eu mais temo. Qual será a qualidade de seus pensamentos e sentimentos? Qual será sua qualidade de vida? Seu humor e estado emocional? Seu nível de criatividade e capacidade de conectar-se livremente com outras pessoas? Se a minha energia está direcionada àquilo que eu não quero, é isso que vai ter mais significado e espaço na minha vida. Potencialmente, é o medo e meus instintos mais primitivos que vão governar minhas escolhas diárias.

Os fundamentos do coaching

AQUILO QUE MAIS
QUERO

AQUILO QUE MAIS
TEMO

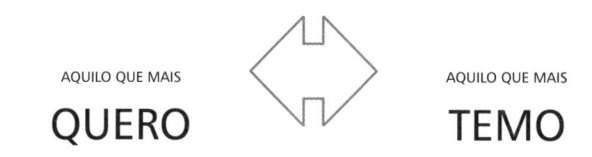

Imagem 1.4.3a Duas forças direcionadoras de escolhas

O MEDO LEVA À PARALISIA

O resultado de viver no medo nos levará à estagnação ou até mesmo à paralisia. A vida vira um jogo frio e sombrio de sobrevivência. Não confiamos em ninguém e perdemos o sentido e a alegria de existir. Seremos infelizes pela falta de progresso, por nunca realizarmos nossos sonhos. Amargurados, chamaremos a felicidade de "conto de fadas" e "história da carochinha".

INIBIDORES DE PROGRESSO

Essa realidade pode durar anos e até mesmo décadas. Cultivam-se maus hábitos por anos, vive-se na prisão de suas próprias inverdades inibidoras de mudança, na sombra do que não se deve ser, ou o que não se deve fazer, ou ainda no medo de não ser aceito, de não ser suficiente ou capaz de realmente realizar algo. Pior, esse sistema de hábitos e crenças resultará em um estado emocional de ansiedade, revolta, tristeza e desânimo, altamente prejudicial à nossa vida.

Após anos de estagnação e falta de progresso, vemos uma crise instalada.

A CRISE É O ÁPICE DA FALTA DE PROGRESSO

As **crises são causadas por uma sequência de escolhas geralmente inconscientes que tomamos**, conforme vemos na **Imagem 1.4.3b**. Uma crise é o ápice de falta de progresso. Situações e áreas da nossa vida que empurramos por longos períodos de tempo. Pode afetar nossa saúde, nosso casamento, as finanças, a vida profissional, espiritual etc.

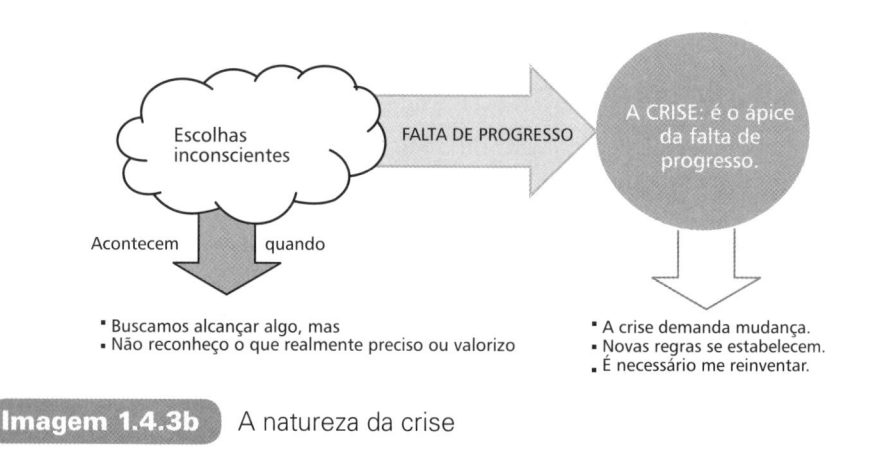

Escolhas inconscientes → FALTA DE PROGRESSO → A CRISE: é o ápice da falta de progresso.

Acontecem quando

- Buscamos alcançar algo, mas
- Não reconheço o que realmente preciso ou valorizo

- A crise demanda mudança.
- Novas regras se estabelecem.
- É necessário me reinventar.

Imagem 1.4.3b A natureza da crise

INCONSCIENTE = PILOTO AUTOMÁTICO

Vamos chamar nossas decisões inconscientes de "Piloto Automático". Em outras palavras, é tudo o que fazemos sem pensar com consciência. Por um lado a nossa sobrevivência depende disso. Nosso cérebro mantém nosso organismo vivo sem que tenhamos consciência de que estamos respirando ou que o nosso coração está fazendo o sangue circular pelo corpo, assim como quando aprendemos uma atividade repetitiva presente em nossa rotina, como andar ou dirigir o carro e mesmo chegar em casa todos os dias pelo mesmo caminho. Trabalhamos no "piloto automático", não precisando mais pensar em cada movimento que faremos. O piloto automático, portanto, simplifica e agiliza nossa vida. Por outro lado, contudo, quando não sabemos para onde nossa vida está indo, ou o que queremos, deixamos o piloto automático operando na maioria das vezes. Não nos damos conta, porém, de que estamos vivendo no medo. Tomamos decisões inconscientes, sem saber o que queremos ou o que precisamos e valorizamos em nossa vida, e certo dia acordamos e nos perguntamos: "Por que minha vida está desta forma?"

Pense na seguinte história: Roberto é um executivo bem-sucedido e muito ocupado, que mantém péssimos hábitos alimentares, comendo mal e errado, e leva uma rotina absolutamente sedentária, com alto nível de estresse e noites maldormidas durante anos da sua vida.

Suas escolhas relacionadas à saúde estão no piloto automático, ou seja, são inconscientes, apesar de considerar os hábitos que cultiva normais. Não age dessa forma conscientemente para prejudicar sua saúde, contudo o dinamismo do dia a dia, as inúmeras demandas e os objetivos audaciosos de seu negócio o levaram a colocar os cuidados com a saúde em segundo plano.

Com o tempo, alguns sintomas e problemas começam a aparecer. Quando decide ir ao médico... *boom*! A crise está instalada: diabetes, hipertensão, colesterol alto, problemas cardíacos.

Uma crise não lhe pedirá gentilmente para mudar. A crise demanda e traz consigo novas regras.

A CRISE DEMANDA MUDANÇAS

Agora a mudança é mandatória. A crise nos derrete e nos leva a remoldar nossa existência dentro de novos padrões. O progresso é uma necessidade que não pode mais ser ignorada. Preciso me reinventar. A boa notícia é que, quando uma crise é superada, a vida melhora. Crises são duras e difíceis, mas, quando encaradas e superadas, levam-nos ao crescimento.

CRISES NO COACHING

No coaching, geralmente atendemos os extremos: ou são pessoas que estabelecem alto padrão de sucesso e conquistas para si e compreendem ou experimentaram o benefício de um trabalho de coaching, ou são pessoas passando por alguma crise de vida. Dificilmente uma pessoa com nível médio de satisfação ou resultado está procurando mudanças. Mas a inércia e a falta de progresso nos levarão a uma crise.

DURABILIDADE DAS CRISES

Por que as crises duram muito mais para algumas pessoas, enquanto outras rapidamente as superam?

A durabilidade de uma crise está ligada a basicamente três motivos:

I. O primeiro ocorre quando um comportamento aprendido e cultivado durante anos se transforma em um hábito que, por sua vez, passa a ser **incorporado como parte da personalidade** de alguém. Sim, as pessoas passam a acreditar em sua própria estória.

Quando me convenço de que meus hábitos fazem parte da minha personalidade, crio um motivo para ser assim e não desejar ou achar que preciso mudar. Chamamos isso de **Síndrome de Gabriela** (referência à composição de Dorival Caymmi, interpretada por Gal Costa, "Modinha para Gabriela").

II. O segundo motivo é algum tipo de **reforço que se recebe**. Esses reforços nada mais são do que recompensas recebidas por não mudar e manter seus padrões negativos. Como assim? Toda recompensa gera um reforço comportamental, quer este seja positivo ou negativo.

Considere a seguinte estória: Marcelo e Ninha, casados há sete anos, estão vivendo uma terrível crise conjugal, na qual o respeito mútuo já foi perdido e há violência verbal e até mesmo física.

A crise é resultado de anos de descaso do relacionamento cultivado ao longo do tempo. Os hábitos foram gradativamente sendo estabelecidos e inconscientemente a afeição mútua do casal foi sendo enterrada.

Após mais uma discussão calorosa, Marcelo sai para beber e esfriar a cabeça com um grupo de amigos. Lá, faz seu desabafo e em troca recebe um **reforço social** que o estimula a manter seu padrão comportamental. Um dos amigos diz: "*Você tá certo, Marcelo, é isso que um homem tem que fazer, ela não pode te tratar assim não, você tem que mostrar quem é que manda, ela tem que mostrar respeito.*" Ninha, muito irritada, liga para a irmã. Após vomitar seu desprezo por Marcelo, recebe um **reforço emocional**, nutrindo o padrão negativo: "*Esse canalha tem que pagar por aquilo que ele tá fazendo com você, você tem que fazer ele comer na sua mão.*"

Assim por diante, podemos encontrar outros tipos de recompensas que nos estimulam a manter os hábitos mesmo diante da crise, como atenção, dinheiro, satisfação física ou até mesmo amor.

III. Uma terceira situação que prolonga crises é um processo de **auto-hipnose**, conhecido como "Encantamento". A palavra "encantamento" vem dos contos, quando um feiticeiro repetia várias vezes uma frase mágica para liberar um encantamento.

Apesar de estarmos longe dos contos, é comum diariamente observar o processo de encantamento sempre que dizemos "Isso não vai dar certo", "Eu não consigo" ou ainda "Eu não tenho escolha". Sempre que repetimos com emoção e intensidade a mesma frase, reforçamos um comando cerebral que condiciona nossa perspectiva sobre a realidade à nossa volta.

Vamos supor que sua/seu esposa(o), sua/seu namorada(o) ou sua mãe lhe peça para ir até a cozinha buscar o sal durante o jantar. Você, insatisfeito(a), resmunga que não sabe onde está. Ela insiste que você pegue o sal. Você levanta, reclamando de ter que levantar e que não sabe onde o sal está. Durante todo o seu caminho para a cozinha, repete e pensa nisso com mais intensidade. Você escuta da sala de jantar que está no armário da esquerda, na segunda prateleira. Você abre a prateleira e repete que não encontra e não sabe onde está o sal. Sua/ seu esposa(o)/namorada(o)/mãe levanta da mesa irritada com a situação, passa a mão diante de você e pega o sal bem na sua frente. E agora? Será que o sal apareceu misteriosamente? Claro que não! O sal sempre esteve lá, mas você criou um ponto cego como resultado de uma auto-hipnose na qual se colocou.

O encantamento é um dos grandes motivos por que as pessoas não mudam e permanecem na crise.

1.4.4 O poder da escolha

A GRANDE FORÇA QUE DETERMINA A QUALIDADE DA SUA VIDA

Qual é a maior dádiva da vida e o maior poder contido em cada pessoa para que seja capaz de mudar a sua realidade a qualquer instante, independentemente do passado e das coisas que já viveu? Pense sobre isso...

Sim, o livre-arbítrio, ou seja, o poder de escolher livremente. Independentemente daquilo que já tenha acontecido, você foi empoderado com a escolha e a capacidade de mudar. Você tem, eu tenho, todas as pessoas têm esse poder em suas mãos.

A maior mentira em que alguém pode acreditar é que não tem escolha.

É verdade, não podemos controlar os eventos que acontecem no mundo à nossa volta, mas podemos escolher onde iremos focar, o que as coisas significam para nós e o que fazer diante delas. Essas três escolhas determinam os resultados da nossa vida. Não se trata tanto das condições exteriores, mas sim das decisões que tomamos.

MENTALIZE DUAS ESCOLHAS QUE FEZ

Use um papel em branco e escreva duas decisões realmente importantes que fez na sua vida que, se fossem feitas de outra maneira, você estaria em um lugar ou em uma situação completamente diferente. Talvez melhor, talvez pior, podemos supor o que quisermos, mas sabemos que seria diferente. Com este exercício, gostaria que se conscientizasse de como as escolhas moldam nosso destino.

ESCOLHAS = DESTINO

Suas escolhas vão lhe levar a algum destino. Qual destino? Depende da escolha. Em *Alice no país das maravilhas*, Carroll descreve o dilema de escolha de Alice em um diálogo com o Gato de Cheshire:

> *O senhor poderia me dizer, por favor, qual o caminho que devo tomar para sair daqui?*
> *Isso depende muito de para onde você quer ir, respondeu o Gato.*
> *Não me importo muito para onde, retrucou Alice.*
> *Então não importa o caminho que você escolha, disse o Gato.*
> *Contanto que dê em algum lugar, Alice completou.*
> *Oh, você pode ter certeza que vai chegar se você caminhar bastante, disse o Gato.*

Se não sabemos para onde estamos indo, qualquer caminho serve. Certamente nossas escolhas estão nos levando para algum destino.

Se você não está satisfeito com alguma área particular da sua vida, mude-a. Faça novas escolhas. O mesmo poder que moldou a sua vida até aqui continua em suas mãos.

Se você não gosta do jeito do seu corpo hoje: Mude-o.

Se não está satisfeito com sua carreira ou seu negócio: Mude-os.

Se não está satisfeito com seu relacionamento: Mude primeiro a si mesmo, pois, se tentar mudar somente seus relacionamentos, seus padrões vão se reproduzir automaticamente nas próximas escolhas. Isso não quer dizer que talvez não seja o momento de mudar também alguns relacionamentos.

Uma escolha séria implica eliminar todas as outras possibilidades e se comprometer com uma coisa só e agir em cima disso. Pense na simples escolha de estar lendo este livro agora. Implica você não estar fazendo outras coisas que poderiam estar ocupando o seu tempo.

AS TRÊS ESCOLHAS-CHAVE

Já sabemos que o progresso é resultado de escolhas conscientes que tomamos alinhadas com nossos valores e direcionadas por uma visão. Portanto, uma nova vida vem de novas escolhas.

Há três escolhas que determinarão a qualidade de vida que vai experimentar:

- Qual será meu foco?
- Qual o significado para mim?
- Qual ação vou tomar?

ESCOLHA 1: FOCO

Escolhas começam aqui. Onde vou focar? A escolha de onde focar vai determinar o que vai sentir. Se você focar no quão injusta a vida foi com você, é claro que se sentirá mal. Já se você focar nas incríveis coincidências da sua vida, por uma graça divina, que permitiu que você estivesse no mesmo lugar e no mesmo instante no momento em que conheceu seu marido ou sua esposa, ou ainda no fato de ter perdido um voo que resultou num desastre aéreo e você teve a graça de poder viver, como isso o fará sentir?

Se você focar em achar evidências de que as pessoas não se importam com ninguém, são egoístas, indiferentes e frias, é exatamente isso que vai encontrar. Se procurar evidências de que as pessoas têm bondade e que em algum nível se importam com as outras, é isso que encontrará. Buscai e achareis.

Suas decisões de foco precisam ser conscientes. Mudança precisa de escolhas conscientes de foco.

ESCOLHA 2: SIGNIFICADO

É como você dá significado às coisas que acontecem à sua volta! Nós interpretamos tudo o que acontece e damos significado às coisas, como: "Ele não me ama" ou "Estão tentando tirar vantagem de mim", dependendo da sua perspectiva dará um sentido específico aos fatos.

Charles R. Swindoll (2010) expressa bem essa ideia:

> *Estou convencido de que a vida é 10% o que acontece comigo e 90% como eu reajo a isso. E assim é com você... é você quem está no comando de suas atitudes.*

Para Swindoll, as atitudes de alguém valem muito mais do que os fatos, as circunstâncias, o passado, a educação, o dinheiro, o sucesso, o fracasso ou o que as pessoas pensam ou fazem.

Quando a economia entra em recessão, qual é a sua atitude? Qual significado você dá a isso?

Algumas pessoas diriam: *"Estou liquidado, meu negócio vai quebrar"*; ou *"Essa é a oportunidade que precisávamos para superar a concorrência, vamos trabalhar duro."*

Nós escolhemos o significado que queremos dar às coisas.

Isso é o começo ou o final de algo.

Em um relacionamento, por exemplo, você é quem determina se é o começo ou o final de algo. A sua atitude será a mesma se considerar o início ou o final de um relacionamento?

O segredo da durabilidade de qualquer relacionamento é tratá-lo como o começo de um novo ciclo.

DE ONDE VEM O ESTRESSE?

A maioria das pessoas está passando por algum tipo de estresse.

Todos nós passamos por estresse em alguma parte da vida. Geralmente, ele é causado por algo de que parece que não temos controle, aquilo vem como um golpe e nos nocauteia, pode ser um problema de saúde, um problema econômico, uma situação na sua carreira... *n* coisas!

Na prática, o estresse é a lacuna entre **o que você se sente capaz de fazer diante de tudo que você é demandado a fazer**.

A origem do estresse, todavia, não vem dos fatos e das demandas, mas da interpretação e do significado que damos a eles. Uma demanda nos afeta de acordo com a importância que damos a ela ou o que as pessoas vão pensar a nosso respeito.

Quando mudamos o significado das coisas e, portanto, do efeito que elas geram em nós, mudamos também nossas vidas!

ESCOLHA 3: AÇÃO

Trata-se de nossa escolha de estabelecer o que vai ser feito a partir do foco e do significado daquilo que nos cerca.

Podemos ter as mais diferentes ações diante dos fatos: desistir, esperar e ver no que vai dar, fortalecer-me e assumir de volta o controle, melhorar alguma habilidade...

No exemplo da recessão econômica, qual seria sua ação a partir do foco e significado?

Vamos cortar custos? Vamos inovar? Vamos fechar?

FOCO – SIGNIFICADO – AÇÃO

Considere a história de Lance Armstrong. Campeão sete vezes do *"Tour de France"*, um dos torneios ciclistas mais respeitados do mundo.

Em 1996, Lance Armstrong foi diagnosticado com tumor nos testículos, no cérebro e nos pulmões. A notícia por si só é devastadora, mas especialmente se sua profissão é ciclista profissional. Como você reagiria no lugar dele? Qual seria seu foco? Acabou minha vida? Qual significado daria para esse diagnóstico? Eu vou morrer? O que faria? Sigo os procedimentos normais? E "entrega-se nas mãos de Deus"? Luto até o fim?

Armstrong decidiu focar nisto: "Eu preciso achar uma solução." Não só isso trouxe um novo significado para o câncer: "Essa vai ser a batalha da minha vida." A partir desse foco e significado, Armstrong agiu e decidiu esgotar todas as possibilidades, agir com esperança e fé em todo tempo.

Isso não significa necessariamente que vai conseguir, mas é interessante. Uma atitude assim pode mudar totalmente sua vida. Pessoalmente, considero que na vida existem três coisas fundamentais. Uma delas é a escolha que fazemos em tudo, a segunda é a nossa estratégia de vida que viabilizará o que pretendemos realizar e a terceira é a graça divina, que também é conhecida como sorte ou destino. Lance Armstrong sofreu algumas cirurgias e um extenso tratamento de quimioterapia. Em 1997, ele venceu o câncer.

Quando voltou a treinar, como você acha que foi competir com outras pessoas, depois de ter lutado contra a morte?

Armstrong ganhou sete vezes consecutivas o *"Tour de France"* entre 1999 e 2005.

1.5 Os promotores de mudança

"Não há nada que seja bom nem mau, mas o pensamento o faz assim."

William Shakespeare

O coach deve estar munido de um conjunto de ferramentas que apoiarão o coachee a promover decisões de progresso e mudança de vida.

Nesta seção, vamos tratar, portanto, dos promotores de mudança. São recursos usados para ressignificar uma realidade limitadora que vem sendo experimentada pelo coachee, aumentar o nível de consciência sobre escolhas, decisões e responsabilização sobre os resultados atuais. Pretende-se, através dos promotores, superar obstáculos mentais e comportamentais, empoderando o coachee a assumir uma nova perspectiva, postura e atitude nas diferentes áreas de sua vida. Uma vez que esses

Os fundamentos do coaching

recursos são utilizados, são capazes de acionar gatilhos de mudança através de um novo *insight* ou *input* recebido.

Falaremos sobre os cinco poderosos promotores de mudança:

- Os sete enquadramentos.
- Mapa não é território.
- Não existem erros, apenas resultados.
- Autoconsciência.
- Autorresponsabilidade.

1.5.1 Os sete enquadramentos

Enquadramento é a forma como as pessoas dão sentido ao mundo à sua volta e como constroem sua realidade. Para entender o poder de um enquadramento, precisamos começar pela compreensão do papel de uma moldura em um quadro comum, conforme a **Imagem 1.5.1**.

Imagem: tunart | iStockphoto.

Imagem 1.5.1 Moldura

Qual é a função dessa bela moldura?

Sua função principal é focar sua atenção na imagem e separar o ambiente interno do ambiente externo.

É exatamente o que um fotógrafo faz quando está tirando uma fotografia. Ele seleciona e determina o que pode e o que não pode ser visto na fotografia. Para isso, ele conta com a função "zoom", podendo privilegiar detalhes de uma imagem ou ampliá-la e revelar o seu contexto.

ATENÇÃO SELETIVA

No *site* <www.theinvisiblegorilla.com> pode-se encontrar inúmeros vídeos, resultado dos experimentos coordenados por Christopher Chabris e Daniel Simons sobre o "Teste de Atenção Seletiva" (original em inglês: *Selective Attention Test*). Para Daniel Simons, um psicólogo experimental da Universidade de Illinois, a realidade é apenas uma ilusão, uma interpretação do cérebro. Tudo o que você vê, ouve e sente é a sua própria realidade criada por aquilo que seu cérebro lhe dá, que pode ser completamente diferente de uma outra pessoa.

Segundo Simons, nós interpretamos apenas uma pequena parcela da realidade de tudo o que vemos. Faça o seguinte experimento:

> **Passo 1:** Estique um de seus braços e levante o polegar de sua mão.
> **Passo 2:** Foque seu olhar por cinco segundos no seu polegar, observando o maior número de detalhes que puder.
> **Passo 3:** Antes de encerrar, perceba que toda a realidade em volta do seu campo visual está completamente embaçada.

O que você observa nesse experimento? Você conseguiu perceber mínimos detalhes do seu polegar, como o formato da sua unha, a grossura do dedo, cor, marcas? Mas notou que o enorme quadro do seu campo visual ao redor do seu dedão ficou completamente indecifrado? Se não notou isso, faça o experimento mais uma vez.

O que nós fizemos mentalmente é criar uma moldura mental, criamos um enquadramento.

O foco no polegar nos leva a observar detalhes que poderiam passar despercebidos em uma rápida olhada. Por outro lado, todo o quadro ao redor fica despercebido. Ficamos sujeitos ao chamado "efeito moldura" (original em inglês: *inattentional blindness*).

EFEITO MOLDURA

O "efeito moldura" é uma cegueira não intencional criada pela própria moldura. Esse fenômeno acontece toda vez que falhamos em observar um estímulo inesperado que está em nosso campo de visão, mas passa despercebido por ter nossa atenção em outro foco.

Para Daniel Simons, o "efeito moldura" acontece quando falhamos em ver algo que é óbvio diante de nós por termos nossa atenção em outra coisa ou em outra pessoa.

ENQUADRAMENTO CEREBRAL

As molduras não estão somente nos quadros, mas nas estruturas mentais que criamos frequentemente.

Enquadramento é uma metáfora usada na sociologia para fazer referência a uma estrutura mental que criamos, que visa simplificar e guiar nossa compreensão do mundo e de suas realidades complexas. O contraefeito dessa simplificação é a

Os fundamentos do coaching

redução, limitação, desconexão e até mesmo a distorção dos fatos, de acordo com o significado que atribuímos a eles.

A maneira como enquadramos um problema que enfrentamos pode torná-lo mais fácil ou mais difícil de resolver, de acordo com o significado que atribuímos.

A experiência pura não tem nenhum significado. Apenas é. Atribuímos um significado a ela de acordo com nossas crenças, valores, preocupações, gostos e desgostos.

REENQUADRAMENTO NO COACHING

A forma como enquadramos um fato pode estar limitando ou impedindo uma mudança que buscamos fazer em nossa vida. Portanto, reenquadrar, ou seja, mudar nossa perspectiva de um fato ou uma realidade, poderá acionar um gatilho, ativar um novo estado de recursos ou ainda promover uma percepção renovada.

Os reenquadramentos devem ser usados como ferramentas pelo coach para buscar outro sentido dos fatos que estão sendo descritos. Vamos explorar a aplicação de sete reenquadramentos (O'CONNOR, 2013) promotores de mudança, a saber:

I. Reenquadramento ecológico
II. Reenquadramento de resultado
III. Reenquadramento de *backtracking*
IV. Reenquadramento de contraste
V. Reenquadramento de "como se"
VI. Reenquadramento sistêmico
VII. Reenquadramento de negociação

● *I. Reenquadramento ecológico*
Confronta o enquadramento do "EU"

Tipo de moldura: nesta moldura, só consigo ver o que é bom para mim agora. Minhas escolhas privilegiam benefícios pontuais e imediatos, desconsiderando a ecologia da vida, ou seja, seus efeitos e impactos sobre outras pessoas, outros pilares de vida e seus resultados no longo prazo. Conhecido também como "Efeito Rei Midas". O rei Midas desejava que tudo que suas mãos tocassem virasse ouro, mas se esqueceu de que para viver precisaria tocar em comida e em pessoas.

Exemplo: *Se for bom para mim agora, então está bom!*

Perguntas de reenquadramento ecológico:

- Como será isso a longo prazo?
- Quem mais será afetado?
- Isso será bom para outros pilares importantes de sua vida?
- Que preço terá seu sucesso nessa área?

II. Reenquadramento de resultado
Confronta o enquadramento da "CULPA"

Tipo de moldura: nesta moldura, assume-se uma posição de vitimação e procuram-se culpados por sua situação. Contudo, culpar os outros não mudará os resultados. É necessário mudar o foco e avaliar eventos e escolhas que o aproximem dos resultados que se quer.

Exemplo: *Não batemos a meta porque eu tenho a pior equipe da empresa.*

Perguntas de reenquadramento de resultado:

- O que essa conclusão lhe proporciona de valioso?
- Para onde sua atitude o está levando?
- Como a sua crítica o está aproximando do que quer?
- O que ganha culpando os outros?
- Quais resultados pretende atingir agindo assim?

III. Reenquadramento de backtracking
Confronta o enquadramento da "PARÁFRASE"

Tipo de moldura: nesta moldura, interpreta-se o que os outros disseram e determina-se quais eram suas intenções ao dizerem aquilo. A comunicação é imprescindível nos resultados em qualquer área da vida, portanto assumir responsabilidade pelo que está compreendendo é fundamental.

O *backtracking* é a habilidade de reafirmar palavras-chave que foram ditas por alguém, que mostrem seus valores e significado. Sem o *backtracking*, as pessoas interpretam o que quiserem.

Exemplo: *Com certeza ele quis me desmoralizar quando disse isso!*

Perguntas de reenquadramento de *backtracking* (2ª pessoa):

- Posso me certificar de que compreendi...?
- Posso resumir as coisas até agora...?
- Então você está dizendo...?

Perguntas de reenquadramento de *backtracking* (3ª pessoa):

- O que exatamente foi dito?
- O que o faz ter certeza de que é isso que ele quis dizer? Poderia ser interpretado de outra forma?
- Afetar-lhe-ia se descobrisse que o sentido foi outro?

IV. Reenquadramento de contraste
Confronta o enquadramento da "MESMICE"

Tipo de moldura: avalia-se o contraste dos resultados de uma ação/decisão sem recursos e uma ação/decisão com recursos. O reenquadramento se dá ao notar-se a

Os fundamentos do coaching

diferença de empregar recursos ou não. É interessante observar que a Programação Neurolinguística (PNL) começou a partir de um quadro de contraste. Richard Blander e John Grinder começaram modelando comunicadores excelentes, sabendo que estavam fazendo algo diferente, algo fora do comum. Essas diferenças tornaram-se a base dos primeiros modelos explícitos da PNL.

Exemplo: *Na verdade, é tudo a mesma coisa, não importa como faça!*

Perguntas de reenquadramento de contraste:

- Que tipos de resultados se veem entre a presença e a ausência desse recurso?
- Quais as diferenças importantes entre essas realidades?
- Como isso é diferente?

■ V. Reenquadramento de "como se"
Confronta o Enquadramento da "PASSIVIDADE"

Tipo de moldura: analisam-se situações criativas e imaginadas para certo problema, vislumbrando-se como poderiam ser as coisas e o que levaria a que fossem assim em vez de assumir um estado de vitimação e uma condição de indefeso. No "como se", podemos acessar a nossa intuição. Você pode não saber a resposta, mas terá palpites que podem ser surpreendentemente precisos. É um pouco parecido com um jogo de realidade virtual. Você sabe que não é real, mas ainda assim pode aprender muito e testar seus reflexos enquanto joga.

Exemplo: *Se não sei o futuro, então não há nada que possa fazer a respeito.*

Perguntas de reenquadramento de "como se":

- Como seria se...?
- Você pode imaginar o que aconteceria se...?
- E se supuséssemos que...?

■ VI. Reenquadramento de sistêmico
Confronta o Enquadramento do "TOTALITÁRIO"

Tipo de moldura: quando se vislumbra um evento relacionado a outros eventos. Um sistema é um grupo de elementos conectados e que se influenciam mutuamente. Olha-se como os fatores se combinam e afetam uns aos outros. Tentar mudar um sistema na sua totalidade pode parecer uma tarefa inviável. Em vez disso, busca-se identificar os obstáculos que afetam o sistema para alcançar a mudança pretendida.

Exemplo: *As coisas aqui sempre foram assim e nunca vão mudar.*

Perguntas de reenquadramento sistêmico:

- Como um evento se relaciona com o outro nesse sistema?
- Como o que estou fazendo mantém as coisas como são?
- O que exatamente impede a mudança?

- *VII. Reenquadramento de negociação*
Confronta o Enquadramento da "GUERRA"

Tipo de moldura: este enquadramento avalia por acordo. Supõe que todos os envolvidos querem chegar a um acordo e segmenta o problema para encontrar áreas de concordância.

Exemplo: *Eu quero alguma coisa e vou conseguir mesmo que isso nos mate.*

Perguntas de reenquadramento de negociação:

- Em que podemos concordar?
- Qual é o mínimo múltiplo comum nesse relacionamento?

1.5.2 Mapa não é território

Desafie a visão que seu coachee tem da sua própria realidade, ou "mapa de vida". Cada pessoa carrega seu próprio mapa dentro de si. O nosso mapa é a nossa orientação de vida. Herdamos nosso mapa dos nossos pais e/ou educadores, ou seja, muito de como nós interpretamos nossa própria realidade de vida foi transferido por como outros receberam ou interpretaram sua própria realidade. Todo mapa tem limites, regras de vida e significados que damos como guias determinantes. Nosso mapa, contudo, é apenas uma perspectiva parcial do território da vida. O coach deve ajudar o coachee a ampliar sua visão e desafiar limites mentais sobre a realidade.

Muitas vezes, por estarmos tão imersos em uma realidade ou problema, supomos que todos veem a realidade em que estamos da mesma forma que nós e, portanto, consideram-se certos fatos óbvios e evidentes e não apenas uma interpretação da realidade. Contudo, percebemos que uma realidade é apenas uma perspectiva, olhada de um ângulo, baseada em uma moldura mental, a partir de uma lente herdada por nossos pais e educadores.

Diante de uma perspectiva limitada e diminuída de escolhas e oportunidades, desafie seu coachee: "E se seu mapa de vida for apenas uma ilusão? E se descobrisse que seu mapa não representa todo o território do mundo de escolhas que tem? O que faria?".

1.5.3 Não existem erros, apenas resultados

Claro, ninguém gosta de errar ou fracassar, especialmente em uma sociedade cuja cultura é perfeccionista e intolerante aos erros.

Criamos uma geração com fobia de erros. Qual o resultado? As pessoas não agem, pois têm medo de fracassar ou falhar. É preferível nem tentar e evitar as frustrações, gerando um tipo de paralisia.

Uma forma de superar esse medo é compreender que o erro é o significado que damos a uma escolha que produziu um resultado. Resultados são fruto de escolhas que fazemos. Se não quero mais certo tipo de resultado, preciso fazer novas escolhas. Isso anula o efeito punitivo do erro e o recondiciona de maneira pedagógica, como parte de um processo de crescimento e aprendizado. Diante da inação movida pelo medo de falhar, desafie seu coachee: "Se tivesse convicto de que na vida não existe fracasso, apenas *feedback* e resultados, o que faria de novo hoje?".

1.5.4 Autoconsciência

Toda iniciativa de mudança e transformação se inicia na autoconsciência. Por isso, ela é imprescindível em um processo de coaching.

Sem autoconsciência, o coaching se torna só mais uma ferramenta em uma maleta de soluções rápidas, portanto não poderia enfatizar suficientemente a importância dela.

Autoconsciência é produto do foco, da atenção, da concentração e da clareza. Significa estar consciente, ou seja, não ignorar ou desconhecer. Uma característica que nos distingue de todos os outros animais criados.

Há infinitos níveis de consciência, que podem ser ricos ou pobres, em uma pessoa sobre determinada realidade. No coaching, pretende-se aumentar a quantidade (dos fatos) e a qualidade (relevância) do nível de consciência. Aumentar a autoconsciência é como oferecer uma lente de aumento para alguém, aumentando sua capacidade de ver o que antes não podia.

Nosso nível natural de autoconsciência é relativamente baixo. Sozinhos, levaríamos um período muito maior para descobrir, se descobríssemos, assumindo consciência dos fatos. Torna-se indispensável a habilidade de um coach para promover essa autoconsciência.

ENTRE O CONSCIENTE E O INCONSCIENTE

Quando nosso nível de autoconsciência é baixo, estamos, na verdade, sendo governados por aquilo que é inconsciente. O fato de algo ser inconsciente não significa que seja irrelevante, pelo contrário, nossas crenças mais inconscientes são as mais profundas e determinantes em nossas vidas, como veremos adiante.

Só posso controlar aquilo de que tenho consciência; já aquilo que é inconsciente me controla. Portanto, a autoconsciência me empodera.

DIAGNÓSTICO

Um bom processo de coaching se inicia com um bom "diagnóstico". Durante esta primeira etapa, o coachee aumentará sua capacidade de se autocompreender, explorar e perceber.

As pessoas geralmente não conseguem fazer isso, e escolhem não fazer, ocupando-se e criando muito barulho exterior e interior a ponto de poder se ouvir.

No livro *Cavaleiro preso na armadura*, o autor Robert Fisher retrata metaforicamente o baixo nível de autoconsciência do cavaleiro, especialmente quando enfrenta o chamado "Castelo do Silêncio", uma experiência de solidão e silêncio que levou o cavaleiro a perceber um sentimento de vazio que carregava dentro de si. Percebeu que havia tentado evitar a solidão por toda a sua vida e passou a admitir que tinha medo disso. Compreendeu que tinha falado tanto ao longo da sua vida justamente para evitar sentir-se só e percebeu que **nunca realmente tinha parado para**

ouvir alguém ou alguma coisa. Ali, na solidão e no silêncio, deixou que sua dor emergisse e se deu conta da dor que sua esposa deve ter sentido durante toda a vida em uma **prisão de silêncio**.

1.5.5 Autorresponsabilidade

É a crença de que você é o único responsável pela vida que tem levado, sendo assim, é o único que pode mudá-la (VIEIRA, 2008).

A autorresponsabilidade é uma das grandes geradoras de rupturas na vida das pessoas. Assumir autorresponsabilidade pela minha vida e pelos meus resultados não é fácil, e pode ser altamente confrontivo e intimidador assumir uma postura de passividade e fracassos. Todavia, a incapacidade de viver de forma autorresponsável nos faz reviver as mesmas circunstâncias de dor ao longo da vida.

Começamos a progredir quando assumimos a responsabilidade pelas nossas mudanças. A verdade é que as coisas não mudarão até nós mudarmos.

OS SEIS PRESSUPOSTOS DA AUTORRESPONSABILIDADE (VIEIRA, 2008)

1. Eu sou **o único responsável** pela vida que tenho levado.
2. Eu estou **onde me coloquei**, e somente eu posso mudar essa circunstância.
3. Minha vida é **mérito meu**, por ações conscientes ou inconscientes.
4. Meus resultados são fruto da **qualidade de minhas atitudes**, palavras e pensamentos.
5. Não existem coincidências, **você está colhendo o que plantou**.
6. É a certeza de que nada na minha vida muda até que **eu mude**.

Por mais difícil que seja, minha mudança depende do meu nível de autorresponsabilidade. É o princípio da semeadura. Significa reconhecer que tenho a vida que mereço, o emprego que mereço, o casamento que mereço, o salário que mereço, os amigos que mereço, a saúde física que mereço, pois são fruto e resultados das minhas próprias escolhas.

Alguém poderia contestar e dizer as coisas que acontecem em nossas vidas que não vêm das nossas escolhas, como a família em que nascemos ou ainda ter nascido com uma doença crônica ou uma deficiência física. Todos sabemos que isso é verdade. Ainda assim, encontramos histórias fascinantes, como a de Nick Vujicic, que nasceu sem pernas e braços e hoje é um dos mais conhecidos palestrantes motivacionais internacionais, visitou mais de 57 países em cinco continentes. Quantos países você e eu juntos visitamos com duas pernas e dois braços? Sentir pena de nós mesmos é a pior decisão que podemos tomar. Trata-se de compreender o princípio 10/90, de Swindoll: assumir a responsabilidade pela sua felicidade e sucesso e se tornar herói feliz em vez de vítima sofredora de sua própria existência.

Autorresponsabilidade é uma realidade libertadora. A crença de que você se colocou ou pelo menos se permitiu colocar, por ação ou inação, em certa realidade. A minha vida hoje é resultado das escolhas que eu tomei. Eu sou responsável por elas.

Os fundamentos do coaching

A boa notícia que a autorresponsabilidade nos traz é que não dependo de ninguém para começar a mudar. Sim, autorresponsabilidade é tomar o leme do barco de sua vida em suas mãos e decidir o rumo. E quando chegar a algum lugar desagradável, basta entender que é você que está no controle, sendo assim basta zarpar e ir em outra direção.

AGIR COM AUTORRESPONSABILIDADE (VIEIRA, 2010)

Agir com autorresponsabilidade significa:

- **Lei I – Não criticar as pessoas:** ajudá-las a focar na solução e na melhoria, e não no erro e fracasso.
- **Lei II – Não reclamar das situações:** contaminamo-nos com o veneno da insatisfação e da crítica.
- **Lei III – Não buscar culpados:** maneira fácil e rápida de se desresponsabilizar.
- **Lei IV – Não se fazer de vítima:** crianças doentes recebem mais amor (criador de vício emocional).
- **Lei V – Não justificar seus erros:** se não houver erros, não há aprendizado, sem aprendizado, não há mudanças.

Como mecanismo de fuga, notamos que frequentemente pessoas alocam a um ser supremo uma responsabilidade que lhes foi atribuída, dizendo: "Minha vida está como Deus quer." Lembre-se do livre-arbítrio e que a palavra "responsabilidade" nada mais é do que a junção de resposta + habilidade, ou seja, como você tem respondido a habilidade, o tempo e os recursos que lhe foram dados.

CASO DA VIDA REAL

O depoimento a seguir foi cedido por uma coachee que experimentou grande transformação no seu pilar de relacionamento romântico, a partir de um exercício de autorresponsabilidade.

> ***Se eu parasse de me esconder*** *talvez eu pudesse conhecer pessoas mais interessantes para me relacionar. Se eu parasse de ter medo de me machucar talvez eu me surpreenderia com a alegria de conquistar. Se eu parasse de esperar talvez eu sentiria a satisfação de alcançar o meu destino. Se eu parasse de me julgar talvez eu despertaria toda a força e beleza que existe em mim.*

O DÉFICIT EMOCIONAL

O déficit emocional e a baixa autoestima nos levam à falta de autorresponsabilidade e à tentativa de mudar os outros. Pressupomos que o problema da nossa vida está no nosso cônjuge, nos nossos pais, nos filhos, no chefe, no funcionário e assim por diante. Pessoas com baixa autoestima são avessas a qualquer tipo de *feedback*, pois sempre o recebem como uma acusação e uma crítica como uma depreciação. Isso leva a uma atitude de reatividade.

Toda mudança começa por você!

POR QUE A CULPA É SEMPRE DO OUTRO?

Leia atentamente o brilhante texto extraído do Jornal *Correio da Semana*, de Sobrado (CE), de autoria de Luciano Lira Macedo (1994):

POR QUE A CULPA É SEMPRE DO OUTRO?

*... Veríssimo que me desculpe, mas atribuir tudo de ruim só ao povo é incorreto e incompleto: o povo é aquilo mesmo, talvez até mais, porém não é o único responsável por tudo estar errado. Tem os **outros** que não prestam.*

*Vamos às eleições de 1989: todos queriam Lula, mas na hora da verdade, vêm os **outros** e votam em Collor. A anarquia que reina no congresso nada tem com o povo, que não vota leis. São os **outros** que votam.*

*Os **outros** fumam nos ônibus e elevadores e nem se preocupam com as boas maneiras ou proibições. (Os **outros** que obedeçam), dizem cinicamente.*

*Quem é que não sabe votar? Quem votou neste político que além de corrupto ficou impune? Quem fura as filas? Quem dirige sem cuidado, achando-se dono das ruas só porque tem carro? Quem entra na contramão? Quem buzina assim que abre o sinal verde? Os **outros** e ninguém mais.*

*Alguém já teve notícias de acidentes que não sejam provocados pelos **outros**?*

*Nunca! Eu quando viajo, nem me preocupo comigo, mas com os **outros** que são irresponsáveis, ultrapassam nas curvas, guiam com excesso de velocidade.*

*Os **outros**, sempre os **outros**. Os **outros** são nossa desgraça! Mas quem afinal, são os **outros**? Devem ser entes sobrenaturais, pois nunca, os **outros** se identificam. Todos criticamos ou nos escondemos por trás dos **outros**, todos projetamos nos **outros** os traços ruins de personalidade, todos esperamos que os **outros** cumpram com o dever, mas ninguém diz quem são os **outros**...*

AUTOVITIMAÇÃO

É a crença de que exerço pouco ou nenhum controle sobre a minha vida. Consequentemente, de que exerço pouco ou nenhum controle sobre meu sucesso.

Confia-se mais em superstições e na sorte de ganhar na loteria do que em criar seu próprio valor.

O PAPEL DE VÍTIMA

É usado quando queremos ganhar algo!

Aprendemos na nossa infância que uma forma de receber mais atenção e amor dos nossos pais é ficando doentes. A seguir descrevemos.

OS TRÊS SINTOMAS DE VITIMAÇÃO

Sintoma 1: A culpa é dos outros!

Quando o sucesso não aparece, as vítimas são ótimas no jogo da culpa. O objetivo do jogo é ver para quantas pessoas e circunstâncias uma vítima consegue apontar o dedo sem jamais olhar para si mesma. As pessoas mais próximas a você são os alvos primários. Crio a minha lista de culpados: a economia, o governo, a bolsa de valores, o ramo de negócio, o patrão, os empregados, o gerente, os clientes, o cônjuge... até mesmo um ser supremo!

Os fundamentos do coaching

Sintoma 2: Sempre há uma justificativa

Quando se racionaliza ou justifica sua situação. Para não assumir a responsabilidade por qualquer insucesso, rapidamente racionalizamos os resultados, como "*isso não era tão importante assim*". Você não teria as coisas que tem se estas não fossem importantes a você... Seu carro, seu papagaio, seu negócio...

Sintoma 3: Viver se queixando

Uma das piores atitudes que se pode ter... Por quê? Onde você foca, expande!

Quando alguém se queixa, acaba se **concentrando** naquilo que **está errado** na sua vida!

Algumas teorias, como **a Lei da Atração**, afirmam que os iguais se atraem: quando alguém reclama, está atraindo coisas ruins para sua vida. Outras palavras: **Pessoas que se queixam tornam-se um ímã de coisas ruins.**

1.5.6 O poder da celebração

Celebre suas conquistas. A celebração é um poderoso combustível para contínua promoção de mudanças e novos resultados. A celebração é o marco de algo muito especial, que acompanha a suspensão de atividades de rotina. Um momento de gratidão. Quando você celebra seu aniversário, por exemplo, você para sua rotina para lembrar e agradecer pelo dom da vida, por existir depois de 15, 30, 60 anos.

A celebração registra uma impressão duradoura em nossa mente e coração.

Alegria é o antídoto ao cansaço e às doenças psicossomáticas. Um conhecido Provérbio de Salomão diz: "O coração alegre é como um bom remédio, mas o espírito abatido seca os ossos."

CELEBRAÇÃO É UM PADRÃO DE COMUNICAÇÃO

O padrão da comunicação determina muito o resultado de nossas vidas. Uma parcela expressiva da nossa comunicação está em nossa linguagem corporal. No processo de transformação e mudança pelo coaching, precisamos compreender o poder da linguagem corporal e usá-la em benefício dos nossos clientes.

Pense na sua reação quando seu time faz um gol em jogo decisivo. O grito de Goooool, os braços levantados em V, o levantar, pular, abraçar é um tipo de celebração.

CELEBRAÇÃO NO COACHING

No coaching, ajudamos nosso coachee a não só reconhecer ganhos, conquistas e mudanças, como a celebrá-las, sejam elas pequenas ou grandes.

Segue uma lista de ideias de diferentes tipos de celebração que pode estabelecer durante as sessões:

- Bradar de vitória
- Agradecer a Deus de todo o coração
- Comemorar em um lugar especial: fazer algo inusitado
- Estar com uma pessoa amada

- Doar-se a alguém
- Presentear-se
- Escrever uma carta a você de elogio e encorajamento
- Festejar
- Fazer um brinde
- Viajar
- Abraçar
- Levantar os braços em V
- Sorrir
- Chorar
- Ser generoso
- Amar ou se deixar amar
- Fazer novas escolhas
- Presentear
- Bradar
- Agradecer a alguém
- Homenagear
- Validar
- Perdoar
- Reconciliar
- Confraternizar

Peça para o seu coachee compor a sua própria lista de celebração, de maneira divertida e criativa, invente formas de marcar, lembrar, vibrar e agradecer.

COMO ELABORAR UM SISTEMA DE CELEBRAÇÃO?

Uma forma simples e prática de elaborar um sistema de celebração é seguir os dois passos a seguir.

- **Passo 1:** Estabeleça três níveis de conquistas.

O primeiro nível será chamado de "**Pequenos Ganhos**", como, por exemplo, pequenas mudanças a incorporar no seu dia a dia, uma caminhada matutina, fazer um elogio por dia ao seu cônjuge ou a pessoas no seu trabalho, e assim por diante.

O segundo nível será chamado de "**Marcos Especiais**". Nesta categoria, coloque ganhos importantes que demonstram avanços em sua vida, como uma promoção na empresa, perder 10 kg, conseguir uma certificação que buscava etc.

Por fim, o terceiro nível está reservado a "**Eventos Únicos**" na sua vida, realmente especiais, que serão vividos somente uma vez, como a celebração de bodas de prata (25 anos de casado), concluir seu doutorado ou conquistar seu primeiro milhão e assim por diante.

- **Passo 2:** Faça uma relação de formas de celebração e premiação para cada nível.

Crie sua lista exclusiva e criativa para celebrar suas conquistas nas três categorias, que podem variar desde um simples abraço ou um brado de vitória até uma viagem de cinco dias para o Taiti em um dos seus *resorts* luxuosos. O céu é o limite. Divirta-se e crie uma lista estimuladora e alegre que o colocará com vontade de começar seu planos.

Veja o modelo na **Imagem 1.5.6**.

Os fundamentos do coaching

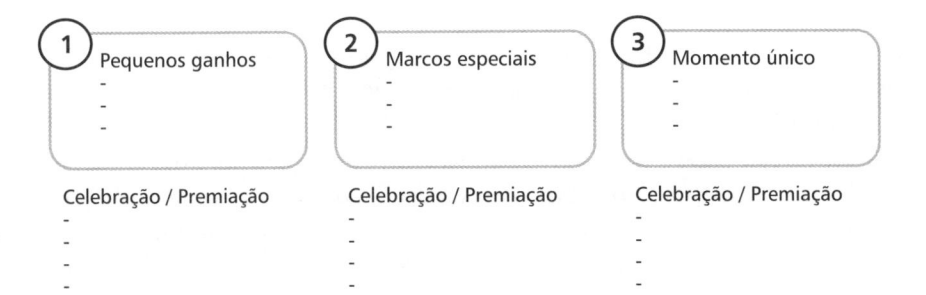

(1) Pequenos ganhos	(2) Marcos especiais	(3) Momento único
-	-	-
-	-	-
-	-	-
Celebração / Premiação	Celebração / Premiação	Celebração / Premiação
-	-	-
-	-	-
-	-	-

Fonte: <www.coaching4.com.br>.

Imagem 1.5.6 Sistema de celebração

AS CINCO CHAVES DA CELEBRAÇÃO

Celebrar a vida diariamente é desencadear um tremendo poder em sua vida, um poder que faz cada dia único e especial e que lhe permite viver sua vida ao máximo. Vamos conhecer cinco chaves para desfrutar de uma vida com Alegria:

- **Chave 1:** Viva o agora
- **Chave 2:** Liste suas bênçãos
- **Chave 3:** Doe-se
- **Chave 4:** Aprecie seus entes queridos
- **Chave 5:** Aprecie o mundo à sua volta

Chave 1: viva o agora

A primeira chave para celebrar a vida é esquecer temporariamente o futuro. Esqueça os seus sonhos e ambições. Ao mesmo tempo, esqueça o que aconteceu no passado. Concentre-se apenas em experimentar o momento. Muitos não conseguem curtir sua celebração, pois, depois de suas conquistas, imediatamente começam uma próxima etapa. O foco excessivo no futuro pode fazê-lo perder preciosos momentos presentes que não voltam mais. É deixar de olhar somente para onde queremos chegar, mas também para onde estamos agora.

Chave 2: liste suas bênçãos

Embora seja perfeitamente natural que todos nós desejemos crescer mais, fazer mais, ser e ter mais, é muito importante apreciarmos regularmente a abundância do que já temos.

Olhe para sua vida e perceba como você já cresceu ao longo dos últimos meses ou anos. Aprecie o teto sobre sua cabeça, a comida na mesa e as roupas no armário. Aprecie o dinheiro que você tem em sua carteira ou bolsa e os móveis que tem em sua casa.

Pode ser que você não ache que tem muito na forma de bens materiais, mas, em comparação com os milhões de pessoas que vivem em plena miséria, você tem muito a agradecer. Expresse sua gratidão dessa maneira e encontrará contentamento.

Chave 3: doe-se

Quando paramos e percebemos o quanto temos e como somos abençoados, é natural querermos partilhar a nossa alegria e prosperidade com os menos afortunados do que nós mesmos.

O que poderia dar: contribuir com instituições de caridade; dar uma carona para alguém sem transporte; dar uma cesta básica para uma família que você sabe que está lutando financeiramente; dar um brinquedo para um hospital infantil ou orfanato local; dar algum tempo para alguém que você sabe que é solitário e precisa de um amigo.

Chave 4: aprecie seus entes queridos

Aprecie deliberadamente seus entes queridos.

Pense nas pessoas que você ama e que o amam e perceba o quão rica é a sua vida por causa dessas pessoas. Podem ser amigos, pais, irmãos, primos, filhos ou netos. Não importa quem são, expresse seu amor e gratidão a essas pessoas por trazer tanta alegria e amor em sua vida. Como compartilhar? Dar um presente, fazer uma homenagem, ajudar em alguma necessidade.

Chave 5: aprecie o mundo à sua volta

Muitas pessoas hoje desprezam o mundo em que vivem. Elas se concentram nas desgraças, guerras, fomes, terremotos, violência e corrupção, que são tantas vezes as principais notícias.

Mas o mundo tem uma série de aspectos positivos que podemos apreciar, observando toda a beleza, a bondade e as maravilhas do mundo em que vivemos.

MAPEAMENTO COMPOSTO

Essa é uma atividade prática que pode aplicar em você e nos seus coachees, com uma sequência de cinco perguntas-chave sobre sua vida:

Chave 1: o que está acontecendo hoje que está perdendo?

- *Chave 2: quais são os tesouros da sua vida?*

- *Chave 3: quem pode se beneficiar com seu tempo e sua atenção?*

- *Chave 4: quando foi a última vez que expressou seu amor?*

1

Os fundamentos do coaching

● *Chave 5: o que o silêncio e a quietude poderiam ensinar a você hoje?*

1.5.7 Contágio social

Raramente nos damos conta de que opiniões, atitudes e até estados de humor daqueles com quem convivemos, mesmo sem muita proximidade, **influenciam de forma intensa** nossos pensamentos, sentimentos e ações.

É sobre isso este último promotor de mudança. Qual tem sido a influência dos seus relacionamentos no seu progresso? Positiva?

CONTÁGIO SOCIAL

O conceito de "contágio social" foi publicado por Nikolas Westerhoff na revista *Scientific American*; ele aplicou métricas para medir a probabilidade de influências externas em nossos próprios comportamentos. Westerhoff defende a ideia de que não apenas agentes patogênicos são transmitidos de uma pessoa para outra, mas também comportamentos – seja o riso ou atos suicidas, decisões sobre compras ou costumes alimentares.

Esse "**contágio social**" domina várias áreas de nossa vida, frequentemente sem que tenhamos consciência disso.

A EPIDEMIA DE RISO DE TANGANIKA

Um fenômeno social trouxe indagação no meio científico sobre uma epidemia de riso que se expandiu e chegou a atingir centenas de quilômetros no oeste da África.

Em 30 de janeiro de 1962, três moças de um vilarejo na Tanzânia tiveram um ataque de riso incontrolado. Seu acesso durou várias horas, e foi contagioso.

Até 18 de março, 94 habitantes caíram em uma alegria histérica. Dez dias mais tarde, o riso atingiu a província de Nshamba, **a 90 km dali**.

PESQUISA NORTE-AMERICANA

Uma pesquisa norte-americana avaliou as relações sociais de mais de cinco mil cidadãos norte-americanos para verificar o grau de influência alimentar e de regularidade de atividade física.

Foi constatado que os hábitos dependiam intensamente do fato de os **três amigos mais próximos** do sujeito terem engordado ou emagrecido. Os aumentos de peso estavam associados a contatos sociais bastante variados: cônjuges e irmãos, por exemplo, parecem se influenciar tanto quanto colegas ou amigos.

QUEM SÃO AS TRÊS PESSOAS MAIS PRÓXIMAS E COMO ESTÃO INFLUENCIANDO VOCÊ

"Diga-me com quem andas que eu te direi quem és" é um ditado popular que melhor expressa o poder que o contágio social exerce sobre nós. Mudanças de vida muitas vezes afetam os tipos de relacionamento que nutrimos. Rupturas geram novas redes de contato.

Se você decidir parar de beber, pode ser que seus amigos parem de convidá-lo para sair. Se decidir crescer na empresa, talvez os "reclamões vitimizados" parem de convidá-lo para tomar café. Quando decido ganhar dinheiro, os "autocomiserados no ciclo de pobreza" percebem que o ritmo de vida mudou.

MAPA DA SOLIDÃO

O fenômeno "contágio social" se estende também a **posturas e emoções**: os dados relativos a como milhares de pessoas regularmente se sentem foram transformados pelos pesquisadores em uma **espécie de mapa**.

Se um amigo que mora nas redondezas sente-se só, nossos próprios dias solitários aumentam. O sentimento de solidão é transmitido mesmo entre conhecidos sem ligação: se o vizinho se sente assim durante dez dias no ano, acrescentam-se dois dias do outro lado da cerca.

Segundo a pesquisa, somente entre pessoas que moram a mais de um quilômetro e meio de distância esse efeito se perde.

2
AS FERRAMENTAS DO COACHING

2.1 Perguntas eficazes

> *"Comandar ou fazer perguntas fechadas evita com que as pessoas tenham que pensar. Já fazer perguntas abertas levam-nas a pensarem por si mesmas."*
>
> John Whitmore

2.1.1 A natureza das perguntas

POR QUE PERGUNTAR?

Por que usar perguntas se é muito mais rápido e prático fazer uma recomendação?

De maneira simplificada, são as perguntas que têm o poder de nos fazer pensar, nos levam a respostas em que realmente acreditamos e nos motivam a agirmos. Um processo de mudança não se reduz a ter uma resposta, mas também a estar motivado a agir. As perguntas, e não as respostas, são as grandes geradoras de autoconsciência e autorresponsabilidade. Por isso, as perguntas são a forma primária de comunicação no coaching.

A arte de fazer perguntas é uma das grandes habilidades do coach. Qualquer tipo de pergunta? Não, no coaching buscamos desenvolver a assertividade ou eficácia de colocar um tipo de pergunta na hora certa. Sim, buscamos **perguntas eficazes**.

Desenvolver a habilidade de fazer perguntas eficazes é como aprender a tocar um instrumento, precisa de prática e tempo.

PROCESSO DE *DISCOVERY*

O processo de *"discovery"* (autodescoberta) experimentado pelo coachee é tão importante quanto a sua conclusão.

Um dos maiores desafios para o coach é seu condicionamento de comandar, opinar, sugerir e treinar pessoas a fazer as coisas de certa maneira. Lembre que cada um tem o seu próprio Mapa de Vida, inclusive o coach. O que pode parecer óbvio para um não é para o outro. No coaching, precisa-se superar a tentação de aconselhar. Aconselhamentos são julgamentais (de situações ou atitudes). Esses aconselhamentos podem levar a comandos muitas vezes ineficazes, além de produzir uma relação de dependência entre o coach e o coachee, que pode comprometer toda a construção de uma relação empoderadora.

PERGUNTAS SÃO ILIMITADAS E ATEMPORAIS

O sistema de educação preponderante é aquele que estimula a resposta, e não a pergunta. As pessoas pagam caro para obterem respostas e soluções para seus problemas. No coaching, todavia, a **pergunta é a solução**, as respostas são de importância secundária. É a pergunta que libera o mundo das possibilidades, das oportunidades e da criatividade. Ela abre horizontes e a visão. **Perguntas são ilimitadas e atemporais, ou seja, elas extrapolam os limites** em um contexto limitado ou uma circunstância temporal na qual alguém se encontra. Fundamentalmente, nos leva a responder ao que acreditava não haver respostas.

As ferramentas do coaching

Respostas convergem a visão, concentram em certo aspecto ou perspectiva. Perguntas são importantes para ativar a autoconsciência e levar à ação.

Uma das principais preocupações de um técnico de futebol (coach esportivo) é que os jogadores fiquem de olho na bola. Isso poderia ser feito de duas maneiras:

- **Por Comando:** *"Mantenha seus olhos na bola."*

Isso funciona? Se comandar funcionasse, os resultados seriam outros dentro de um jogo.

- **Perguntas Eficazes:** *"Você está de olho na Bola?"*

Essa pergunta exige foco para uma resposta acurada. Ela leva à ação!

CARACTERÍSTICAS DAS PERGUNTAS EFICAZES (PEs)

Uma pergunta eficaz é aquela que leva o coachee a aumentar o seu foco no que está respondendo. Compele-o a focar onde geralmente só passaria os olhos. PEs demandam um nível maior de detalhe e clareza de natureza descritiva e não julgamental, o que minimiza o risco de levar a um sentimento de autodepreciação ou autocrítica. Perguntas eficazes devem resultar em uma resposta com uma ou mais destas cinco características:

a. **Autoconsciência**
b. **Autorresponsabilidade**
c. **Ação/Atitude**
d. **Visão do futuro**
e. **Solução de um problema**

Responder a uma PE também requer um nível de concentração, reflexão e consciência.

A seguir, descreveremos as principais características para elaborar e aplicar perguntas eficazes:

- **Perguntas abertas:**

São perguntas descritivas que aumentam o nível de consciência. Perguntas fechadas levam às respostas "sim" e "não" e fecham a porta para continuar explorando outros detalhes. Essas perguntas geralmente começam com palavras que evocam quantificação e agrupamento de fatos, como as palavras **o que**, **quando**, **quem** e **quanto**. Esse tipo de pergunta privilegia um modelo mental de observação e não de pensamento analítico. Adicionalmente, uma demanda por detalhes manterá seu coachee interessado no assunto.

Exemplo:

- Você gosta do seu trabalho? (fechada)
- O que você mais/menos gosta no seu trabalho? (aberta)

- **Perguntas orientadas principalmente para o futuro:**

Todo o trabalho de coaching é orientado para o futuro a partir de novas escolhas e decisões tomadas com base em novos recursos.

Exemplo:

- Por que nada deu certo até hoje? (passado)
- Como será sua vida se der o melhor que puder? (futuro)

Perguntas orientadas sempre para a ação:

Justificar os erros do passado não os concerta e muito menos promove mudanças para o futuro. Perguntas que remetem a justificativas devem ser evitadas, pois privilegiam a postura de vitimação e passividade.

Exemplo:

- Por que você fez isso? (justificativa)
- Como vai escolher agir daqui para a frente? (ação)

Perguntas orientadas para solução e objetivos:

Escolha perguntas que, em vez de focarem no problema, foquem no objetivo. Em vez de focar nas demandas que sofremos, foque nas novas escolhas que podemos fazer.

Exemplo:

- O que você tem que fazer? (demandas enfraquecem)
- O que escolhe fazer? (escolhas empoderam)

PERGUNTAS FRACAS E FORTES

Perguntas que começam com **"por que"** normalmente não são PEs, pois têm uma característica analítica. Devem ser usadas somente quando se busca compreender as razões, os motivos e o propósito ou mesmo evocá-los. Elas costumam gerar **respostas fracas, caracterizadas por**:

- Facilitar a justificativa.
- Se parecem com acusação.
- A resposta foca o problema (passado) e não a solução (futuro).

Ex.: *Por que você não fez nada para evitar isso?*

Busque, sempre que possível, substituir perguntas com **"por que"** por perguntas com **"o que"**.

PERGUNTAS POBRES X PERGUNTAS EFICAZES

1) PERGUNTAS POBRES	2) PERGUNTAS EFICAZES
O que **devo** fazer?	**O que** eu quero?
De quem é a **culpa**?	**Qual é a solução**?
Por que eles fizeram isso comigo?	**Qual a motivação** dessa atitude?
Por que isso está acontecendo comigo?	**O que** você **pode fazer** para resolver essa situação?
Por que eles disseram isso para me ofender?	O que pode tê-los feito dizer isso?
Por que isso aconteceu comigo?	O que eu posso aprender com isso?

A SEQUÊNCIA DAS PERGUNTAS

A sequência de perguntas que irá utilizar em seu processo de coaching dependerá do modelo de aplicação de coaching que escolher aplicar. A primeira é a forma tradicional e mais conhecida, apresentada por muitos autores e coaches renomados:

- **Identificação do Estado Atual (EA):** explorar as características da realidade atual.
- **Projeção do Estado Desejado (ED):** estabelecimento de objetivos de curto e longo prazo.
- **Construção do Plano de Ação (PA):** desenvolver estratégias e planos sequenciados de ação.

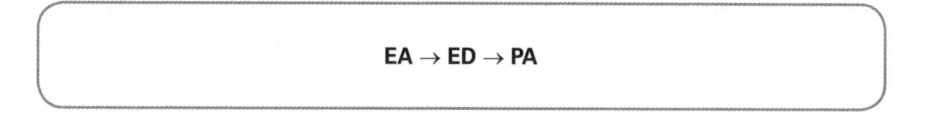

> EA → ED → PA

Há, contudo, outro modelo sequencial bastante utilizado em processo de coaching, conhecido como **GROW** (acróstico da palavra CRESCER em inglês), que representa uma sequência de quatro etapas:

- *Goal* (Objetivo): Objetivos para a sessão, para o longo e curto prazo.
- *Reality* (Realidade): Explorar a situação atual.
- *Options* (Opções): Alternativas de estratégia e planos de ação.
- *What* (O que): O que será feito, Quando, Por quem e o Propósito de se fazer.

Autores e coaches que usam esse modelo sugerem que em um processo de coaching, quando se estabelecem objetivos a partir da realidade atual, tende-se a minimizar o alvo, pois se baseia no desempenho limitado do passado. Autores e coaches que defendem a linha tradicional sugerem que, sem um ponto de partida claro, os objetivos ficam abstratos e desconexos.

Neste livro, optamos por abordar uma terceira alternativa: o "Ciclo de Coaching em seis estágios" que será estudado em detalhe na seção 3.1 – O ciclo de coaching, da Parte 3. Este modelo se baseia na forma tradicional "EA-ED-PA", todavia se propõe a detalhar a sequência de coaching em seis etapas, propiciando maior clareza ao coach de uma sequência de trabalho e de resultados importantes em cada uma de suas etapas.

Seja lá qual for o sistema sequenciado pelo qual opte, é imprescindível que seja comunicado na forma de perguntas eficazes, promovendo a autoconsciência e autorresponsabilidade. A partir destas, um conjunto de recursos se disponibilizará e empoderará o coachee para maiores e melhores resultados, conforme demonstrado na versão adaptada de Whitmore (2009).

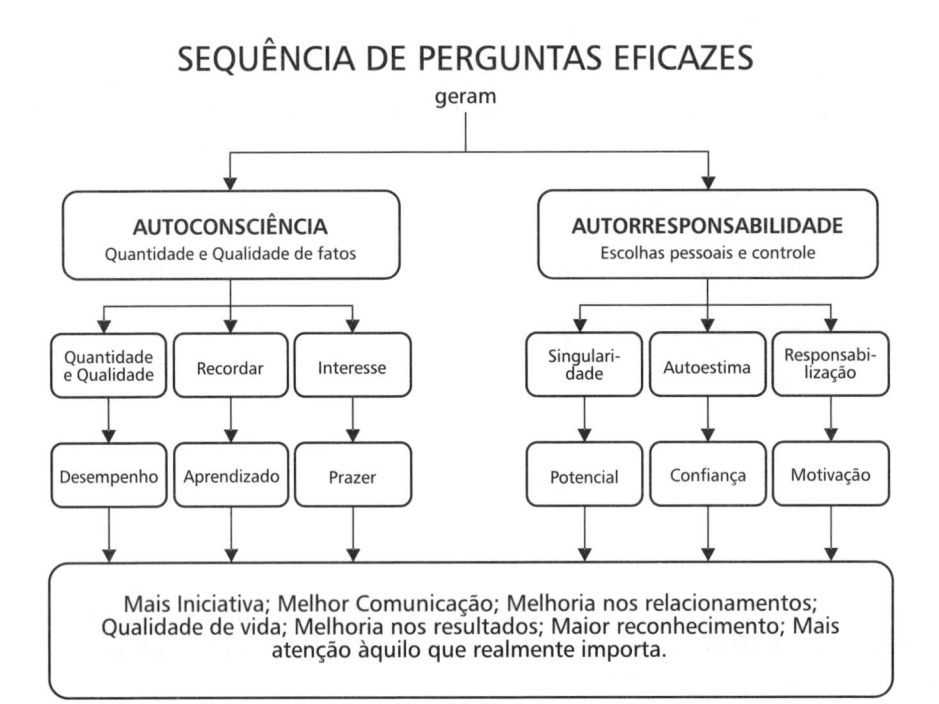

SEQUÊNCIA DE PERGUNTAS EFICAZES
geram

AUTOCONSCIÊNCIA
Quantidade e Qualidade de fatos

- Quantidade e Qualidade
- Recordar
- Interesse
- Desempenho
- Aprendizado
- Prazer

AUTORRESPONSABILIDADE
Escolhas pessoais e controle

- Singularidade
- Autoestima
- Responsabilização
- Potencial
- Confiança
- Motivação

Mais Iniciativa; Melhor Comunicação; Melhoria nos relacionamentos; Qualidade de vida; Melhoria nos resultados; Maior reconhecimento; Mais atenção àquilo que realmente importa.

Fonte: Adaptada de Whitmore (2009).

Imagem 2.1.1 Sequência de perguntas eficazes

SUPOSIÇÕES DO COACH

Por mais que o coachee ainda não tenha consciência disso, sabemos que as respostas já estão com ele. O trabalho do coach é ajudar a desobstruir, desentalhar os pensamentos e o excesso de informações e ajudá-lo a ponderar sob uma outra lente.

Como sabemos, o coach não responde, porém ele supõe, pois normalmente as perguntas estão cobertas de suposições subliminares. Suposições podem ser testadas por meio de perguntas eficazes. Essas suposições também são chamadas de alucinações do coach. São impressões que ficaram quando observamos a comunicação verbal e não verbal do coachee durante sua descrição dos fatos.

Uma suposição poderá servir de guia para o coach abordar com maior profundidade certo assunto que considera relevante no contexto do coachee.

QUATRO TÉCNICAS DE SUPERAÇÃO DE PAREDES DE PERGUNTAS

Há certas paredes que encontramos enquanto conduzimos perguntas com o nosso coachee que precisam ser superadas. A principal delas é a reposta "Não sei".

A resposta "não sei" é absolutamente limitadora, inconclusiva, reativa, passiva e conduz a um estado de vitimação, pois, enquanto não sei, não preciso agir ou mudar. Use as perguntas a seguir para lhe guiar por esse labirinto:

As ferramentas do coaching

- **Crie possibilidade:** "E se soubesse (tivesse certeza de___), o que faria (como seria)?"
- **Amplie a visão:** "Qual conselho você daria a um amigo na sua situação?"
- **Crie recurso:** "Quem (o que) poderia lhe ajudar a esclarecer isso?"
- **Desafie a responsabilização:** "Não sabe, ou evita pensar sobre isso?"

EXERCÍCIOS E TREINO DE PERGUNTAS

É preciso de uma dupla para praticar estes exercícios:

- **EXERCÍCIO 1:**

    Cliente: *Fale com sete palavras seu problema.*
    Coach: *Pergunta com seis palavras sobre o problema.*
    Cliente: *Responde com cinco palavras a pergunta sobre o problema.*
    Coach: *Pergunta com quatro palavras sobre o problema.*
    Cliente: *Responde com três palavras.*
    Coach: *Pergunta com duas palavras sobre a questão.*
    Cliente: *Responde com uma palavra.*

- **EXERCÍCIO 2:**

    Em duplas, identifique com seu cliente/colega **o pilar (área de vida) que mais deseja trabalhar** *e desvende o estado atual de seu coachee usando PEs; anote de maneira adequada.*

    Sugestão de pergunta: *Quais são as três coisas que você mudaria na sua vida hoje, se tivesse certeza de que não iria falhar?*

EXEMPLOS DE PERGUNTAS EFICAZES

Há uma variedade de perguntas que podem ser feitas. Deixamos uma seleção de 50 ótimas perguntas que podem ser aplicadas em diferentes momentos e situações de uma sessão de coaching:

1. Como você cresceu esta semana?
2. O que você conseguiu esta semana?
3. Quem você serviu?
4. O que você aprendeu?
5. Quem mais se beneficiará?
6. Pelo que você é grato?
7. Quem é grato por você?
8. Como você pode virar esse jogo e ter melhores resultados na próxima vez?
9. De uma escala de 1 a 10, quão honesto você tem sido sobre isso com os outros?
10. Como você gostaria que fosse?
11. O que está prendendo você hoje?
12. O que isso significa para você?

13. Você está focado no que está errado ou no que é certo?
14. Como você pode descobrir?
15. Você quer isso para seu próprio bem ou está tentando evitar algo mais?
16. Qual é a vantagem desse problema?
17. Quem mais está sofrendo com isso?
18. O que sua intuição lhe diz sobre isso?
19. Quais regras de vida precisam ser desafiadas?
20. Se você mudar a sua crença sobre isso, o que seria possível?
21. Qual dos seus valores fundamentais esse objetivo está refletindo?
22. Qual é o primeiro passo que você precisa tomar para alcançar seu objetivo?
23. Qual é o pior que pode acontecer, e você pode lidar com isso?
24. Qual o custo de não fazer nada no longo prazo?
25. Você está agindo com fé ou com medo?
26. Se você não estivesse com medo, o que você faria?
27. O que você está fingindo não saber?
28. Como você poderia ter essa conversa de maneira que ela empodere os envolvidos?
29. O que poderia fazer a diferença e mudar tudo?
30. Se a sua vida fosse orientada exclusivamente em torno de seus valores, como ela seria?
31. O quanto de prazer e satisfação terá se atingir esse objetivo?
32. O que pode aprender com esse problema?
33. Como você pode criar mais valor com menos esforço?
34. O que você está disposto a fazer para melhorar essa situação?
35. O que você está disposto a sacrificar para melhorar essa situação?
36. O quanto você está disposto a se comprometer aqui?
37. Você prefere trabalhar mais ou delegar isso?
38. Se essa fraqueza fosse também uma força, como a chamaria?
39. Como você pode usar isso para que se torne um benefício?
40. Quem pode ajudá-lo com isso?
41. Como o seu habitat atual apoia você em se tornar quem você decidiu se tornar?
42. Quais recursos você precisa para ter sucesso aqui?
43. Que tipo de plano você precisa a fim de atingir os seus novos objetivos?
44. Qual será o seu impacto daqui a 100 anos?
45. Em quem você precisaria se tornar, a fim de ter sucesso aqui?
46. Pelo que você é responsável aqui?
47. Isso é uma suposição ou há evidências?
48. Como você pode aprender o que você precisa saber sobre isso?
49. Como é que vai transformar a sua vida com esse novo conhecimento?
50. Como você tem mudado o mundo para as gerações vindouras?

As ferramentas do coaching

2.1.2 Segmentação e classificação das perguntas eficazes
CATEGORIZAÇÃO DE PERGUNTAS

Uma das formas de começar a se familiarizar com perguntas eficazes é criando sua própria lista. Crie suas **50 perguntas mais poderosas** e as tenha na ponta da língua. Para organizá-las em sua mente, crie categorias que ajudarão você a conduzir sua sessão sem se perder ou aplicar perguntas sem uma direção clara. Não há nada de errado em usar roteiros no começo. A ideia não é que fique preso a eles, para realmente ouvir o que seu coachee está dizendo. Contudo, ter uma colinha pode fazê-lo ficar mais relaxado e permitir fluir nas primeiras sessões.

Seguem algumas ideias de grupos e categorias para suas perguntas:

Agenda	Experiência
Amigos/Social	*Feedback*
Antecedentes/Passado	Filhos/Legado/Sucessão
Aprendizado/*Insights*	Financeiro
Autenticidade/ Identidade	Futuro ideal
Autorresponsabilidade	Ganhos
Avaliação	Hipóteses
Capacidade	Identificação de GAPs
Casamento/Romance	Limites
Celebração	Motivação
Confiança	Mudança de hábito
Conflito	Necessidades
Crenças	Objetivos
Decisão	Obstáculos
Definição de problema	Paixão
Desafio	Papéis
Desejos	Personalidade
Desenvolvimento pessoal	Plano de Ação
Direcionadores	Possibilidade
Diversão/Criatividade	Prazos
Drenadores	Prioridade
Emoções	Progresso
Energia	Profissional/Carreira
Enquadramento/Perspectiva	Propósito
Equilíbrio/Ecologia	Quebra-gelo
Equívocos	Recompensa
Espiritual	Remorso

Satisfação
Saúde/*Fitness*
SMART
Sonhos

Tudo ou nada
Valores
Visão

SEGMENTAÇÃO E CLASSIFICAÇÃO DE PEs

■ *AGENDA*
- Que dia começará?
- Qual a frequência semanal disso?

■ *AMIGOS/SOCIAL*
- Qual o seu saldo hoje com seus amigos (superávit/déficit)?
- O que seus amigos falam de você?

■ *ANTECEDENTES/PASSADO*
- Como você descreveria o que fez (o que fizeram)?
- Quando foi a última vez que _____?

■ *APRENDIZADO/INSIGHTS*
- O que aprendeu com _____?
- Que fichas caíram?

■ *AUTENTICIDADE/IDENTIDADE*
- O que vê quando olha no espelho?
- Qual foi o momento da vida em que se sentiu mais vivo? Sentiu o verdadeiro Eu?

■ *AUTORRESPONSABILIDADE*
- Como você pode assumir o controle da situação?
- O que você deve fazer para eliminar as interferências externas?

■ *AVALIAÇÃO*
- Em uma escala de 1 a 10, onde você está hoje?
- Em uma escala de 1 a 10, quão severa e urgente é essa situação?

■ *CASAMENTO/ROMANCE*
- Como você se sente sobre seu relacionamento?
- Você já tentou tudo?

■ *CAPACIDADE*
- Do que se sente (in)capaz hoje?
- O que o faria sentir-se empoderado para isso?

As ferramentas do coaching

- **CELEBRAÇÃO**
- Qual é primeira coisa que fará quando chegar lá?
- O que vale a pena ser celebrado hoje?

- **CONFIANÇA**
- Em qual destas opções se sente preparado para agir?
- Como superou algo assim no passado?

- **CONFLITO**
- Existem conflitos que estão sendo ignorados/evitados por você?
- No que vocês concordam?

- **CRENÇAS**
- E se isso não for verdade?
- Com qual crença seria mais difícil para você se desapegar hoje?

- **DECISÃO**
- Qual a decisão que se compromete que mudará tudo?
- Como essa decisão se encaixa com o que você quer?

- **DEFINIÇÃO DE PROBLEMA**
- O que está acontecendo hoje que parece fora de controle?
- Qual a situação atual que você mais frequentemente se vê narrando aos outros?

- **DESAFIO**
- Qual é a parte mais difícil e desafiadora nisso pra você?
- Como você se sentiria dobrando a meta?

- **DESEJOS**
- O que você realmente quer?
- Ao que você está resistindo?

- **DESENVOLVIMENTO PESSOAL**
- Que tipo de habilidade/conhecimento gostaria de desenvolver?
- Qual o próximo nível que gostaria de desenvolver?

- **DIRECIONADORES**
- O que você quer mais na sua vida hoje?
- O que você quer menos na sua vida hoje?

- **DIVERSÃO E CRIATIVIDADE**
- O que renova você mentalmente?
- Qual é uma forma de se divertir mais na sua vida hoje?

As ferramentas do coaching

- **DRENADORES**
  - O que/Quem mais drena sua energia hoje?
  - Você tem dormido o suficiente?

- **EMOÇÕES**
  - Qual tem sido seu estado emocional predominante nos últimos dois meses?
  - Como você tem administrado a ansiedade em sua vida?

- **ENERGIA**
  - O que o inspiraria a ter energia ilimitada?
  - O que o energiza?

- **ENQUADRAMENTO/PERSPECTIVA**
  - Qual poderia ser uma visão positiva sobre esse assunto?
  - Como você tornaria um alvo algo que está querendo evitar hoje?

- **EQUILÍBRIO/ECOLOGIA**
  - Qual parte da sua vida está deixando de lado?
  - Como suas decisões hoje estão afetando seu futuro?

- **EQUÍVOCOS**
  - O que seus erros lhe ensinaram?
  - Com o que não quer mais desperdiçar seu tempo?

- **ESPIRITUAL**
  - Quando foi a última vez que sentiu amor incondicional?
  - O que o faz sentir-se mais próximo e conectado de Deus?[1]

- **EXPERIÊNCIA**
  - Só porque aconteceu no passado, é certo que aconteça de novo?
  - Qual experiência gostaria de criar/adquirir no futuro?

- **FEEDBACK**
  - Como você avalia o resultado disso?
  - O que as pessoas sinceras têm dito para você sobre isso?

- **FILHOS/LEGADO/SUCESSÃO**
  - Seus filhos o olham como modelo na vida deles?
  - Como sua vida impactará pessoas daqui a 100 anos?

- **FINANCEIRO**
  - O quanto é suficiente pra você?
  - Como descreveria seu relacionamento com o dinheiro?

---

[1] As perguntas são de natureza ilustrativa, visando aproximar o coachee da realidade que busca. Caberá a cada coach a sensibilidade de usar a linguagem que seu coachee compreenda, ou que se identifique.

As ferramentas do coaching

■ FUTURO IDEAL
- Como seria seu dia extraordinário?
- Se não existissem limites e fronteiras, qual seria seu futuro ideal?

■ GANHOS
- Quais mudanças já têm percebido?
- O que você passou a reconhecer em você?

■ HIPÓTESES
- Qual é a melhor ou pior coisa que poderia acontecer com essa escolha?
- Se você ganhasse uma hora extra por dia, o que faria?

■ IDENTIFICAÇÃO DE GAPS
- Qual é o maior GAP de sua vida hoje?
- O que levaria para zerar esse GAP?

■ LIMITES
- O que o está impedindo de realizar seu objetivo?
- O que colocaria em jogo por isso?

■ MOTIVAÇÃO
- O quanto está disposto a investir para que isso aconteça?
- O que seu ídolo faria nessa situação?

■ MUDANÇA DE HÁBITOS
- O que não pode mais continuar na sua vida?
- Quais hábitos mais deseja mudar em você?

■ NECESSIDADES
- O que está faltando?
- Você conseguiria viver sem isso?

■ OBJETIVOS
- Quais são os três objetivos que gostaria de realizar nos próximos três meses?
- Quais são seus objetivos mais audaciosos nessa área?

■ OBSTÁCULOS
- O que acha que o tem bloqueado?
- Quais obstáculos espera encontrar?

■ PAIXÃO
- O que você ama?
- Em qual área da sua vida está faltando paixão?

As ferramentas do coaching

- **PAPÉIS**
  - Qual o papel que gostaria de estar exercendo nessa situação?
  - Que mudança de papéis faria na equipe para _____?

- **PERSONALIDADE**
  - Como acha que sua personalidade pode influenciar positivamente seu/sua _____?
  - Se fosse redefinir completamente sua personalidade, quais são as três características que manteria?

- **PLANO DE AÇÃO**
  - Como exatamente vai fazer isso?
  - Qual é a melhor estratégia para isso?

- **POSSIBILIDADE**
  - Se tudo fosse possível, o que faria?
  - E se não fizer nada, o que acontece?

- **PRAZOS**
  - Até quando espera ter isso cumprido?
  - Quando começa?

- **PRIORIDADE**
  - Em que geralmente você tende a focar mais?
  - A quais três coisas você dedicará mais tempo nesta semana?

- **PROGRESSO**
  - Onde você está hoje em relação ao seu objetivo?
  - Como saberá que chegou lá?

- **PROFISSIONAL/CARREIRA**
  - Que tipo de atividade o faria ansiar pela segunda-feira de manhã?
  - O que os seus colegas de trabalho ficariam surpresos de saber sobre você?

- **PROPÓSITO**
  - O que o moveria a fazer mais?
  - Sobre o que é a sua vida? Qual o seu propósito?

- **QUEBRA-GELO**
  - Você é da cidade mesmo?
  - Tem animais de estimação?/Para qual time você torce?

- **RECOMPENSA**
  - O que espera ganhar com isso?
  - Como você se sente só de imaginar em concretizar o que deseja?

As ferramentas do coaching

● REMORSO
- Qual história sente segurando sua vida?
- Quais "deveria" está disposto a jogar fora da sua vida?

● SATISFAÇÃO
- O que elevaria ____ pontos na sua escala de satisfação?
- Os seus sucessos têm lhe trazido a satisfação que esperava?

● SAÚDE/FITNESS
- O que mudaria no seu corpo?
- Quantos anos espera viver com seus hábitos atuais?

● SMART
- Aonde exatamente quer chegar?
- Sua meta é controlada por você?

● SONHOS
- Se descobrisse que está morrendo hoje, o que seria decepcionante não ter vivido?
- Se pudesse mudar uma coisa na sua vida na terra, o que seria?

● TUDO OU NADA
- Se tivesse mais três dias de vida, o que faria?
- Se sua felicidade dependesse disso, até aonde iria?

● VALORES
- O que não é negociável para você?
- Quais valores você irá começar a priorizar?

● VISÃO
- Onde se vê daqui a cinco anos?
- O que realmente o inspira?

2.1.3 Como fazer perguntas?

Teremos uma seção completa adiante neste livro para tratar da postura do coachee em sessão. Queremos, portanto, somente destacar algumas características que devem ser observadas ao se considerar a forma de fazer e aplicar as perguntas.

a. **Ouça ativamente:** para perguntar é preciso ouvir. Ouça para entender, com respeito e empatia, olhando para o coachee. A confiança pode ser perdida caso se perceba que não há qualidade de atenção no que se diz.

b. **Calibre seu tom de voz:** seu tom de voz é a emoção que trará para sua pergunta. Uma pergunta monotônica indica um *script* sendo lido. Seja desafiador e enérgico ou pacífico quando couber, para cada pergunta.

c. **Use a linguagem corporal:** tanto sua expressão facial quanto sua postura corporal mostrarão seu nível de interesse, como uma postura inclinada para o coachee. Evite falar com a mão sobre a boca, pois indica ansiedade ou incerteza. Evite ficar com os braços cruzados, pois indica resistência ou intimidação. Uma postura aberta sugere receptividade e flexibilidade, por isso mantenha-se consciente de sua linguagem corporal e do que ela está comunicando.

Por fim, não critique as respostas do cliente e sempre as respeite, por mais absurdas que elas sejam para você. Enquanto perguntar, lembre-se de que seu coachee é completamente capaz e ilimitado de potencial.

2.2 Ferramentas de Mapeamento do Estado Atual

Muito bem, vamos começar a arregaçar as mangas e conhecer ferramentas práticas de coaching que você como coach poderá aplicar em suas sessões. Como em qualquer profissão, cada ferramenta tem uma função e é preciso que você compreenda cada ferramenta e o momento certo e a forma certa de aplicá-la. Seria bem desastroso, por exemplo, querer usar um martelo para rosquear um parafuso. Uma ferramenta nos permite cumprir com maior precisão, qualidade e agilidade determinada etapa do processo de coaching.

É importantíssimo ressaltar que nenhuma ferramenta de nenhuma etapa do processo de coaching substitui o uso das perguntas eficazes, que devem ser utilizadas como principal meio de comunicação durante todo o processo de coaching. Quando você combina uma ferramenta com uma pergunta, tem um resultado duplamente poderoso.

Nesta seção, vamos apresentar **quatro ferramentas** para aplicar no Mapeamento do Estado Atual, ou seja, na definição do ponto de partida do processo de mudança proposto no ciclo de coaching. São ferramentas de diagnóstico que ampliam substancialmente a quantidade e a qualidade de fatos sobre **quem é o coachee** e **como está seu estado atual**. Por meio da aplicação dessas ferramentas, o coachee se beneficiará com outro nível de autoconsciência e poderá precisar o que exatamente está indo bem ou não e em qual magnitude. Essas quatro ferramentas[2] estão descritas a seguir:

- Círculo ou Roda da Vida.
- *Assessments* (Traços de Personalidade, Interesses, Habilidades e Valores).
- Avaliações Multidirecionais.
- Avaliação Biográfica.

2.2.1 Círculo ou Roda da Vida

OS COMPARTIMENTOS DA VIDA

Já teve a terrível sensação de tentar achar alguma coisa na sua casa e não conseguir? Especialmente se alguém tirou do devido lugar em que deveria estar? A vida fica

---

[2] Todos os *templates* das ferramentas apresentadas poderão ser encontrados nos Anexos deste livro.

As ferramentas do coaching

mais simples quando cada coisa está no seu lugar. Por isso, criamos compartimentos dentro da nossa casa e colocamos a escova de dentes na gaveta do banheiro, o garfo na gaveta da cozinha e as roupas íntimas na gaveta do quarto (bom, pelo menos é assim na minha casa). Por isso, quando eu quero escovar os dentes, a qual gaveta recorro? Ou quando quero um talher limpo? Sem compartimento, não só nossa casa, mas também a nossa vida, vira um caos.

Quando queremos organizar a nossa vida, começamos criando compartimentos-chave que nos permitam depositar os mais variados temas que fazem parte da nossa vida. A maioria das pessoas divide suas vidas em dois grandes segmentos: vida pessoal e profissional. Por mais que isso tenha o seu valor, torna bastante amplo o número de assuntos que depositamos em cada lado, especialmente no pessoal. E não só as áreas das nossas vidas têm pesos de importância diferentes que precisam ser percebidos por nós a fim de fortalecer uma vida centrada naquilo que realmente é importante, mas sem perder o equilíbrio.

Por outro lado, criar 40 compartimentos também poderá trazer problemas, pois dificilmente conseguiremos lembrar de administrá-los com o devido cuidado ou mesmo lembrar de todos eles.

A maioria das pessoas é capaz de lembrar entre 9 e 12 áreas-chave em suas vidas. Portanto, trabalhar com dez indicadores, por exemplo, é um bom termo entre o agrupar e o especificar importantes papéis que desempenhamos na vida.

No coaching, criar compartimentos facilita nossa assimilação e uma avaliação geral e integrada e dos pilares-chave.

O CÍRCULO DA VIDA (CV)

Olhe sua vida como se ela fosse composta por dez compartimentos importantes que precisam ser continuamente desenvolvidos. Pense neles como aros (pilares) em uma roda (ou círculo). O centro do círculo representa 0% e o exterior do círculo 100% do lugar onde quer estar nesse pilar. Onde você está hoje? É isso que o Círculo da Vida (CV) pretende avaliar.

Ao final, o Círculo da Vida funciona também como um "Mapa", revelando o aspecto visual que essa ferramenta proporciona e tornando evidentes os achatamentos dos diferentes pilares. Ao final da construção da CV, tem-se uma espécie de um gráfico de radar que permite importantes conclusões sobre o Estado Atual do coachee. O Círculo da Vida é uma "Autoavaliação" conduzida pelo próprio coachee. Isso é muito importante. O coach simplesmente conduz a avaliação com o coachee, estimulando a honestidade e seriedade nas respostas. Exemplo: *"Com toda sinceridade, o quão feliz está com o que faz profissionalmente de 0 a 10?"*.

CARACTERÍSTICAS DO CÍRCULO DA VIDA

É importante que cada pilar tenha um peso de importância, expressado como Estado Ideal, ou seja, no seu potencial máximo. O Estado Ideal é comparado com o Estado Atual e Real. Essa comparação vai gerar uma nota chamada de GAP (a lacuna) entre onde estou e onde gostaria de estar. O tamanho do GAP quantifica a insatisfação que vem sendo experimentada em determinada área e grau de severidade disso no sistema.

Por fim, é importante compreender que os compartimentos da vida são interdependentes, ou seja, sistêmicos. Significa que cada pilar de nossa vida está diretamente conectado com o outro, formando um sistema equilibrado. Quando uma variável do sistema é abalada, todo o sistema sofre. Em outras palavras, se minha vida financeira vai de mal a pior, potencialmente meu estado emocional está depressivo e ansioso. Se estou vivendo uma crise conjugal, isso afeta minha disposição em casa com meus filhos. Se estou estagnado no meu desenvolvimento pessoal, isso pode estar bloqueando minha promoção ou sucesso profissional e assim por diante.

OS DEZ INDICADORES

O processo de mapeamento do CV está organizado em dez indicadores (ou pilares) que serão utilizados para **avaliar a qualidade** de cada área da vida do coachee.

Os indicadores são definidos de acordo com o tipo de coaching que se está aplicando. Pense em um maratonista disposto a melhorar seu desempenho atlético. Como saberá se está tendo progresso e em qual área precisa se desenvolver mais? Este é papel dos indicadores: medir e avaliar progresso, nesse caso a velocidade média, os batimentos por minuto, a distância total percorrida em x tempo etc.

Em um *Life Coaching* (Coaching de Vida), precisamos de outros indicadores-chave que componham uma estrutura geral de vida. Conheça os dez Pilares de *Life Coaching* e como pode explorá-los com seu coachee, com perguntas que evocam o Estado Atual.

Pilar Espiritual

Quando foi a última vez em que sentiu amor incondicional na sua vida? O quanto vale sentir-se conectado com algo supremo e perceber a sua presença na sua vida? O quanto tem crescido espiritualmente? Você considera que se dedica satisfatoriamente a um tempo devocional, de meditação e oração na semana?

Pilar de Relacionamentos Significativos (incluem parentes e amigos íntimos)

Qual é o lugar que um relacionamento íntimo tem na sua vida hoje? Como você tem repartido sua vida com eles e eles com você? Quando se veem, qual é a emoção mais evidente e expressada? Quantos amigos você tem? Amigos de verdade? Como você tem cultivado esses relacionamentos? O quão presentes seus amigos têm sido nos momentos em que mais precisa? Você confia nos seus amigos?

Pilar de Saúde & Bem-estar

Como está seu estoque de energia? Você tem dormido o suficiente? Sua alimentação o levará a viver até que idade? Sente-se forte fisicamente? Vive com ausência de dores e doenças? Sente-se bem e seguro(a) com seu corpo? Qual idade daria para o seu corpo?

Pilar Conjugal & Romance

Solteiro: O quanto está satisfeito(a) com sua situação atual? Quão perto está de achar sua cara-metade? Você tem atraído ou afastado pretendentes na sua vida? Você sonha em ter uma família?

Casados: O quanto você tem se dedicado para manter a chama do romance acesa no seu casamento? O quanto você tem suprido as necessidade do seu cônjuge e ele as suas? Quantas vezes por dia você diz ou ouve que é amado? Seu cônjuge tem sido prioridade? Pensar na sua vida íntima é estimulante ou decepcionante?

Pilar de Filhos e Sucessão

Você é um modelo que inspira seus filhos? O que eles têm aprendido com você sobre a vida, trabalho, dinheiro, Deus, amor, casamento? Para você, a brincadeira dos seus filhos é tão séria quanto o seu trabalho? Qual relação predomina entre vocês? Quanto tempo por semana passam juntos? Fazendo o quê? Qual o impacto da sua vida nas próximas gerações? Que legado está deixando? O que falarão sobre você quando partir?

Pilar de Diversão & Criatividade

Quando foi a última vez em que realmente se divertiu para valer? Que gargalhou? Que curtiu tanto que perdeu a noção da hora? Deixou-se ser só um menino brincalhão? Quanto tempo tem dedicado para se nutrir, se renovar, criar, inovar, imaginar e curtir os pequenos detalhes da vida?

Pilar Financeiro & Prosperidade

Se o seu dinheiro falasse, o que diria sobre você? Como tem tratado o dinheiro? Tem multiplicado ou drenado? Na sua vida, o dinheiro é o servo ou o senhor? O quanto seu patrimônio cresceu nos últimos cinco anos?

Pilar de Profissão & Carreira

Quanto de satisfação sente no que faz? Como se sente em relação à velocidade e à qualidade da sua carreira? Em que seu chefe se surpreenderia se soubesse sobre você? O quanto se sente reconhecido e referência no que faz? Como avalia seus próprios resultados e crescimento profissional no último ano?

Pilar de Crescimento Pessoal

Como avalia sua maturidade em relação à sua idade? Qual tem sido sua integridade em tudo o que faz? Como tem notado o desenvolvimento de novos conhecimentos e habilidades nos últimos dois anos? Quais certificações, titulações, publicações e méritos tem desenvolvido nos últimos três anos?

Pilar Emocional

Qual tem sido seu estado emocional predominante nos últimos dois meses? Quanta alegria sente em viver a sua própria vida? O quanto é importante viver uma vida sem máscaras, sem sorrisos amarelos e poder sentir alegria genuína, poder bradar de vitória? Como tem estado seu nível de ansiedade e estresse? Qual a emoção predominante quando acorda e quando se deita?

Veja, na **Imagem 2.2.1a**, o *Template* do Círculo da Vida para o *Life Coaching*.

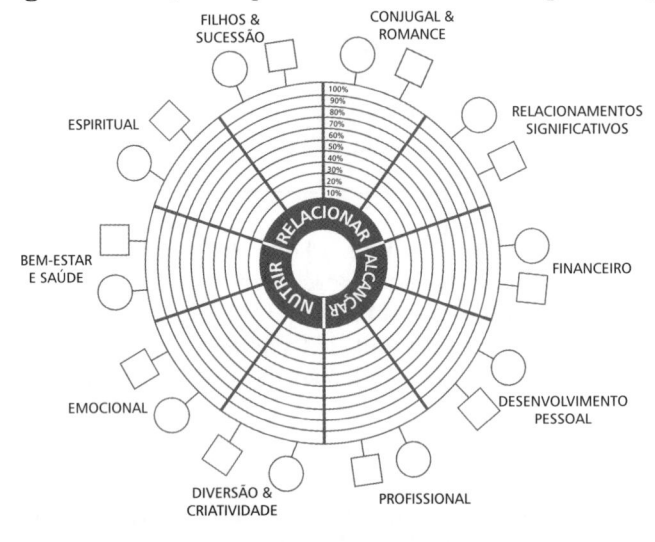

	PILARES-FOCO	NOTA ATUAL __/__/__	NOTA IDEAL __/__/__	GAP
1				
2				
3				

ESCALA DE AVALIAÇÃO

GAP = 0 (PLENITUDE)
GAP = 1 (ACEITÁVEL)
GAP = 2 e 3 (CRÍTICO)
GAP = 4 e ACIMA (MUITO CRÍTICO)

Imagem 2.2.1a   Círculo da Vida

OS TRÊS AGRUPAMENTOS

Observe na **Imagem 2.2.1a** que os dez pilares de vida estão agrupados em três grupos, caracterizando a natureza do pilar e fortalecendo a compreensão de perfil específico de vida que o cliente tem cultivado.

- **Relacionar:** agrupa os pilares cujo grau de realização (%) envolve o cultivo de relacionamentos. Pilares: Espiritual; Filhos & Sucessão; Conjugal & Romance e Relacionamentos Significativos.
- **Alcançar:** agrupa pilares cuja natureza está vinculada a alcançar e conquistar. O ter e o ser são muito importantes nestes pilares. Pilares: Financeiro, Desenvolvimento Pessoal e Profissional.

- **Nutrir:** este agrupamento reúne pilares que priorizam o nutrir-se que leva à vitalidade, energia, alegria e satisfação de vida. Pilares: Bem-estar & Saúde, Emocional e Diversão & Criatividade.

COMO PREENCHER O CV?

- **Passo 1:** Defina (de 0 a 10) o Valor de Vida de cada pilar (preencha no quadrado)

Essa nota deve refletir o valor e o peso deste pilar na estrutura de vida. Essa nota também representa o potencial máximo de satisfação e resultado, ou seja, a Plenitude neste pilar.

Para evocar o valor, comece suas perguntas dizendo:

- **O quanto é importante para você** viver uma vida sem privação financeira?
- **O quanto vale para você** acordar segunda-feira com toda energia?

Descreva as características que foram agrupadas neste compartimento potencializadas ao máximo, conforme descrito acima. É fundamental colocar energia e emoção no seu tom de voz.

- **Passo 2:** Defina (de 0 a 10) a nota atual e real de cada pilar (preencha e pinte a escala)

Essa nota define o estado atual e real avaliado pelo coachee. É importante dizer que o CV é uma fotografia momentânea. O estado de humor e as condições atuais têm absoluta influência na percepção e sensação do coachee. Se está fazendo atendimento com uma senhora que teve uma discussão séria com seu marido pela manhã, isso certamente afetará o resultado. Ajude seu coachee a pensar nos últimos dois meses e os resultados mais evidentes. "Se 100% é onde eu realmente quero estar, onde estou agora?"

Evoque sinceridade e realidade nessa nota, dizendo:

- **Com toda a sinceridade** do seu coração, o que tem vivido...?
- **Com a verdade sem máscaras**, como está...?

- **Passo 3:** Calcule a diferença do GAP (preencha o resultado no círculo)

O GAP revela o quão perto ou quão longe o coachee está de experimentar satisfação e plenitude nas diferentes áreas de sua vida. O GAP é a bússola que orientará os pilares mais críticos que estão afetando o sistema, e devem ser priorizados.

- **Passo 4:** Identifique e transcreva as três áreas de maior GAP na tabela abaixo do CV

Preencha em ordem decrescente os três pilares (foco) com maior GAP, detalhando a nota atual avaliada, a nota ideal avaliada e o GAP. Determine a data do preenchimento do CV.

COMO LER A RODA DA VIDA?

● **Passo 1:** Leitura visual do Mapa

Após a conclusão do preenchimento do CV, ajude seu coachee a ver o resultado visual do mapa. Com essa primeira análise, ficarão evidentes as zonas de achatamento e zonas bem desenvolvidas. Analise a **Imagem 2.2.1b** e observe áreas de baixa realização "achatada" e praticamente uma área bem desenvolvida.

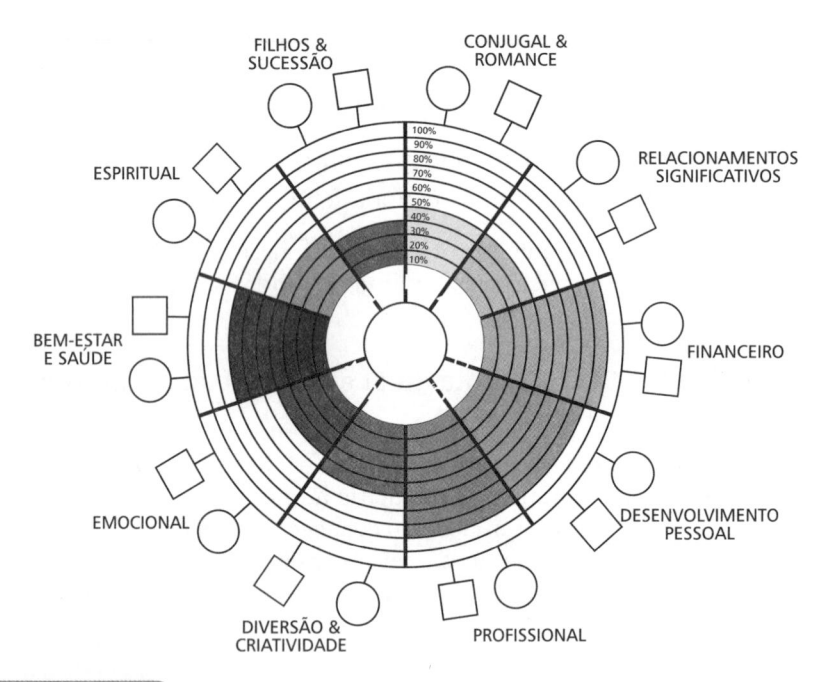

Imagem 2.2.1b Análise visual do Círculo da Vida

Observe os aros/pilares desse Círculo.

Vamos supor que esse seja o CV da Mariana, sua coachee. Como um coach treinado, você logo nota um desequilíbrio, e que Mariana vive em função dos pilares de alcançar, pois demonstram alto nível de realização, comparativamente com os pilares de Nutrir e Relacionar. Note que o pilar Financeiro, com 90% de realização, mostra-se, junto com o pilar Profissional e de Desenvolvimento Pessoal, um nível desenvolvido mais avançado. Contudo, como coach, você sabe que o resultado desse estilo é insustentável e que essa roda sofre sérios achatamentos, especialmente no campo dos relacionamentos e que pode indicar ter sofrido decepções com pessoas íntimas, preferindo manter-se distante. Viver com esse estilo de vida seria o mesmo que tentar fazer seu carro andar com uma roda só. Pergunte: "Se essa roda fosse do seu carro, a que velocidade estaria sua vida?"

As ferramentas do coaching

> **EQUILÍBRIO = DESENVOLVIMENTO CONTÍNUO E SUSTENTÁVEL**

O equilíbrio expressa uma vida saudável. Contudo, Mariana tem um perfil dominante com metas arrojadas e não considera a ideia de equilíbrio como força, e sim como fraqueza. Para ela, a busca por equilíbrio é o mesmo que falta de foco ou falta de ambição.

Observe que o sistema de crenças vigente em Mariana está anulando sua capacidade de desenvolver seus relacionamentos ou mesmo de dedicar tempo para se nutrir. Como coach, é importante desafiar a origem das crenças e se seus resultados têm oferecido a vida que ela quer e valoriza. Uma pergunta como: "O que a faz pensar que equilíbrio é fraqueza?"

Passo 2: Leitura dos GAPs

A segunda leitura é a avaliação do GAP, ou seja, a lacuna entre o estado ideal e real do coachee para cada pilar. Para essa análise, será usada a seguinte escala:

- **GAP = 0: Plenitude** – Representa plenitude de vida neste pilar, ou seja, é a conclusão de que se está vivendo o máximo do seu potencial nesta área.
- **GAP = 1: Aceitável** – Reconhece que não está em plenitude, mas vive com boa realização e muito próximo do máximo de seu potencial.
- **GAP = 2 e 3: Crítico** – São áreas deficitárias, mas não representam ainda uma insatisfação expressiva. Contudo, não havendo mudanças, a tendência é que se agrave, podendo passar para a Zona Vermelha.
- **GAP = 4 e acima: Zona Vermelha/Muito crítico** – Estes são os drenos da vida hoje, as hemorragias que sugam energia, recursos e tempo. Áreas de profunda insatisfação que requerem atenção e ação imediata. Não cuidar dessas áreas implica permitir que elas contaminem outras áreas do sistema que podem estar saudáveis hoje.

É importante compreender aqui que felicidade e satisfação de vida acontecem quando vivemos em cima dos nossos valores.

Se, por exemplo, Mariana considera em seu CV que o pilar Espiritual é muito importante para ela, porém, na sua avaliação do estado atual, ele retratou que a nota hoje está 40% do desejado. Dessa maneira, ele está seis pontos distante de experimentar satisfação plena em sua vida espiritual, idealizada como 10. Consideramos que qualquer distância maior que dois pontos merece atenção focal, pois, além de produzir insatisfação, essa área está sutil ou claramente prejudicando outros pilares da vida.

Passo 3: Busca por equilíbrio – identifique pontos críticos

O ideal é ter uma visão geral de todo o CV e verificar quais os pilares achatados, pois podem ser **buracos negros de energia e entusiasmo**. Tratá-los é como estancar uma hemorragia ou um sangramento que está nos fazendo perder tempo, relacionamentos, saúde emocional e vida.

■ Passo 4: Defina três Pilares de Desenvolvimento (Contínuo)

Uma vez identificados os pilares "Muito Críticos", explore com seu coachee os resultados em cada pilar e onde encontra maior insatisfação e desejo por mudança. Inicie uma priorização de pilares-foco para início do processo de coaching.

Sugere-se que a área de trabalho comece pelo GAP mais crítico. Contudo, é o cliente quem definirá sua prioridade de desenvolvimento. O CV será usado em outros momentos do processo de coaching para avaliar o progresso pessoal.

AS TRÊS PERGUNTAS FINAIS

Lembre-se de sempre usar perguntas abertas para explorar os resultados e *inputs* que o CV oferece ao coachee.

Pergunta 1 – Aprendizado

Onde este Mapa foi uma surpresa para você? Equilíbrio? Qualidade? Severidade?

Pergunta 2 – Consciência de Equilíbrio

Olhe de frente para a sua Roda da Vida. Como se sente em relação ao Equilíbrio da sua vida?

Pergunta 3 – Compromisso com a Mudança

O quanto você está satisfeito com os resultados desta vida hoje? O quanto deseja mudar?

EXERCÍCIO

Agora é com você. Use o modelo de CV no seu anexo deste livro e aplique com toda a seriedade em um colega ou amigo.

2.2.2 *Assessments*

No coaching, deparamo-nos com inúmeras situações que requerem uma análise mais cuidadosa, aprofundada ou específica em uma área da vida do coachee. Para isso, o coach precisará de ferramentas especiais, como estas a seguir:

- Avaliações Multidirecionais.
- *Assessments*.
- Avaliação Biográfica.
- Restauração de relacionamentos.

Vamos colocar uma lupa em cada uma e ver os grandes benefícios em usá-las num processo de coaching.

As ferramentas do coaching

ASSESSMENT

Uma etapa fundamental para elevar a autoconsciência consiste no processo de autoconhecimento. Nas palavras do psicólogo norte-americano Burrhus Frederic Skinner (1974, p. 31):

> O autoconhecimento tem um valor especial para o próprio indivíduo. Uma pessoa que se "tornou consciente de si mesma", por meio de perguntas que lhe foram feitas, está em melhor posição de prever e controlar seu próprio comportamento.

Os *assessments* são ferramentas poderosas para autoconhecimento. Geralmente oferecem um grupo de perguntas que resultam em uma interpretação consistente baseada em pesquisa.

Os *assessments* oferecem *inputs* valiosos ao processo de coaching que, além de promoverem a autoconsciência, também elevam a compreensão dos outros e abrem novos canais de comunicação.

Alguns *assessments* exigem um processo de treinamento e certificação para serem aplicados, por exemplo:

- **Myers-Briggs Type Indicator (MBTI):** um inventário que mede as diferentes personalidades. A qualificação para sua aplicação pode ser encontrada em diversas organizações.
- **Taylor-Johnson Temperament Analysis (T-JTA):** mensura traços de personalidade. <http://www.tjta.com>
- **CernySmith Assessment:** avalia diferenças transculturais. Oferece preço reduzido e eventos de qualificação para pessoas envolvidas em projetos humanitários. <http://www.cernysmith.com>
- **SOAR Global Institute:** uma ferramenta de desenvolvimento humano que avalia personalidade combinada com comportamentos. <http://www.soargi.com/portuguese>
- **Career Direct:** avalia quatro atributos de um indivíduo: personalidade, interesse, habilidades e valores. <http://www.careerdirect-ge.org/>

Há, contudo, uma série de *assessments* profissionais que não requerem certificação ou treinamento para seu uso. As ferramentas a seguir podem vir na versão de relatórios individuais ou grupais e estão disponíveis no *site*: <http://www.discprofile.com>.

Muitas ferramentas (veja a seguir) são oferecidas em diferentes idiomas, inclusive em português; algumas somente em inglês:

- DISC Profile (Traços de Personalidade).
- Team Dimensions Profile (Perfil de Dimensão dos Times).
- Time Mastery Profile (Administração do tempo em 12 áreas).
- Work Experience Profile (11 áreas críticas de expectativas no trabalho).
- Leadership Inventory – LPI (avaliação 360° para líderes).
- Inteligencial Emocional de Daniel Goleman.

- As cinco linguagens do amor – para casais, de Gary Chapman.
- Real Age Test – oferece planos nutricionais personalizados e trabalha em um processo de rejuvenescimento.

2.2.3 Avaliações Multidirecionais

O coach poderá fazer uso de inúmeras outras ferramentas adicionais disponíveis para especializar e aprofundar o processo de diagnóstico e aumentar o nível de autoconhecimento do coachee.

Uma alternativa simples e gratuita são as Avaliações Multidirecionais, que podem ser encontradas no **Anexo 3** deste livro.

Trata-se de testes com múltiplas perguntas, compilados qualitativamente. Nesse teste, deve-se responder e avaliar em uma escala de 1 a 5.

DEFINIÇÃO DE ESCALA

A escala de pontuação corresponde à percepção do respondente sobre o grau de desenvolvimento percebido em si ou naquele que está sendo avaliado de uma certa habilidade. Veja o exemplo a seguir.

	Precisa de desenvolvimento	O nível nesta habilidade está adequado		É alto	
Empatia: perceber as emoções alheias, compreender seus pontos de vista e interessar-se ativamente por suas preocupações.	1	2	3	4	5

Na tabela acima, está sendo avaliada a **Habilidade de Empatia**, como parte da Avaliação Multidirecional de Inteligência Emocional, especificamente nas Habilidades Sociais.

Para cada habilidade haverá uma breve descrição das características, como: *"Perceber as emoções alheias, compreender seus pontos de vista e interessar-se ativamente por suas preocupações"*. Logo ao lado da descrição, haverá uma Escala de Pontuação de 1 a 5, na qual:

- **Escala 1** (*Precisa de desenvolvimento*): reconhece-se uma deficiência na apresentação desta habilidade.
- **Escala 2 ou 3** (*O nível nesta habilidade está adequado*): reconhece-se um grau satisfatório de desempenho desta habilidade, com espaço para desenvolvimento.

- **Escala 4 ou 5** (*É alto*): demonstra-se domínio desta habilidade, sendo reconhecida como uma característica de excelência no avaliado.

AVALIAÇÃO 360°

Uma importante característica desses testes está nas diferentes perspectivas tidas na avaliação de cada habilidade, pois se trata de uma Avaliação 360°, o que tende a equilibrar distorções de uma única avaliação tendenciosa.

O coachee deve ser orientado a responder ao teste e enviar uma cópia dele a três outras pessoas: um par, um superior e um subordinado.

Portanto, além da autoavaliação, o coachee recebe o *feedback* de alguém profissionalmente equivalente à sua posição, cargo ou responsabilidade. Recebe uma avaliação de um gestor, mentor ou uma autoridade que possa opinar sobre o coachee. Por fim, recebe uma avaliação de um subordinado, um aluno ou alguém com experiência inferior que sofre a influência do trabalho do coachee.

No âmbito pessoal, o par poderia ser o cônjuge; o superior, pai/mãe/cuidador; e o subordinado, filhos, sobrinhos etc.

É fundamental que o coachee esclareça a importância da sinceridade para os seus avaliadores e a contribuição que isso representa para o seu desenvolvimento. Caso se deseje preservar a confidencialidade do que os avaliadores apontaram, estabelece-se um terceiro ou até mesmo o coach para fazer a compilação final.

QUADRO-RESUMO E GRÁFICO

O quadro-resumo consolida os resultados da autoavaliação e dos três *feedbacks*, criando uma média final para cada habilidade avaliada. É uma média aritmética simples. Somam-se as 4 notas e divide-se por 4, como demonstrado a seguir:

$$\text{MÉDIA FINAL} = \frac{\text{Autoavaliação} + \text{Feedback 1} + \text{Feedback 2} + \text{Feedback 3}}{4}$$

O gráfico é um recurso visual para análise, no qual ficam evidentes as discrepâncias observadas.

As notas calculadas nas médias do quadro-resumo poderão ser representadas graficamente pintando a nota equivalente e formando uma espécie de gráfico de barra.

Vamos supor que, no caso de Empatia, a Média final tenha sido "2". Veja na **Imagem 2.2.3** como ficaria isso no gráfico, junto com a nota de outras habilidades em avaliação.

COMPETÊNCIAS EMOCIONAIS: SOCIAIS	Precisa de Desenvolvimento	O nível nesta habilidade está adequado		É alto	
Empatia	1	2	3	4	5
Consciência Organizacional	1	2	3	4	5
Serviço	1	2	3	4	5
Liderança Inspiradora	1	2	3	4	5
Influência	1	2	3	4	5
Desenvolvimento dos Demais	1	2	3	4	5
Catalisação de Mudanças	1	2	3	4	5
Gerenciamento de Conflitos	1	2	3	4	5
Trabalho em equipe	1	2	3	4	5

Imagem 2.2.3 Gráfico dos resultados da avaliação

TIPOS DE AVALIAÇÃO MULTIDIRECIONAL

Neste livro, você encontrará quatro tipos específicos de Avaliação Multidirecional:

- Quoeficiente Emocional – Q.E.
- Eficácia no Trabalho.
- Habilidades Gerenciais.
- Desenvolvimento de Vendas.

Cada Avaliação Multidirecional explora características específicas e um conjunto de habilidades pontuais. Veja a seguir quais são.

QUOEFICIENTE EMOCIONAL – Q.E.

Identifica áreas críticas nas habilidades pessoais e sociais.

Habilidades pessoais:

- Autoconsciência emocional
- Autoavaliação precisa
- Autoconfiança
- Autocontrole emocional
- Superação
- Iniciativa
- Transparência
- Adaptabilidade
- Otimismo

Habilidades sociais:

- Empatia
- Consciência organizacional
- Serviço
- Liderança inspiradora
- Influência

- Desenvolvimento dos demais
- Catalisação de mudanças
- Gerenciamento de conflitos
- Trabalho em equipe

EFICÁCIA NO TRABALHO

Avalia habilidades críticas, verificando a maneira como desenvolve seu trabalho com eficácia.

- Produtividade
- Trabalho em equipe/habilidades interpessoais
- Receptividade ao futuro
- Capacidade de trabalhar sob pressão

HABILIDADES GERENCIAIS

Avalia habilidades críticas de gestão, desenvolvimento, condução e liderança de grupos e times.

- Liderança
- Implementação
- Desenvolvimento
- Gestão da mudança

DESENVOLVIMENTO DE VENDAS

Avalia habilidades críticas de interação, prospecção, relacionamento e geração de novos negócios:

- Atualização com o ramo
- Habilidades de realização
- Habilidades interpessoais de comunicação
- Habilidades em vendas

2.2.4 Avaliação Biográfica

As Avaliações Biográficas, disponíveis no **Anexo 3**, têm um objetivo muito particular de evocar memórias passadas.

Talvez você esteja se perguntando: "Mas, afinal, se o foco do coaching é o presente e o futuro, por que nos interessaria explorar o passado?" É uma excelente pergunta. O passado em si não é objeto de análise do coaching, contudo, em muitas situações, a chave para um novo futuro está em fatos marcantes do passado.

A maioria das pessoas vive suas vidas condicionadas ao que já aconteceu e não ao que espera acontecer. Suas crenças são definidas pelas realidades que viveram e experimentaram. Como disse minha coachee: *"Minha experiência é a minha realidade."*

Torna-se difícil pensar em uma vida além das molduras do passado e experimentar uma realidade diferente daquela que conhecemos e vivemos.

Como já vimos na Parte 1, "Mapa não é Território", e o mapa usado em questão está provocando uma distorção ou um limitador de mudança.

Todo comportamento disfuncional, padrões aprendidos e sistema de crenças operante estão vinculados a um gatilho emocional vivido. Por meio das Avaliações Biográficas pretende-se evocar memórias passadas e verificar precisamente em qual momento ou evento da vida um comportamento, hábito ou crença passou a ser incorporado.

Vamos conhecer quatro ferramentas específicas de Avaliação Biográfica e suas características:

- Evolução de Crenças PCM.
- Autobiografia.
- Relação de Padrões.
- 101 Perguntas Terapêuticas.

EVOLUÇÃO DE CRENÇAS PCM

Visa à identificação da evolução das crenças PCM por etapa de vida. A sigla PCM representa as crenças mais determinantes para **obtenção de resultados** pessoais ou profissionais:

- **Possibilidade:** É possível alcançá-los?
- **Capacidade:** Sou capaz de alcançá-los?
- **Mérito:** Eu mereço alcançá-los?

Nessa avaliação, descreve-se por septênio (ciclos de sete anos) seu nível de confiança na possibilidade de algo bom e inusitado acontecer, ou de você ser capaz de fazer ou receber algo inusitado, ou ainda ser merecedor de receber algo extraordinário.

Faça um exercício:

Pense em quando você tinha 5 anos, aproximadamente. Procure se lembrar do local no qual morava, da escola que frequentava e dos lugares que visitava. Onde gostava de brincar? Quem morava com você? Quem cuidava de você? Conseguiu achar seus arquivos de memória? Ótimo!

O que era impossível para você nessa época? Voar? Ser seu super-herói favorito? Ser um astronauta? A maioria das crianças nessa idade não teria dificuldade em considerar tudo isso possível. E hoje, o que é impossível? Perceba que sua crença de possibilidade mudou bastante. Não é só porque cresceu e se tornou um adulto racional e lógico. Fatos o marcaram e começaram a estabelecer um novo padrão de possibilidades.

Pense no que se sentia capaz com 5 anos. De ter poderes mágicos? E hoje, como considera sua capacidade de influência no seu cônjuge ou chefe?

Do que se sentia merecedor? O videogame do ano ou daquela Barbie especial? Alguém já viu alguma criança sentir-se culpada ou inadequada por ganhar um excelente presente? E hoje? Como se sente em relação a ter seu próprio negócio, a ser promovido?

Nesse exercício, você observará em que fase ou em qual evento uma crença PCM foi alterada. Esse exercício, quando bem realizado, é altamente poderoso, pois aumenta substancialmente o nível de consciência do sistema de crenças que opera em nós hoje.

AUTOBIOGRAFIA

A autobiografia é uma história narrada pelo próprio protagonista. Essa narração começa preferencialmente no nascimento e vai desenrolando os fatos mais marcantes que envolvem a família, as emoções, os relacionamentos, as perdas, a dor, a vergonha, a rejeição, o abandono, a violência, mas também o amor, as amizades, as alegrias, a superação, o orgulho e a gratidão. É uma descrição subjetiva, do ponto de vista de quem narra, em torno de emoções e experiências marcantes.

A autobiografia estimula a memória e a lembrança de fatos e experiências marcantes, especialmente da infância, bem como indica possíveis crenças formadas.

Estimule o seu coachee a conversar com os pais, irmãos, amigos de uma determinada época para ajudar na construção de memória. Também se pode acessar fotografias, brinquedos, músicas ou mesmo lugares que acionem gatilhos de memória. Recomende assistir aos filmes *Duas vidas* e *Minha vida*.

Caso seu coachee tenha dificuldades de lembrança, ajude com atividades de estímulo da memória:

- Peça a ele para responder às 150 perguntas terapêuticas.
- Ver fotos da infância: casa, pais, irmãos festas etc.
- Lembrar de brinquedos ou lugares característicos.

AMNÉSIA PÓS-TRAUMÁTICA – A.P.T.

A Amnésia Pós-Traumática (A.P.T.) também pode ser a causa da falta de memória do passado infantil em muitas pessoas. A amnésia parcial ou total a respeito da infância é também um mecanismo de defesa, uma maneira legítima de a mente não reviver (conscientemente) o passado de dor. Embora encapsuladas e lacradas, as memórias sofridas da infância continuam vivas e atuantes na vida de uma pessoa, porém em um nível inconsciente. Inconscientemente estão direcionando negativamente escolhas, decisões, possibilidades e tornando a vida limitada. É necessário tratamento, trazendo-as ao consciente, como veremos na Parte 4.

RELAÇÃO DE PADRÕES

Identificação dos padrões negativos reproduzidos e herdados de pai, mãe e/ou responsáveis.

- **Passo 1:** Faz-se uma lista de padrões negativos reproduzidos de pai, mãe e responsáveis.

- **Passo 2:** Identifica-se com quem o coachee se parece mais: pai ou mãe.
- **Passo 3:** Quais são os hábitos negativos herdados dos quais se conscientiza e decide eliminar?

101 PERGUNTAS TERAPÊUTICAS

Pode ser usado como um guia para o mapeamento de história e vida, pois ajudam a acionar gatilhos de memória. Especialmente indicado para pessoas com bloqueios de memória e dificuldades de acionar lembranças de determinados momentos da vida.

Ao aplicar este mapeamento, algumas orientações importantes deverão ser passadas ao coachee:

- Procure um momento relaxado, sem pressa para lembrar-se das memórias de infância.
- Faça uma investigação no campo da memória.
- Por ser um exercício longo, pode ser feito em partes, mas minimize ao máximo os intervalos.

15 ESTRATÉGIAS PARA RESTAURAR RELACIONAMENTOS PESSOAIS

Este exercício se enquadraria tanto no estágio de Mapeamento do Estado Atual quanto no de desenvolvimento de um Plano de Ação. É pessoalmente um dos meus exercícios prediletos, vi através dele diversos casamentos sendo renovados, pais restaurando relacionamento com os filhos, amigos se reconciliando, de fato uma dádiva graciosa que pude apreciar ao longo dos anos.

Definimos relacionamentos pessoais como aqueles significativos, envolvendo família próxima, cônjuge, filhos e amigos íntimos. *Vide* a **Imagem 2.2.4**.

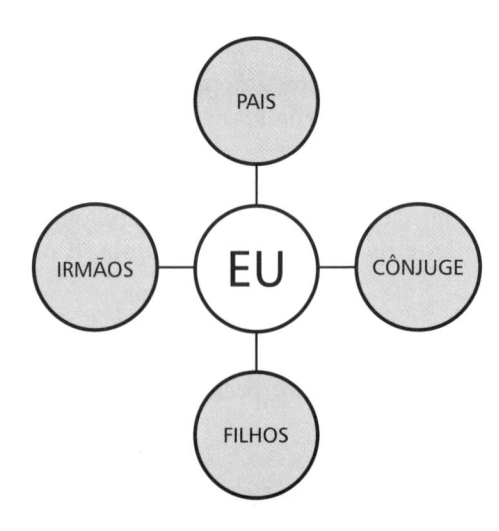

Imagem 2.2.4 Relacionamentos pessoais

As ferramentas do coaching

Na ciência dos relacionamentos, observamos dois grandes obstáculos:

- **Relacionamentos pessoais quebrados:** são aqueles que foram interrompidos e marcados por um evento doloroso que envolve mágoa, ressentimento e amargura.
- **Relacionamentos pessoais depreciados:** são aqueles que existem, mas tornaram-se superficiais, distantes, formais, desrespeitosos e/ou frágeis.

Esse exercício deve ser aplicado em relacionamentos depreciados. Para trabalhar com relacionamentos quebrados, usam-se diferentes abordagens, que serão exploradas na Parte 4.

A maioria das pessoas gostaria de restaurar e desenvolver seus relacionamentos pessoais depreciados, mas não sabe como. Afinal, são pessoas importantes e viver com um relacionamento fragilizado traz muito sofrimento.

BANCO DE AMOR

O banco de amor é um conceito amplo, mas simples e esclarecedor do porquê relacionamentos se depreciam ao longo dos anos. Não irei esgotar esse tema aqui, apenas ilustrarei seu sentido para tornar o uso dessa ferramenta mais assertivo.

Todo relacionamento é como uma conta-corrente em um banco comercial. Você pode fazer saque ou depósitos. Caso faça saques contínuos, seu saldo rapidamente diminuirá, podendo-se zerar ou até se negativar, quando permitido. Já se você faz depósitos, terá um saldo superavitário. Relacionamentos depreciados geralmente estão vinculados a necessidades que não foram supridas e passaram a ser demandadas (saque). Daí começam os problemas.

TRÊS SEMANAS DE AÇÃO ASSERTIVA

Veja o passo a passo de aplicação deste exercício, que poderá ser encontrado no **Anexo 3**:

- **Passo 1:** Mapeie com seu coachee os hábitos mais depreciados desse relacionamento, pontuando-os numa escala de zero a 10.
- **Passo 2:** Esclareça o sentido de cada uma das 15 maneiras de renovar o relacionamento:

    1. Afeto – Expresso por toque físico, beijo, abraço, carinho etc.
    2. *Rapport* – Verdadeira empatia por aquilo que a pessoa sente e expressa.
    3. Diálogo – Capacidade de ouvir para entender e falar de maneira objetiva.
    4. Validação – Elogiar pelo que é e pelo que faz.
    5. Profetizar – Declarar ganhos, conquistas e sucesso que ainda não existem.
    6. Cuidar – Suprir necessidades.
    7. Socorrer – Suprir necessidade em emergências.
    8. Participar – Interessar-se legitimamente por aquilo que é importante ao outro.

9. Limite – Saber dizer não respeitosamente.
10. Paciência – Ter boa atitude enquanto aguarda.
11. Respeito – Quando o que se faz não invalida quem é (identidade).
12. Serviço – Trabalhar pelo benefício e/ou pela satisfação do outro.
13. Surpreender – Quebrar a rotina com algo inusitado.
14. Presentear – Desde pequenos agrados até uma segunda lua de mel.
15. Perdoar – Decisão unilateral de não se vitimar e não guardar a ofensa.

- **Passo 3:** Identifique as três situações mais críticas da relação.
- **Passo 4:** Estabeleça um Plano de Ação novo para as três semanas consecutivas, uma para cada área crítica, e avalie o progresso semanal com um novo diagnóstico.

2.3 Ferramentas de Projeção do Estado Desejado

"O que move as nossas vidas não são as circunstâncias, e sim nossas decisões!"

Tony Robbins

QUEM PRECISA DE VISÃO?

O que está movendo sua vida hoje? O que o moveu ao longo dos anos em sua jornada de vida? O medo ou o amor? Problemas urgentes ou valores? A morte ou a vida? O ter ou o ser? Tudo o que fazemos nesta vida, fazemos por um motivo. Quanto mais forte for esse motivo, mais convictos seremos do que fazemos. As razões nem sempre são conscientes, mas elas sempre existem. São muitas as coisas que podem dirigir a vida de uma pessoa:

- Lembranças dolorosas
- Um temor
- Uma crença inconsciente
- Circunstâncias
- Valores
- Emoções

Rick Warren, no seu livro *Vida com propósito*, sugere os TOP 5 motivos que dirigem a maioria das pessoas:

a. Dirigidos pela culpa

Quando pessoas permitem que o passado determine o futuro. Somos produtos do passado, e não prisioneiros dele. Algumas pessoas passam a vida inteira manipuladas por uma lembrança, fugindo do remorso e da vergonha (déficit emocional). Pessoas estão clamando por um recomeço.

As ferramentas do coaching

b. Dirigidos por ressentimento ou raiva

Quando pessoas se apegam a mágoas e vivem em amargura, sem jamais superá-la. Dirigidas pelo ressentimento, calam-se, interiorizando a raiva, ou se irritam e agridem outros. Não compreendem que, ao se apagarem às mágoas, estão prejudicando a si mesmas, e perpetua-se algo que já aconteceu. Perdão é uma escolha que decidiram ignorar.

c. Dirigidos pelo medo

Pessoas que vivem com temores com base em experiências traumáticas, ou especulações fantasiosas do futuro gerado pela ansiedade, que nada mais é do que a aceleração ou acúmulo de pensamento sobre coisas das quais não tenho controle.

O medo é um tipo de encarceramento voluntário, uma prisão interior limitadora que irá impedi-lo de alcançar todo o seu potencial.

d. Dirigidos pelo materialismo

Quando o desejo de adquirir é o único objetivo na vida. Este impulso de querer mais está baseado em três concepções equivocadas:

- **Possuir mais me tornará mais feliz.** Não existe consciência de que bens materiais trazem satisfação temporária. É um tipo de vício que se aprofunda cada vez mais.

- **Possuir mais me tornará mais importante.** Autoestima e riqueza material não são sinônimos. O mundo tem muitos milionários suicidas.

- **Possuir mais me tornará mais protegido.** Riquezas podem ser perdidas em um piscar de olhos, por uma quantidade significativa de fatores que fogem do nosso controle.

e. Dirigidos pela necessidade de aprovação

Pessoas que vivem reféns da opinião e das expectativas de outras pessoas (pais, cônjuge, filhos, professores, amigos). Se deixam controlar pela maneira como os outros pensam. Também fruto de déficit emocional. "Não sinto que tenho valor, portanto preciso prová-lo agindo de maneira que receba aceitação dos outros."

Muitos escolhem profissão, carreira e um estilo de vida, pois ainda estão tentando conquistar a aprovação dos seus pais.

A falta de Visão, para Warren, é um dos principais fatores que levam milhares de pessoas a serem movidas a outras circunstâncias e realidades.

O QUE É VISÃO?

É um vislumbre do que o futuro se parece para nós! Ou, melhor dizendo, é uma fotografia de um futuro que visitamos.

É como usar uma câmera com uma lente de longo alcance. Uma visão é inspirada por valores e paixão, é o que mais queremos, é vislumbrar o fim de uma jornada, é **sonhar possibilidades**.

A visão não deve ser confundida com um objetivo, uma vez que ela vem antes das estratégias e antes dos recursos.

Uma visão precisa ser visual, preferencialmente expressada por uma imagem, pois não somos seres textuais e sim visuais. Uma visão opera com maior eficácia quando ela está em todo tempo na mente e diante de um indivíduo.

Podemos claramente apontar quatro grandes benefícios de uma vida dirigida por visão:

a. Quando a vida faz sentido

Este é o poder da visão na vida de alguém: dar sentido, motivo e vontade de viver, ser, conquistar, amar, servir, dar, crescer, prosperar etc. A maior de todas as tragédias não é a morte, é viver sem propósito.

Quando a vida faz sentido, somos capazes de suportar as mais terríveis intempéries. Quando a vida não faz sentido, as pessoas simplesmente sobrevivem. Mas, ao terem uma visão, passam a viver e a ter esperança!

O Dr. Bernie Siegel descobriu que podia prever qual dos pacientes com câncer apresentaria melhoras, ao perguntar: **Você quer viver até os 100 anos de idade?** Os que eram movidos por uma visão ou um projeto de vida respondiam que sim. Estes eram os que tinham maior probabilidade de sobrevivência.

b. Simplifica a vida

Uma visão tornará sua vida mais simples e sua agenda mais equilibrada. Ela define o que você faz ou não faz. Sem visão, as decisões são incertas, dividir o tempo, empregar recursos. Lembra-se da história da Alice no País das Maravilhas?

c. Permite estabelecer prioridades

Não dá para fazer tudo! Permite que você concentre esforços e energia no que é importante. Ser seletivo o tornará eficiente. Faça menos. Elimine até as boas atividades e concentre-se no que é mais importante na sua visão. Jamais confunda atividade com produtividade. Você pode estar muito ocupado sem ter nenhum propósito.

Faz parte da natureza humana distrair-se com assuntos de menor importância. Isso faz com que pessoas girem sem sair do lugar.

d. Traz motivação e entusiasmo

Uma visão inspiradora traz entusiasmo. Já a falta de propósito faz com que a paixão se esvazie. Até o levantar da cama torna-se um fardo. Normalmente, um trabalho sem sentido nos esgota, consome nossas forças e nos rouba o prazer, e não o excesso de trabalho.

O PODER DA VISÃO

A construção da sua visão ou do seu projeto de vida leva em consideração quatro etapas. Cada etapa liberará perspectivas, recursos, estratégias, possibilidades e, o mais importante, um sentido de vida empoderador para ir além.

As ferramentas do coaching

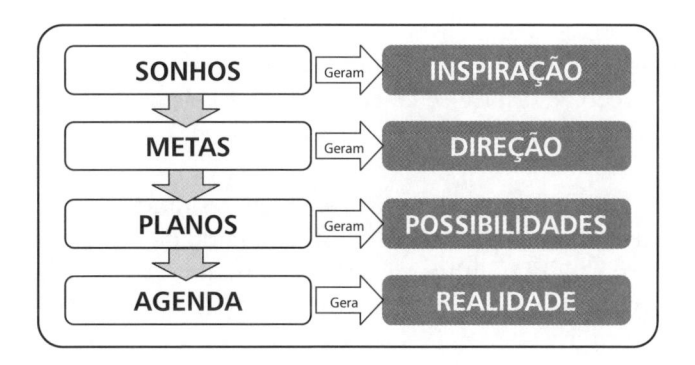

Imagem 2.3 — Matriz de Plano de Vida

```
SONHOS   → Geram →  INSPIRAÇÃO
METAS    → Geram →  DIREÇÃO
PLANOS   → Geram →  POSSIBILIDADES
AGENDA   → Gera  →  REALIDADE
```

Visão, Ação e Resultado! Na condução do processo de construção de um Plano de Vida, o coach conduzirá seu coachee em cada uma dessas quatro etapas. Observe que cada etapa gera um novo recurso importante nessa construção. Nesse caso, a ordem dos produtos afeta o resultado. Em outras palavras, siga exatamente esta sequência de maneira construtiva, respeitando o tempo e a importância de cada etapa. Se mudar a sequência da frase, você muda completamente o sentido:

"O cachorro mordeu o João."

Mude essa sequência e terá:

"João mordeu o cachorro."

Mudamos completamente o sentido da frase, especialmente se você for o João. Mudar a sequência desses quatro estágios vai gerar outra experiência completamente diferente.

2.3.1 *Dream-List/Bucket List* (a lista de sonhos)

Na construção de uma visão ou ainda de um projeto de vida, considere sonhar possibilidades.

Responda a esta simples pergunta: Se sua vida terminasse hoje, o que o faria sentir-se frustrado de nunca ter vivido, experimentado ou realizado?

Ok, faça uma pausa aqui. Fuja dos desejos óbvios e triviais, como o último modelo de *smartphone* disponível. Pense em possibilidades que têm total sintonia com o seu *design*, com quem você quer se tornar, algo apaixonante, envolvente, vibrante, algo que mudaria o sentido da vida para você. Atire uma pedra na lua, o mais alto que puder, e responda:

- O que gostaria de viver que parece ser impossível nesta vida?
- Pense em um mundo sem fronteiras e limites, o que faria se você se sentisse realmente livre para fazer o que quiser?
- Pense em uma realidade em que o dinheiro, o tempo, sua família, sua condição física, seu emprego não seriam obstáculos ou desculpas, como seria sua vida? Onde viveria? O que faria? Ao que se dedicaria? Quem você seria?

A primeira coisa a fazer é uma lista livre de tudo que lhe inspira neste momento, sem pensar em possibilidades ou nas condições necessárias, simplesmente crie, inove, renove, invente, perceba e inspire-se fazendo seu *Dream-List*.

DREAM-LIST

O *Dream-List* (Lista de Sonhos) é uma lista simples, resultado de um momento de inspiração no qual sonhamos possibilidades. É resultado de um momento de liberdade absoluta, de tirar todos os limites da chamada realidade que vivemos. O sonho tem em si uma força atômica, energizadora, capaz de criar rupturas que a vida no *status quo* não nos permitia.

Veja um exemplo de *Dream-List* na **Imagem 2.3.1**.

MEU *DREAM-LIST:*_____ em _____

☐ Publicar um livro
☐ Começar o meu negócio
☐ Correr uma maratona
☐ Comprar hoje uma passagem para um país desconhecido
☐ Fazer algo por alguém que não podia fazer por si mesmo
☐ Testemunhar um milagre
☐ Visitar todos os continentes
☐ Visitar todos os estados do meu país
☐ Ter a patente de uma criação
☐ Participar de um *Talk Show*
☐ Aprender a pilotar avião
☐ Aprender a tocar um instrumento
☐ Tornar-me bilíngue
☐ Aventurar-me em uma selva por um mês
☐ Ganhar $ 1 milhão
☐ Morar um ano em Nova Iorque
☐ Ter a minha família
☐ Adotar uma criança
☐ Viver pela minha fé
☐ Ser um missionário em um país estrangeiro
☐ Viver um ano vendendo coco na praia
☐ Ser um astronauta
☐ Ser presidente de uma organização
☐ Ser pastor
☐ Ser um montador de Lego Profissional
☐ Juntar-me a uma ONG de socorro a catástrofes humanitárias
☐ Ser um personagem de *cartoon*
☐ Tirar alguém da miséria
☐ Ter meu primeiro carro
☐ Fazer um piquenique romântico num lugar inusitado
☐ Construir uma casa com minhas mãos

Imagem 2.3.1 Exemplo de *Dream-List*

2.3.2 Visualização Criativa

É uma ponte para o futuro. Esse é o momento em que não só sonhamos possibilidades e tomamos consciência daquilo que buscamos, mas é também o momento de sentir.

Nós experimentamos o mundo à nossa volta por meio dos cinco sentidos – visão, audição, tato, paladar e olfato. Para a nossa finalidade, paladar e olfato serão classificados sob sensação, ou como categoria sinestésica, chamada de sentir.

- Visual – "Eu vejo essa revista na minha frente."
- Auditivo – "Eu escuto os sons e barulhos à minha volta."
- Sinestésico – "Eu sinto essa revista na minha mão."

Apesar da consciência que temos sobre os sentidos externos, poucos se dão conta de que também dispomos de cinco sentidos internos, chamados de Sistemas Representacionais, como veremos adiante. Leia as instruções e faça o seguinte experimento com os olhos fechados:

- Imagine-se em uma praia paradisíaca. **Veja** a praia com águas cristalinas, céu azul e areia branquinha.
- **Sinta** a brisa fresca com cheiro salgado do mar e calor do sol forte batendo no rosto.
- **Escute** as ondas quebrando e as gaivotas no céu.
- **Sinta** a textura da areia nos seus pés.

Sei que muitos não queriam voltar da viagem.

Isso é Visualização Criativa, uma ferramenta neurológica para criação de novas realidades. É a união de esforços da mente racional e lógica com a emocional e visionária, liberando uma sensação emocional e uma capacidade realizadora.

IMAGINAÇÃO É UM GATILHO EMOCIONAL

O nosso cérebro é incrível, ele é capaz de nos transportar para os mais diversos lugares, resgatando memórias de décadas atrás, projetando o futuro e podendo andar em Marte com os Sistemas Representacionais. Para Albert Einstein, "A imaginação é mais importante que o conhecimento." Segundo ele, a Ciência é limitada, já a imaginação abrange o mundo inteiro. Mas o grande segredo da Visualização Criativa é que ela funciona como um gatilho emocional. Ou seja, toda emoção é gerada por um estímulo; nesse caso, o estímulo é a imaginação criativa através dos sistemas representacionais, que produzem mais do que só imagens mentais, mas sons e sensações, que desencadeiam emoções em nós.

APLICAÇÃO PASSO A PASSO

Antes de tudo, a visualização não é um processo indutivo, como já observei muitos coaches fazendo. A visualização não é construída pelo coach, e sim pelo coachee; o papel do coach é evocar a construção da experiência, conduzindo o coachee a usar todo o seu Sistema Representacional, ou seja, visão, audição e sinestesia.

As ferramentas do coaching

- **Passo 1:** Estabeleça o objeto da Visualização Criativa. Algo especial que foi descrito no *Dream-List*. Por exemplo, participar de um *Talk Show*.
- **Passo 2:** Proporcione uma Psicogeografia favorável para concentração com isolamento visual e auditivo de interferências externas.
- **Passo 3:** Peça ao coachee para sentar-se em posição ereta e confortável, sem mãos ou pernas cruzadas.
- **Passo 4:** Peça ao coachee para fechar os olhos e se concentrar. A respiração pausada e profunda ajuda a concentração.
- **Passo 5:** Ao perceber seu coachee concentrado, comece as perguntas e explore o maior número de detalhes que puder. Explore os sistemas representacionais (Parte 4). Quanto mais sentidos usar, mais memorável será a experiência e mais profunda será sua marca.
  - **Coach:** Onde está?
  - **Coachee:** Num camarim.
  - **Coach:** Como ele é?
  - **Coachee:** Tem duas poltronas vermelhas muito estilosas, uma mesa com frutas, suco e outras coisas gostosas. Há um espelho grande e um balcão de preparação.
  - **Coach:** Qual é a temperatura da sala?
  - **Coachee:** Está gelada, mas confortável.
  - **Coach:** O que está sentindo?
  - **Coachee:** Estou um pouco ansioso, mas animado. Mal posso acreditar que está realmente acontecendo.
  - **Coach:** Quem será seu entrevistador?
  - **Coachee:** Jô Soares.
  - **Coach:** Qual o tema da entrevista?
  - **Coachee:** Um livro recém-lançado sobre pensamento criativo. Com grande sucesso de vendas.
  - **Coach:** Você está vendo a capa do livro?
  - **Coachee:** Sim. Está lindo. Estou vendo o meu nome como autor.
  - **Coach:** O que vai acontecer em seguida?
  - **Coachee:** Vão me chamar para iniciar o programa.
  - **Coach:** Quem está lhe assistindo?
  - **Coachee:** Ao vivo, minha esposa e meus dois filhos.
  - **Coach:** E na TV?
  - **Coachee:** Minha equipe, meus clientes, meus alunos, colegas, amigos, o Brasil! Estou saindo do anonimato.

As ferramentas do coaching

- **Coach:** E agora, como está se sentindo?
- **Coachee:** Divinamente realizado, orgulhoso, eufórico. Vontade de bradar!
- **Coach:** Fulano, é possível isso? Você é capaz? Vale a pena?
- **Coachee:** Yesssss!

Passo 6: Ajude o coachee a sentir os pés no chão e a realidade, mas, antes de abrir os olhos, trazer toda a emoção que experimentou.

Passo 7: Peça os principais *insights* e uma decisão nova que vai levá-lo nessa direção.

2.3.3 Valores & compromisso

Como qualquer edificação construída para durar décadas, a construção de uma Visão e de um Projeto de Vida de Longo Prazo precisa de um alicerce sólido, chamado **Valores Pessoais**. Viver uma visão sem valores é o mesmo que tentar vestir uma roupa que não foi feita para você, sempre terá aquela sensação de que algo está fora do lugar. De fato está!

Uma visão sem valores com o tempo se corrompe, esvazia-se, esfria e até mesmo se perde.

É nos seus valores mais profundos que encontrará uma força propulsora para superação de obstáculos e onde encontrará a razão de sua busca.

Quando, contudo, persegue-se uma visão baseada em valores pessoais, a jornada se torna tão prazerosa quanto o destino. Todo sacrifício, todo preço pago, toda abdicação e dedicação terão valido a pena.

Nosso compromisso com uma visão está diretamente ligado à congruência que esta tem com nossos valores pessoais. Compromisso, por sua vez, é um senso de intenção e foco de fazer, ser ou realizar algo. Sem compromisso, não há responsabilização. Sem responsabilização, enfraquecemos nossa capacidade de assumir controle sobre escolhas e decisões legítimas.

O QUE SÃO VALORES?

Valores são como bússolas interiores, definem prioridades em um processo de escolha. Dão a nós um senso do certo e errado, do bom e do ruim. Valores são aprendidos durante nossos primeiros anos de vida e se tornam regras de vida que norteiam e orientam todas as nossas decisões e escolhas.

Já pensou viver uma vida ignorando seus valores? Isso potencialmente lhe causará uma sensação de fraude e de perda de autenticidade. Valores não são negociáveis.

Geralmente expressamos valores em termos abstratos como **lealdade, liberdade, aventura, amizade, desafio, integridade, responsabilidade, independência, harmonia, igualdade, reconhecimento e dedicação ao próximo**. Enfim, tudo aquilo que é prioridade em nossa vida e importante em tudo o que fazemos ou com quem nos relacionamos.

COMO SABER OS VALORES DE ALGUÉM?

A melhor forma de se evocar valores é por meio de perguntas eficazes:

- Imagine hipoteticamente que está sendo entrevistado por sua filha de 10 anos de idade, que lhe pergunta: "*Quais são as quatro regras mais importantes em nossa família?*" Qual seria sua resposta?
- Quais as três últimas coisas de que abriria mão na sua vida profissional?
- Em quais situações você se sentiu uma fraude?

SUBINDO A MONTANHA ERRADA

No livro *A montanha certa*, de Jim Hayhurst, é narrada uma história que aconteceu em 1988 em uma expedição canadense ao Monte Everest. O autor do livro estava lá para testemunhar. Dois homens morreram tentando escalar o Monte Everest. Eles morreram porque não conseguiram entender a si mesmos e seus objetivos. Eles tentaram uma subida que não era para eles. Eles não estavam na montanha certa. Nesse relato fascinante, criticam-se as definições tradicionais de sucesso. Mais do que uma história de aventura, *A montanha certa* é uma ilustração do que significa ser bem-sucedido, não apenas em termos de vitórias de curta duração, mas nos termos adequados para um indivíduo experimentar resultados sustentáveis e satisfação pessoal.

Pense que terrível seria dedicar anos de sua vida escalando uma montanha perigosa e arriscada e, ao chegar ao topo, descobrir que era a montanha errada.

ORDENAÇÃO DE VALORES

A Ordenação de Valores é uma ferramenta de coaching que pode ser configurada em diferentes formatos, privilegiando valores pessoais, profissionais ou do ambiente de trabalho.

Na **Imagem 2.3.3a**, temos o modelo de uma **Ordenação de Valores Pessoais**. Nele você encontrará nove tipos de valores com suas respectivas definições. O preenchimento é muito simples. Atribui-se uma nota de "0 a 10", sendo "10" os valores mais importantes e significativos e "0" aqueles valores indiferentes. Depois de ter atribuído uma nota para cada item, cria-se um *ranking* do 1º ao 9º lugar em prioridade, sendo o 1º lugar de maior prioridade e o 9º lugar de menor prioridade. Quando as notas estiverem empatadas, é a decisão do coachee que define a posição do *ranking*.

As ferramentas do coaching

ORDENAÇÃO DE VALORES
CATEGORIA 3 | VALORES PESSOAIS

Nome do Cliente: _____ Data: _____

VALORES	DEFINIÇÃO	NOTA	RANKING
EMPREENDER	Estabelece metas ousadas e busca excelência em tudo o que faz. Quer sempre antigir seu potencial máximo.		
ESTÉTICA	Expressar livremente seu talento artístico e criatividade são prioridades em sua vida. Gosta de se envolver em atividades que tornam a vida mais bonita e possibilitam a sensibilidade.		
LAZER	Ter tempo de lazer e recreação são prioridades em sua vida. Valoriza poder se dedicar aos seus hobbies e interesses.		
FAMÍLIA	Valoriza estar próximo da família e cuidar dela sempre que ela precisar de você. Quer estar disponível sempre que necessário. Passar tempo com ela é prioridade.		
AMIGOS	Fazer e cultivar amizades é uma prioridade na sua vida. Gosta de passar tempo com os amigos, tê-los próximos, ajudando-os no que precisarem.		
AJUDAR OS OUTROS	Contribuir para o bem-estar do próximo é imprescindível e lhe traz profunda satisfação pessoal.		
INTEGRIDADE	Valoriza uma vida com relacionamentos em que a palavra vale. Honestidade é essencial. Não mede esforços para manter seus compromissos e segue alto padrão de justiça e verdade.		
FÉ	Viver seus princípios de fé em harmonia com o transcendental.		
GANHAR DINHEIRO	Valoriza o acúmulo de riqueza como parte essencial da sua felicidade. Valoriza um estilo de vida sem privações com patrimônio, conforto e lazer. Valoriza poder ajudar e ser generoso.		

Fonte: adaptada do Career direct.

Imagem 2.3.3a Ordenação de Valores Pessoais

EXERCÍCIO: TREINE EVOCAR OS VALORES DE ALGUÉM

Usando a Ordenação de Valores Pessoais e com auxílio de Perguntas Eficazes, descubra os valores que movem, orientam o seu entrevistado.

CONGRUÊNCIA DE VALORES

A congruência de valores é a compatibilidade que as metas estabelecidas têm com os valores pessoais. Ao estabelecer as metas, deverá ser checado se elas não ferem ou são antagônicas aos valores estabelecidos. Essa análise não é uma equação exata, ou seja, não se trata de achar o certo ou o errado, mas se há maior ou menor compatibilidade entre metas e valores.

Suponha, por exemplo, que um coachee estabeleça uma meta de assumir o cargo de gerente geral da uma unidade da empresa em três anos, onde atualmente ele tem um cargo de supervisão no departamento comercial. Suponha ainda que tenha identificado que os três valores mais relevantes sejam: Família, Fé e Ajudar os outros.

Observe que, apesar da legitimidade da ambição profissional, parece haver uma incongruência com as prioridades de vida estabelecidas: Família, Fé e Ajudar os outros. Isso deve ser checado e desafiado pelo coach.

VALORES DE RESULTADOS PROFISSIONAIS E NO AMBIENTE DE TRABALHO

A seguir, apresentamos outros dois modelos de Ordenação de Valores:

As ferramentas do coaching

- **Resultados profissionais:** oito itens profissionais para ser priorizados. O que não é negociável para você?
- **Valores no trabalho:** doze possíveis características de um trabalho que não podem faltar.

ORDENAÇÃO DE VALORES
CATEGORIA 2 | RESULTADOS PROFISSIONAIS

VALORES	DEFINIÇÃO	NOTA	RANKING
PLANO DE CARREIRA	Valoriza cargos que oferecem um plano de carreira bem definido, podendo ascender dentro da empresa com o aumento de responsabilidade e autoridade.		
EDUCAÇÃO CONTINUADA	Busca crescer continuamente e se desenvolver como profissional em seu campo de atuação. Valoriza fazer cursos, seminários e ter educação formal.		
AJUDAR O PRÓXIMO	Valoriza contribuir para o bem-estar e o crescimento de outras pessoas, e isso deve ser parte integrante do seu trabalho.		
SALÁRIO ALTO	Procura alta remuneração por esforços no trabalho. Ser bem pago é forma de se sentir bem-sucedido no seu trabalho.		
ESTÍMULO INTELECTUAL	Procura situações que permitam analisar questões complexas e resolver os problemas de maneira lógica. Valoriza adquirir novos conhecimentos e usar a inteligência.		
LIDERANÇA	Valoriza situações em que é responsável por recursos e pessoas. Prefere o comando, delega bem tarefas e gosta de tomar decisões em nome de um grupo.		
RECONHECIMENTO	Valoriza o trabalho duro para ser reconhecido como alguém que deixou sua marca. Reconhecimento é seu grande motivador de trabalho.		
SEGURANÇA	Valoriza ter garantia de emprego no longo prazo.		

Fonte: adaptada do Career direct.

Imagem 2.3.3b Ordenação de Valores de Resultados Profissionais

ORDENAÇÃO DE VALORES
CATEGORIA 1 | VALORES DE TRABALHO

VALORES	DEFINIÇÃO	NOTA	RANKING
AVENTURA & RISCO	Gosta de estar em ação mesmo quando isso envolve riscos. Precisa de aventura e gosta de lidar com situações novas e inesperadas.		
DESAFIO	Quer oportunidades para resolver problemas difíceis e lidar com questões cruciais. Procura tarefas complexas para superar. Gosta de trazer ordem ao caos.		
AMBIENTE LIMPO	Não gosta de se sujar ou ficar exposto a odores fortes. Gosta de ambiente limpo de trabalho, organizado e saudável.		
IGUALDADE	Aprecia estar em um ambiente onde as pessoas são tratadas de maneira justa, independentemente de raça, sexo, crença, religião ou nacionalidade.		
HORÁRIO FLEXÍVEL	Valoriza poder conciliar seu horário de trabalho com outras atividades. Gosta de ter controle de suas horas trabalhadas e de flexibilidade.		
HARMONIA	Valoriza ambiente profissional pacífico e agradável. Evita situações de confronto e busca harmonia com seus supervisores e integrar-se com uma equipe com a qual se identifica.		
INTERDEPENDÊNCIA	Valoriza tomar decisões sozinho. Procura autonomia do seu trabalho. Fazer as coisas do seu jeito é importante. Prefere não ter supervisão do seu trabalho.		
TRABALHO EXTERNO	Valoriza trabalhar ao ar livre ao invés de ambientes fechados. Busca oportunidades para ter contato com a natureza, mesmo que isso signifique trabalhar no calor ou no frio.		
ESTABILIDADE	Valoriza rotinas e um trabalho previsível. Valoriza horários, salário e cronogramas bem estabelecidos.		
VIAGENS	Procura atividades que lhe permitam viajar e conhecer lugares. Aprecia conhecer gente nova, fazer viagens e ter compromissos fora do escritório.		
VARIEDADE	Valoriza trabalhos com variedade. Mudanças frequentes de atividades farão com que não se sinta entediado. Valoriza trabalhar diariamente com pessoas e situações diferentes.		
BOA ORGANIZAÇÃO	Valoriza um ambiente bem estruturado e organizado. Busca carreira em local que promova ordem, limpeza e processos sistemáticos.		

Fonte: adaptada do Career direct.

Imagem 2.3.3c Ordenação de Valores de Trabalho

2.3.4 Construção de metas neurologicamente codificadas

METAS GERAM DIREÇÃO

É neste estágio que os sonhos visualizados começam a ganhar forma concreta. **Toda meta é um destino**, um resultado desejado, um alvo que se deseja alcançar. Se a meta não for clara, você não saberá em qual direção deverá atirar.

Ter uma meta clara é como lançar um míssil movido por radar. Se o alvo mudar de posição, o míssil o segue. Você foca toda sua atenção naquele destino.

Imagine seu amigo lhe ligando e convidando para encontrá-lo na cafeteria. No meio da conversa, você se esqueceu de perguntar em qual cafeteria. O que faz? Sai andando? Espero que não! Mas é isso que muitas pessoas estão fazendo com suas metas confusas.

Você provavelmente ligaria de volta ao seu amigo e pediria o nome da cafeteria. Se não conhece o local, precisará de mais detalhes: o bairro, a rua, o número. Quanto mais informação tiver sobre o destino, mais assertiva será sua jornada até lá.

A melhor forma de expressar uma meta é descrevendo exatamente o resultado que espera.

Exemplo 1: *Quero perder bastante peso logo.*

Exemplo 2: *Quero pesar 60 kg até 15 de dezembro de 2016.*

Qual a diferença entre os dois exemplos acima? Um endereço claro!

Quanto mais preciso for o seu alvo, maiores as chances de atingi-lo. Isso não é místico, é neurociência. É programar no seu cérebro uma **visão seletiva**. Lembra-se do teste da atenção seletiva? É exatamente esse o caso. Você está informando o seu cérebro onde ele precisa focar.

METAS PRODUZEM MUDANÇA DE COMPORTAMENTO

Quando a meta é bem estabelecida, ela produz mudança de comportamento e atitude, fazendo com que a pessoa passe a direcionar sua vida consciente e inconscientemente na direção dela.

A escolha de não estabelecer uma meta nos leva a focar no problema. Ficamos presos em um labirinto de pensamentos e sentimentos sufocantes. Quando decidimos estabelecer uma meta, mudamos nosso foco do que está errado para o que efetivamente se quer. Focar na meta nos tira do estado de vitimação e nos coloca em um estado de ação e solução.

Por fim, metas bem elaboradas ampliam as crenças e o sentimento de possibilidade e merecimento, expandindo o teto mental que limitava o progresso pessoal.

Um coach que não conduz seu coachee para metas corre o risco de deixá-lo preso em suas lamúrias do passado e reclamações de suas insatisfações presentes.

Metas autênticas produzem entusiasmo. A palavra "entusiasmo" (do grego *en + theos*, literalmente "em Deus") originalmente significava inspiração ou possessão por uma entidade divina ou pela presença de Deus, um estado de grande arrebatamento e alegria. Uma pessoa entusiasmada está disposta a enfrentar dificuldades e desafios, não se deixando abater e transmitindo confiança aos demais ao seu redor. O entusiasmo pode, portanto, ser considerado um estado de espírito otimista.

COMO ESTABELECER AS METAS?

Existem basicamente dois pontos de partida para estabelecimento de Metas no Coaching:

a) **Busca pela superação de um problema/obstáculo:** há uma série de problemas que o seu coachee lhe apresentará buscando respostas. Como no coaching não oferecemos respostas, precisamos que o coachee compreenda qual RESULTADO ele realmente está querendo obter como solução desse problema.

> Vamos supor que o seu coachee lhe apresente o seguinte problema: *"Quero que minha equipe pare de fazer perguntas estúpidas."*
>
> No mundo real é assim. Os problemas vêm em forma bruta. O papel do coach é ajudar seu coachee a interpretá-los, conforme demonstrado a seguir no suposto diálogo entre o coach e o cliente:
>
> - **Coach:** O que quer dizer com "perguntas estúpidas"?
> - **Cliente:** Coisas óbvias, já sabidas por todos. Ou pelo menos se espera que fossem sabidas.
> - **Coach:** O que você acha que leva as pessoas a fazerem essas perguntas?
> - **Cliente:** ... sei lá, talvez não estejam atentos às coisas que eu comunico.
> - **Coach:** Como você pode mudar isso?
> - **Cliente:** Tornando minha **comunicação mais assertiva e clara**, eu acho!
>
> Perceba nesse diálogo que o problema apresentado foi transformado em um resultado desejado: *"comunicação mais assertiva e clara"*. Esse resultado desejado é o destino, ou seja, a meta.

b) **Busca pela realização de sonhos:** neste caso, você começa o *Bucket/Dream--List* definindo com seu coachee qual é o ponto de partida. Peça ao seu coachee para explorar as áreas mais importantes ou mesmo urgentes de progresso, mapeadas no Círculo da Vida. Em seguida, oriente-o a transformar o sonho em um **Resultado Desejado**. Por exemplo:

> **Sonho:** *Trabalhar por prazer e não por dinheiro.*
>
> **Meta:** *Conquistarei minha <u>independência financeira, gerando uma renda passiva de R$ 10.000 mensais</u> até 19 de maio de 2020.*
>
> Perceba que a meta traz clareza e um nível de detalhamento preciso do destino que se pretende alcançar em um prazo definido. É como marcar um café com um amigo e lhe passar um endereço e um horário de encontro, sem o qual o encontro pode não acontecer, afinal existem muitas cafeterias possíveis e, ainda que subentendessem ser a mesma, poderiam se desencontrar, em virtude de irem em horários diferentes. Use perguntas eficazes para definir exatamente o resultado esperado. Para esse caso, poderíamos aplicar as seguintes perguntas:

As ferramentas do coaching

- O que exatamente quer conquistar (alcançar, ser, superar etc.)?
- Como gostaria que o dinheiro entrasse?
- Quanto é suficiente para você?
- Quando quer ter isso funcionando?

O PAPEL DO COACH NO ESTABELECIMENTO DE METAS

Pessoas são naturalmente orientadas para o passado e para problemas. O papel do coach é ajudar o coachee a redirecionar o seu foco dos problemas e obstáculos para Resultados Desejados, do passado para o futuro e para a solução. Falhar nessa condução pode comprometer todo o resultado do trabalho de coaching. É aqui que muitos coaches se perdem, deixando que a realidade do cliente seja apenas o que ele vê e sente naquele momento.

Um bom processo de coaching é um coaching orientado para metas, ou seja, um processo que cria a habilidade de pensar e sentir os resultados enraizados em uma meta. Não só isso, um coach deve inspirar o seu coachee e apoiá-lo para que atinja suas metas.

METAS NÃO SÃO TAREFAS

Uma meta é o que você quer. Uma tarefa é o que você precisa fazer para consegui-la.

Cuidado para seu coachee não transformar metas em tarefas. As duas não devem ser confundidas e resultam em efeitos diferentes em nós.

OS SETE PRINCÍPIOS DE COMO SE TRABALHAR COM METAS

Os sete princípios referem-se a uma adaptação do SMART[3] apresentada por Peter Drucker em *Gestão por objetivo* (1954). Aos atributos originais do SMART foram acrescentados Positivo, Ecológico e Controlável, conforme demonstrado na **Imagem 2.3.4a**.

#	Princípio
1	É ESPECÍFICA
2	ESTABELECIDA DE FORMA POSITIVA
3	METAS DESAFIANTES E REALISTAS
4	META ECOLÓGICA
5	META QUE ESTEJA NO SEU CONTROLE
6	É MENSURÁVEL
7	É TEMPORAL

Fonte: <www.coaching4.com>.

Imagem 2.3.4a Os sete princípios

---

[3] SMART é um acrônimo em inglês descrito como ***S**pecific, **M**esurable, **A**chivable, **R**elevant and **T**ime-based* (em português Específico, Mensurável, Alcançável, Relevante e Temporal).

O papel desses sete princípios é um controle de qualidade na elaboração de metas. Metas fracas e mal-elaboradas não movem pessoas. As metas poderosas, claras, motivantes e neurologicamente compreensíveis precisam seguir regras de composição.

Muitos coaches conhecem esse processo como "*SMARTIRIZAÇÃO*" (verbalização adaptada do acrônimo SMART). A ideia é descomplicar ao máximo o processo de elaboração de metas sem comprometer a qualidade em sua elaboração.

Vamos definir o que significa cada um dos sete princípios e sua importância já em forma de perguntas para conferir com o seu coachee.

● PRINCÍPIO 1 | ESTÁ ESPECÍFICO?

Clareza é poder.

Quanto mais informação você der ao seu cérebro, mais orientado e programado ele ficará para seu alvo. Por isso, esclareça exatamente o que quer conquistar, ser ou atingir.

> **Exemplo: Quero aprender inglês!**
> **Pergunta-chave**: "Qual nível de inglês quer conquistar?"
> **Resposta:** Quero ser capaz de atender clientes internacionais com fluência e segurança.

Aprender inglês é uma meta vaga e muito ampla. É preciso especificar de maneira a tornar claro um resultado esperado, uma vez que existem diferentes níveis de inglês com diversos propósitos. Talvez um profissional de TI precise desenvolver um inglês técnico, o que não é o caso de uma mãe que quer levar os filhos em uma viagem para a Disney, diferentemente de um dentista que fará a apresentação de trabalho em um congresso internacional.

● PRINCÍPIO 2 | FOI ESTABELECIDO DE FORMA POSITIVA?

Diga o que você **quer conquistar** e não o que **quer evitar**.

Metas positivas são energizantes e motivantes. Elas têm o poder de criar entusiasmo, um recurso muito poderoso no processo de mudança.

É por isso que a meta "Parar de Fumar" é mundialmente uma das mais falidas. Ela parece mais uma sentença condenatória do que uma meta. Metas expressas de forma negativa, ou seja, que expressam perda, dor, sofrimento, esforço, não moverão ninguém. Veremos mais para a frente que o "preço" que será pago pela meta é assunto do Plano de Ação.

Veja outro exemplo de Metas Negativas:

> **Exemplo: Não serei demitido da empresa!**
> **Pergunta-chave:** "O que eu quero em vez disso?"
> **Resposta:** Quero ter estabilidade, quero ser promovido, quero ser o melhor vendedor do ano etc.

Evite também o uso da palavra NÃO na construção de metas, como: "Não serei obsessiva igual minha mãe."

As ferramentas do coaching

Uma regra da PNL[4] é que devemos informar ao nosso cérebro aquilo que queremos e não o que não queremos. Se disser a você "Não pense em um céu azul" ou "Não olhe pela janela", automaticamente pensará e desejará fazer exatamente o que disse para não fazer. A razão disso é que o cérebro não registra comandos em negação.

● PRINCÍPIO 3 | A META ESTÁ DESAFIADORA E REALISTA?

Gerar equilíbrio entre uma meta desafiante, mas atingível, é fundamental. Caso sua meta seja muito desafiante, poderá intimidá-lo e produzir um sentimento de incapacidade. Por outro lado, metas muito fáceis não são motivantes. Precisamos de uma dose de desafio para gozarmos do prazer da superação. Se tiver incerto, erre pelo lado do desafio.

Uma alternativa para metas muito desafiadoras é colocá-las no longo prazo e criar metas intermediárias que aproximam os alvos em prazos intermediários.

● PRINCÍPIO 4 | A META ESTÁ ECOLÓGICA (OU SISTÊMICA)?

Avalie o equilíbrio latitudinal e longitudinal.

Equilíbrio latitudinal: avalie se a meta compromete outros pilares da vida em detrimento de beneficiar um ou dois.

Equilíbrio longitudinal: avalie se a meta destrói valor no longo prazo para benefícios de curto prazo e vice-versa.

Metas que não são ecológicas podem apresentar-se atrativas com resultados desejáveis. Pense a respeito de pessoas importantes na sua vida e como elas serão afetadas por essas metas. Pense na sua saúde física, espiritual e emocional e como será afetada. Pense também nos resultados de longo prazo e avalie se valem a pena.

● PRINCÍPIO 5 | A META ESTÁ NO SEU CONTROLE?

Se a meta não pode ser controlada por você, então ela não é sua.

Para que uma meta seja sua, ela precisa estar sob seu controle direta ou indiretamente. A sua realização deve depender de suas ações e escolhas, e não de outros. Naturalmente nos veremos diante de metas em que a decisão de outras pessoas será necessária, contudo consideramos legítimas as metas nas quais o coachee detém a maioria da responsabilidade e um forte poder de influência.

> **Exemplo: Terei um marido mais amoroso e atencioso.**
> **Pergunta-chave:** "Essa meta está sob seu controle?"
> **Resposta:** Vou resgatar o carinho e a atratividade do meu casamento.

● PRINCÍPIO 6 | ESTÁ MENSURÁVEL?

O que você não mede não gerencia.

Você deve medir seu progresso para ter certeza de que está no caminho e no ritmo certos. Você pode medir seu progresso de duas maneiras: tanto em relação a você

---
[4] Programação Neurolinguística.

mesmo como em relação a um *benchmark*, ou seja, uma referência de elevado padrão no que deseja conquistar, ter ou ser.

● PRINCÍPIO 7 | A META TEM PRAZO?

Somos seres temporais.

Medimos as coisas pelo tempo que elas nos levam. Por isso, é importante especificar a data máxima (dia-mês-ano), ainda que seja um palpite inicial. Cuidado com projeções de tempo vagas, que não sejam precisas.

Exemplo: Viajarei para Buenos Aires daqui a seis meses.
Pergunta-chave: "Quando exatamente será isso?"
Resposta: Dia 4 de setembro de 2016.

Organize as metas por dimensões de prazo, como Curtíssimo – Curto – Médio – Longo – Longuíssimo Prazo, de maneira que, quanto maior o prazo, mais alinhado com a visão definitiva de vida. Relacione os prazos a números de anos:

- Longuíssimo prazo: acima de 10 anos
- Longo prazo: 5 a 10 anos
- Médio prazo: 3 a 4 anos
- Curto prazo: 1 a 2 anos
- Curtíssimo prazo: abaixo de 1 ano

Observe na **Imagem 2.3.4b** as diferentes dimensões que os prazos nos dão. O tempo é um recurso valiosíssimo. Para definição de metas é como um capital de investimento, por isso os alvos mais longos ganham amplitude. Na imagem, os alvos de Longo Prazo estão mais afastados de nós e, portanto, aumentam o campo de possibilidades. À medida que aproximamos o prazo, reduzimos a amplitude de possibilidades, pois temos menos capital "tempo" para investir.

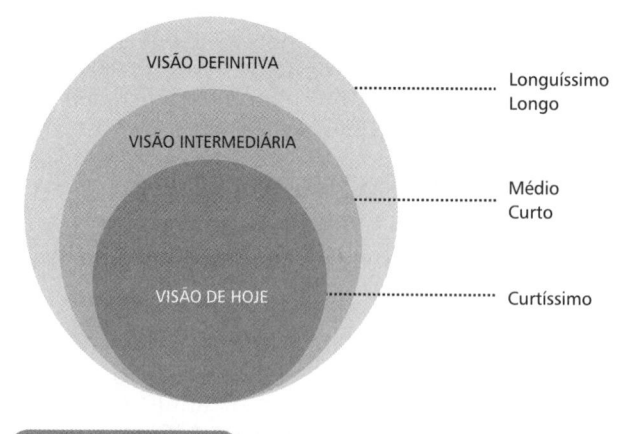

Imagem 2.3.4b Dimensões de prazo

As ferramentas do coaching

TEMPLATE: SMARTIRIZAÇÃO DOS SONHOS

Um *check-list* de qualidade na construção das metas.

Com essa ferramenta, o coachee poderá traduzir os sonhos (descritos na coluna da esquerda) para metas (descritos na coluna da direita). Os sonhos podem ser classificados por pilar do Círculo da Vida. Adicionalmente, poderá ser feita uma verificação se a meta observou e espelhou os sete princípios ou se ajustes precisam ser elaborados.

Peça ao coachee checar se a meta smartirizada se enquadra nos sete princípios de elaboração de metas, fazendo um "x" no campo cinza correspondente. O objetivo é que todos os sete campos sejam observados na elaboração da meta.

SMARTIRIZAÇÃO DOS SONHOS
"Sonhos geram inspiração e evocam propulsores de mudança"
"Metas geram direção e aumentam nossas chances de chegar aonde queremos"

LISTA DOS SONHOS	Pilar	Específico	Positivo	Desafiador/ Realista	Ecológico	Você Controla	Indicador	Prazo	METAS SMARTIRIZADAS
1.									1.
2.									2.
3.									3.
4.									4.
5.									5.
6.									6.
7.									7.
8.									8.
9.									9.
10.									10.

Prazos
Curtíssimo Prazo: Até 3 meses
Curto Prazo: 1-2 anos
Médio Prazo: 3-4 anos
Longo Prazo: 5-10 anos
Longuíssimo Prazo: 11-30 anos

Imagem 2.3.4c Smartirização dos sonhos

2.3.5 Definindo um propósito

Uma meta terá tanto valor e importância quanto o propósito que está por trás dela. O propósito é a motivação, a razão que nos leva a fazer o que fazemos e buscar o que buscamos. Basicamente, identificamos propósito perguntando **Por que**.

- Por que está aqui?
- Por que isso é importante?
- Por que vale a pena?

Quanto mais "por quês" e quanto maiores e mais convictas forem as razões de seu coachee, mais comprometido e engajado ele estará com sua meta.

2.4 Ferramentas de construção de Planos de Ação

"Ideias têm um prazo de validade curto. Você deve agir nelas antes do prazo de expiração!"

John C. Maxwell

Não fale, aja.

Não diga, mostre.

Não prometa, prove. É hora de agir!

Sem dúvida, esta é uma das etapas mais críticas na geração de resultados no processo de coaching. É nela que pontes são construídas, muros são derrubados e possibilidades são criadas. Estamos na terceira etapa da Matriz do Plano de Vida: **Planos de Ação**.

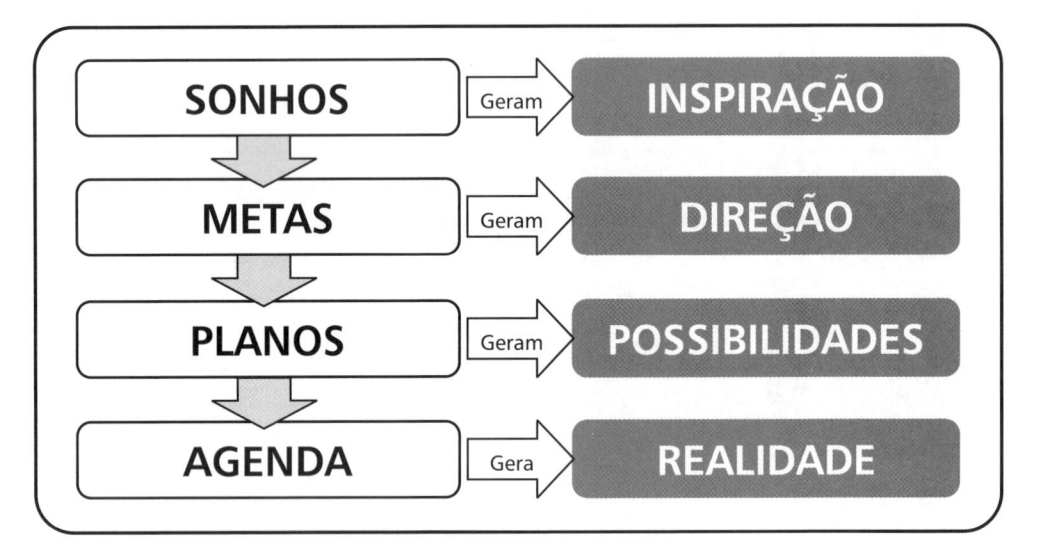

Fonte: <www.coaching4.com>.

Imagem 2.4 Matriz de Plano de Vida

Toda atenção e foco do coach e do coachee neste estágio estão em elaborar um Plano de Ação conciso, claro e viável. É o momento de pensar no "**como**" sairá de onde está e chegará ao destino que determinou. Considera-se:

- Qual caminho escolherá?
- Qual método usará?
- Qual estratégia aplicará?
- Quais recursos, relacionamentos, habilidades e conhecimento usará?

Ajude o seu coachee a manter uma mentalidade de possibilidades sempre ativa, usando perguntas que abram alternativas e não levem ao fim da linha.

As ferramentas do coaching

Um caso que atendi há anos foi de um senhor que sonhava em reformar sua casa para gozar de um lugar onde pudesse receber a família e curtir seus *hobbies* favoritos de pintura e jardinagem. A única coisa que o impedia de começar era um pensamento: "*Eu não tenho dinheiro.*" Este era o fim da linha: não posso, porque não tenho.

Ajudei-o com uma simples pergunta: "Christiano, será que existe um lugar (no planeta Terra) em que esse recurso esteja disponível e acessível a você?"

Perceba que a pergunta tirou-o de uma mentalidade de possibilidades para pensar em inúmeras alternativas possíveis. O resultado desta história o levou a um planejamento financeiro que, combinado com uma alternativa de crédito, viabilizou o projeto. Hoje, ele tem uma casa reformada 100% paga. De onde veio o dinheiro? Milagre? A criação de **Planos de Ação** gera novas e criativas **Possibilidades**.

O coach conta com duas ferramentas para a construção de Planos de Ação, sobre as quais vamos discorrer a partir de agora:

- Autocoaching.
- Plano de Ação – 5W2H.

2.4.1 Autocoaching

A maioria das pessoas não tem a menor ideia de como começar a elaborar um Plano de Ação para si. Por isso, as ferramentas auxiliam o coachee nessa elaboração.

O autocoaching é o melhor ponto de partida para ampliar possibilidades de conquistar certo resultado. Dizemos que o autocoaching é a ponte entre a meta e a ação. Em outras palavras, "o que escolho fazer para chegar aonde eu quero".

A aplicação do autocoaching resultará na criação de um pacote de ações em direção a uma meta. Ao aplicá-lo, estimula-se o pensamento criativo e evoca-se uma postura de responsabilização e visão de possibilidades.

COMO FUNCIONA SUA APLICAÇÃO?

O autocoaching é o exercício de listar o maior número de perguntas possíveis em torno de um único resultado desejado. Não qualquer pergunta, perguntas poderosas e eficazes, cujas respostas resultarão em um pacote de ações e decisões consistentes para conquistar o resultado desejado. A aplicação dessa ferramenta poderá ser feita usando o *template* demonstrado na **Imagem 2.4.1**.

2

As ferramentas do coaching

AUTOCOACHING

É o processo com base em *Perguntas Eficazes* que o levará na direção do RESULTADO que busca, promovendo autorresponsabilidade, clareza de propósitos e um pacote de ações e decisões consistentes.

Nome: _____ Data das Perguntas: _____ Responder em: _____

ESTABELEÇA O RESULTADO DESEJADO, A PARTIR DE SEU OBJETIVO SMARTIRIZADO

ETAPA 1: A partir de seu Objetivo, estabeleça o Resultado Desejado "O que mudarei no meu comportamento para conquistar vitalidade física até Dez./16"
ETAPA 2: Elabore pelo menos 15 perguntas basedas neste Resultado Desejado.
ETAPA 3: Após 2 dias, responda com riqueza de detalhes.

ESTABELEÇA 15 PERGUNTAS QUE TERMINEM COM A SUA META

Pergunta 1 (P1):
Resposta:
P2
P3
P4
P5
P6
P7
P8
P9
P10
P11
P12
P13
P14
P15

Fonte: adaptada de Método CIS, Paulo Vieira.

Imagem 2.4.1 Autocoaching

PASSO A PASSO DO AUTOCOACHING

A aplicação do autocoaching deve seguir quatro passos simples:

- **Passo 1:** Definição de Resultado

    A partir de uma meta desafiadora, defina um Resultado Desejado já SMARTIRIZADO, destacando visualmente o que quer. Vamos tomar como exemplo a meta de coachee ilustrativamente de Fábio.

    Meta do Fábio: conquistar uma **retirada mensal de R$ 50.000** até julho de 2018.

As ferramentas do coaching

Passo 2: Elaboração de pelo menos 15 perguntas

Agora, elabore quinze variações de perguntas, sempre conectando a conquista do resultado final desejado. Veja as perguntas criadas pelo Fábio:

Ex. 1: O que mudarei na minha vida profissional para conquistar uma **retirada mensal de R$ 50.000** até julho de 2018?

Ex. 2: Que horas levantarei para conquistar uma **retirada mensal de R$ 50.000** até julho de 2018?

Ex. 3: Quais habilidades desenvolverei para conquistar uma **retirada mensal de R$ 50.000** até julho de 2018?

Ex. 4: O que farei de novo e inusitado para conquistar uma **retirada mensal de R$ 50.000** até julho de 2018?

Ex. 5: Como usarei melhor o meu tempo para conquistar uma **retirada mensal de R$ 50.000** até julho de 2018?

E assim sucessivamente serão elaboradas 15 perguntas ou mais.

Passo 3: Responda com uma perspectiva fresca depois de dois dias

Após concluir as 15 perguntas, espere dois dias para respondê-las. Se possível, nesse período faça atividades lúdicas, visite uma exposição de artes ou aprecie um pôr do sol em um dia especial. Dois dias depois, responda a cada uma das 15 perguntas com riqueza de detalhes. Veja as respostas do Fábio:

Ex. 1: O que mudarei na minha vida profissional para conquistar uma **retirada mensal de R$ 50.000** até julho de 2018?

Resposta/Ação: irei proativamente assumir projetos desafiadores e estabelecer um padrão de excelência e superação de expectativas em tudo o que fizer.

Ex. 2: Que horas levantarei para conquistar uma **retirada mensal de R$ 50.000** até julho de 2018?

Resposta/Ação: levantarei uma hora mais cedo (às 6h) e me dedicarei ao aperfeiçoamento do meu inglês.

Ex. 3: Quais habilidades desenvolverei para conquistar uma **retirada mensal de R$ 50.000** até julho de 2018?

Resposta/Ação: desenvolverei minhas habilidades de comunicação, aprimorando minhas apresentações públicas, comunicando-me efetiva e claramente com minha equipe e ouvindo com atenção as necessidade dos meus clientes internos.

Ex. 4: O que farei de novo e inusitado para conquistar uma **retirada mensal de R$ 50.000** até julho de 2018?

Resposta/Ação: participarei de um programa de desenvolvimento em outro país que aumente minha visão, amplie minha perspectiva cultural, quebre padrões viciosos que carrego e recicle a minha visão do que faço.

Ex. 5: Como usarei melhor o meu tempo para conquistar uma **retirada mensal de R$ 50.000** até julho de 2018?

Resposta/Ação: iniciarei uma reciclagem profissional com cursos *on-line*, fazendo melhor proveito de minhas horas livres.

■ **Passo 4:** Selecione as cinco respostas mais críticas

De tudo o que Fábio escreveu, ele agora deverá selecionar as cinco respostas mais críticas e poderosas para levá-lo ao resultado que quer, destacando-as com um grifo amarelo em seu *Template*.

Por fim, você irá organizar pelo menos essas cinco respostas (pode haver mais) no *Template* de Plano de Ação 5W2H.

2.4.2 Plano de Ação – 5W2H

"Quando você falha em se planejar, você está planejando falhar."

Essa declaração de Benjamin Franklin é um ótimo resumo da importância do planejamento na concretização de metas e objetivos estabelecidos.

Dúvidas sobre como ou quando algo vai ser feito geram hesitação, insegurança, incerteza, procrastinação e medo. É preciso eliminar por completo as dúvidas que podem surgir durante a execução do plano. A ausência de dúvidas agiliza em muito as atividades!

Definir um Plano com Ações organizadas e claras empodera seu coachee para iniciar uma mudança intencional. As respostas às perguntas eficazes realizadas no autocoaching proporcionam a matéria-prima para iniciarmos um mapeamento de ações-críticas que nos levarão às nossas metas e aos nossos alvos.

O QUE É O 5W2H?

É um *check-list* de ações específicas que precisam ser desenvolvidas com a maior clareza possível. Funciona como um mapeamento das atividades.

A sigla "5W2H" faz referência às primeiras letras (em inglês) das diretrizes desse processo:

What – **O que** será feito (detalhar etapas)

Why – **Por que** será feito (justificativa/relevância)

Where – **Onde** será feito (local)

When – **Quando** será feito (prazo)

Who – **Por quem** será feito (responsabilidade)

How – **Como** será feito (método/estratégia)

How Much – **Quanto** custará (recursos)

As ferramentas do coaching

É adicionado ainda o **Nível de Criticidade** da Ação, ou seja, o quanto essa ação é importante a fim de se conquistar o Resultado Desejado. O Nível de Criticidade deverá ser avaliado como Alto (quando é muito representativo para o resultado final), Médio (quando tem alguma importância no resultado final) ou Baixo (quando há mínimo impacto no resultado final).

Tomando o exemplo do coachee Fábio iniciado no Autocoaching, definimos a seguinte meta e resultado desejado:

> "Conquistar uma retirada mensal de R$ 50.000 até julho de 2018."

A partir do Resultado Desejado criamos uma variação de perguntas eficazes que abriram uma porta para soluções e respostas criativas. Terminamos o Autocoaching selecionando cinco respostas, ou melhor, cinco ações mais críticas para concretizarmos o Resultado Desejado.

A próxima etapa é importar essas cinco ações e organizá-las no 5W2H. Veja duas escolhas feitas pelo Fábio:

Resposta/Ação: irei proativamente assumir projetos desafiadores e estabelecer um padrão de excelência e superação de expectativas em tudo que fizer.

O QUE FAZER (Etapas e subetapas)	POR QUE SERÁ FEITO (Justificativa/ Razões)	ONDE SERÁ FEITO (Local/ Situação)	QUANDO SERÁ FEITO (Início/Término/ Frequência)	POR QUEM SERÁ FEITO (Envolvidos)	COMO SERÁ FEITO (Método/ Estratégia)	QUANTO CUSTARÁ (Recursos/Tempo/ Custo)	NÍVEL DE CRITICIDADE (Alto – Médio – Baixo)
Apresentarei à diretoria uma solução de expansão dos negócios, iniciando uma unidade de Exportação.	Aumentará minha visibilidade e possibilidade de assumir uma nova frente de negócio na empresa, com potencial para aumentar em 50% a lucratividade atual.	Na reunião bimestral da diretoria executiva.	Na primeira reunião do segundo semestre de 2016.	Liderarei o projeto com dois membros de confiança da minha equipe.	Apresentando um levantamento de potenciais compradores internacionais e de nossa posição competitiva no mercado.	Aproximadamente R$ 10 mil de gastos e levantamentos + 2 pessoas dedicadas integralmente.	Alto.

Resposta/Ação: levantarei uma hora mais cedo (às 6h) e me dedicarei ao aperfeiçoamento do meu inglês.

O QUE FAZER (Etapas e subetapas)	POR QUE SERÁ FEITO (Justificativa/ Razões)	ONDE SERÁ FEITO (Local/Situação)	QUANDO SERÁ FEITO (Início/Término/ Frequência)	POR QUEM SERÁ FEITO (Envolvidos)	COMO SERÁ FEITO (Método/ Estratégia)	QUANTO CUSTARÁ (Recursos/Tempo/ Custo)	NÍVEL DE CRITICIDADE (Alto – Médio – Baixo)
Dedicarei 5 horas por semana ao aperfeiçoamento da conversação em inglês.	Potencializará minha qualificação para assumir uma frente de exportação na empresa.	Em casa, *on-line*.	De segunda a sexta-feira, das 6h10 às 7h10.	Por mim, acompanhado de um tutor nativo.	Contratarei um professor nativo para sessões virtuais de conversação.	5 horas por semana + R$ 500/mensais.	Médio.

As ferramentas do coaching

A seguir, demonstramos na **Imagem 2.4.2** um modelo de *template* para aplicação do 5W2H. Recomendamos para cada uma das metas cinco ações relevantes com alto nível de criticidade no resultado final.

PLANO DE AÇÃO							
Selecione as respostas mais críticas de seu Autocoaching e elabore um Plano de Ação efetivo e exequível (Check-list)							
Objetivo								
Pilar				Data			
O QUE FAZER (Etapas e Subetapas)	POR QUE SERÁ FEITO (Justificativas/Razões)	ONDE SERÁ FEITO (Local/Situação)	QUANDO SERÁ FEITO (Início/Término Frequência)	POR QUEM SERÁ FEITO (Envolvidos)	COMO SERÁ FEITO (Métodos/Estratégia)	QUANTO CUSTARIA (Recursos/Tempo/ Custos)	NÍVEL DE CRITICIDADE (Alto/Médio/Baixo)
1							
2							
3							
4							
5							

Imagem 2.4.2 5W2H

2.4.3 Agenda extraordinária

Um sonho escrito com uma data se transforma em uma meta.
Uma meta dividida em passos se torna um plano.
Um plano sustentado por ações transforma sonhos em realidade.

Quando você organiza de maneira sequencial o processo de coaching, cria um caminho de mudanças, transformando uma visão ou um sonho em uma realidade tangível.

A **Imagem 2.4.3a** resume essa sequência:

- Partindo com a ferramenta de diagnóstico (Círculo da Vida);
- Direcionando com ferramentas de projeção do Estado Desejado (Ordenação de Valores + Lista de sonhos + Smartirização);
- Possibilitando com ferramentas de Plano de Ação (Autocoaching e 5W2H); e
- Agindo com a agenda extraordinária e a agenda personificada.

Sempre conduzindo o processo com perguntas eficazes e poderosas.

Imagem 2.4.3a Ferramentas sequenciadas

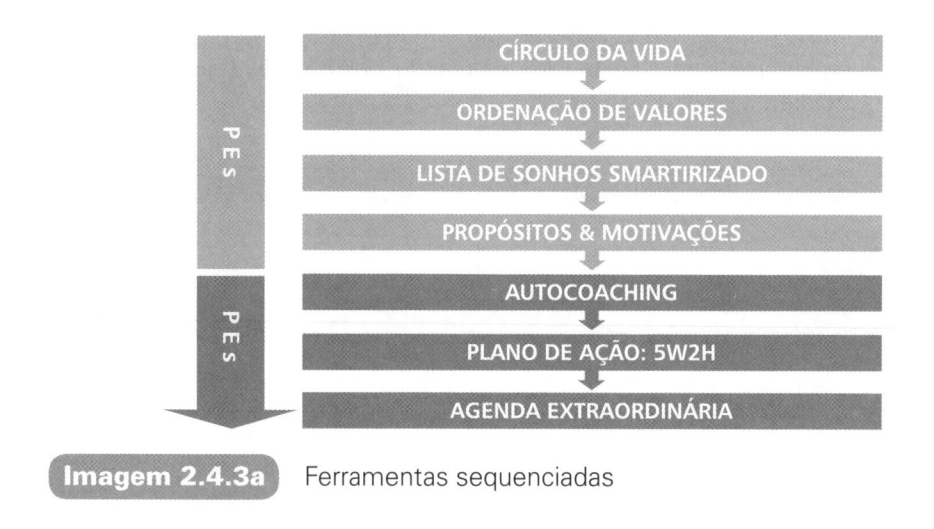

CRIE NOVAS ROTINAS DE VIDA

Nós somos resultado do que fazemos repetidamente. Por isso, a excelência não vem somente de uma ação pontual, mas da criação de novos hábitos. Fazer o que já fazia levará o seu coachee aos mesmos resultados e ciclos que ele já vinha vivendo. Mudanças precisam de uma nova rotina e uma nova agenda alinhada às metas, às novas prioridades e aos valores identificados durante o ciclo de coaching.

Sua vida será tão prazerosa e realizadora quanto a rotina que você estabelece a si mesmo. Viver o dia a dia de sua agenda extraordinária é tornar a experiência da sua jornada prazerosa enquanto caminha em direção ao seu destino.

O QUE É AGENDA EXTRAORDINÁRIA?

A agenda extraordinária (conhecida também como agenda perfeita) é um exercício de redefinir onde escolherá conscientemente investir seu tempo em uma típica semana, considerando:

- Suas metas e o plano para viabilizá-las.
- Seus valores e aquilo que realmente é importante na sua vida.
- Eliminar coisas que drenam o seu tempo e energia e não geram valor.
- Sua escolha por crescimento em vez de conforto.

Muitos coachees tendem a fazer da agenda extraordinária uma agenda utópica e totalmente desconectada da realidade. Não é esse o sentido dessa ferramenta. O ponto de partida da nossa agenda extraordinária é a nossa agenda atual. Repensar a forma como vamos usar o nosso tempo é o grande benefício dessa última etapa do ciclo de coaching.

As ferramentas do coaching

PASSO A PASSO PARA COMPOR A AGENDA EXTRAORDINÁRIA

A agenda extraordinária é formada a partir das novas prioridades, valores e alvos de vida estabelecidos, bem como integrando o pacote de ações e decisões construídas no 5W2H. Muitas ações definidas no 5W2H são rotinas que serão incorporadas nessa agenda. É importante, contudo, antes de incorporá-las na agenda, avaliar como vem usando seu tempo até o momento e quais mudanças precisarão acontecer em sua agenda. Vamos fazer isso em quatro passos:

● PASSO 1: ESTABELEÇA O ALVO DO TEMPO

Uma das formas de tornar claras as prioridades de investimento de tempo é classificando-as em quatro dimensões, conforme demonstrado na **Imagem 2.4.3b**.

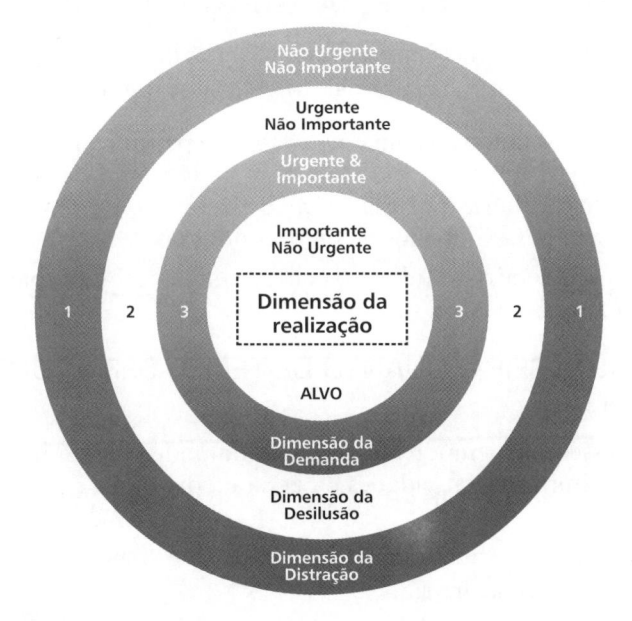

Fonte: traduzida de Robbins (2006).

Imagem 2.4.3b Alvo do tempo

A dimensão da distração: não importante & não urgente

Aqui é aonde a maioria das pessoas vai quando está estressada, pois são atividades nas quais não se precisa pensar.

A dimensão da desilusão: urgente, mas não importante

É aqui onde as pessoas criam mais listas de "afazeres". Quando se acha que tem um plano, ele é subitamente interrompido por uma demanda urgente de outras pessoas, geralmente com a desilusão de que estão tomados de coisas importantes, mas que na verdade não são tão significativas como resultados importantes em sua vida pessoal ou profissional.

A dimensão da demanda: urgente e importante

Há uma série de situações na vida que não podemos prever e que podem se tornar urgentes e muito importantes, como, por exemplo, quando um colega de trabalho ou seu filho sofre um acidente. Precisará responder a isso!

O alvo: importante, mas não urgente

Este é o lugar onde quer dedicar a maior parte do seu tempo. Chamamos de ALVO! Essa é a área que produz a <u>verdadeira satisfação</u> de vida.

O que caberia nesta categoria para você? Tempos com pessoas queridas? Trabalhando em um projeto não urgente, mas antecipando uma vantagem competitiva? Fortalecendo seu time? Marketing? Lendo? Exercitando? Pensando?

PASSO 2: DESCUBRA ONDE ESTÁ ALOCANDO O SEU TEMPO

Isso não precisa ser preciso, mas é importante ter uma ideia (%) de como seu tempo vem sendo alocado. A maioria das pessoas apresenta os resultados a seguir:

- **25%** – É geralmente o limite do tempo no Alvo para pessoas que vivem estressadas. Passam uma boa parte do tempo na Dimensão da Demanda. Pessoas estressadas passam menos de seis horas por dia no alvo (áreas que produzem sensação de realização), ou seja, passam menos de 90 dias por ano.
- **40-70%** – Se deseja sentir-se realizado com sua vida, você deve passar em média 40-70% do seu tempo no Alvo.

PASSO 3: BALANCEIE O QUANTO DE TEMPO SERÁ COLOCADO EM CADA DIMENSÃO

O que faria se tivesse mais tempo? Descubra como pode conseguir algumas horas extras na semana eliminando atividades da zona da distração e principalmente da zona de desilusão.

Defina quanto tempo (%) quer dedicar a cada zona e respeite essa regra quando for compor a agenda extraordinária.

PASSO 4: COMECE A AGENDA EXTRAORDINÁRIA COM ALVOS DE TEMPO

Componha a agenda com lápis e borracha. É um quebra-cabeça de como as coisas irão se encaixar. A diferença quando compomos essa nova agenda é a posição que tomamos, antes passiva, deixando as coisas acontecerem e reagindo a elas. Agora, estamos ditando intencionalmente em que investiremos nosso tempo, quais hábitos e rotinas incorporaremos considerando nossas metas, valores e prioridades.

RECURSOS DE AGENDA

A composição da agenda extraordinária poderá contar ainda com outros dois recursos de apoio, tornando-a mais assertiva e significativa.

● RECURSO 1 – QUANTO VALE MEU TEMPO?

Avaliar quantitativamente o valor do nosso tempo pode nos ajudar a priorizar que tipos de atividades realmente estão gerando valor em nossa agenda e quais podem ser delegadas, compartilhadas ou mesmo eliminadas.

- **Defina seu compromisso de ganho anual**
  R$ 100 mil – R$ 200 mil – R$ 500 mil – 1 milhão...?
- **Divida esse montante por 2.080**
  Número de horas trabalhadas no ano, assumindo que trabalhe 44 horas semanais por 10 meses e meio.
- **Calcule o resultado**
  R$ 48/hora – R$ 96/hora – R$ 240/hora – R$ 481/hora. Esse é o valor da sua hora.

● RECURSO 2 – SINAIS QUE O AJUDAM A BALANCEAR SUA AGENDA

- **GROWTH (Tempo dedicado ao crescimento)**
  Vender, prospectar, *networking*, entrevistar, encontros estratégicos, adicionando valor a clientes.
- **IN (Tempo dedicado a trabalhar resolvendo problemas)**
  Administrar, implementar, viabilizar o operacional, os negócios e as transações.
- **ON (Tempo dedicado a planejar melhor o que faz)**
  Tempo de planejar, melhorar eficiência, produtividade e lucratividade pessoal e da equipe.
- **OFF (Tempo de desconectar)**
  Tempo de desconectar, recarregar as baterias, dedicar tempo às coisas importantes.

EXEMPLO DE AGENDA EXTRAORDINÁRIA (SEG.-SEX. DE MANHÃ)

No exemplo de Fábio usado no 5W2H, definiu-se uma nova ação de acordar uma hora mais cedo para aprimoramento da conversação em inglês, de segunda a sexta-feira. Uma hora por dia pode parecer pouco significativo, mas ao criarmos novos hábitos, como o de estudar uma hora por dia por um período estendido, incorporamos uma nova rotina em nossa agenda que passa a fazer parte do nosso dia a dia e esta é assimilada com naturalidade por longos períodos. Com o tempo, isso resultará em grandes avanços. Vamos focar como era (agenda padrão) e como ficou a manhã de segunda a sexta-feira na agenda extraordinária:

Agenda padrão do Fábio

	Segunda	Terça	Quarta	Quinta	Sexta
06:00	Dormir	Dormir	Dormir	Dormir	Dormir
06:30	Dormir	Dormir	Dormir	Dormir	Dormir
07:00	Acordar	Acordar	Acordar	Acordar	Acordar
07:30	Checar mensagens	Checar mensagens	Checar mensagens	Checar mensagens	Checar mensagens
08:00	Café da manhã	Café da manhã	Café da manhã	Café da manhã	Café da manhã
08:30	Trânsito	Trânsito	Trânsito	Trânsito	Trânsito
09:00	Trabalho	Trabalho	Trabalho	Trabalho	Trabalho

Agenda extraordinária do Fábio

	Segunda	Terça	Quarta	Quinta	Sexta
06:00	Ritual do acordar	Ritual do acordar	Ritual do acordar	Ritual do acordar	Ritual do acordar
06:30	Aula de Inglês	Aula de Inglês	Aula de Inglês	Aula de Inglês	Aula de Inglês
07:00	Aula de Inglês	Aula de Inglês	Aula de Inglês	Aula de Inglês	Aula de Inglês
07:30	Caminhada	Tempo livre (OFF)	Caminhada	Tempo livre (OFF)	Caminhada
08:00	Café com esposa	Café com esposa	Café com esposa	Café com esposa	Café com as crianças
08:30	Trânsito/ Noticiário	Trânsito/ Noticiário	Trânsito/ Noticiário	Trânsito/ Noticiário	Trânsito/ Noticiário
09:00	Reunião de equipe (ON)	Prospecção (Growth)	E-mails (IN)	Network (Growth)	Coaching (ON)

No processo de coaching, a agenda extraordinária considera os sete dias e os três períodos: manhã, tarde e noite, conforme o ***template*** a seguir.

As ferramentas do coaching

MINHA AGENDA EXTRAORDINÁRIA

Inclua suas novas ações e decisões em sua agenda extraordinária. Lembre-se: esta agenda não é movida por necessidade, mas por visão.

	Segunda	Terça	Quarta	Quinta	Sexta	Sábado	Domingo
06:00							
06:30							
07:00							
07:30							
08:00							
08:30							
09:00							
09:30							
10:00							
10:30							
11:00							
11:30							
12:00							
12:30							
13:00							
13:30							
14:00							
14:30							
15:00							
15:30							
16:00							
16:30							
17:00							
17:30							
18:00							
18:30							
19:00							
19:30							
20:00							
20:30							
21:00							
21:30							
22:00							
22:30							
23:00							
23:30							

Fonte: adaptado de Bulding Champions, Daniel Harkavy.

2.4.4 Agenda personificada

A vida pode ser fria, cheia de regras e limites, tarefas que precisamos cumprir, alvos que lutamos para conquistar. Vamos deixar claro: NÃO é isso que queremos criar no coaching!

Um projeto de vida tem que ser divertido, prazeroso, leve, envolvente e atraente. Nossa agenda extraordinária não deve ser uma lista monótona de coisas que precisamos fazer para criar a vida extraordinária que buscamos. Por isso existe a agenda personificada, uma versão da agenda extraordinária que cria personagens divertidos, empoderadores, envolventes que assumirá enquanto estiver performando uma atividade da sua agenda.

MUDAR A PALAVRA MUDA O SIGNIFICADO

Para a maioria das pessoas, mudar uma palavra muda completamente o sentido do que algo significa e consequentemente a maneira como se sentem com aquilo. Há diferença entre dizer: "Você se enganou", "Você está errado" ou "Você é um mentiroso". As três coisas podem dizer a mesma verdade de maneiras diferentes, contudo, a forma como usamos as palavras gera em nós um poder de influência.

Todos nós já fomos inspirados pelo discurso de alguém. Quando realmente inspirados, sentimo-nos energizados e vivos para enfrentar qualquer desafio. Da mesma forma fazemos um discurso para nós mesmos nos influenciando diariamente com nossas palavras.

A pergunta é: Qual linguagem você tem usado para investir tempo em coisas importantes para você?

DISCIPLINADORA X DESENVOLVEDORA DO ESPÍRTO HUMANO

Pense na história de Helena, uma professora de ensino fundamental que dedicou vinte anos da sua vida a essa profissão. Hoje, já cansada, não guardava nenhum entusiasmo pela profissão que escolhera anos atrás, inspirada por uma visão de tocar e mudar as crianças de baixa renda.

Quando seu coach lhe pediu para criar um título ou um personagem para aquilo que fazia no seu trabalho, não hesitou: "Sou a Disciplinadora." Não são muitas pessoas que acordam de manhã entusiasmadas em ser um disciplinador, mas foi esse o discurso interno que essa professora havia carregado durante anos da sua vida.

Em seguida, foi desafiada a encontrar a essência daquilo que fazia. Depois de algum tempo pensando, achou outra forma de ver sua missão: "Sou Desenvolvedora do espírito humano."

Como acha que será o trabalho quando a visão que tem de si passa de ser uma "Disciplinadora" para uma "Desenvolvedora do espírito humano"?

O PODER DA LINGUAGEM

Sua linguagem trará o combustível emocional para suas novas rotinas. O vocabulário que usa muda a forma como pensa e sente.

Defina papéis para as principais áreas de melhorias da sua vida, de maneira que a inspire emocionalmente a dedicar tempo nelas. **Dê sabor àquilo em que quer investir!**

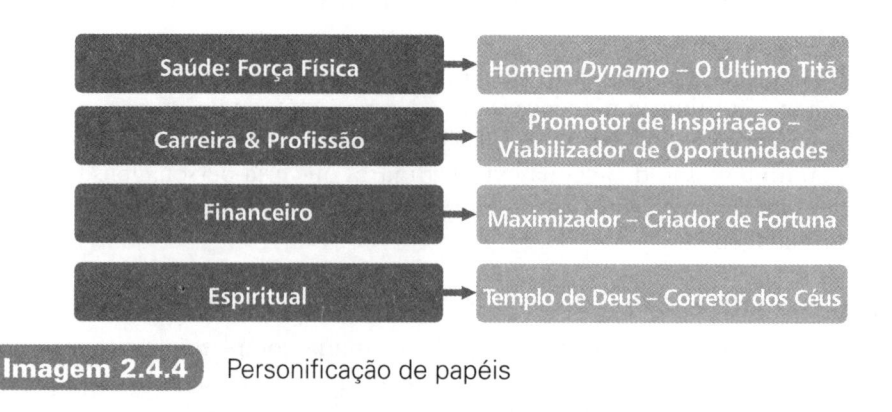

Saúde: Força Física	Homem *Dynamo* – O Último Titã
Carreira & Profissão	Promotor de Inspiração – Viabilizador de Oportunidades
Financeiro	Maximizador – Criador de Fortuna
Espiritual	Templo de Deus – Corretor dos Céus

Imagem 2.4.4 Personificação de papéis

As ferramentas do coaching

Empodere seu coachee com o uso da agenda personificada, estimulando uma linguagem inspiradora com personagens divertidos e envolventes que façam da rotina semanal uma grande aventura e uma paixão. Vamos ver o que aconteceu com a agenda extraordinária do Fábio quando personificou papéis apaixonantes e divertidos.

Agenda extraordinária do Fábio

	Segunda	Terça	Quarta	Quinta	Sexta
06:00	Ritual do acordar	Ritual do acordar	Ritual do acordar	Ritual do acordar	Ritual do acordar
06:30	Aula de Inglês	Aula de Inglês	Aula de Inglês	Aula de Inglês	Aula de Inglês
07:00	Aula de Inglês	Aula de Inglês	Aula de Inglês	Aula de Inglês	Aula de Inglês
07:30	Caminhada	Tempo livre (OFF)	Caminhada	Tempo livre (OFF)	Caminhada
08:00	Café com esposa	Café com esposa	Café com esposa	Café com esposa	Café com as crianças
08:30	Trânsito/ Noticiário	Trânsito/ Noticiário	Trânsito/ Noticiário	Trânsito/ Noticiário	Trânsito/ Noticiário
09:00	Reunião de equipe (ON)	Prospecção (Growth)	E-mails (IN)	Network (Growth)	Coaching (ON)

Agenda personificada do Fábio

	Segunda	Terça	Quarta	Quinta	Sexta
06:00	Abençoado	Abençoado	Abençoado	Abençoado	Abençoado
06:30	The unstopable Speaker	The unstopable Speaker	The unstopable Speaker	The unstopable Speaker	The unstopable Speaker
07:00	The unstopable Speaker	The unstopable Speaker	The unstopable Speaker	The unstopable Speaker	The unstopable Speaker
07:30	Desbravador das 100 milhas	Artista da Vida	Desbravador das 100 milhas	Artista da Vida	Desbravador das 100 milhas
08:00	O homem da vida dela	O homem da vida dela	O homem da vida dela	O homem da vida dela	O homem da vida dela
08:30	Trânsito/ Noticiário	Trânsito/ Noticiário	Trânsito/ Noticiário	Trânsito/ Noticiário	Trânsito/ Noticiário
09:00	Promotor de inspiração	Multiplicador de negócios	Visualizador de oportunidades	Multiplicador de contatos	Aluno da vida

Vide o **template** a seguir, que poderá usar para aplicar a agenda personificada.

2 As ferramentas do coaching

MINHA AGENDA PERSONIFICADA

Defina papéis divertidos e que geram combustível emocional para viver sua Agenda Extraordinária.

	Segunda	Terça	Quarta	Quinta	Sexta	Sábado	Domingo
06:00							
06:30							
07:00							
07:30							
08:00							
08:30							
09:00							
09:30							
10:00							
10:30							
11:00							
11:30							
12:00							
12:30							
13:00							
13:30							
14:00							
14:30							
15:00							
15:30							
16:00							
16:30							
17:00							
17:30							
18:00							
18:30							
19:00							
19:30							
20:00							
20:30							
21:00							
21:30							
22:00							
22:30							
23:00							
23:30							

3

AS SESSÕES DE COACHING

3

As sessões de coaching

3.1 O ciclo de coaching

Como vimos na Parte 1, o coaching é um processo, ou seja, ele deve ter um começo, um desenvolvimento e um final. Em outras palavras, a aplicação do coaching pode ser desmembrada em etapas, ou mesmo em ciclos de trabalho. Sem um modelo, é muito provável que se encontrará perdido no meio de processo de coaching sem saber exatamente o que fazer ou como continuar conduzindo seu trabalho.

Não existe uma uniformidade quanto à prática e aplicação de um processo de coaching, e você poderá encontrar diferentes metodologias a partir da escola na qual recebe seu treinamento, tais como o Método Eriksoniano, o Método "The Inner Game", o Método CIS, Coaching de Psicologia Positiva, GROW Coaching Model, E-Myth Business Coaching Method, entre muitos outros. Seja qual for o método, é importante se certificar de que ele respeite princípios universais básicos do exercício profissional de coaching:

- O **estabelecimento de uma relação** que é construída com base na confiança, na comunicação sincera e confidencialidade.
- A **formulação de metas** e expectativas do cliente.
- Um questionamento profundo e uma **dinâmica de aprendizagem** em relação aos objetivos das pessoas.

O papel de um modelo ou uma metodologia de coaching é criar uma estrutura efetiva na qual possa desenvolver um trabalho de coaching. É como um plano estratégico que oferece recursos de como poderá responder adequadamente às diferentes situações inusitadas que encontrar no caminho.

Este livro não visa comparar as diferentes metodologias ou defender uma em detrimento da outra. Pelo contrário, quero estimular você a ter a sua própria metodologia, empregando valiosas ferramentas e modelos eficientes usados por diferentes metodologias e acrescentando o seu toque pessoal. Desenvolver uma metodologia, contudo, é mais difícil e complexo do que parece, especialmente se está começando do zero. Portanto, para aqueles que gostam de seguir um modelo e um plano de trabalho predefinido, também apresentaremos uma versão que tenho usado com muito sucesso nos últimos anos e da qual poderão se beneficiar de sua proposta integral ou parcial.

Um modelo de coaching define as etapas e os estágios que deverão ser observados pelo coach enquanto conduz suas sessões, conforme demonstrado nos seis estágios da **Imagem 3.1**.

As sessões de coaching

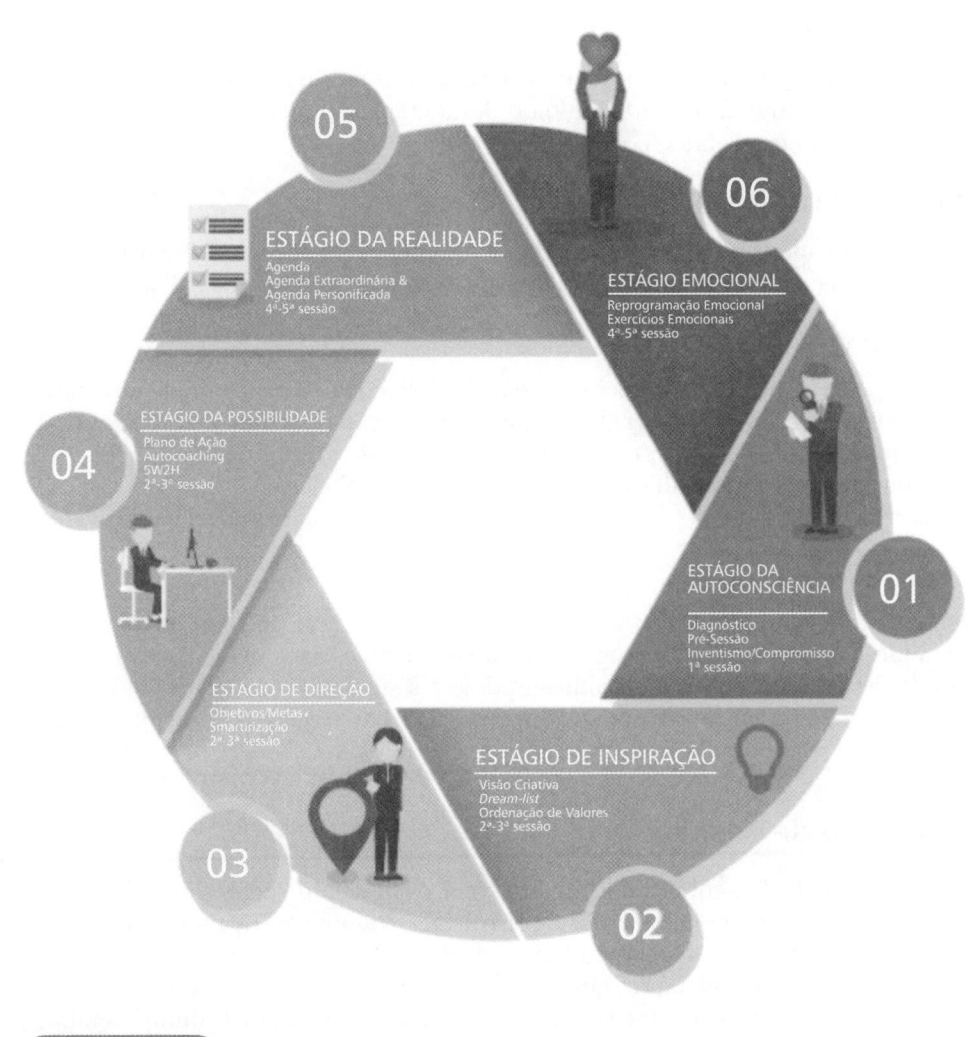

Imagem 3.1 Ciclo de coaching

ESTÁGIO DA AUTOCONSCIÊNCIA

Consiste na aplicação de ferramentas para o mapeamento do Estado Atual do coachee, produzindo um diagnóstico que envolve, entre outras coisas: áreas de insatisfação, bloqueios, crenças, valores, estado emocional, personalidade e grau de responsabilização.

ESTÁGIO DE INSPIRAÇÃO

Trata-se de desconectar o coachee da realidade limitante que vem experimentando e ajudá-lo a liberar sua criatividade, sua paixão e seu senso de visão, resultando em um novo estado emocional de expectativa e esperança, e acionar gatilhos de inspiração.

ESTÁGIO DE DIREÇÃO

Por meio da smartirização, conduzir o coachee a uma visão funcional, com um destino claro e bem definido. O resultado desta etapa são metas de curto, médio e longo prazos com um "endereço" definido.

ESTÁGIO DE POSSIBILIDADE

É hora de construir as pontes, definir estratégias, estabelecer métodos, ativar recursos, definir relacionamentos e priorizar um Plano de Ação poderoso e viabilizador de metas.

ESTÁGIO DA REALIDADE

É hora de pôr o pé no chão e trazer tudo o que foi descoberto na forma de uma nova agenda extraordinária. Este estágio define a priorização de tempo com coisas realmente importantes e valiosas em sua vida. Revisitam-se drenos de tempo e energia que geram valor e não estão alinhados aos novos alvos estabelecidos. Também criamos personagens divertidos e atraentes, tornando a jornada viva, desejável e envolvente.

ESTÁGIO EMOCIONAL

O estágio emocional não precisa necessariamente acontecer no final do ciclo, mas ser tratado e desenvolvido ao longo do processo. Este estágio dedica-se à revitalização do déficit emocional, dos hábitos tóxicos e à superação de vícios emocionais desenvolvidos desde a infância como compensação e baixa qualidade ou quantidade de amor experimentado, especialmente no início da vida.

3.2 Roteiro de sessão

Passamos, a partir de agora, a definir um roteiro-modelo de como organizar suas sessões de coaching, como planejá-las, registrá-las e conduzi-las de maneira sequenciada, lógica e funcional. Recomendamos de maneira muito especial o uso desta metodologia a coaches iniciantes (até cem horas de sessão) que ainda não dispõem de um domínio e uma segurança na aplicação das ferramentas. É muito comum, especialmente nos EUA, que os coaches conduzam suas sessões orientados em situações diárias que o coachee deseja desenvolver, definindo-se resultados desejados para aquela sessão e no que gostaria de ver progresso. Na minha experiência formando coaches, percebo que, quanto mais estrutura no começo, mais seguro o coach se sente e, à medida que vai ganhando autonomia, vai desenvolvendo seu próprio estilo a partir de sua experiência de campo.

Muito bem, isso esclarecido, vamos ao roteiro.

3.2.1 Etapa 1: *Prework* – Objetivo primário: estabelecer um acordo de coaching e conduta ética

Antes mesmo do primeiro encontro, há uma série de atividades que precisam ser observadas pelo coach e pelo coachee. Chamamos esta etapa de *Prework*, ou seja, um Pré-Trabalho, antes de iniciar as sessões. Vamos conhecê-lo em detalhes:

As sessões de coaching

ALVOS DO *PREWORK* DO COACH

- **Atividade 1:** estabelecer um acordo de coaching (na forma de um contrato).
- **Atividade 2:** alinhar com o cliente as diretrizes e os parâmetros para uma relação de coaching (modo presencial/vídeo/fone, agenda de sessões, política de reagendamentos, honorários etc.).
- **Atividade 3:** disponibilizar o Código de Ética do ICF, esclarecendo os padrões de profissionalismo, confidencialidade, privacidade, conflitos de interesse, limites da profissão, entre outras considerações pertinentes.
- **Atividade 4:** levantar informações. É um diagnóstico preliminar no qual poderá ser aplicada uma pré-avaliação ou iniciar um *assessment* que poderá gerar *inputs* importantes no plano do coach, como o perfil, o momento e os objetivos do seu coachee. Considere usar os seguintes *templates* para esta atividade (*vide* Anexo 2 para *templates*):
- Guia do coach
- *Prework*: questionário inicial
- *Assessment*
- *Template*: lista de trabalho de coaching
- **Atividade 5:** abrir uma pasta nova para seu cliente. Organize seus *templates* de trabalho.
- **Atividade 6:** preencher os dados do cliente no *Template* Guia do coach.

ALVOS DO *PREWORK* DO COACHEE (OBSERVADOS PELO COACH)

O coach deverá se certificar de que:

- **Resultado 1:** foram esclarecidas as dúvidas sobre a natureza desse serviço profissional e sua conduta ética.
- **Resultado 2:** compreendeu-se a dinâmica de uma relação de coaching, a frequência de encontros, a modalidade do encontro, o local de encontro, a agenda de sessões, os honorários, os patrocinadores envolvidos (quando é a empresa que paga pelo serviço). Recomenda-se oferecer uma cartilha ou uma guia inicial que resume todas essas informações.
- **Resultado 3:** o contrato já foi revisado, esclarecido e assinado. Isso inclui a forma de pagamento e as datas de cobrança.

3.2.2 Etapa 2: Pré-sessão – Objetivo primário: estabelecer confiança e intimidade com o cliente

A pré-sessão geralmente acontece vinculada à primeira sessão, nos primeiros 20 a 30 minutos. A pré-sessão se torna crítica quando compreendemos que todo o sucesso do trabalho dependerá do grau de confiança e intimidade que será desenvolvido na relação. Quando falo intimidade, refiro-me aos padrões de profissionalismo, jamais a algum aspecto de intimidade pessoal. Eticamente, não recomendo que um coach assuma clientes com os quais tenha vinculação pessoal, pois isso poderá comprometer sua imparcialidade e neutralidade no processo.

Iniciando-se na pré-sessão, busque sempre desenvolver a qualidade do relacionamento coach-coachee:

- **Conecte-se:** escute ativamente, mantenha contato visual, desenvolva uma relação de respeito mútuo usando *Rapport* (a técnica de espelhamento será abordada na Parte 4).
- **Conduta:** continue a demonstrar integridade, honestidade e sinceridade.
- **Respeito:** demonstre respeito às percepções do cliente, seu estilo de aprendizagem e personalidade.
- **Ofereça apoio:** ofereça suporte sempre e valorize novos comportamentos, atitudes e decisões, incluídos aqueles que envolvem riscos e medo do fracasso.
- **Permissão:** peça permissão ao cliente para entrar ou tocar em uma área íntima, pessoal e/ou sensível. Isso respeita a sua privacidade.
- **Promova um ambiente aberto à aprendizagem:** uma relação de coachee não visa julgar ou avaliar o coachee em nenhuma instância. Criar um ambiente que estimula o questionar-se, criar novas perspectivas, explorar a criatividade e aprender tornará o progresso mais simples e prazeroso.

PRESENÇA DO COACH

Por meio de um estilo aberto, flexível, confiante e receptivo, desenvolva um clima espontâneo para seu coachee:

- Mostre-se presente e flexível nas sessões. Está "dançando" no momento, leve.
- Acesse sua própria intuição.
- Fique confortável com o silêncio.
- Use o humor de maneira apropriada para trazer leveza e energia às sessões.
- Demonstre habilidade para trabalhar com fortes emoções, sem ser dominado por elas.

COMPROMISSO & CONFIANÇA

Use a pré-sessão também para fortalecer o senso de compromisso com a mudança através de seriedade, dedicação e pontualidade. Tire alguns minutos para revisar a cartilha introdutória e seus pontos fundamentais, incluindo, mas não se limitando a:

- Esclarecer o que é o que não é coaching.
- Os dois promotores-chave (autoconsciência e autorresponsabilidade).
- Os indicadores de progresso.
- Estabelecer o Plano de Sessões.
- Agenda de sessões/reagendamentos somente com 24 horas de antecedência.
- Horário: predefinir para todas as sessões, preferencialmente a mesma.
- Duração: 90 minutos (recomendado).

As sessões de coaching

- Caderno dos sonhos (diário de bordo para coachee anotar seus *insights*).
- Atividade de casa: a extensão das sessões.

3.2.3 Etapa 3: Ciclo de coaching – Objetivo primário: aplicar as diferentes competências do coach no decorrer das sessões

O QUE É UM CICLO DE COACHING?

É um conjunto de cinco sessões progressivas e organizadas em estágios, nas quais se aplicam as competências do coach.

FOCO POR PILAR

O foco no processo de coaching é imperativo e faz absoluta diferença nos resultados. Cada ciclo corresponde a um pilar do Círculo da Vida. Durante as cinco sessões de coaching de um ciclo, o coach explorará o Estado Atual, o Estado Desejado e o Plano de Ação naquele pilar. Portanto, um ciclo é dedicado ao desenvolvimento de **um pilar do coachee**.

É interessante observar, contudo, que, pelo fato de sermos seres sistêmicos, ou seja, nossos diferentes pilares de vida são interdependentes, obter progresso em um pilar acaba afetando outros pilares do sistema.

Exemplo: trabalhando a ansiedade de uma coachee no pilar emocional, percebemos progresso no pilar profissional, financeiro, conjugal e de relacionamentos íntimos.

Resumindo:

> 1 CICLO = 5 SESSÕES = DESENVOLVIMENTO DE 1 PILAR

Em um ciclo, percorre-se todo o **processo de coaching**:

> ESTADO ATUAL – ESTADO DESEJADO – PLANO DE AÇÃO

ROTEIRO DE SESSÕES COM FERRAMENTAS

O coach poderá planejar melhor o tempo de suas sessões ao observar como organizar a aplicação das ferramentas organizadas sequencialmente nas cinco sessões, conforme demonstrado na **Imagem 3.2.3**.

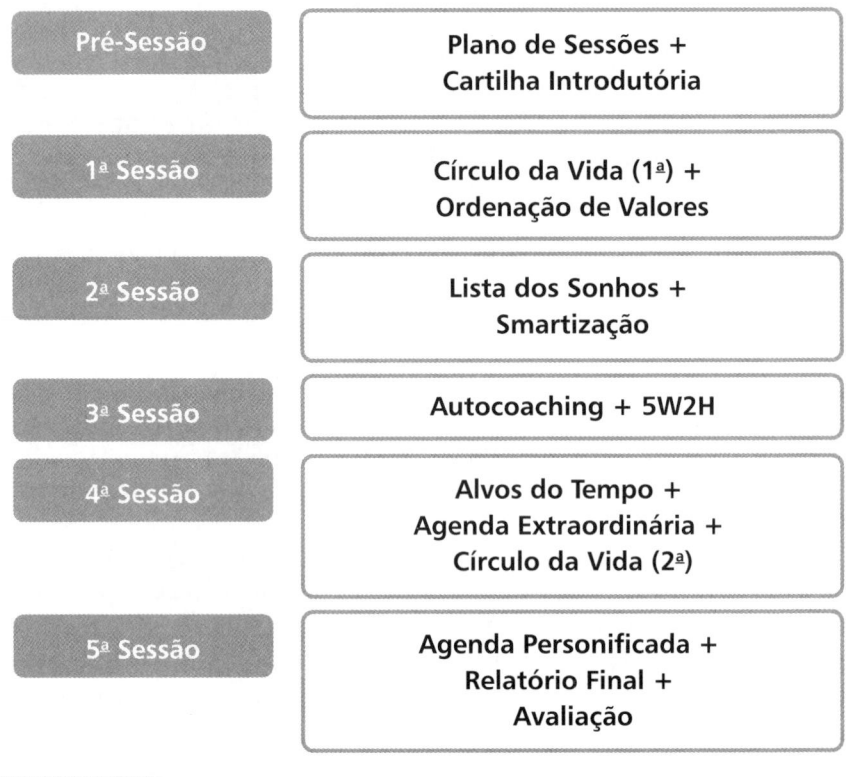

Pré-Sessão	Plano de Sessões + Cartilha Introdutória
1ª Sessão	Círculo da Vida (1ª) + Ordenação de Valores
2ª Sessão	Lista dos Sonhos + Smartização
3ª Sessão	Autocoaching + 5W2H
4ª Sessão	Alvos do Tempo + Agenda Extraordinária + Círculo da Vida (2ª)
5ª Sessão	Agenda Personificada + Relatório Final + Avaliação

Imagem 3.2.3 Roteiro de sessões com ferramentas

3.3 Roteiro de conversa

Cada sessão de coaching corresponde a 90 minutos de trabalho juntos entre coach e coachee. Cada sessão é uma nova conversa. Vimos no ciclo de coaching a necessidade de darmos uma sequência progressiva a cada conversa focada em um Pilar de Desenvolvimento.

Queremos explorar agora como fazer o melhor proveito dos 90 minutos de conversa disponíveis em cada sessão por meio do Roteiro de Conversa.

OS QUATRO TIPOS DE ROTEIRO DE CONVERSA

Dependendo do estágio ou da sessão que estiver conduzindo, o coach precisará organizar sua conversa observando a aplicação efetiva de ferramentas de desenvolvimento, exercícios emocionais, verificação de atividades de casa, entre outros. Por isso, o coach usará um dos quatro roteiros de conversa disponíveis:

As sessões de coaching

#	Roteiro de conversa	Ciclo de coaching
1	1ª Sessão	Estágio da autoconsciência
2	2ª – 3ª Sessão	Estágios da inspiração – direção – possibilidade
3	4ª – 5ª Sessão	Estágios da realidade – emocional
4	Sessão final	n/a

Veja como o **Roteiro de Conversa** se enquadra no **Ciclo de Coaching** (*vide* **Imagem 3.1**) e em seus estágios de desenvolvimento.

ROTEIRO DE CONVERSA – 1ª SESSÃO (30 min. Pré-sessão + 90 min. Sessão)

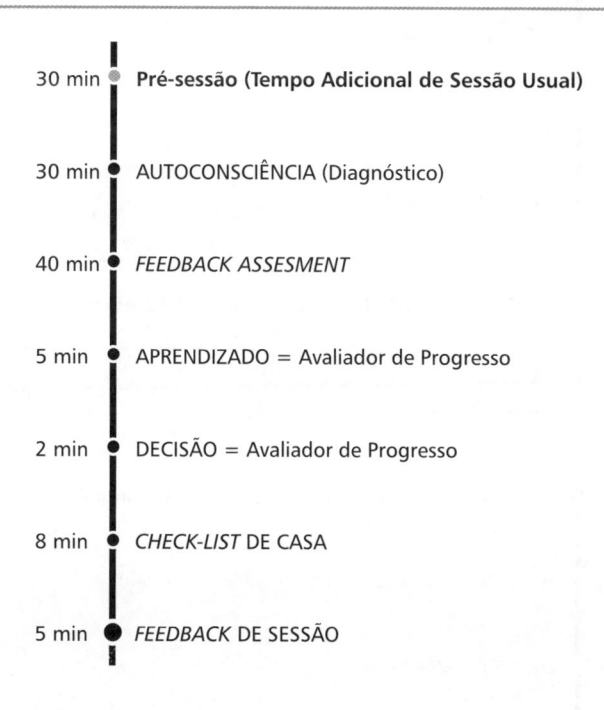

- 30 min — Pré-sessão (Tempo Adicional de Sessão Usual)
- 30 min — AUTOCONSCIÊNCIA (Diagnóstico)
- 40 min — *FEEDBACK ASSESMENT*
- 5 min — APRENDIZADO = Avaliador de Progresso
- 2 min — DECISÃO = Avaliador de Progresso
- 8 min — *CHECK-LIST* DE CASA
- 5 min — *FEEDBACK* DE SESSÃO

3   As sessões de coaching

ROTEIRO DE CONVERSA – 2ª e 3ª SESSÃO

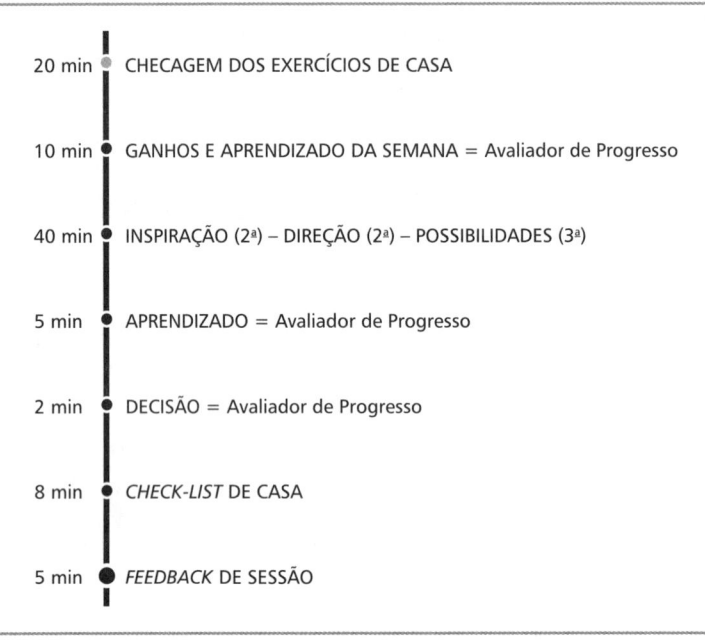

- 20 min • CHECAGEM DOS EXERCÍCIOS DE CASA
- 10 min • GANHOS E APRENDIZADO DA SEMANA = Avaliador de Progresso
- 40 min • INSPIRAÇÃO (2ª) – DIREÇÃO (2ª) – POSSIBILIDADES (3ª)
- 5 min • APRENDIZADO = Avaliador de Progresso
- 2 min • DECISÃO = Avaliador de Progresso
- 8 min • *CHECK-LIST* DE CASA
- 5 min • *FEEDBACK* DE SESSÃO

ROTEIRO DE CONVERSA – 4ª e 5ª SESSÃO

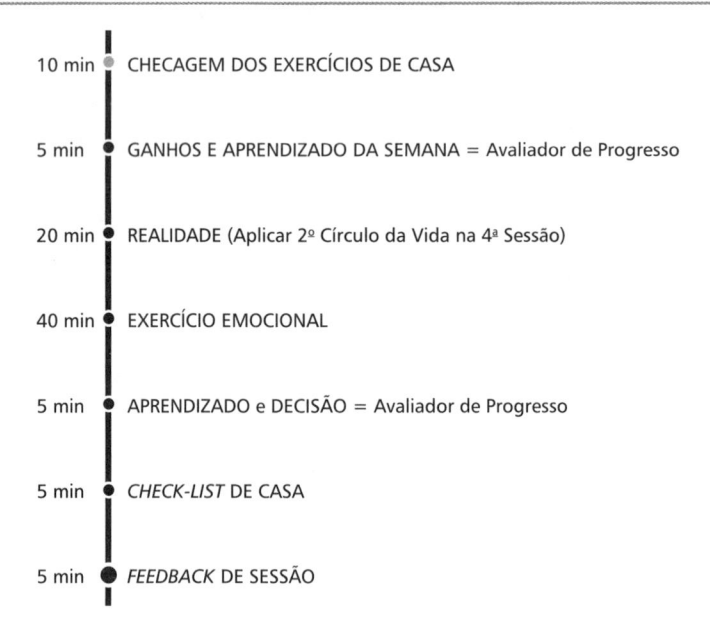

- 10 min • CHECAGEM DOS EXERCÍCIOS DE CASA
- 5 min • GANHOS E APRENDIZADO DA SEMANA = Avaliador de Progresso
- 20 min • REALIDADE (Aplicar 2º Círculo da Vida na 4ª Sessão)
- 40 min • EXERCÍCIO EMOCIONAL
- 5 min • APRENDIZADO e DECISÃO = Avaliador de Progresso
- 5 min • *CHECK-LIST* DE CASA
- 5 min • *FEEDBACK* DE SESSÃO

As sessões de coaching

> **ROTEIRO DE CONVERSA – SESSÃO FINAL (na 5ª ou na 10ª SESSÃO)**

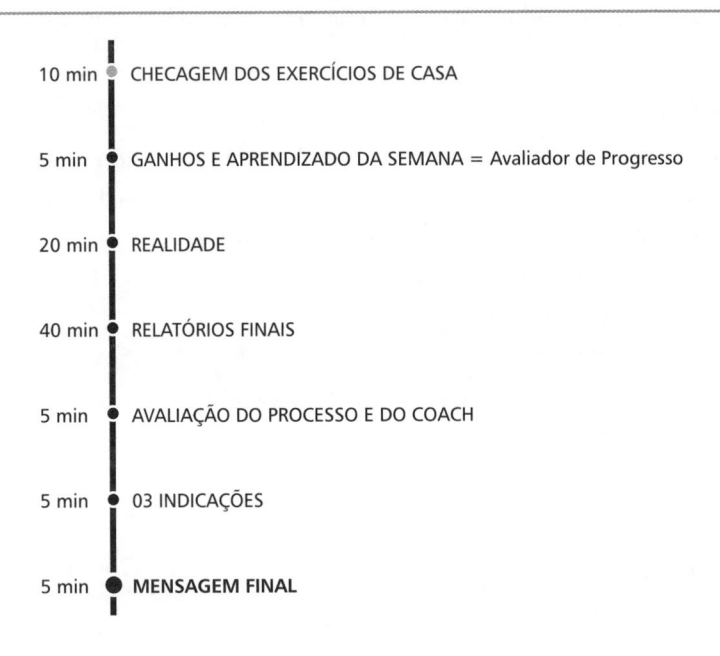

- 10 min — CHECAGEM DOS EXERCÍCIOS DE CASA
- 5 min — GANHOS E APRENDIZADO DA SEMANA = Avaliador de Progresso
- 20 min — REALIDADE
- 40 min — RELATÓRIOS FINAIS
- 5 min — AVALIAÇÃO DO PROCESSO E DO COACH
- 5 min — 03 INDICAÇÕES
- 5 min — MENSAGEM FINAL

AS DEZ ATIVIDADES DO ROTEIRO DE CONVERSA

Vamos detalhar aspectos-chave das dez atividades que são observadas no Roteiro de Conversa ao longo do ciclo de coaching:

A. Pré-sessão
B. Estágio da autoconsciência
C. *Feedback* do *assessment*
D. Estágio da inspiração e direção
E. Estágio da possibilidade e realidade
F. Estágio emocional
G. Indicadores de progresso
H. *Check-list* de casa
I. Relatórios finais
J. Avaliação do coach & indicações

● A. PRÉ-SESSÃO

Objetivo

Estabelecer confiança e intimidade com o cliente. É o momento de passar a limpo as dúvidas sobre a relação, agenda, modalidade de encontros e demais aspectos funcionais das futuras sessões.

B. ESTÁGIO DA AUTOCONSCIÊNCIA (Diagnóstico)

Objetivo

Identificar como está a realidade atual do coachee e mapeá-la elevando o seu grau de autoconsciência.

Perguntas eficazes

- Que nota daria à sua vida _____ hoje em resultado e satisfação?
- Qual o pensamento mais forte que tem cultivado nos últimos 30 dias?
- Qual o sentimento mais evidente em você no último mês?
- O que vê quando se olha no espelho?
- Qual emoção você menos gostaria de sentir?
- O que você menos quer que as pessoas pensem sobre você?
- O que você já fez que gostaria que mais pessoas soubessem?
- Quais hábitos têm segurado o seu progresso?

Ferramentas

- Círculo da Vida
- Avaliação Multidirecional
- *Assessment*
- Ordenação de Valores
- Evolução de Crenças PCM por fases da vida

C. FEEDBACK *DO* ASSESSMENT

Objetivo

Aprofundar a qualidade e a quantidade de informações sobre traços de personalidade, habilidades, valores, interesses, entre outros aspectos.

D. ESTÁGIO DA INSPIRAÇÃO E DIREÇÃO

Objetivo

Inspirar visão e estabelecer objetivos e metas smartirizados baseados nos Pilares de Desenvolvimento mais críticos e na Lista de Sonhos. Também deverá ser checada a congruência de valores com as metas traçadas.

Perguntas eficazes

- O que você gostaria que acontecesse que não está acontecendo agora?
- O que você não gostaria que acontecesse que está acontecendo agora?
- O que você quer conquistar no longo prazo?
- Isso é realista?
- O quanto de influência e/ou controle você tem sobre sua meta?
- Até quando quer ver isso realizado?
- Como poderá medir o seu progresso?

Ferramentas
- *Dream-List/Bucket List*
- Smartirização

● E. ESTÁGIO DA POSSIBILIDADE E REALIDADE
Objetivo

Trabalhe no "como fazer". Desenvolva estratégias com recursos, relacionamento, conhecimentos e métodos pela viabilização das metas em um Plano de Ação e novas rotinas pela agenda extraordinária. Finalmente, torne sua agenda divertida, envolvente e vibrante com a agenda personificada.

Perguntas eficazes
- Quais são as três oportunidades que não está aproveitando agora?
- Quais recursos precisará acionar? Onde pode encontrá-los?
- Quem poderá ajudá-lo?
- Qual estratégia usará?

Ferramentas
- Autocoaching
- 5W2H
- Alvos do tempo
- Agenda extraordinária
- Agenda personificada

● F. ESTÁGIO EMOCIONAL (exercícios emocionais)
Objetivo

Ativar recursos emocionais, restaurar autoestima e senso de identidade, criar estado de recurso emocional empoderador e/ou capacitar emocionalmente o coachee para alcançar as suas metas.

Perguntas eficazes
- Quais são os sentimentos reinantes quando este é o assunto?
- Apesar de todos os obstáculos, apesar do passado, o que você pode fazer hoje para assumir o controle da situação?
- Como quer se sentir a respeito _____?
- Quem escolhe a forma como vai se sentir?
- O que tem drenado suas emoções?
- Como você minimiza isso?
- O que pode energizar você emocionalmente?
- Como você maximiza isso?

Ferramentas

- Exercícios emocionais

● **G. INDICADORES DE PROGRESSO: GANHOS – APRENDIZADO – DECISÃO**
Objetivo

Medir o progresso contínuo do coachee ao longo do processo de coaching, usando os três indicadores-chave:

- **Ganhos:** a partir da segunda sessão, o coach iniciará cada sessão perguntando quais foram os ganhos que o cliente teve durante a semana.
- **Aprendizado:** esta etapa ocorre durante a checagem das atividades de casa e/ou imediatamente após um exercício emocional em sessão visando à verbalização e ancoragem do aprendizado.
- **Decisões:** decisões representam compromisso com a mudança. Decisões devem ser evocadas sempre quando um novo recurso é acessado durante o processo de coaching.

Perguntas eficazes

- (Ganhos) O que já mudou?
- (Ganhos) O que está diferente no/na/em _____?
- (Ganhos) O que você tem conquistado nestes dias?
- (Ganhos) Pelo que você é grato?
- (Aprendizado) O que está claro agora para você?
- (Aprendizado) Quais *insights* teve, a partir de/do/da_____?
- (Aprendizado) Qual é a certeza que o invade nessa hora?
- (Decisões) Que decisão mudará esta questão definitivamente em sua vida?
- (Decisões) O que decide interromper hoje?
- (Decisões) O que decide começar hoje?
- (Decisões) Que tipo de _____ decide se tornar?

Ferramenta

- *Template* de registro de sessão

● **H. CHECK-LIST *DE CASA***
Objetivo

Organizar e orientar as atividades de casa designadas ao coachee para a semana ou o período designado. Os exercícios de casa são divididos em:

- **Filmes** influenciam nossos sentimentos.
- **Livros** influenciam a maneira de pensar (paradigmas).
- **Rotineiros** influenciam vícios emocionais.

As sessões de coaching

- **Pontuais** com finalidades diversas.

Ferramenta
- *Check-list* de Atividades de Casa – CLAC

I. RELATÓRIOS FINAIS
Objetivo

Resumir toda a experiência, o progresso, os avanços vivenciados ao longo do processo de coaching de maneira organizada e resumida. Para isso, o coach deverá manter um registro sistemático das sessões de acordo com os *templates* de registro de sessões e compilar dois relatórios finais para ser entregues ao coachee ou comentados com ele.

1. Relatório quantitativo
- Dados quantitativos de sessão
- Desenvolvimento de pilares críticos
- Metas & Ações definidas
- Atividades realizadas

2. Relatório qualitativo
- Estado inicial
- Pilares-foco: metas
- Lista de ganhos
- Aprendizados
- Decisões

J. AVALIAÇÃO DO COACH & TRÊS INDICAÇÕES
Objetivo

Receber um *feedback* organizado do seu trabalho como coach e da experiência de seu coachee. Este é o momento de receber indicações de outros potenciais clientes indicados por seu coachee.

Ferramenta
- Formulário de avaliação do coach

3.4 Atividades de casa

As sessões entre coach e coachee representam quantitativamente em horas uma parcela pequena do tempo total que o coachee investirá nas mudanças pretendidas.

O coach deverá conduzir uma agenda junto com coachee de como trabalhará, por meio das atividades de casa, seu desenvolvimento entre os intervalos de sessão.

É na condução das atividades de casa que o coachee poderá explorar seu processo de autoconhecimento, obter *insights*, trocar hábitos sabotadores por hábitos promotores, testar crenças tidas como verdades absolutas até então e criar novas oportunidades de mudança. Todo aprendizado gera uma nova sinapse neural, permitindo fazer o que antes não podia. O coach organizará e acompanhará semanalmente essas atividades por meio do *Check-list* de Atividades de Casa (CLAC), que será subdividido nas seguintes categorias:

- Rotineiros.
- Exercícios pontuais.
- Filmes.
- Livros.

3.4.1 Rotineiros

Visam estabelecer novos padrões e hábitos de comunicação. Como o nome já diz, são novas rotinas na forma de hábitos e padrões de comunicação que devem ser incorporadas no dia a dia. Portanto, os rotineiros são exercícios que devem ser feitos diariamente, como quem toma uma medicação a cada 24 horas ou em uma frequência ainda maior.

BENEFÍCIOS DOS ROTINEIROS

Os rotineiros quebram os hábitos que cultivamos ao longo dos anos, vivendo em "piloto automático". Muitos desses hábitos e padrões de comunicação são incorporados como parte da nossa personalidade ou, ainda, como vícios emocionais, uma vez que cada comunicação (o que falamos e como nos expressamos) combinada com emoção libera uma determinada química corporal que nosso organismo se habitua a experimentar. Portanto, rotineiros:

- Visam **livrar pessoas de seus vícios emocionais e químicos**, como também fortalecê-las emocionalmente para que elas possam agir em **direção às mudanças**.
- Entre outras coisas, esses exercícios conferem ao coachee a **alegria de viver** e **agir**.
- São fundamentais para trabalhar **depressão, melancolia, pânico, fobias e doenças físicas**.

O coach precisa estimular, motivar e cobrar a execução perfeita desta modalidade de exercícios, inclusive verificando durante a sessão a qualidade dessa execução.

TIPOS DE ROTINEIROS

Apresentamos nesta seção doze tipos diferentes de rotineiros e suas aplicações. Para todos, recomendam-se no mínimo sete dias consecutivos.

A. Ritual do acordar
B. Visualização de mural por três minutos
C. Validação 5/5
D. Abraço de 40 segundos

As sessões de coaching

E. Profetizar na vida dos próximos
F. Profetizar nos pilares de sua vida
G. Ler todos os ganhos acumulados diariamente
H. Ritual do dormir
I. Ativação de recursos três vezes por dia
J. Relaxamento muscular progressivo
K. Rotineiro de verdade e intensidade
L. 120 segundos de orgulho

Tabela 3.4.1 Tipos de rotineiros

TIPO DO ROTINEIRO	DESCRIÇÃO
A. RITUAL DO ACORDAR	Toda manhã, criamos um ritual para acordar, seja ele qual for. Alguns rituais são saudáveis, como se espreguiçar, que ajuda a circulação sanguínea depois de algum período de inatividade física. Outros, como checar suas mensagens e e-mails antes mesmo de sair da cama, podem ser prejudiciais à sua saúde física, mental e emocional. Um artigo publicado por Thomas Jackson, PhD da Loughborough University, revela um nível mais elevado de cortisol (relacionado a estresse) na leitura regular e frequente de e-mails de pessoas que checam três vezes ao dia. No ritual do acordar, você determina qual será sua primeira química do dia. Sua aplicação é simples e altamente eficaz, subdividida em três etapas: • **Etapa 1 (na cama):** espreguiçar, olhar para o alto, sorrir e bradar com sorriso na cama cinco vezes: Alegria! • **Etapa 2 (já de pé):** bradar, com braço levantado em "V", 10 vezes *Yes* com gesto e intensidade. • **Etapa 3 (de frente para o espelho):** profetizar sobre como será seu dia, como agirá e o que fará, de maneira ousada e positiva. As pessoas resistem pelo fato de não terem um "motivo" para sorrir de manhã. Bem, tudo é uma questão de perspectiva, e você dará a sua. Faça por sete dias e experimente os resultados!
B. VISUALIZAÇÃO DE MURAL POR TRÊS MINUTOS	Trata-se de uma visualização objetiva do Mural da Vida extraordinária, imprimindo imagens na mente. Diariamente, **focalize em uma imagem por dois minutos**, preferencialmente antes de dormir. Escolha os **pilares mais relevantes no momento**.

Continua

TIPO DO ROTINEIRO	DESCRIÇÃO
C. VALIDAÇÃO 5/5	Durante sete dias, você fará cinco elogios a relacionamentos pessoais e cinco a relacionamentos profissionais. Construa o hábito de procurar características positivas nas pessoas todos os dias. Pode ser mais de um elogio à mesma pessoa. Quando nos dedicamos a elogiar as pessoas à nossa volta, algumas coisas acontecem: • Comunicamos amor para as pessoas à nossa volta (uma linguagem universal). • Treinamos olhar realmente para as pessoas e ver quantas qualidades possuem, mesmo pessoas com quem temos pouca convivência. • Ao elogiarmos, deixamos a perspectiva crítica e tóxica que muitas vezes cultivamos sem mesmo perceber. • Podemos ainda mudar pessoas ou desarmá-las com simples palavras!
D. ABRAÇO DE 40 SEGUNDOS	Baseado na Terapia do Abraço, consiste em abraçar uma pessoa por 40 segundos todos os dias. Esse abraço deve ser silencioso, permitindo uma simples conexão humana. É recomendado em casa logo pela manhã. O toque físico não é apenas agradável. Ele é necessário. Uma pesquisa científica respalda a teoria de que a estimulação pelo toque é absolutamente necessária para o nosso bem-estar, tanto físico como emocional; também é reconhecido como uma ferramenta essencial para a cura e usado para ajudar a aliviar a dor, a depressão e a ansiedade, para estimular a vontade de viver dos pacientes e para ajudar os bebês prematuros. Em média, precisamos de 12 abraços-padrão (3,5 segundos) por dia para sobreviver. Ou seja, 42 segundos de toque físico e afeto.
E. PROFETIZAR NA VIDA DOS PRÓXIMOS	Declarações de vitória, conquista, superação, como se já fossem reais na vida de pessoas que estão próximas a você. Cônjuges, filhos, pais, irmãos, amigos, subordinados, superiores etc.
F. PROFETIZAR NOS PILARES DE SUA VIDA	Profecia é uma mudança de padrão de comunicação: Eu acho, vou tentar, talvez. Esse padrão de linguagem carrega nossas crenças de dúvida, de medo de falhar, de correr riscos, e traz passividade. Crie declarações em torno da sua identidade e do seu potencial. Não no futuro, mas como já reais no presente. "Eu sou" e "Eu tenho".

Continua

As sessões de coaching

TIPO DO ROTINEIRO	DESCRIÇÃO
G. LER TODOS OS GANHOS ACUMULADOS DIARIAMENTE	Se você já passou por uma dieta, sabe o quanto é importante saber que teve progresso desde que começou. Ler seus ganhos acumulados o ajuda a se conscientizar de que vale a pena o investimento na mudança, ante o progresso, conquistas e satisfação que vem experimentando.
H. RITUAL DO DORMIR	Da mesma forma que criamos hábitos quando acordamos, também os criamos para dormir. Você pode afetar significativamente a qualidade do seu sono com um ritual simples, mas significativo. Esse ritual pode ser subdividido em três etapas: • **Etapa 1:** sentado na cama, faço 10 respirações pausadas e profundas para relaxamento muscular. • **Etapa 2:** de joelho (sentir-se cuidado, provido e sujeito a um ser supremo): Engrandeço – Agradeço e peço sem limites. • **Etapa 3:** deitado, trago uma imagem de conquista e a cultivo enquanto pego no sono.
I. ATIVAÇÃO DE RECURSOS TRÊS VEZES POR DIA	Trata-se de combater e quebrar padrões e hábitos tóxicos que vêm sendo cultivados. Fazemos isso pela **ativação de recursos emocionais**, com mudanças fisiológicas e brados de conquista. Combate o desânimo e a depressão, criando uma fisiologia positiva ao se bradar de vitória. Há uma liberação especial da Endorfina a cada 12 horas.
J. RELAXAMENTO MUSCULAR PROGRESSIVO	Para ativação de recursos diários contra o estresse, fadiga e ansiedade, praticar três vezes por dia (a cada doze horas): **1. Respiração:** para começar, respire fundo três vezes, sentindo seu diafragma expandir com cada inspiração. Inspire e expire lentamente pelo nariz a cada vez. Enquanto exala, sinta que a tensão está saindo do seu corpo. **2. Punhos:** feche os punhos. Segure-os firmemente por dez segundos e depois os libere por quinze segundos (use este intervalo para as outras partes musculares). **3. Bíceps:** contraia os bíceps, "fazendo o músculo" com os dois braços. Segure-os e depois os relaxe. **4. Tríceps:** contraia os tríceps (músculos de fora do braço), estendendo seus braços retos. Segure-os e relaxe-os.

Continua

As sessões de coaching

TIPO DO ROTINEIRO	DESCRIÇÃO
J. RELAXAMENTO MUSCULAR PROGRESSIVO	**5. Testa:** tencione os músculos de sua testa levantando ao máximo sua sobrancelha. Segure-as e relaxe-as. Imagine essa musculatura se tornando relaxada e limpa enquanto relaxa. **6. Globo ocular:** tencione os músculos ao redor de seu globo ocular, fechando-os intensamente. Segure-os e relaxe-os. Sinta a sensação de relaxamento se espalhando por toda essa região. **7. Mandíbula:** tencione a mandíbula abrindo a sua boca o máximo que puder, esticando a musculatura em redor. Segure-a e relaxe-a. Isso permite que sua mandíbula fique solta. **8. Nuca:** tencione os músculos da nuca elevando sua cabeça para cima (seja gentil com essa musculatura para evitar ferimentos). Segure-a e relaxe-a. Pode fazer um giro suave duas vezes para cada lado. **9. Ombros:** contraia os ombros, levantando-os como se fossem tocar as orelhas. Segure-os e relaxe-os. **10. Ombros:** estique seus ombros para trás. Segure a tensão e relaxe-os. Pode repetir este exercício duas vezes.
K. ROTINEIRO DE VERDADE E INTENSIDADE	Declarações para quebra de padrões mentais em momento de desânimo e desafio: *"Quanto mais me mexo, menos dor eu sinto."* *"Quanto mais eu leio, melhor eu fico."* *"Quanto mais dinheiro eu ganho, mais humilde eu fico."* *"Quanto mais eu oro, mais eu cresço."*
L. 120 SEGUNDOS DE ORGULHO	Este exercício é ideal para aqueles momentos de vida em que você simplesmente **está negativo a respeito das coisas**. A qualidade daquilo que você pensa, a forma como você fala, seus comportamentos, seu foco, sua postura corporal e até mesmo a forma que respira estão produzindo isso. Use-o como um **antídoto contra a negatividade**, ele evoca um novo estado de recurso por meio de **redirecionamento do foco**. Aqui entra o grande tesouro, você conscientemente canaliza sua atenção para as inúmeras coisas boas que lhe aconteceram, coisas que você conquistou na sua vida, coisas pelas quais você é grato, sejam pequenas ou grandes.

Continua

As sessões de coaching

TIPO DO ROTINEIRO	DESCRIÇÃO
L. 120 SEGUNDOS DE ORGULHO	Preparação (música). Concentre-se, respire. **Passo 1 (Feche os olhos e se coloque em um estado de expectativa – 30 segundos):** assim como quando você era criança e sabia que tinha algo muito bom prestes a acontecer. Você iria abrir seus presentes de natal, ou ir ao seu parque predileto, ou ainda na festa de um amigo, ou a uma viagem divertida... Esse clima de expectativa de algo maravilhoso que está prestes a acontecer. **Passo 2 (120 segundos):** este é o jogo: você vai resgatar memórias da sua história pessoal que lhe fazem bem. Comece com lembranças felizes, de qualquer momento da sua vida, coisas boas da sua infância, adolescência ou ainda da sua vida. Coisas que o fizeram muito feliz. Traga como uma grande foto diante de você, como uma tela de cinema e veja com dimensão e proporção essa imagem. Traga agora imagens e memórias de:<ul><li>120 segundos: momentos em que gargalhei (piadas que contei ou ouvi).</li><li>120 segundos: momentos de amor (sentiu-se amado ou conectado, acolhido, aquecido no seu coração).</li><li>120 segundos: momentos sensuais eróticos (traga para você agora).</li><li>120 segundos: momentos em que me senti orgulhoso (me doei, conquistei, superei, resisti...).</li><li>120 segundos: momentos de gratidão.</li><li>120 segundos: momentos de realização e conquista.</li></ul>**Passo 3 (20 segundos):** acelere as imagens com mixagem e deixe essa nova química literalmente invadir você. Não são pensamentos positivos, é você reviver a experiência na sua memória (baseado em realidade). Tudo o que você quer no seu futuro potencialmente você já teve no passado. **Passo 4 (30 segundos):** dê um passo ao seu futuro. Crie memória do seu futuro: volte àquele estado de expectativa. Ele pode experimentar hoje aquilo que ainda irá realizar.

3.4.2 Exercícios dinâmicos pontuais

Os exercícios dinâmicos pontuais são passados semanalmente aos coachees. Fortalecem e intensificam o trabalho das sessões. Também funcionam como direcionadores e construtores de mudanças. Sua aplicação pode ter diferentes finalidades e objetivos:

- Elevação da autoconsciência/autoconhecimento, que acionem gatilhos de mudança.
- Facilitadores de novas decisões e escolhas.
- Construção de hábitos e ativação de recursos.
- Inspiração de visão e construção de futuro.
- Viabilizador de Plano de Ação.

TIPOS DE EXERCÍCIOS PONTUAIS

Há dezoito tipos de exercícios pontuais. Muitas vezes, funcionam de maneira combinada com os Rotineiros.

A. Mural da vida extraordinária
B. Visita a instituição de caridade (4 horas)
C. Carta de orientação pessoal
D. Relação de todos os ganhos
E. Relação de 70 motivos de gratidões
F. Relação de 70 características pessoais/profissionais positivas: "Eu sou..."
G. Surpresas de amor
H. Pedir perdão para pessoas relevantes
I. Perdoar pessoas relevantes
J. Caderno de críticas externas
K. Escrever a missão de vida
L. Quatro decisões que mudarão a minha vida
M. *Total Stretch* Sistêmico
N. Mapa de Zona de Preocupação
O. Recodificação de tarefas para resultados
P. Corrente do bem
Q. Alianças estratégicas
R. Lista de recompensas

As sessões de coaching

Tabela 3.4.2 Tipos de exercícios pontuais

TIPO DE EXERCÍCIOS PONTUAIS	DESCRIÇÃO
A. MURAL DA VIDA EXTRAORDINÁRIA	Fortaleça sua Visão! O MURAL DA VIDA EXTRAORDINÁRIA expressa o projeto de vida em dez áreas de desenvolvimento (pilares). Deve ser totalmente visual, com pequenas indicações textuais. Uma vez pronto o Mural, deve ser posto em lugar visível diariamente, como a porta do armário, um quadro moldurado, um fundo de tela de computador etc. O mural pode ser físico ou virtual e deve ser montado seguindo estes três passos: **Passo 1:** em uma cartolina ou fundo branco, coloque sua foto predileta de você mesmo no centro. **Passo 2:** selecione de uma a três fotos que expressam sua Visão Extraordinária para cada uma das dez áreas do seu Ciclo da Vida. Ou seja, você terá de 10 a 30 fotos no total. **Passo 3:** organize as fotos em círculo ao redor da sua foto central, ligando você a cada um dos dez pilares.
B. VISITA A INSTITUIÇÃO DE CARIDADE (4 HORAS)	Desafie seu coachee a fazer uma visita de quatro horas a uma instituição de caridade (orfanato, asilo, hospital do câncer etc.). Quebra o estado de vitimação e egoísmo. Esse exercício nos sensibiliza ao mundo à nossa volta, minimizando nosso ego e olhando a necessidade dos outros.
C. CARTA DE ORIENTAÇÃO PESSOAL	O que você diria para você mesmo no futuro, na pessoa que pretende se tornar? O que você terá conquistado? Este exercício poderá ser aplicado desafiando o coachee a pensar sobre o futuro que quer para si.
D. RELAÇÃO DE TODOS OS GANHOS	Exercício para percepção de progresso, avanços e mudanças, quando são tendenciosamente negativos.
E. RELAÇÃO DE 70 MOTIVOS DE GRATIDÕES	Este exercício fortalece a conscientização de vitórias, dádivas, bênçãos e quantos tesouros já se tem. Listar 70 motivos de gratidão diferentes durante uma semana da seguinte forma: - Liste 10 motivos no primeiro dia e leia os 10 em voz alta. - Liste 10 novos motivos no segundo dia e leia os 20 em voz alta. - Liste 10 novos motivos no terceiro dia e leia os 30 em voz alta. Faça isso até completar os 70 motivos de gratidão. Para cada motivo, comece com a frase: "Eu sou grato por ..."

Continua

As sessões de coaching

TIPO DE EXERCÍCIOS PONTUAIS	DESCRIÇÃO
F. RELAÇÃO DE 70 CARACTERÍSTICAS PESSOAIS/ PROFISSIONAIS POSITIVAS	Este exercício fortalece a conscientização de identidade e potencial pessoal contra a baixa autoestima: Listar 70 qualidades positivas ao seu respeito durante uma semana da seguinte forma: • Liste 10 qualidades no primeiro dia e leia as 10 em voz alta. • Liste 10 novas qualidades no segundo dia e leia as 20 em voz alta. • Liste 10 novas qualidades no terceiro dia e leia as 30 em voz alta. Faça isso até completar as 70 qualidades positivas. Para cada qualidade, comece com a frase: "Eu sou ..."
G. SURPRESAS DE AMOR	Quebre a rotina e crie surpresas para pessoas de relacionamento íntimo em sua vida. Revitalize relações desgastadas, amortizadas e enfraquecidas. Durante uma semana, crie uma surpresa nova por dia e uma grande surpresa no final. Seja criativo e prático, não precisa ser caro, mas precisa expressar valor.
H. PEDIR PERDÃO PARA PESSOAS RELEVANTES	A humildade é a habilidade de reconhecer nossa humanidade e capacidade de falhar. Supere o orgulho, a superioridade, a arrogância, a indiferença e a insensibilidade (conforme descrito na literatura de coaching *O cavaleiro preso na armadura*, proposta na seção 3.4.4) e reconecte-se com pessoas relevantes pelo perdão e/ou restituição (quando for o caso). Faça uma lista de pessoas relevantes que foram ofendidas e crie uma estratégia de reconectar pelo perdão. Estabeleça prazos para suas ações.
I. PERDOAR PESSOAS RELEVANTES	Perdão não é sentimento, é decisão. Liberte-se do passado, da vitimação, do sentimento de solidão, abandono e traição, para uma nova vida de conquistas. Liste pessoas que excluiu da sua lista de contatos nos últimos dois anos, ou ainda pessoas relevantes com quem perdeu contato por ter sofrido alguma decepção. Decida perdoar unilateralmente, declarando com o que se ofendeu e perdoando.
J. CADERNO DE CRÍTICAS EXTERNAS	Este exercício é recomendado quando o coachee não consegue enxergar suas deficiências e insuficiências. Peça para que ele entreviste três pessoas próximas em três áreas da vida. Ele deverá perguntar como poderá melhorar de acordo com a relação que tem com a pessoa questionada: como pai, filho, marido, professor, coach, chefe.

Continua

As sessões de coaching

TIPO DE EXERCÍCIOS PONTUAIS	DESCRIÇÃO
K. ESCREVER A MISSÃO DE VIDA	Escreva uma sentença que defina sua Missão e Propósito de Vida. Comece sua declaração dizendo: "Eu existo para ..."
L. QUATRO DECISÕES QUE MUDARÃO A MINHA VIDA	Quando há falta de compromisso. Defina quatro decisões que irão mudar completamente áreas da vida de seu coachee. Isso deverá ser escrito ou impresso em letra grande e colocado em um lugar visível diário. Comece cada decisão dizendo: "Eu me comprometo a ..."
M. *TOTAL STRETCH* SISTÊMICO	Este exercício poderá ser sugerido para coachees altamente motivados e movidos a desafios. Construa em sessão um Plano de Ação Intensivo Global, ou seja, para todos os pilares ou pilares críticos do Círculo da Vida, peça ao coachee uma ação poderosa e suficiente para aumentar um ponto da Escala em Satisfação e Resultado. Este Plano de Ação será conduzido durante o período de uma semana a um mês, de acordo com o desafio ou prazo do Plano.
N. MAPA DE ZONA DE PREOCUPAÇÃO	Contra ansiedade! Liste as TOP 5 preocupações de sua vida. Categorize sua lista em três colunas: • O que tem controle • O que tem influência • O que não tem controle Foque naquilo que tem controle e/ou influência.
O. RECODIFICAÇÃO DE TAREFAS PARA RESULTADOS	Renomeie a lista de "afazeres" semanais, tidos como obrigações e tarefas, para uma "Lista de Resultados" estimulantes e envolventes que escolhe conquistar. Crie sua agenda semanal com base nos resultados que quer. Use perguntas para identificar o que realmente é importante para você. A alteração do sistema de linguagem cotidiana de tarefas (tenho que) para Resultado (quero) mudará sua disposição e seu entusiasmo.
P. CORRENTE DO BEM	Liste três coisas que fará a três pessoas que não poderiam fazer para si mesmas e as pratique com prazo definido.
Q. ALIANÇAS ESTRATÉGICAS	Identifique três áreas da sua personalidade que são frágeis e selecione pessoas para o aliançar e complementar os seus objetivos.

Continua

TIPO DE EXERCÍCIOS PONTUAIS	DESCRIÇÃO
R. LISTA DE RECOMPENSAS	Crie uma lista de recompensas e celebração para conquistas pequenas, médias e grandes. Este exercício fortalece a conscientização de celebração como hábito cotidiano, uma pausa na rotina para vibrar, comemorar, curtir, festejar, agradecer, bradar, relaxar, lembrar, validar etc.

3.4.3 Filmes

A cada semana, será indicado um filme. É recomendado que deixe uma ou duas perguntas que ajudem o coachee a focar em pontos-chave da história.

Os filmes têm um papel de sensibilização e ativação de sentimentos e funcionam como gatilhos emocionais para novos *insights* e novas decisões.

A seguir, relacionamos filmes recomendados para indicação, alinhados a temas de desenvolvimento abordados durante as sessões de coaching:

1. *Desafiando gigantes*
2. *Poder além da vida*
3. *O presente*
4. *Duas vidas*
5. *A virada*
6. *Click – Controle Remoto Universal*
7. *A procura da felicidade*
8. *O fazendeiro e Deus*
9. *O Todo-Poderoso*
10. *A prova de fogo*
11. *Acontece com as melhores famílias*
12. *Minha vida*
13. *De porta em porta*
14. *Tempo de recomeçar*
15. *Coach carter*
16. *A última fortaleza*
17. *Duelo de titãs*
18. *Path Adams*
19. *Ponto de decisão*
20. *A corrente do Bem*
21. *Os intocáveis*
22. *Redenção*
23. *Divertida mente*
24. *Carruagens de fogo*
25. *Caminho da liberdade*
26. *O pianista*
27. *Jobs*
28. *Um sonho de liberdade*
29. *Tomorrowland (Terra do Amanhã)*
30. *Mãos talentosas*
31. *Para sempre vencedor*
32. *Diário de uma babá*
33. *Você pode curar a sua vida*
34. *O poder da água*
35. *Delírios de consumo de Becky Bloom*
36. *Um sonho possível*
37. *Meu malvado favorito 2*
38. *Lucy*
39. *Forest Gump*
40. *Sem limites*
41. *O preço do amanhã*
42. *À espera de um milagre*
43. *Kung-Fu Panda 3*
44. *Coração valente*

As sessões de coaching

45. *O náufrago*
46. *Dança com lobos*
47. *Hitch – Conselheiro amoroso*
48. *Corajosos*
49. *Quarto de guerra*
50. *O céu é de verdade*

3.4.4 Livros

A cada semana, será indicado um livro. É recomendado que se deixe uma ou duas perguntas que ajudem o coachee a focar em pontos-chave da história.

Os livros têm um papel de fortalecer a qualidade daquilo que pensamos e cultivamos como mentalidade em nosso dia a dia. Livros funcionam como gatilhos lógicos para novos *insights* e novas decisões.

A seguir, relacionamos livros recomendados para indicação, alinhados a temas de desenvolvimento abordados durante as sessões de coaching:

1. *O cavaleiro preso na armadura*, Robert Fisher
2. *O motorista e o milionário*, Joachim de Posada e Ellen Singer
3. *Os segredos da mente milionária*, T. Harv Eker
4. *Picos e vales*, John Spencer
5. *O poder da língua*, Harry Gaynes
6. *Livro de Provérbios*, Bíblia
7. *A Batalha da mente*, Joyce Meyer
8. *O Monge e o Executivo*, James Hunter
9. *Vida com propósito*, Rick Warren
10. *As cinco linguagens do amor*, Gary D. Chapman
11. *Casamento blindado*, Renato & Cristiane Cardoso
12. *Um Deus extremamente romântico*, Arnaldo & Marilia Marion
13. *Eu, líder eficaz*, Paulo Vieira
14. *Como fazer amigos e influenciar pessoas*, Dale Carnegie
15. *A montanha certa*, Jim Hayhurst
16. *O poder do hábito*, Charles Duhigg
17. *Sete hábitos de pessoas altamente eficazes*, Stephen Covey
18. *O que devo fazer da minha vida?*, Po Bronson
19. *Awaken the Giant Within*, Tony Robbins (Inglês)
20. *O vício de agradar a todos*, Joyce Meyer

3.4.5 Atividades extras

Como coach, você deverá sempre prezar pela pontualidade do horário de início e término da sua sessão. Tempo é um ativo valioso que deve sempre ser respeitado e bem aproveitado. Use seu tempo em diálogos com perguntas eficazes e poderosas para explorar a conscientização, responsabilização, novos *insights*, novas escolhas e decisões. Há muitas atividades que geralmente requerem tempo, como a smartirização de metas, a construção do autocoaching, do 5W2H, da agenda extraordinária, da agenda personificada, entre outras atividades que podem ser introduzidas em sessão, mas serão concluídas ao longo da semana pelo coachee.

Chamamos isso de atividades extras, aquelas que não são concluídas em sessão e deverão ser construídas ao longo da semana em casa. Também consideramos atividades extras um exercício adicional que proporcione um reforço para um aprendizado ou uma mudança pretendida pela reconstrução dos hábitos do coachee. Vamos considerar, por exemplo, um estágio no qual o coachee está definindo com clareza seu Projeto de Vida e propósito de mover suas novas escolhas para o futuro. Poderão ser atribuídas as seguintes atividades:

Objetivo da semana: definir o Propósito e Projeto de Vida

- **Rotineiro:** profetizar nos Pilares de sua Vida
- **Exercício pontual dinâmico:** construir o Mural da Vida Extraordinária
- **Exercício extra:** escrever a Missão de Vida (Eu existo para...)
- **Filme:** *O Presente*
- **Livro:** *O que devo fazer da minha vida?*

Perceba que todas as atividades e os exercícios da semana gravitam em torno de um único objetivo. Dessa forma, permitimos que o coachee se utilize de recursos para interferir na forma como se comunica cotidianamente, nos padrões mentais que cultiva, nos sentimentos que nutre e os equipa para se conscientizar e se responsabilizar por novas escolhas pessoais ou profissionais.

3.4.6 Mapa de Progresso

Todas as semanas, o coach deverá designar as atividades de casa ao coachee e fazer seu respectivo *follow-up* na semana consecutiva. O coach usará o Mapa de Progresso para ajudar o coachee a organizar suas atividades de casa semanais, ou segundo a frequência na qual as sessões estão ocorrendo.

O Mapa de Progresso permite ao coach gerenciar o progresso do coachee e as atividades designadas para casa, a saber:

- Em cada sessão, o coach irá designar atividades de casa que acionem gatilhos de mudança e desafiem a rotina e os hábitos sedimentados. Incluir: filmes, livros, rotineiros, exercícios pontuais dinâmicos e atividades extras, com prazo de entrega.
- Para estimular a reflexão, podem ser incluídas perguntas para observar enquanto assiste ao filme ou lê o livro.

O coach registrará aqui também os indicadores de progresso: ganhos, aprendizados e decisões.

O *Template* **3.4.6** mostra um modelo para esse registro.

As sessões de coaching

MAPA DE PROGRESSO
Check-list de Atividades de Casa

Descrição	Sessão 1		Sessão 2		Sessão 3		Sessão 4		Sessão 5	
Data da Sessão										
Data de Entrega										
				ATIVIDADES DE CASA						
FILME		CHECK		CHECK		CHECK		CHECK		CHECK
LIVRO										
ROTINEIRO										
EXERCÍCIO PONTUAL										
ATIVIDADE DE SESSÃO										
				ANOTAÇÕES & QUESTÕES						
ANOTAÇÕES										
QUESTÕES										

Template 3.4.6 Mapa de progresso

3.5 *Templates* de registro

Registre tudo! Mantenha um histórico impecável das sessões, incluindo o horário exato que começou e terminou, atividades aplicadas e acompanhamento semanal dos indicadores de progresso: ganhos, aprendizados e decisões. Isso revelará a qualidade de um processo de coaching. Como benefícios de um bom registro de sessão, podemos considerar os seguintes:

- **Progresso:** histórico de progresso experimentado ao longo das sessões, que deverá ser apresentado como estímulo ao coachee pelo empenho demonstrado durante a jornada.
- **Melhores Práticas:** histórico de melhores práticas para desenvolvimento do seu trabalho como coach. Estudar o processo de sessões passadas pode ajudar sua assertividade em sessões futuras, ou mesmo no exercício de trocar experiências em grupos organizados de coaching para aprendizado mútuo.
- **Coaching *Log* de Clientes:** histórico para comprovação de horas de sessão. A experiência e senioridade de um coach é medida pelo número de horas comprovadas que apresenta. Órgãos de regulação da profissão, como o International Coaching

Federation (ICF), exigem documentação de comprovação de horas. O **Template 3.5** é o modelo proposto pelo ICF para registro de horas de sessão do coach.

Nome do Cliente	Informações de Contato	Individual/Grupal	Número de Pessoas	Data de início	Data de Término	Horas Pagas	Horas Pro bono

Template 3.5 Coaching *log* de clientes

- **Nome:** identifique o nome do cliente, no caso de a sessão ser individual; ou nomes dos clientes, no caso de a sessão ser em grupo.
- **Informações de contato:** e-mail e telefone.
- **Individual ou grupal**: identifique se as sessões foram individuais ou grupais.
- **Número de pessoas**: caso seja individual, deve ser somente uma pessoa. No caso de ser grupal, o número de pessoas total definidas.
- **Data de início:** data da primeira sessão.
- **Data de término:** data da última sessão.
- **Horas pagas:** número de horas efetivamente pagas.
- **Horas *Pro bono*:** número de horas não pagas.

Para organizar suas sessões, planejá-las e registrá-las, use os seguintes *templates*:

- Agenda de sessões
- Guia do coach

Para concluir os trabalhos, resuma as informações quantitativas e qualitativas mais importantes do ciclo de coaching para serem entregues ao coachee, em dois relatórios:

- Relatório final quantitativo
- Relatório final qualitativo

3.5.1 Agenda de sessões

Acorde uma agenda prévia com seu coachee.

Durante a pré-sessão ou mesmo antes dela, um calendário deverá ser definido de acordo com a disponibilidade do coach e coachee. A qualidade do seu trabalho de coaching depende também de uma boa administração da agenda, permitindo uma sequência produtiva de sessões. Desmarcar sessões por parte do coach deve ser evitado

As sessões de coaching

ao máximo, pois comunica desorganização, falta de priorização ou mesmo falta de interesse. Imprevistos acontecem, mas podem virar regra tanto para o coach quanto para o coachee. Se isso vier a acontecer, é necessária uma conversa de calibragem para viabilizar priorização. Coaching é trabalho sério que demanda compromisso. É importante que isso seja esclarecido logo no início dos trabalhos.

Portanto, é recomendado que se faça o bloqueio de agenda para todas as sessões logo no começo e se necessário administre ajustes e reagendamentos no decorrer do processo.

Use o *Template* **3.5.1** como modelo para administrar sua agenda de sessões.

AGENDA DE SESSÕES

Planejamento de Agenda: Encontros Presenciais ou Virtuais

Template 3.5.1 Agenda de sessões

Com este *template*, o coach não só planeja, mas mantém e registra pontualidade, alocação de horas durante cada sessão ao longo dos ciclos de coaching.

3.5.2 Guia do coach

Coaching também envolve planejamento.

O planejamento no coaching em nenhuma hipótese deverá engessar as sessões a um roteiro fixo ou ainda minimizar a importância da intuição do coach ao longo das sessões. Contudo, um planejamento ajudará o coach a fazer um exercício mental de como aproveitar melhor o tempo de sessão seguindo as etapas do Ciclo de Coaching e do Roteiro de Conversa. Quanto mais experiente for o coach, melhor será se tiver um plano bem detalhado.

3 — As sessões de coaching

Para efetivar seu plano, use o *Template 3.5.2 – Guia do coach*, conforme demonstrado a seguir.

GUIA DO COACH
Planejamento de Sessões e Atividades

COACHEE: _____ CICLO: _____

Modalidade	Sessão 1	Sessão 2	Sessão 3	Sessão 4	Sessão 5
Início às					
Término às					
ROTEIRO DE SESSÕES					
Checagem de Atividades Prévias	Follow-up:	Follow-up:	Follow-up:	Follow-up:	Follow-up:
Atividades de Sala	Estágio de Coaching: Autoconsciência				
PEs-Chave					
Exercício Emocional					
Música					
AVALIADOR DE PROGRESSO					
GANHOS					
APRENDIZADO					
DECISÕES					

Template 3.5.2 Guia do coach

- **Checagem de atividades prévias:** mesmo na primeira sessão, o coach deverá fazer o *follow-up* de atividades designadas ao coachee e explorar ganhos, aprendizado e/ou decisões.
- **Atividades de sala:** as atividades de sala devem estar alinhadas ao estágio do processo de coaching e segundo áreas de desenvolvimento que o coachee deseja explorar em si.
- **Perguntas eficazes:** tenha algumas perguntas eficazes definidas para cada estágio do ciclo de coaching, podendo fazer o melhor uso do tempo de sessão. Isso não substitui a habilidade de coach de usar perguntas poderosas de acordo com o rumo da conversa que está sendo explorada.
- **Exercícios emocionais:** cada cliente tem uma história. Alguns podem requerer mais tempo trabalhando recursos emocionais para avançarem a seus objetivos, ou, ainda, quando o pilar que está sendo trabalhado é exatamente o emocional. Nesses casos, o coach poderá designar alguns exercícios emocionais ao longo do Ciclo de Coaching.
- **Música:** se tem exercício emocional, tem música. Tenha pronta sua própria *Playlist* para os exercícios emocionais que serão aplicados em sessão.

As sessões de coaching

- **Avaliadores de progresso:** durante cada sessão, explore ganhos, aprendizados e decisões do cliente. Essa avaliação deve ser feita especialmente após a checagem de exercícios de casa e exercícios emocionais, uma vez que ambos liberam novos recursos para mudanças.

3.5.3 Relatório final quantitativo

Ao final do trabalho de coaching, o coach deverá entregar na última sessão dois relatórios finais com indicadores quantitativos e qualitativos dos resultados obtidos.

O relatório final quantitativo, conforme demonstrado no **Template 3.5.3**, resume o trabalho realizado nos ciclos de coaching quantitativamente.

Relatório Final - Quantitativo
Resumo Quantitativo das Sessões de Coaching

Coachee: _____ E-mail do Coach: _____
Coach: _____ Data Final: _____

1. DADOS DE SESSÃO

REALIZADO
- Número de Sessões Presenciais
- Número de Sessões por Vídeo/Fone
- Tempo Médio por Sessão (Min)
- Tempo Total de Sessões (hs)
- Prazo de Início e Término do Processo (dias)

PLANEJADO
- Número de Sessões Presenciais
- Número de Sessões por Vídeo/Fone
- Tempo Médio por Sessão (Min)
- Tempo Total de Sessões (hs)
- Prazo de Início e Término do Processo (dias)

2. DESENVOLVIMENTO DE PILARES CRÍTICOS

PILARES
- Número de Pilares Críticos
- GAP Médio Inicial do Ciclo da Vida
- GAP Médio Final do Ciclo da Vida
- Valor do maior avanço de GAP
- Valor do menor avanço de GAP

CLASSIFICAÇÃO CICLO DA VIDA	GAP
Plenitude	0
Aceitável	1
Crítico	2 e 3
Muito Crítico	4 e acima

3. METAS & AÇÕES DEFINIDAS

METAS
- Número de Metas Definidas
- Número de Pilares Incluídos
- Número de Metas de Curto Prazo (até 2 anos)

PLANO DE AÇÃO
- Ações média por Meta
- Ações de Severidade Alta
- Ações com Prazo inferior a 90 dias

4. MAPA DE PROGRESSO

LISTA DE FILMES ASSISTIDOS

LISTA DE ROTINEIROS

LISTA DE LIVROS LIDOS

EXERCÍCIOS PONTUAIS DINÂMICOS

Template 3.5.3 Relatório final quantitativo

- **Dados de sessão:** resumo quantitativo de tempo, duração e modalidade utilizados para sessões de coaching. Sempre comparando o que foi planejado com o que foi efetivamente realizado.
- **Desenvolvimento de pilares críticos:** resumo do mapeamento de Estado Atual do coachee no início do ciclo, identificando os pilares mais críticos e os pilares com maiores progressos.
- **Metas e ações definidas:** resumo quantitativo de metas definidas, especificando as de curto prazo, bem como o volume de ações designadas para essas metas, destacando-se as com prazo inferior a 90 dias.
- **Mapa de progresso:** resumo quantitativo das atividades realizadas em casa como parte do processo de desenvolvimento do ciclo de coaching, incluindo filmes, livros, rotineiros e exercícios pontuais dinâmicos.

3.5.4 Relatório final qualitativo

O coach registrou e tomou nota dos resultados de cada estágio do ciclo de coaching e agora poderá organizá-los e resumi-los em um relatório qualitativo. É recomendado que o coach mantenha uma cópia de todas as atividades realizadas em sessão e as arquive em uma pasta do cliente para eventuais consultas, especialmente no término e conclusão do ciclo. O relatório final qualitativo, conforme demonstrado no *Template* **3.5.4**, resume o progresso qualitativo experimentado pelo coachee por meio da parceria com seu coach.

- **Conscientizei-me de que:** resumo do Mapeamento do Estado Atual, da aplicação do Ciclo da Vida, do *Feedback* do *Assessment*, Ordenação de Valores e outras atividades que contribuíram para aumentar a qualidade e quantidade de informações sobre o coachee.
- **O que me inspira:** resumo do *Dream-List* (Lista de Sonhos), da Visualização Criativa e de interesses externados pelo coachee.
- **Quais são meus alvos:** resumo das metas smartirizadas definidas em sessão.
- **O que mudou e como sou diferente:** resumo da lista de ganhos registrados durante o ciclo de coaching.
- **Como cresci, aprendi e ampliei minha visão:** resumo da lista de aprendizados e *insights* registrados no ciclo de coaching.
- **O que decidi com compromisso:** resumo da lista de decisões registradas no ciclo de coaching.

As sessões de coaching

Relatório Final - Qualitativo
Resumo do progresso e principais resultados do Ciclo de Coaching

Coachee: _____   E-mail do Coach: _____
Coach: _____   Data Final: _____

1. (ESTADO ORIGINAL) ME CONSCIENTIZEI DE QUE:
-
-
-
-

2. PILARES DE FOCO: *Dream-List*
O QUE ME INSPIRA:
-
-
-

QUAIS SÃO MEUS ALVOS:
-
-
-
-

3. (GANHOS) O QUE MUDOU E COMO SOU DIFERENTE
-
-
-
-
-

4. (*INSIGHTS*) COMO CRESCI, APRENDI E AMPLIEI MINHA VISÃO
-
-
-
-
-

5. (DECISÕES) O QUE DECIDI COM COMPROMISSO
-
-
-
-

Template 3.5.4 Relatório final qualitativo

4
REPROGRAMAÇÃO EMOCIONAL

4.1 PNL aplicada ao coaching

> *"Todas as mudanças acontecem primeiro no nível inconsciente, depois nos tornamos conscientes delas!"*
>
> Joseph O'Connor

A comunicação é uma arte poderosa. Mas não se engane: apenas 7% do poder da comunicação estão nas palavras; os outros 93% estão na forma como falamos. Nossa linguagem e a forma como falamos revelam quem somos e a que viemos a este mundo e quais são os sentimentos e as emoções reinantes que governam nossas vidas.

O padrão da comunicação determina muito o resultado na vida de alguém. Uma parcela expressiva da nossa comunicação está em nossa linguagem corporal. Por isso dedicamos uma parte deste livro a explorar a transformação e mudança por meio da nossa linguagem corporal e como usá-la em benefício do nosso processo de coaching.

A ORIGEM DA PNL

A Programação Neurolinguística (PNL) essencialmente é uma abordagem que estuda **a modelagem de comportamentos e habilidades** de pessoas excepcionais. Propõe-se a ideia de que habilidades extraordinárias podem ser modeladas e aprendidas por qualquer pessoa comum. Não somente isso, a PNL foi apresentada como uma forma de tratamento a fobias, depressão, doenças psicossomáticas, desordens comportamentais, déficit de atenção e alergias, tudo isso com apenas uma única sessão.

A PNL foi criada por Richard Bandler e John Grinder na década de 1970 nos EUA. Sua base, contudo, vem dos estudos de três psicoterapeutas: Virginia Satir, conhecida como mãe da terapia familiar, Fritz Perls, fundador da terapia Gestalt, e Dr. Milton Erikson, que, além de médico, foi um psicólogo e hipnoterapeuta.

DEZ PRESSUPOSIÇÕES DA PNL

A combinação de princípios e fundamentos da PNL no coaching tem-se revelado altamente potencializadora, enriquecendo a dinâmica da relação coach e coachee. As dez pressuposições da PNL demonstradas a seguir ampliam a visão de trabalho de coaching e contribuem para acelerar o processo de mudanças e transformação na realidade do coachee.

1. As pessoas respondem à sua experiência, não à realidade em si.
2. Ter uma escolha ou opção é melhor do que não ter escolha ou opção.
3. As pessoas fazem a melhor escolha que podem no momento.
4. Todas as ações têm um propósito.
5. A mente inconsciente contrabalança a consciente.
6. Já temos todos os recursos de que precisamos ou então podemos criá-los.
7. Mente e corpo formam um sistema. São expressões diferentes da mesma pessoa.
8. Processamos todas as informações através de nossos sentidos.

Reprogramação emocional

9. Modelar desempenho bem-sucedido leva à excelência.
10. Se quiser compreender, aja.

Uma das ideias mais revolucionárias exploradas pela PNL é a diferença entre a mente consciente e inconsciente. Contudo, a mente inconsciente é muito mais poderosa do que a consciente. É a mente inconsciente que faz seu coração bater cem mil vezes por dia sem você ter que pensar sobre isso ou mesmo se conscientizar disso. Portanto, se influenciarmos a sua mente inconsciente, seremos capazes de mudar qualquer coisa. O trabalho da PNL traz grande contribuição para o coaching, por isso será explorado nesta parte.

4.1.1 *Rapport* e confiança total

A confiança baseada em *Rapport* é a base de um relacionamento de coaching.

Uma das formas mais rápidas e poderosas de criar uma relação de confiança é por meio do *Rapport*. *Rapport* é poder.

O *Rapport* pode e deve ser construído imediatamente entre coach e coachee. Ele funcionará como a porta de entrada para a confiança mútua em uma relação mais profunda. O *Rapport* é resultado de um sentimento mútuo de comunalidade. Essa comunalidade, ou senso comum, é melhor construída através de uma equiparação ou espelhamento facial e corporal que fazemos da outra pessoa. Portanto, sem *Rapport* e confiança total a relação de coaching tenderá a ser superficial e dependerá somente das palavras e ideias empregadas. Lembre-se: perguntas exploram um assunto, mas perguntas sozinhas não geram *Rapport*.

Rapport ocorre quando assumimos com liberdade posições perceptuais diferentes da nossa e permitimos que relacionamentos satisfatórios sejam construídos através do *Rapport*, e não da concordância. Gera um ambiente de influência e respeito mútuos.

Rapport acontece quando partimos da ideia de que nem todos compartilham de nossa perspectiva e que podemos assumir uma segunda posição, dispostos a compreender a outra pessoa do ponto de vista dela.

Nesse processo, podemos nos conscientizar de que, se soubéssemos as mesmas coisas, tivéssemos as mesmas experiências e quiséssemos a mesma coisa que ela quer, provavelmente estaríamos agindo da mesma maneira, mesmo que no nosso ponto de vista (primeira posição) esse comportamento pareça estranho.

EQUIPARAÇÃO E ESPELHAMENTO

Rapport se constrói pela equiparação facial e corporal ou espelhamento. Percebemos a equiparação quando somos genuinamente ouvidos e quando vemos espelhadas nossas expressões ou nossa postura corporal naqueles que nos escutam. Há pessoas que naturalmente são mestres no *Rapport*. Quando ouvem uma história, vão espelhando a expressão daqueles que a narram. O narrador nota que está absolutamente conectado com seu ouvinte e que está sendo compreendido. Quando você modela o mundo de outra pessoa, de acordo com os termos dela, é como andar ao lado dela no mesmo passo.

A equiparação não verbal é muito mais poderosa do que a concordância verbal. Damos mais importância ao comportamento não verbal de uma pessoa do que às suas palavras. Quando os dois se conflitam, tendemos a acreditar na comunicação não verbal da mensagem. Por exemplo, se alguém olha para um prato de comida e diz "Parece delicioso", mas sua expressão facial é de nojo, o que fica mais evidente, o que se diz ou como se diz? Ou ainda um coach em sua sessão dizendo "Estou muito interessado nisso", mas olhando no relógio, qual a verdadeira mensagem que está sendo transmitida?

A seguir, descrevemos três regras importantes para construir *Rapport*. Treine isso com um par:

- **Regra 1:** *Tenha interesse genuíno em outra pessoa, quem é e como pensa.*
- **Regra 2:** *Esteja disposto a ver o mundo a partir do ponto de vista dela.*
- **Regra 3:** *Pode-se usar a equiparação não verbal: linguagem corporal e tom de voz.*

EXERCÍCIO DE DIFERENÇAS

Uma forma simples de compreender o conceito de posição perceptual é por uma atividade chamada "Diferenças". Peça a um grupo de pessoas para que cada um faça um desenho sem tirar a caneta do papel. O desenho deve ser de um rosto com olhos, nariz, boca cheia de dentes, pescoço, tronco e corpo.

Ao final, cada um mostra seu desenho e percebe-se que nenhum desenho é igual, apesar de o comando ter sido exatamente o mesmo para todo mundo. Denominamos isso "posição perceptual". Nossa visão particular do mundo, reconhecendo que vemos e percebemos coisas de perspectivas diferentes.

EXERCÍCIO DE EQUIPARAÇÃO

Em dupla, treine um contato visual estático treinando a concentração do coach. Em seguida, uma pessoa da dupla iniciará diferentes expressões faciais e será espelhada pela outra dupla. Após algum tempo, inverte-se. Em seguida, a dupla definirá um coach e coachee.

O coach fará então uma entrevista de objetivos do coachee usando PEs. Enquanto conduz a sessão, você fará equiparação.

- O quanto _____ é importante no seu projeto de vida?
- Como pensa em iniciar isso?
- Quando espera começar?
- O que acha que o impede hoje de começar?
- E se tivesse certeza de que não iria falhar?
- Onde pode achar esses recursos? Com quem pode falar?

POSIÇÕES PERCEPTUAIS

Chamamos de posição perceptual toda e qualquer situação na qual alguém se posicione para compreender a posição do outro sem necessariamente concordar com ele. Ao assumir posições perceptuais, damos um passo mental para fora da nossa estrutura mental.

Posições perceptuais são formas poderosas de solucionar conflitos de relacionamentos, uma vez que envolvem a compreensão da perspectiva das partes envolvidas. Uma negociação, por exemplo, terá muito mais chance de ser bem-sucedida caso se compreendam os pontos de vista conflitantes das partes.

METAESPELHO

O metaespelho é um exercício de PNL que pode ser perfeitamente aplicado em sessões de coaching. Esse exercício está baseado no princípio de posições perceptuais e poderá ser utilizado como recurso para ajudar o coachee a superar conflitos e crises de relacionamento com colegas de trabalho, familiares ou relacionamentos íntimos.

Descrevemos a seguir o passo a passo da aplicação desse exercício.

PASSO A PASSO DO METAESPELHO

- **PREPARAÇÃO:** após identificar uma dificuldade de relacionamento ou uma conversa difícil que irá acontecer talvez com um adolescente, uma apresentação na empresa ou com alguém com quem tenha experimentado um conflito, defina um espaço minimamente amplo e peça ao coachee que se estabeleçam quatro posições perceptuais nesse espaço. Use símbolos que identifiquem as quatro posições perceptuais, conforme a **Imagem 4.1.1**.

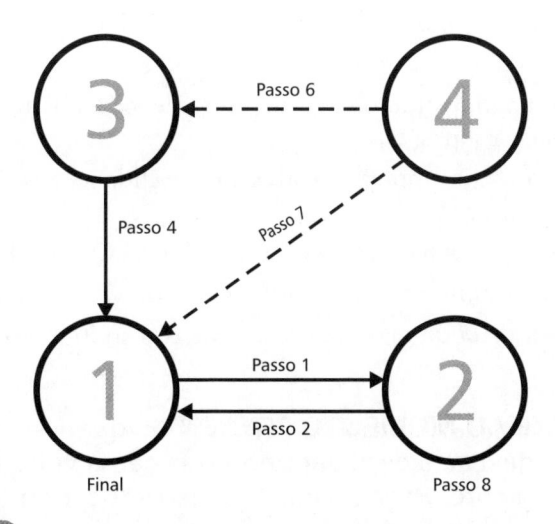

Imagem 4.1.1 Passo a passo do metaespelho

- **PASSO 1 | EXPLORE A PRIMEIRA POSIÇÃO:** comece do seu ponto de vista. Imagine-se olhando para a outra pessoa e defina o que pensa, o que sente e o que está experimentando enquanto olha para essa pessoa.

O coach poderá explorar a experiência com outras perguntas:

- O que torna esse relacionamento difícil?
- O que está pensando e como está se sentindo nesse relacionamento?
- Se você se sentir desafiado, no que se sente desafiado?
    - É referente ao ambiente onde está? Onde você trabalha, os amigos que você tem, suas roupas?
    - É referente ao seu comportamento ou mentalidade, a aquilo que faz ou a aquilo que pensa?
    - Você sente que suas habilidades e seus valores estão sendo desafiados?
    - Você se sente intimidado na sua identidade ou valor como pessoa?
- A outra pessoa está dizendo alguma coisa, mas transmitindo outra em sua linguagem corporal?

- **PASSO 2 | EXPLORE A SEGUNDA POSIÇÃO:** agora se desconecte do seu ponto de vista e prepare-se para examinar a situação de ponto de vista da outra pessoa. Colocando-se na segunda posição, imagine-se como a outra pessoa, o que está pensando, sentindo e experimentando nessa relação?

O coach poderá explorar a experiência com outras perguntas:

- O que torna esse relacionamento difícil?
- O que está pensando e como está se sentindo nesse relacionamento?
- Se você se sentir desafiado, no que se sente desafiado?
    - É referente ao ambiente onde está? Onde você trabalha, os amigos que você tem, suas roupas?
    - É referente ao seu comportamento ou mentalidade, a aquilo que faz ou a aquilo que pensa?
    - Você sente que suas habilidades e seus valores estão sendo desafiados?
    - Você se sente intimidado na sua identidade ou valor como pessoa?
- A outra pessoa está dizendo alguma coisa, mas transmitindo outra em sua linguagem corporal?

- **PASSO 3 | VOLTE AO MOMENTO PRESENTE:** quando tiver explorado isso, descarte essa segunda posição e volte a si mesmo no momento presente. Peça ao coachee para focar em algum ponto da sala para quebrar o estado.

Reprogramação emocional

- **PASSO 4 | EXPLORE A TERCEIRA POSIÇÃO:** posicione-se agora na terceira posição. Considere ambos os lados de forma imparcial. Olhando para você na posição 1, como responde a essa atitude?

    O coach poderá explorar a experiência com outras perguntas:

- Que tipo de relacionamento é esse?
- O que você pensa da pessoa da primeira posição (você)?
- Como avalia seu comportamento e suas atitudes nesse relacionamento?

- **PASSO 5 | VOLTE AO MOMENTO PRESENTE:** desconecte o coachee da terceira posição, pedindo que se concentre no número que faz com os dedos da sua mão.

- **PASSO 6 | EXPLORE A QUARTA POSIÇÃO:** posicione-se agora na quarta posição. Desse ponto de vista, pense a respeito de como sua terceira posição se sente com a primeira posição.

    O coach poderá explorar a experiência com outras perguntas:

- Você estava irritado consigo mesmo?
- Desejava se afirmar mais na sua primeira posição?
- Resignado com a situação?
- Sentia que sua primeira posição deveria ser menos afirmativa?
- Como seria se invertesse as reações da primeira e da terceira posições?

- **PASSO 7 | INVERTA AS REAÇÕES:** agora inverta as reações da primeira à terceira posição. Adote o sentimento da terceira pessoa, na posição da primeira pessoa.

- Como se sente?
- O que muda com esse sentimento?
- Como esse sentimento poderia ser um novo recurso nessa relação?

- **PASSO 8 | VISITE A SEGUNDA POSIÇÃO:** agora visite a segunda posição. De que forma esse relacionamento se torna diferente com esse novo recurso?

    Termine na primeira posição, no aqui e agora!
    Aproprie-se de sua conquista e valide o novo momento!

4.1.2 Sistemas representacionais e submodalidades

"Prestamos atenção no mundo exterior e coletamos informações utilizando nossos cinco sentidos."

Joseph O'Connor

É pelos cinco sentidos: visão, audição, olfato, tato e paladar que experimentamos e interpretamos o mundo à nossa volta. A Teoria da PNL propõe que cada pessoa tem um canal sensitivo para entender a vida e para se relacionar com as pessoas.

Dispomos também de cinco sentidos internos, que a Teoria da PNL chama de sistemas representacionais.

SISTEMAS REPRESENTACIONAIS

É a reapresentação do mundo a nós mesmos.

Assim como vemos, ouvimos, sentimos sabores, tocamos e cheiramos o mundo exterior, também recriamos essas mesmas sensações em nossas mentes através do uso interno dos nossos sentidos.

PODEMOS LEMBRAR OU IMAGINAR

Por meio dos sistemas representacionais, podemos relembrar experiências verdadeiras do passado, como, por exemplo, nos vermos aflitos no momento em que o avião iniciou seu procedimento de decolagem (imagens visuais lembradas). Ou podemos imaginar experiências futuras possíveis ou mesmo impossíveis, como se ver correndo pelos canais de Marte, vestido com uma fantasia de Papai Noel (imagem visual construída).

OS TRÊS SISTEMAS REPRESENTACIONAIS

- **Sistema visual:** quando criamos imagens internas visualizando-as e imaginando-as.
- **Sistema auditivo:** quando imaginamos a voz de um amigo ou uma de suas músicas favoritas, ou sons produzidos por um lugar característico, misturando-se com palavras.
- **Sistema sinestésico:** inclui os sistemas que envolvem sensações, como o olfativo, gustativo e o tato. Também inclui o sentido de equilíbrio e sentimentos de emoção e consciência corporal.

SUBMODALIDADES

É a forma como estruturamos nossa experiência. São os tijolos para construção dos sistemas representacionais. As submodalidades codificam nossa experiência da realidade, da certeza e do tempo. Mudar as submodalidades altera o significado de uma experiência.

TIPOS DE SUBMODALIDADES

Há essencialmente dois tipos de submodalidades: digitais e analógicas.

Reprogramação emocional

- **Digital:** significa variação entre uma série de estados ou/ou.

    Exemplo: um interruptor de luz está ligado ou desligado. Uma imagem pode estar associada ou desassociada.

- **Analógico:** significa variação contínua entre limites.

    Exemplo: brilho, tamanho e volume.

As **submodalidades críticas** são aquelas que farão grande diferença na estrutura da experiência.

Por exemplo: ouvir uma voz perto ou longe pode mudar completamente o significado da experiência.

SUBMODALIDADES VISUAIS

- **Associada/dissociada:** associado, quando faço parte da cena (ex.: vejo-me no teto e não me enxergo na cadeira); desassociado, quando sou um observador da cena (ex.: vejo-me no teto e me enxergo na cadeira)
- **Cor:** em cores ou preto e branco
- **Limite:** com moldura ou sem moldura
- **Profundidade:** bi ou tridimensional
- **Localização:** esquerda ou direita; para cima ou para baixo
- **Distância:** perto e longe
- **Brilho:** brilhante e escuro
- **Contraste:** bem ou maldefinido
- **Foco:** nítido ou embaçado
- **Velocidade:** rápido ou lento
- **Número:** imagens em tela única ou telas divididas
- **Tamanho:** grande ou pequeno

SUBMODALIDADES AUDITIVAS

- **Verbais ou não verbais:** palavras ou sons
- **Direção:** estéreo ou mono
- **Volume:** alto ou baixo
- **Tom:** suave ou estridente
- **Timbre:** fino ou grave
- **Localização:** para cima, para baixo, esquerda ou direita
- **Distância:** perto ou longe
- **Duração:** contínua ou descontínua
- **Velocidade:** rápida ou lenta
- **Clareza:** claro ou abafado

SUBMODALIDADES CINESTÉSICAS

- **Localização:** qual parte do corpo
- **Intensidade:** alta e baixa
- **Pressão:** forte ou suave
- **Extensão:** grande ou pequena
- **Textura:** áspera ou lisa
- **Peso:** leve ou pesado
- **Temperatura:** quente ou frio

SWISH – EXERCÍCIO DE PNL

O SWISH é outro exercício de PNL que pode ser aplicado em sessões de coaching. O nome SWISH é a combinação de duas palavras em inglês: *switch*, que significa trocar, e *wish*, que significa desejar. Somadas, as palavras revelam o objetivo desse exercício.

Trata-se de uma técnica que utiliza mudanças de submodalidades críticas para modificações de comportamentos ou hábitos indesejáveis alterando o gatilho que dispara o comportamento e dando-lhe um novo direcionamento. O SWISH atua, portanto, especificamente no gatilho que gera um hábito ou comportamento, fazendo a substituição de imagens no mesmo quadro mental, alterando e invertendo suas submodalidades:

- Associado e dissociado
- Grande ou pequeno
- Brilho ou escuro
- Nítido ou embaçado
- Longe ou perto
- Alto ou baixo
- Frio ou quente

Aquilo que costumava disparar o comportamento antigo incitará um movimento na nova direção. Isso é mais poderoso do que simplesmente mudar o comportamento. O SWISH pode ser usado em qualquer sistema representacional. Descrevemos a seguir o passo a passo da aplicação desse exercício.

PASSO A PASSO DO SWISH

- **PASSO 1 | IDENTIFIQUE O PROBLEMA:** este pode ser um comportamento ou hábito que se deseja mudar, ou qualquer situação a que se deseje responder.

- **PASSO 2 | IDENTIFIQUE A IMAGEM QUE DISPARA O PROBLEMA:** trate esse problema como uma realização. Procure um gatilho visual

Reprogramação emocional

dele. Pode ser um gatilho interno (algo que se vê com a mente) ou externo (algo que se vê no mundo exterior). Considere esse gatilho como imagem associada (como uma fotografia).

- Em quais situações ele ocorre?
- Quais pistas específicas sempre o precedem?

- **PASSO 3 | IDENTIFIQUE DUAS SUBMODALIDADES CRÍTICAS DA IMAGEM-GATILHO QUE LHE CONFEREM IMPACTO:** as mais comuns são tamanho e brilho (se visuais). Se aumentar o tamanho e o brilho da imagem a tornar mais eficaz, então serão essas as submodalidades.

Essas duas submodalidades precisam ser analógicas, como tamanho e brilho, que podem ser continuamente aumentadas ao longo de uma faixa.

- **PASSO 4 | QUEBRE O ESTADO:** pedindo ao coachee para abrir os olhos.

- **PASSO 5 | CRIE UMA AUTOIMAGEM DESEJADA:** com os olhos fechados, peça ao coachee para construir uma nova imagem sem o problema, ou com ele superado. Faça com que a imagem criada seja equilibrada e crível e não a conecte a qualquer contexto específico. Certifique-se de que é ecológica. Ela precisa ser motivadora e muito atraente. Torne-a uma imagem dissociada.

- Como você se veria se não tivesse esse problema?
- Que tipo de pessoa seria facilmente capaz de solucionar tal questão ou nem mesmo teria esse problema?
- Você teria mais escolhas e seria mais capaz sendo essa pessoa?

- **PASSO 6 | QUEBRE O ESTADO:** pedindo ao coachee para abrir os olhos.

- **PASSO 7 | COLOQUE AS IMAGENS NA MESMA MOLDURA:** volte para a imagem do problema. Torne-a uma imagem grande e brilhante, caso essas sejam suas submodalidades. Certifique-se de que seja uma imagem associada. Em um canto da imagem, coloque sua autoimagem desejada nas submodalidades opostas – como imagem pequena e escura, dissociada.

- **PASSO 8 | FAÇA O SWISH DAS DUAS IMAGENS:** rapidamente transforme a imagem pequena e escura em grande e brilhante e a expanda até preencher toda a moldura. Faça com que a imagem do problema escureça e desapareça totalmente. Faça isso muito rapidamente.

- Conduza: No três, eu vou dizer a palavra swish e você vai fazer a troca de imagens bem rapidamente. 1, 2, 3... S-W-I-S-H!

PASSO 9 | QUEBRE O ESTADO: peça para o quadro ficar em branco e abra os olhos. Olhe para algum outro objeto.

PASSO 10 | REPITA O SWISH: faça duas ou três vezes, muito rapidamente. Certifique-se de quebrar o estado entre cada SWISH ou estará se arriscando a fazer o SWISH do problema novamente.

PASSO 11 | TESTE E FAÇA A PONTE AO FUTURO: tente acessar o problema mais uma vez.

- O que está diferente?
- Como se sente em relação àquele problema?

SOLUÇÕES DE PROBLEMAS

Se o SWISH não funcionar, estes podem ser motivos prováveis:

- Você pode não ter o gatilho correto.
- Você pode não ter a submodalidade crítica.
- A autoimagem pode não ser forte ou atraente o suficiente.

4.1.3 Metamodelo de linguagem

> *"Se o pensamento corrompe a linguagem, a linguagem pode corromper o pensamento!"*
>
> George Orwell

METAMODELO DE LINGUAGEM

A palavra "metamodelo" vem da ideia de "meta" (acima de) e "modelo" (padrão de linguagem). Trata-se de uma engenharia inversa de linguagem.

É o conjunto de padrões de linguagem e perguntas que reconectam as **deleções, distorções e generalizações** à experiência que as gerou.

FUNÇÃO DO METAMODELO

Pretende-se pelo metamodelo trabalhar a **estrutura superficial** das palavras para obter *insight* sobre a **estrutura profunda** por trás dela. O metamodelo:

- **Coleta informações:** ao desafiar deleções, o metamodelo recupera informações importantes que foram omitidas da estrutura superficial.

Reprogramação emocional

- **Esclarece significado:** oferece uma estrutura sistemática para perguntar: "O que exatamente você quer dizer?"
- **Identifica limites**: ao desafiar as regras e generalizações que você está aplicando ao seu pensamento, as perguntas do metamodelo mostram onde você está se limitando e onde poderia ser mais livre e criativo.
- **Oferece mais escolhas:** ao mostrar os limites de linguagem e pensamento, especialmente onde distorções estão limitando o pensamento claro e a ação, o metamodelo expande seu mapa de mundo. Não dá a resposta certa, mas enriquece o que você tem.

Quando comunicamos palavras deletando, distorcendo e generalizando a estrutura profunda de nossa experiência para formar uma estrutura superficial falada, afetamos a forma de interpretação da realidade. A **Imagem 4.1.3** é conhecida como "O modelo de comunicação da PNL" e foi desenvolvida por Tad James & Wyatt Woodsmall (1988), inspirados no trabalho de Richard Bandler e John Grinder (1975), é uma das estruturas-chave da Programação Neurolinguística (PNL) e revela como filtros de linguagem podem afetar nossa compreensão de uma realidade, e, somados a outras variáveis, podem afetar nossos comportamentos.

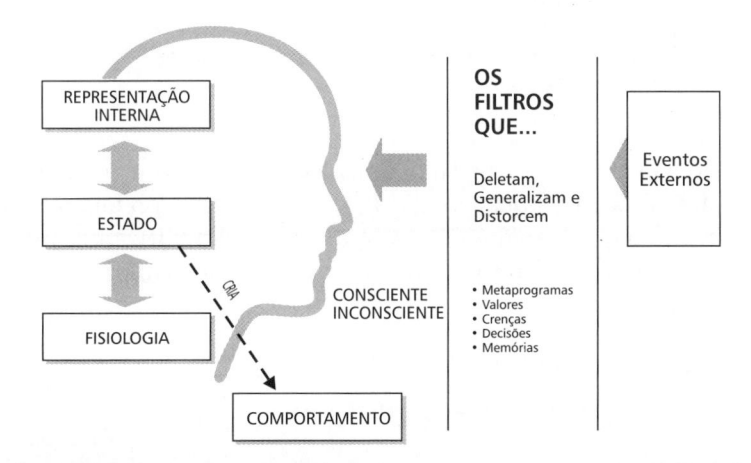

Fonte: Baseado em James e Woodsmall (1988).

Imagem 4.1.3 O modelo de comunicação da PNL

TESTE DE PRESSUPOSIÇÃO

Leia com atenção este conto uma vez e depois veja as doze afirmações a seguir. Com base nas informações contidas na história:

- Marque com um tique as informações que achar verdadeiras.
- Marque com uma cruz se achar que são falsas.
- Marque com um ponto de interrogação se achar que não há informações suficientes na história para decidir.

> Um homem chegou tarde em casa vindo do trabalho e não conseguia encontrar sua chave. Tocou a campainha, e sua mulher atendeu. O homem iniciou uma discussão com outro homem e houve uma briga. A polícia foi chamada, mas chegou tarde demais.

Afirmações possíveis sobre a história:

1. O homem esqueceu a sua chave.
2. O homem estava trabalhando.
3. Estava escuro quando o homem chegou em casa.
4. Sua mulher o aguardava.
5. O homem estava zangado com sua mulher.
6. Sua mulher deixou que entrasse em casa.
7. Em determinado momento, havia três pessoas na casa, o homem, sua mulher e outro homem.
8. O homem discutia com outro homem sobre a mulher.
9. A mulher tinha um amante.
10. Dois homens brigam.
11. Alguém na casa chamou a polícia.
12. A discussão terminou antes de a polícia chegar.

Se observar com cuidado, verá que não é possível concluir com precisão nenhuma das doze afirmações. Todas dependem de algum grau de interpretação e suposição. De certa forma, é isso que fazemos em nosso dia a dia, simplificamos informações ao máximo para compreendê-las e, onde faltam dados, suprimos com suposições para chegarmos a conclusões.

AS TRÊS CATEGORIAS DO METAMODELO

O metamodelo está subdividido em três categorias:

1. Deleções ou omissões.
2. Generalizações.
3. Distorções.

PADRÕES DELEÇÕES OU OMISSÕES

São informações importantes omitidas que limitam o pensamento ou a ação.

- **Deleção simples:** Faltam informações.
    - **Exemplo:** "Isso é importante."
    - **Questionamento:** Recupere as informações fazendo perguntas abertas: "O que, exatamente, é importante?"

Reprogramação emocional

- **Índice referencial não especificado:** Algo aconteceu, mas não está claro quem o fez e quem foi afetado.
  - **Exemplo:** "Erros foram cometidos."
  - **Questionamento:** Recupere as informações: "Quem fez o que a quem?" "Exatamente que erros foram cometidos e por quem?"
- **Verbo não especificado:** Algo foi feito, mas não está claro como foi feito.
  - **Exemplo:** "Eu falhei."
  - **Questionamento:** Descubra exatamente como a ação foi realizada: "Exatamente como você falhou?"
- **Comparação:** Uma comparação está sendo feita, mas o padrão utilizado não está claro.
  - **Exemplo:** "Eu fiz aquilo muito mal."
  - **Questionamento:** Descubra a base do padrão da comparação: "Mal comparado com o quê?"
- **Julgamento:** Algo está sendo julgado, mas não está claro quem está fazendo o julgamento e qual o padrão que está sendo usado.
  - **Exemplo:** "Obviamente, isso não é bom o suficiente."
  - **Questionamento:** Descubra quem está fazendo o julgamento e qual o padrão que está sendo utilizado: "Quem disse que isso não é bom o suficiente e com base em qual padrão?"

PADRÕES DE GENERALIZAÇÕES

- **Quantificadores universais:** Palavras como "nunca", "todo mundo" e "ninguém" são usadas como se não houvesse exceções.
  - **Exemplo:** "Sempre tenho razão."
  - **Questionamento:** Isole e questione o universal: "Sempre?"
- **Operadores modais de necessidade:** Palavras como "deveria" e "não deveria", "deve" e "não deve" implicam uma regra necessária.
  - **Exemplo:** "Você não deveria achar que isso é difícil."
  - **Questionamento:** Desafie as consequências imaginadas: "O que aconteceria se eu achasse difícil?"
- **Operadores modais de possibilidade:** Palavras como "pode" e "não pode", "capaz" e "incapaz" estabelecem regras sobre o que é possível.
  - **Exemplo:** "Não posso dizer a ele."
  - **Questionamento:** Questione a regra generalizada e as consequências imaginadas: "O que aconteceria se eu dissesse?"
  - Questione a impossibilidade presumida: "O que o impede?"
  - Aplique o quadro "como se": "Apenas suponha que pudesse, como seria?"

DISTORÇÃO DO SENTIDO ORIGINAL DA PALAVRA

- **Equivalentes complexos:** Duas afirmações são tidas como significando a mesma coisa, embora estejam em diferentes níveis neurológicos.
  - **Exemplo:** "Ela está sempre atrasada (assim) ela não se importa."
  - **Questionamento:** Questione a equivalência: "Exatamente como o atraso dela significa que ela não se importa?" ou "Toda pessoa que chega atrasada não é comprometida?"
  - Inverta: "Se você não se importasse, estaria sempre atrasado?"
  - **Nominalização:** Um processo se transformou em um substantivo.
  - **Exemplo:** "Tenho medo do fracasso."
  - **Questionamento:** Transforme o substantivo em verbo: "Do que tem medo de fracassar?"
- **Leitura mental:** O estado interno de outra pessoa é suposto sem evidência.
  - **Exemplo:** "Ele não gosta de mim."
  - **Questionamento:** Peça evidências: "Como sabe que ele não gosta de você?"
- **Leitura mental inversa:** Supõe-se que outros podem (e devem) ler sua mente e agir de acordo.
  - **Exemplo:** "Se você se importasse comigo, saberia o que eu quero."
  - **Questionamento:** Pergunte como deveria saber: "Como poderia saber?"
- **Causa-efeito:** Supõe-se que o comportamento de uma pessoa automaticamente cause o estado emocional de outra.
  - **Exemplo:** "Ele faz com que eu me sinta mal."
  - **Questionamento:** Pergunte exatamente como uma coisa causa a outra: "Exatamente como você pensa que ele o faz sentir-se mal?"
  - **Explore a possibilidade e a escolha**. "Então você se sente mal quando ele está por perto. Como gostaria de se sentir? Gostaria de ter uma escolha quanto a como se sentir?"
- **Causa-efeito inversa:** Responsabilidade descabida é suposta para o estado e comportamento dos outros.
  - **Exemplo:** "Eu fiz com que ele se sentisse mal."
  - **Questionamento:** Pergunte exatamente como uma coisa causou a outra: "Como exatamente você pensa que fez com que ele se sentisse mal?"
- **Pressuposição:** Uma suposição descabida e limitadora é implícita, mas não abertamente afirmada.
  - **Exemplo:** "Por que meu pai não consegue fazer nada certo?"
  - **Questionamento:** Apresente a pressuposição diretamente: "Você pensa que seu pai não faz nada certo?"
  - **Apresente a pressuposição e desafie-a**. "Você pensa que seu pai não pode fazer nada certo? E se estiver errado?"

METAMODELO + *RAPPORT*

Use perguntas de metamodelo com *Rapport*. Perguntas de metamodelo podem ser ouvidas como intrusivas, agressivas e desafiadoras. Sem *Rapport*, o metamodelo pode causar metacaos. Suavize seus desafios com um tom de voz mais baixo e enquadrando o desafio de forma aceitável, por exemplo:

- "Estou perplexo com o que você acaba de dizer. Exatamente o que quis dizer...?"
- "Estou imaginando o que quis dizer com isso..."
- "Isso é interessante. Posso lhe fazer uma pergunta sobre isso...?"

O metamodelo é mais apropriado quando **direcionado a tarefas** e **não a relacionamentos**. **Por exemplo:** "Eu realmente gosto da maneira que você fez isso?". "Especificamente como você gostou e exatamente do que gostou?"

Respeite o contexto e a ecologia, ou seja, faça perguntas de metamodelo quando forem necessárias, não porque pode fazê-las. Usamos (Quem usa? Quando usa?) frequentemente padrões de generalização ou deletamos informações supondo um contexto compartilhado.

4.2 Comunicação Não Verbal (CNV)

"A sua linguagem corporal molda quem você é!"

Amy Cuddy

COMUNICAÇÃO NÃO VERBAL

O padrão da comunicação determina muito o resultado de nossas vidas. Uma parcela expressiva da nossa comunicação está em nossa linguagem corporal. No processo de transformação e mudança pelo coaching, precisamos compreender o poder da linguagem corporal e usá-la em benefício dos nossos clientes.

A RESPONSABILIDADE DA COMUNICAÇÃO É DO COMUNICADOR

Parece óbvio, mas muitos conflitos são gerados por não respeitar esse simples princípio. A intenção do comunicador e o significado compreendido podem ser duas coisas completamente distintas. O comunicador, portanto, deve se responsabilizar como o outro percebe e entende o que se fala.

O CORPO FALA

Todo comportamento e atitude é uma comunicação. Observe atentamente a **Imagem 4.2.1** e note que, mesmo sem sabermos o assunto que está sendo tratado, o corpo está comunicando.

Imagens: imtmphoto | iStockphoto.

Imagem 4.2.1   O corpo fala

O ESTUDO DA COMUNICAÇÃO

Grande parcela de estudos sobre CNV está em como ela reflete ao outro quem eu sou ou como estou. Boa parte do nosso julgamento às pessoas vem de nossa interpretação a respeito de sua linguagem corporal. A nossa impressão de uma pessoa e nossa habilidade de simpatizar ou não com ela estão muito ligadas aos primeiros segundos de contato nos quais a comunicação verbal é estabelecida. Usamos este julgamento para dar significado às coisas:

- Quem vai contratar?
- Quem vai promover?
- Quem escolhe para namorar?

Um estudo conduzido pela socióloga e professora da Harvard Business School Amy Cuddy[1] e publicado em seu artigo *"Power Posing"* (Poder da Pose) traz valiosas revelações não só de como a Comunicação Não Verbal reflete na forma como os outros nos veem, mas, sobretudo, como a CNV afeta a forma como nos vemos. Segundo Cuddy, a primeira pessoa que é influenciada pela sua CNV é Você Mesmo! Boa parte dos seus pensamentos, sentimentos e fisiologia está vinculada a seu padrão de Comunicação Não Verbal! O que nos leva à seguinte pergunta: o que a minha linguagem está comunicando aos outros e a mim mesmo?

POSE DE DOMINÂNCIA E PODER

Quando olhamos para o reino animal, observamos sempre um padrão de expressão de poder e dominância. Os braços abertos dão mais abrangência à abertura corporal. Fazer-se grande, expandir-se, como mostra a **Imagem 4.2.2**.

---

[1] CUDDY, Amy J. C.; WILMUTH, Caroline A.; CARNEY, Dana R. The Benefit of Power Posing Before a High-Stakes Social Evaluation. *Harvard Business School Working Paper*, n. 13-027, sept. 2012.

Reprogramação emocional

Imagem: Maridav | iStockphoto.

Imagem 4.2.2 Pose de poder e dominância nos primatas

Esse padrão pode ser observado por todo o reino animal, não só entre mamíferos e primatas, como mostra a **Imagem 4.2.3**.

Imagem: aletsix | iStockphoto.   **Imagem:** clark42 | iSotckphoto.

Imagem 4.2.3 Pose de poder e dominância no reino animal

A **Imagem 4.2.4** revela que este também é o padrão entre nós, humanos. Seja porque de fato temos poder ou porque estamos nos sentindo poderosos em certo momento. Expressamos isso fazendo uma abertura corporal.

4   Reprogramação emocional

Imagem: peepo | iStockphoto.   **Imagem:** Gennaro Leonardi | iStockphoto.

Imagem 4.2.4   Pose de poder e dominância em pessoas

Imagem: FatCamera | iStockphoto.

Imagem 4.2.5   Orgulho

A **Imagem 4.2.5** vem de um estudo realizado por Jessica Tracy,[2] psicóloga e professora da British Columbia University, que notou um universalismo em como nos expressamos quando nos sentimos vitoriosos. Jessica Tracy estudou esse movimento de levantar os braços, conhecido como orgulho. Esse padrão foi observado tanto por pessoas que nasceram com vista ou nasceram cegos e nunca viram outras pessoas fazendo esse movimento. Mas, após uma competição atlética, ambos levantam os braços em forma de "V" e levantam suas cabeças para o alto.

Da mesma forma que os sentimentos de poder e dominância são expressos com a expansão corporal, os sentimentos de tristeza, inferioridade e fragilidade modelam o encolhimento, a redução e a minimização do nosso espaço, se possível nos ocultando. Isso é visto também no reino animal, conforme mostrado na **Imagem 4.2.6**.

Imagem: tejerophotography | iStockphoto.
Imagem 4.2.6 Pose de submissão e inferioridade nos primatas

---
[2] TRACY, J. L.; SHARIFF, A. F.; ZHAO, W.; HENRICH, V. Cross-culture evidence that the nonverbal expression of pride is an automatic status signal. *Journal of Experimental psychology: General*, 142, p. 163-180, 2013.

4
Reprogramação emocional

O mesmo padrão observado no reino animal para o sentimento de tristeza, submissão e inferioridade pode ser visto nos seres humanos, conforme mostra a **Imagem 4.2.7**.

Imagem: PeopleImages | iStockphoto.   **Imagem:** Mixmike | iStockphoto.

Imagem 4.2.7   Pose de submissão e inferioridade em pessoas

Na relação entre duas pessoas em que não há *Rapport*, as posturas tendem a ser opostas uma à outra. Se alguém mostra dominância e poder, verá no outro uma reação oposta.

O PODER DA FISIOLOGIA

Estudos, como o de Amy Cuddy, sugerem que não só o nosso estado emocional afeta nossa pose, mas também a nossa pose afeta o nosso estado emocional.

Por exemplo, quando estamos alegres, sorrimos, o que é mais que natural, pois reflete apenas a expressão de um sentimento que já estava em nós. Contudo, quando nosso humor está alterado e forçamos uma nova fisiologia que expressa alegria, como um sorriso, como mordendo uma caneta, também tendemos a encontrar uma melhora significativa em nosso humor. Isso também é verdadeiro para os sentimentos de poder e domínio, ou submissão e inferioridade.

A FISIOLOGIA E A POSE NO COACHING

O estado emocional é um dos principais recursos para mudança. Aqui, o coach encontra uma forma direta de ajudar seu coachee a alterar completamente seu estado emocional em poucos instantes, uma vez que estado emocional ou mental e fisiologia corporal estão diretamente ligados. Mente e corpo compõem o mesmo sistema, e são influenciados um pelo outro.

COMUNICAÇÃO DE DOMINÂNCIA

Comunicação não deve ser tratada como assunto secundário no processo de coaching. Se você pode escolher como quer se sentir, por que não escolhe uma comunicação que o empodera a buscar mudanças e rupturas para resultados extraordinários? Há diversas características de pessoas que comunicam com dominância e poder, entre as quais se destacam:

- Mais assertivas
- Mais autênticas e entusiasmadas
- Mais confiantes e cheias de paixão
- Mais otimistas. Uma forte sensação de que vão vencer, mesmo quando suas chances são baixas!
- Pensam de maneira mais abstrata e assumem mais riscos.

RESULTADOS FISIOLÓGICOS

No estudo de Cuddy, as alterações emocionais pela postura e pose de um indivíduo foram medidas por amostras de saliva, observando-se a alteração nos níveis de dois hormônios segundo o padrão de comunicação:

- **Testosterona** | A comunicação dominante.
- **Cortisol** | A comunicação do estresse.

Mediram-se os níveis de cortisol e testosterona antes de uma pose e depois de permanecer na pose por alguns minutos. Primeiro, observando as poses de dominância e poder, seguidas das poses de estresse e submissão. Essas poses afetam a quantidade de testosterona e cortisol produzida pelo corpo, conforme veremos a seguir.

A **Imagem 4.2.8** resume diferentes quadros de poses assumidos de dominância e poder por certo grupo em avaliação, sem que eles soubessem quais sensações deveriam sentir, enquanto a **Imagem 4.2.9** demonstra fisiologias de estresse e submissão.

4   Reprogramação emocional

1ª Imagem: g-stockstudio | iStockphoto.
2ª Imagem: ysbrandcosijn | iStockphoto.
3ª Imagem: izusek | iStockphoto.
4ª Imagem: geckophotos | iStockphoto.

Imagem 4.2.8   Fisiologias de poder

1ª Imagem: g-stockstudio | iStockphoto.
2ª Imagem: nensuria | iStockphoto.
3ª Imagem: Dave_Pot | iStockphoto.
4ª Imagem: OcusFocus | iStockphoto.

Imagem 4.2.9   Fisiologias de estresse

Reprogramação emocional

Observe primeiramente o gráfico na **Imagem 4.2.10**, o qual resume a alteração de testosterona para poses ou CNVs de poder, aumentando sua presença em 20%; já poses ou CNVs de estresse reduzem a presença de testosterona em 10%.

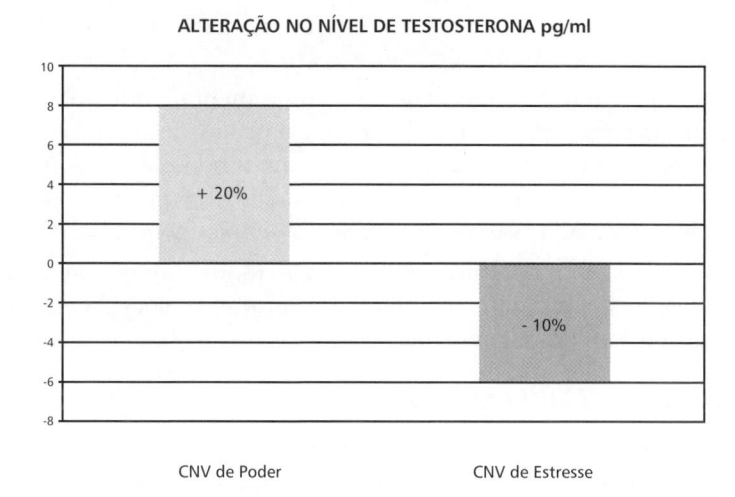

ALTERAÇÃO NO NÍVEL DE TESTOSTERONA pg/ml

CNV de Poder: + 20%
CNV de Estresse: - 10%

Fonte: extraído de Cuddy, Wilmuth e Carney (2012).

Imagem 4.2.10 Alteração do nível de testosterona

Observe agora o gráfico na **Imagem 4.2.11**, o qual resume a alteração de cortisol para poses ou CNVs de estresse, diminuindo em 20%, enquanto poses ou CNVs de estresse aumentam a presença de cortisol em 15%.

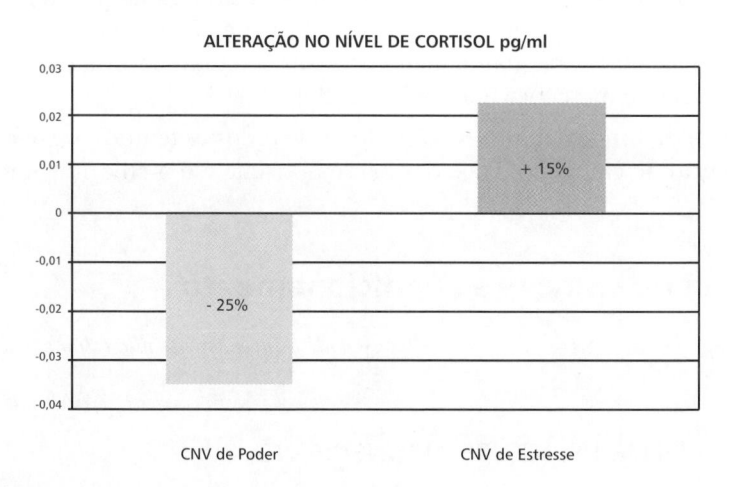

ALTERAÇÃO NO NÍVEL DE CORTISOL pg/ml

CNV de Poder: - 25%
CNV de Estresse: + 15%

Fonte: extraído de Cuddy, Wilmuth e Carney (2012).

Imagem 4.2.11 Alteração do nível de cortisol

4 Reprogramação emocional

O FALSO SENTIMENTO QUE SABOTA O SUCESSO

Essa descoberta deveria revolucionar a maneira como as pessoas reagem e se comunicam. É uma chave poderosa de mudança de transformação. Mas, na prática, a maioria das pessoas não a usa. Segundo Cuddy, isso se deve ao sentimento de que não querem ser falsas. Não quero chegar a um lugar e perceber que consegui algo porque fingi ser alguma coisa que não sou.

Esse pensamento é fruto de uma crença e de uma mentalidade que milhares de pessoas carregam de baixa autoestima. Essa crença produz a sensação de que todo sucesso que já experimentei é fruto de sorte e que, no fundo, não o mereça. Vivem sob o medo de que alguém descubra que são uma fraude e de que não deveriam estar onde estão. Portanto, temendo esse constrangimento, simplesmente abortam o sucesso.

É comum nos depararmos com situações assim quando estamos conduzindo uma sessão de coaching. O déficit emocional é um dos grandes vilões da estagnação de vida, da procrastinação e da passividade.

FINJA ATÉ QUE CONSIGA! (*FAKE IT UNTIL YOU MAKE IT!*)

Uma abordagem poderosa para quebrar o estado paralisante nas pessoas de incapacidade, inadequação e de sentir-se uma fraude. O fingir é um estímulo de se iniciar a agir de uma nova maneira, mesmo quando não se sente capaz ou legítimo no que faz. O fato é que, persistindo-se, perceber-se-á com o tempo que já não faz isso como fingimento, pois a pessoa se tornou naquilo que fingia. Casais que estão vivenciando crises conjugais sentem-se pouco motivados a exercícios de revitalização e correção de um relacionamento intoxicado. Usualmente é necessário que sejam estimulados a agir apesar do sentimento e avaliar os resultados. A aplicação de Rotineiros é uma excelente correção de um padrão de linguagem disfuncional.

A frase *"Fake it until you Make it"* é fundada nessa ideia. Ainda que comece a agir de uma forma que não sente que é sua, não significa que não tenha a capacidade de desenvolvê-la. Pelo contrário, quanto mais você exercita, mais natural isso se tornará. Viva a experiência até perceber que está fazendo!

Muhammad Ali, um dos maiores boxeadores de todos os tempos, disse certa vez: "Para ser um grande campeão, você deve acreditar que é o melhor. Se não é, finja que é."

4.3 Sistema de crenças e condicionamento

> *"Consciente e Inconsciente não estão em sincronia."*
>
> Michael Hathway

MENTE CONSCIENTE *VS*. MENTE INCONSCIENTE

A nossa mente é um mundo de mistérios que lentamente vem sendo desvendado. Há muito ainda que não sabemos, mas há muito que podemos fazer com o que já sabemos. Ainda na Parte 1 discutimos que um dos principais resultados de um trabalho de coaching é aumentar o nosso nível de autoconsciência, sabendo que aquilo

Reprogramação emocional

de que tenho consciência eu controlo, já aquilo que é inconsciente me controla. Já no início desta Parte compreendemos pelos estudos do Dr. Erikson a relevância e o poder que o lado inconsciente de nossa mente dispõe. Não seria maravilhoso termos nossa mente inconsciente aliada com a mente consciente em atingirmos níveis de sucesso extraordinários?

A **Tabela 4.3** compara as características da mente consciente e da mente inconsciente. Observe os diferentes papéis que ambas ocupam e como é possível estarem fora de sintonia, pois nem sempre o nosso sistema de crença programado na mente inconsciente condiz com a lógica compreendida pela mente consciente. O que é a lógica é a crença.

Tabela 4.3 Comparação da mente consciente e mente inconsciente

	MENTE CONSCIENTE	MENTE INCONSCIENTE
Funções	Responsável por toda lógica e razão humana.	Responsável por todas as ações involuntárias, como respiração e batimento cardíaco.
Controla	Todas as ações intencionais e voluntárias.	Todas as ações involuntárias, inclusive nossas emoções. Isso explica por que nos sentimos de certa forma, mesmo contra a nossa vontade.
Relação do consciente com o inconsciente	A mente consciente é conhecida por ser o guardião da mente inconsciente.	Local onde ficam armazenadas suas memórias e crenças, filtradas pela mente consciente.
Linguagem	Lógica e razão.	Emoção e repetição.

Segundo o Dr. Joseph Murphy na sua obra *The power of the subconscious mind* (*O poder da mente inconsciente*), a mente consciente é um portão, um guardião para a mente inconsciente, que definirá os absolutos e as verdades incontestáveis que aprendemos e arquivamos no mais profundo de nosso inconsciente, condicionando o que podemos e não podemos fazer. Nesta seção, portanto, discutiremos como essa programação acontece e, mais importante, como é possível reprogramá-la.

4.3.1 O invisível produz o visível

UM MUNDO DE DUALIDADES

Vivemos em um mundo de dualidades. Em parte, esse mundo é visível e pode ser experimentado pelos nossos sentidos. Trata-se dos aspectos visíveis da vida, cujas regras e linguagem envolvem a nossa mente consciente, ou seja, conhecimentos, experiências e a lógica. Há, contudo, outra realidade, invisível sim, mas tão real quanto aquela que podemos ver. A linguagem e as regras dessa realidade envolvem nossos sentimentos, pensamentos e crenças mais profundas.

AS RAÍZES GERAM FRUTOS

Uma boa metáfora para ilustrar essa contraposição de realidades é observando uma árvore. Parte da árvore pode ser vista, seus ramos tocados, suas flores exaladas e seus frutos degustados. Na vida real, os frutos da árvore são os resultados que temos colhido em nossa vida. Assim como na vida, podem ser frutos amargos ou doces.

Mas a árvore não se limita somente ao que está visível em cima da terra. As raízes, que em algumas árvores, como o carvalho, têm a mesma proporção da copa, ficam invisíveis embaixo da terra.

Assim como em uma árvore, na vida é o que está embaixo da terra que está gerando o que está em cima da terra. Quando os frutos não são bons, é preciso focar no que está gerando o fruto. Se quiser mudar o fruto, primeiro precisará trocar a raiz.

DIFERENTES PLANOS DE EXISTÊNCIA

T. Harv Eker, em seu livro *Os segredos da mente milionária*, discorre sobre como o reino físico, aquele ligado aos cinco sentidos humanos, é apenas uma impressão dos outros três, conforme demonstrado na **Imagem 4.3.1**.

Fonte: baseado em Eker (2006).

Imagem 4.3.1 Planos de existência

SISTEMA DE CRENÇAS INTERIOR

Se a boca fala do que o coração está cheio, em uma simples conversa com alguém notamos quais são as crenças e os modelos mentais governantes sobre uma determinada área de sua vida. Já entrou na casa de alguém que diz algo assim: "Aqui você encontra de tudo, menos dinheiro." Pode parecer uma frase ingênua, ou uma falsa modéstia, mas está revelando o modelo mental de alguém, ou seja, seu sistema de crenças.

Reprogramação emocional

As nossas crenças representam nossas convicções mais profundas. Expressam nossos absolutos de vida e verdades incontestáveis. O mundo à nossa volta é interpretado a partir das crenças que possuímos. Um mesmo fato isolado pode gerar experiências e interpretações completamente distintas para duas pessoas. É por isso que conseguimos ouvir duas versões diferentes de uma mesma história ou experiência. As perguntas são bons exemplos de como evocar as crenças de uma pessoa:

- Quem é você?
- Qual a opinião mais sincera que tem sobre si mesmo?
- O que você pensa sobre _____ (homens, mulheres, trabalho, amor, vida, sexo, Deus...)?
- Qual o sentimento mais presente na sua vida nos últimos cinco anos?
- Quanto você acha que merece sucesso e felicidade?
- Quanta confiança você tem de si mesmo?
- Como você define seu relacionamento com as pessoas?
- As pessoas são dignas da sua confiança?
- O que é impossível para você?
- Qual a sua capacidade de agir apesar do medo, da dúvida e da comodidade?

Em outra linguagem, o sistema de crenças é um *software* mental que foi programado dentro de nós em nossa mente inconsciente. Isso significa que nossa vida é resultado de uma programação que está ativa mesmo quando não temos consciência dela. Ninguém viverá uma vida além de suas próprias crenças. Elas definem as regras do jogo, os limites do possível e do impossível. As crenças condicionam a vida que teremos. Agirão involuntariamente, atraindo condições e circunstâncias de acordo com os padrões predominantes de sua programação. Isso pode significar tanto riqueza como pobreza, tanto saúde como doença, tanto fidelidade como traição, tanto aceitação como rejeição.

As crenças atuam independentemente da mente consciente ou de seus atributos, como a lógica e a razão, para funcionarem.

Para o coaching, considerar o sistema de crenças é fundamental, uma vez que:

- Crença é a certeza interiorizada que funciona como uma lente para a forma como enxergamos o mundo, os outros e nós mesmos.
- Crenças regem nossa maneira de viver, agir e reagir diante do mundo.
- As crenças mais determinantes são as crenças mais inconscientes.

A IMPORTÂNCIA DO NOSSO SISTEMA DE CRENÇAS

O tipo de futuro que terá depende da qualidade e amplitude de suas crenças ou sistema de crenças. Se as emoções são o termômetro da vida, as crenças são nosso termostato.

Note como algumas coisas acontecem na vida de certas pessoas de maneira natural e fácil, como cultivar sua saúde, mesmo na terceira idade, gerir negócios de sucesso, gerar valor em tudo que faz, conectar-se com pessoas novas todos os dias ou ainda ver tudo que sua mão toca virando ouro. Mas parece que, para a grande maioria, a vida é difícil. Trabalha-se anos e colhe-se tão pouco. Casos em que as mesmas decisões erradas se repetem ciclicamente vez após vez. Fulana sempre se apaixona pelo mesmo tipo de traste que a trata mal. Ciclano sempre faz péssimas sociedades de pessoas que passam rasteira. Beltrano vive lutando contra uma doença nova; quando supera uma, logo em seguida é derrubado por outra. Seria isso coincidência? Azar? Ou talvez uma maldição? É mais fácil usar essas ideias como explicação do que confrontar a dura verdade de que somos nós que premeditadamente nos colocamos nas mesmas situações de dor, vergonha, decepção, perdas, derrotas, doenças, traição e abandono.

Claro, ninguém, em sã consciência, sai de manhã de casa buscando uma chance de se provocar uma perda, pelo menos não conscientemente. Nossas crenças mais profundas, contudo, são as mais inconscientes, e o fato de não percebermos que existem não significa que não estejam agindo. Sim, é o invisível que está gerando o visível. Todos os resultados da sua vida são efeitos ou frutos. A questão é: onde está a causa? Acertou, na raiz, ou seja, no seu sistema de crenças, que formou seu modelo mental e programação de vida.

A pergunta que deve estar na sua cabeça agora é: por que alguém teria, mesmo que inconscientemente, uma programação ou um condicionamento mental de gerar para si mesmo perdas, dor, traição etc.? É isso que veremos a seguir.

4.3.2 Processo PCM

Você precisa acreditar em três coisas sobre os seus resultados:

- **Possibilidade:** É **possível** alcançá-los.
- **Capacidade:** Você é **capaz** de alcançá-los.
- **Mérito:** Você **merece** alcançá-los.

CRENÇAS PRODUZEM AÇÕES E RESULTADOS

As crenças condicionam o que podemos e o que não podemos fazer. Elas criam o nosso mundo social, condicionam a maneira como agimos. Contudo, nossas crenças nem sempre são verdadeiras, são apenas perspectivas aprendidas pela nossa própria experiência. Viver pelas crenças é viver condicionado às experiências do passado.

CRENÇA DE POSSIBILIDADE

Quem determina os seus limites?

São nossas crenças de possibilidade que determinam o que é possível ou não de acontecer.

ROGER BANNISTER – Uma milha em quatro minutos

Houve um tempo em que se considerava impossível para qualquer ser humano correr uma milha em menos de quatro minutos – até que Roger Bannister o fez, em 1954. Após este limite rompido, mais e mais atletas passaram desse marco.

Reprogramação emocional

Hoje esse marco é comum entre atletas.

Não se precipite ao decidir o que é impossível!

Ninguém pode provar um negativo. O certo é dizer que apenas ainda não alcançou, mas não que é impossível.

CRENÇA DE CAPACIDADE

Crenças não são fatos, apenas nosso melhor palpite!

Frequentemente depreciamos nós mesmos e julgamos não sermos capazes. Criamos uma espécie de teto mental! Você ainda não atingiu o limite daquilo que é capaz!

Nas palavras de O'Connor (2013, p. 22):

> Ouça durante um dia ou dois e escutará uma grande quantidade de confissões de pessoas sobre o que não podem fazer. As pessoas admitem muito mais prontamente aquilo que não são capazes do que aquilo que fazem bem. Confunde-se muito isso como modéstia. Contudo, a modéstia significa não se vangloriar daquilo que você pode fazer.
>
> Dar desculpas antecipadamente é se preparar mentalmente para o fracasso. Não se coloque uma camisa de força de limitações impostas. Se você se vir pensando assim adicione a palavrinha "ainda".

Henry Ford (1863-1947), o articulador do conceito industrial revolucionário de produção em série, afirma o seguinte:

> Se você pensa que pode ou se pensa que não pode, de qualquer forma você está certo.
>
> Mantenha a mente aberta e tenha a crença básica e verdadeira. (FORD, apud ANDERSEN. In: *Forbes*, 2013.)

CRENÇA DE MERECIMENTO

Até quando carregará a sentença de culpa e miséria?

É viver preso na mesma história de dor, miséria e sofrimento por anos carregando a culpa por fatos passados. Inconscientemente agem de maneira autossabotadora e anulam qualquer resultado de vida além daquilo que julgam merecer. Crença de merecimento está vinculada a senso de valor.

Valor é resultado da quantidade e qualidade de amor que recebemos na infância. Tendemos a reproduzir o ambiente emocional que vivemos na infância.

4

Reprogramação emocional

EXERCÍCIO DE PCM

■ **Passo 1:** Escreva uma meta ousada na sua vida.

O que mais quer alcançar nos próximos três meses?

■ **Passo 2:** O que poderá impedi-lo? Anote abaixo suas razões e dúvidas.

Não alcançarei a minha meta porque...

■ **Passo 3:** Verifique se seus motivos se enquadram em uma das cinco categorias a seguir:

1. Eu **não disponho** dos recursos – pessoas, equipamento, tempo e local.
2. Tenho os recursos, mas **acho que não vai dar certo**.
3. Dará certo, mas **não acredito que tenho habilidade**.
4. Tenho habilidade, mas **não tenho certeza de que vale a pena**.
5. Vale a pena, mas **tenho medo do desconhecido**.

Reprogramação emocional

Todos os impeditivos acima são frutos de crenças. Crenças PCM reduzidas limitam a criatividade de achar alternativas, acessar *networking* e testar possibilidades.

4.3.3 Como se formam as crenças?

ORIGEM DO NOSSO SISTEMA DE CRENÇAS

A partir de nosso primeiro suspiro de vida, nossa programação começa a ser definida em nosso inconsciente; há quem diga que até mesmo antes disso. As primeiras sinapses neurais serão estabelecidas em um período chamado de primeira infância (0-3 anos). Uma criança nessa idade terá 100 bilhões de células cerebrais (neurais) que desenvolvem um quatrilhão de ligações. Isso é o dobro de um adulto. A criança nesse estágio é uma esponja, que absorve absolutamente tudo o que acontece ao seu redor. Aos 4 anos, estima-se que a criança tenha alcançado metade da sua capacidade intelectual, o que estamos chamando aqui de mente consciente.

A mente consciente, como vimos, é o guardião do que entra na mente consciente. Nesse estágio da infância, contudo, esse guardião ainda não está formado, portanto não há filtros para o que realmente será programado no inconsciente da criança.

Portanto, a origem do nosso sistema de crenças vem da infância, fase na qual estávamos desprovidos dos filtros da lógica e da razão, sem nenhuma capacidade de contextualizar situações que somos capazes de fazer em nossa vida adulta.

Uma criança de 2 anos, por exemplo, não é capaz de compreender que o pai teve um dia difícil no trabalho e que sua atitude violenta e hostil se deve à dor e à frustração que está experimentando. Essa criança não é capaz de compreender que não tem culpa do que está acontecendo com seu pai e absorverá toda a emoção tóxica experimentada nesse momento. Imagine esse rito se repetindo cotidianamente durante meses ou anos enquanto a criança cresce e se desenvolve e mesmo depois quando adulta. O que ficou programado no seu inconsciente? Qual será o sistema de crenças que irá governar os limites e as regras da vida dessa pessoa?

ESTRESSE EMOCIONAL INFANTIL

O Dr. Edward Tronick, da Harvard University, publicou um experimento com bebês de 1 ano de idade chamado "*Still Face Experiment*" ("Experimento do Rosto Estático") e notou como os bebês nessa faixa são altamente responsivos aos estímulos emocionais. Bebês interagem emocionalmente com seus pais. O experimento, gravado em vídeo, foi dividido em duas partes. Na primeira, a mãe interage emocionalmente com o bebê. Na segunda parte, a mãe não responde ao bebê e mantém um rosto estático. Curiosamente, o bebê tenta de várias formas conquistar a atenção da mãe. O bebê sorri e aponta; percebendo que nada funciona, no final ele grita. Ele passa a sentir o estresse do ambiente. O Dr. Tronick define nesse experimento o Bom, o Mal e o Feio.

O Bom é a interação positiva que temos com as crianças, que gera uma conexão afetiva. O Mal é uma situação negativa que gera o estresse, mas que é superado juntamente para um estado positivo. O Feio é quando a criança permanece no estado de estresse emocional e não consegue sair dele, recebendo sempre os mesmos estímulos.

A sensação de segurança ou insegurança no período infantil afetará não só a saúde física, mas também a saúde mental do adulto que se formará. Quando uma criança é exposta por um período muito longo ou de maneira repetida a um estresse emocional, ela tende a gerar um padrão químico altamente prejudicial para seu desenvolvimento, especialmente pelo excesso de cortisol, e o sistema que foi designado para nos proteger acaba se tornando tóxico (emoções podem ser tóxicas).

A sensibilidade dos pais é fundamental, compreendendo suas necessidades e balanceando suas próprias necessidades com as dos seus infantes.

Nossa programação primária começa a se consolidar perto dos 7 anos. Aos 12 anos, as crenças estão completas e sua programação está majoritariamente definida, incluindo seu senso de identidade, valor próprio, capacidade, amor próprio, autoimagem, caráter e personalidade.

COMO SE FORMOU NOSSO CONDICIONAMENTO MENTAL

Nossa programação ou condicionamento mental, portanto, foi essencialmente formada pelas informações primárias que recebemos, especialmente em nossa infância. Desde irmãos, amigos, autoridades, professores, líderes religiosos, mídia, cultura, mas sobretudo de nossos pais ou responsáveis. Fomos ensinados a pensar e agir de uma certa forma. Ao entrarmos na vida adulta, esses ensinamentos se transformarão em condicionamentos. Isso em si não é ruim. É uma grande oportunidade de educar positivamente nossas crianças. Nesse sentido, encontramos uma instrução milenar no livro de Deuteronômio, capítulo seis, nos versos seis e sete (BÍBLIA de Estudo Genebra, 1999, p. 209) quanto à educação dos filhos:

> *Estas palavras que, hoje, te ordeno estarão no teu coração; tu as inculcarás a teus filhos, e delas falarás assentado em tua casa, e andando pelo caminho, e ao deitar-te, e ao levantar-te.*

Porque não existem pais perfeitos, aquilo que é realmente "*inculcado*" na psique infantil nada mais é do que as crenças de vida dos pais ou tutores, sejam estas positivas e edificadoras ou não.

O que aprendemos em nossos primeiros anos de vida não está limitado a uma educação formal ou ao grau de escolaridade que tivemos, ante a tudo a que fomos expostos nas diversas realidades nas quais convivíamos cotidianamente. Isso inclui os exemplos de vida que modelamos, as palavras, padrões de comunicação e conversas de adultos que ouvíamos e, por fim, as sensações emocionais que experimentávamos como resultado do ambiente, dos relacionamentos e dos principais eventos que marcaram essa fase de nossas vidas. Ali, foram formados nossos valores e condicionamentos mais profundos, foi modelado o significado de cada aspecto de nossas vidas e tudo o que sabemos e pensamos sobre viver, sobre homens, mulheres, trabalho, dinheiro, diversão, sucesso, amor, casamento e fé.

Essencialmente há duas formas de imprimirmos modelos e condicionamentos em nossa mente inconsciente. A primeira é por meio de repetições seguidas da mesma experiência ou das mesmas coisas sendo ensinadas (inculcar), e a segunda é encapsular uma experiência com forte impacto emocional com efeitos marcantes no campo das emoções, conforme demonstrado na **Imagem 4.3.3a**.

Reprogramação emocional

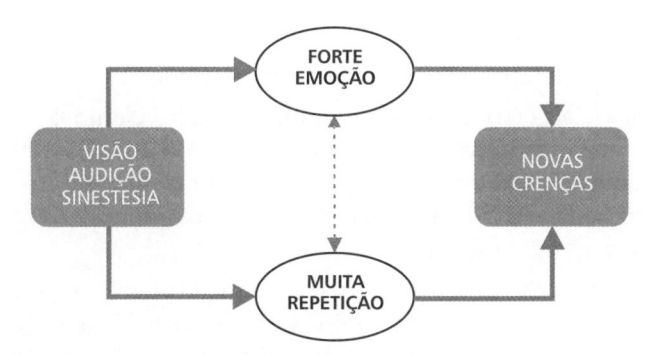

Imagem 4.3.3a — Formação e reedição de crenças

As emoções determinam o grau de relevância de uma experiência ou memória que carregamos. Tenho certeza de que você lembrará onde estava e o que estava fazendo em 11 de setembro de 2001, quando ouviu sobre o ataque terrorista nos EUA, por exemplo. A experiência emocional leva a memória a um nível fisiológico alterado e marcante.

Tanto a repetição quanto o forte impacto emocional podem ser experimentados por três canais ou, ainda, por três portas de entrada para a mente inconsciente:

- **Programação verbal (audição)**
  - O que você ouvia quando era criança?
  - O que ouviu permanece no seu inconsciente (raízes emocionais) e como parte do modelo que governa sua vida.
- **Exemplo (visão)**
  - O que você via quando era criança?
- **Episódios específicos (sinestésicos)**
  - Quais experiências teve quando era criança?

O QUE OUVIA QUANDO CRIANÇA?

O condicionamento verbal é extremamente poderoso. Identifique do que você se lembra de ouvir frequentemente quando era criança.

- Quem tem dinheiro é seu pai.
- Sonhar é para quem tem dinheiro.
- Não pode ser rico e espiritualizado ao mesmo tempo.
- Comigo é tudo ou nada.
- Dinheiro só vai para quem já tem.
- Dinheiro é sorte.
- Pau que nasce torto nunca se endireita.
- Filho de peixe, peixinho é.
- Dinheiro é sujo.

QUAIS EXEMPLOS TEVE?

Aprendemos quase tudo a partir dos exemplos que tivemos.

Quando crianças, observávamos absolutamente tudo. Como o papai tratava a mamãe, como a mamãe tratava o papai. Quem tinha a festa de aniversário mais bonita dos irmãos. Como o dinheiro era tratado. O que era dito quando alguém chorava, principalmente os homens, como era a vida dos amigos na escola etc. Pense quais exemplos teve na sua infância.

É conhecida a história do casal que preparava um pernil para o jantar. O marido observa a esposa cortando as duas pontas dessa peça de carne. Sem entender, o marido pergunta por que ela fazia isso. A esposa prontamente respondeu que era assim que a mãe dela fazia. Naquela noite, a mãe da esposa visitou o casal para o jantar. Então, o assunto surgiu à mesa e lhe perguntaram por que ela cortava as pontas do pernil. A mãe, sem ter muita explicação, disse que era assim que a mãe dela fazia. Curiosos, decidiram ligar para a avó e descobrir o motivo de cortar o pernil nas pontas. Para surpresa de todos, a avó respondeu que sua panela era pequena demais e precisava cortar as pontas do pernil quando ia assá-lo no forno.

QUAIS EPISÓDIOS MARCANTES VIVEU?

Quais sentimentos foram recorrentes no ambiente da infância? Quais experiências o marcaram profundamente e lhe ensinaram lições sobre a vida?

Uma cliente certa vez me descreveu um momento marcante, quando seu pai entrou no quarto onde estavam ela e a mãe, com as malas prontas. Ela achava que iriam viajar em família, seu programa predileto, mas na verdade o pai estava deixando a família e indo embora. A dor daquele momento marcou-a profundamente e a sensação de abandono, traição e descaso a fez sentir-se culpada pela separação dos pais. Aliás, isso é verdade em 100% dos casos nos quais os pais brigam frequentemente na frente dos filhos ou mesmo se separam enquanto as crianças são pequenas. Eles invariavelmente absorvem a culpa. Não foi diferente com a minha cliente, que casou com um homem que fez com ela exatamente o que o pai fez com a mãe, se não pior. Apesar de ser muito bonita e bem-sucedida, não considerava que tinha valor algum e lutava contra a baixa autoestima.

Tudo o que víamos, ouvíamos e sentíamos de maneira repetida ou com forte impacto emocional, sem os filtros da cognição e da mente consciente, passava direto para os arquivos da memória e transformava-se em respostas automáticas que conduziriam nossas vidas até aqui. Na vida adulta recriamos o ambiente e as sensações experimentadas na infância, mesmo que inconscientemente. Buscamos as mesmas sensações, que, mesmo tóxicas, são conhecidas e familiares a nós, pois representam o mundo que conhecemos e nos sentimos seguros. Portanto, ao reproduzirmos as mesmas emoções da infância, recriamos a química corporal que sensorialmente remete à experiência infantil.

QUAL É O MEU CONDICIONAMENTO DE VIDA?

Neste ponto, esta é a pergunta que todos faríamos: Quais crenças têm governado a minha vida e meus resultados? Elas estão em harmonia com os meus alvos ou estão

Reprogramação emocional

me limitando e sabotando? Um excelente exercício para evocar memórias do passado é a autobiografia, apresentado na Parte 2, especialmente em casos de Amnésia Pós-Traumática (APT).

Enfim, mais importante do que os resultados que está colhendo hoje é saber para onde sua programação o está levando. T. Harv Eker (2006) chama isso de Processo de Manifestação.

$$P \to P \to S \to A = R$$

Fonte: adaptada de Eker (2006).

Imagem 4.3.3b Processo de Manifestação

O primeiro "P" representa a Programação Original, ou crenças diante das informações que recebemos em nossa infância. O segundo "P" são os Pensamentos ou o padrão mental que cultivamos a partir de nossa programação. O "S" são Sentimentos gerados a partir dos pensamentos que cultivamos. O "A" fala das Ações resultantes dos sentimentos que experimentamos. Por fim, o "R" representa os Resultados que colhemos, fruto das nossas ações. Portanto, os Resultados de vida são fruto de uma Programação Original que está relacionada às informações que você recebeu.

A boa notícia é que toda crença que foi aprendida pode ser reeditada, e novas crenças podem ser definidas na sua mente inconsciente, se usarmos a mesma linguagem que as programou originalmente. Vamos conhecer agora a Matriz de Programação e Reprogramação Emocional.

4.3.4 Matriz de reprogramação

E se você pudesse escolher o Programa de Vida que gostaria que seu cérebro operasse? Pense nas possibilidades de ver seu inconsciente trabalhando a seu favor, mesmo quando você não está consciente disso. Não seria maravilhoso? Bem, a verdade é que você pode escolher exatamente o que quer programar ou, melhor, reprogramar dentro de você. Quer saber como?

LINGUAGEM DA MENTE INCONSCIENTE

A primeira coisa importante a saber é que as nossas crenças na vida adulta continuam sendo formadas, contudo em menor proporção que no nosso período infantil. Isso se deve, como já citamos, à mente consciente, já desenvolvida no adulto, ser o guardião da mente inconsciente.

Na vida adulta, a formação de crença se dá de duas formas:

- De nossa própria experiência e reflexão.
- Aceitação cega do que os outros dizem.

Esta segunda forma será ainda mais poderosa no caso de pessoas que exercem sobre nós influência ou autoridade, ou ainda quando uma crença tem melhor aceitação social ou parece politicamente correta. Queremos, todavia, concentrar nossa atenção naquilo de que temos efetivamente controle e conscientemente podemos escolher como Programação mental. O fato é que cada pessoa pode e deve influenciar as crenças que governarão seu futuro da mesma forma como ela foi originalmente programada, ou com repetição sistemática, ou com forte impacto emocional, usando os estímulos sensoriais de visão, audição e sinestesia.

Como isso é possível? A mente inconsciente não distingue o que é real do que é imaginado, ela apenas percebe as emoções e os sentimentos. É possível criar pseudorrealidades que permitem revivenciar uma experiência e reeditar as sensações pelo Sistema Representacional (cinco sentidos internos).

MATRIZ DE REPROGRAMAÇÃO DE CRENÇAS

Semelhante ao modelo de Eker, Paulo Vieira, no livro *O poder verdadeiro*, propõe a Matriz de Reprogramação Emocional em um formato cíclico.

Note na **Imagem 4.3.4a** que a crença ou a programação gera um padrão de comunicação que, por sua vez, gera a qualidade de um pensamento, que gera sentimentos e estes novas crenças. A tendência é de que o ciclo se retroalimente, mantendo-se os mesmos padrões ao longo dos anos de nossa vida. Por exemplo, se continuamente falo que não vou conseguir superar certo desafio, qual será o tipo de pensamento que vou cultivar? Sim, exatamente o mesmo, de que não vou conseguir, incluindo e abstraindo o fracasso. Das minhas abstrações vão nascer emoções e sentimentos fruto do fracasso que já experimentei no campo da mente e que, vividos sistematicamente, vão resultar na crença e convicção de que de fato não sou capaz e, portanto, viverei como quem não é capaz.

Lembre-se de que a mente inconsciente não sabe o que é real ou imaginado. Caso você mentalize seu fracasso, sofrerá as emoções dele, mesmo que seja na plataforma da imaginação. Imagine viver isso várias vezes por dia durante semanas, meses ou até anos.

Se você entendeu a lógica por trás dessa matriz, estará claro que, ao alterar as variáveis desse sistema, por exemplo, substituindo intencionalmente seu padrão de comunicação e o que fala potencialmente, você afetará todo o sistema, permitindo novos sentimentos e deles uma nova informação para sua mente inconsciente.

Reprogramação emocional

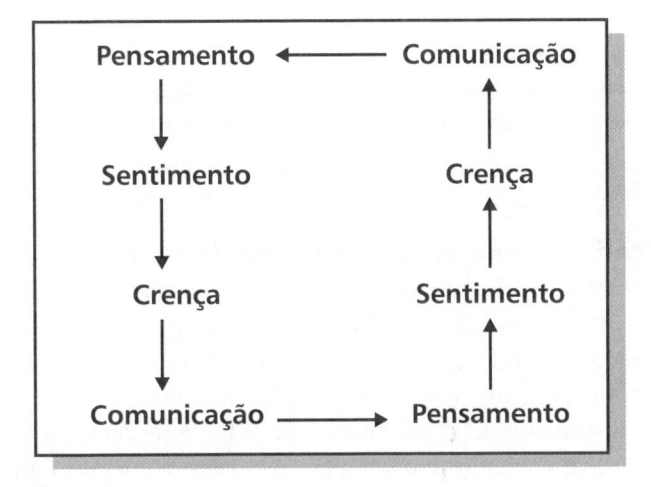

Fonte: baseada em Vieira (2010).

Imagem 4.3.4a Matriz de Reprogramação de Crenças

Imagine substituir uma comunicação de derrota por uma vitoriosa com brado e vibração, como o time de Rugby All Black, da Nova Zelândia, no seu grito de guerra, chamado Haka, antes de cada jogo (assista no YouTube: <https://www.youtube.com/watch?v=yiKFYTFJ_kw>). Uma nova comunicação produzirá novos pensamentos de conquista, superação e coragem. Logo o corpo se inunda de uma nova química e de uma emoção que prepara você para um novo confronto de vida. Sua mente inconsciente codificará essa nova emoção na situação como resposta a um desafio. Agora, imagine fazer isso três vezes por dia, durante uma semana, durante um mês, durante um ano. Quais tipos de resultados você acha que virão?

Essencialmente, a Reprogramação de Crenças é possível alterando os formadores de crenças: comunicação, pensamentos e sentimentos. Vamos entender, portanto, no que consiste cada um.

COMUNICAÇÃO

- *Pode ser verbal ou não verbal.*

O Poder da Língua, de Gary Haynes, é um excelente livro para aprofundar esse tema. Contudo, quando falamos de comunicação, não tratamos somente das palavras ditas, mas dos hábitos rotineiros que cultivamos ao longo da vida e que se expressam como comunicação não verbal, como posturas, gestos, tom de voz, expressão facial e tudo o mais que outra pessoa pode ver, ouvir e sentir (sensação). Segundo Paulo Vieira (2010, p. 97): "Quem controla sua fisiologia corporal (comunicação externa), controla seus pensamentos e sentimentos e, consequentemente, controla a sua vida e seus resultados".

A nossa comunicação ainda é um dos principais gatilhos de produção de neuropeptídios de um complexo sistema químico que controla boa parte da psique humana.

Milhares de pessoas sofrem de abstinência desses elementos químicos que são produzidos pelo corpo humano, como resposta ao padrão de comunicação cultivado. O fato é que a nossa mente é uma farmácia e é capaz de produzir por si elementos químicos imprescindíveis para nossa saúde física e mental.

Uma comunicação é capaz de produzir o chamado "Coquetel da Vitória" (VIEIRA, 2010), a saber:

- **Endorfina (endo = dentro; morfina = analgésico):** analgésico que vem de dentro do corpo. Produzida pela atividade física e sexual (sexo sem culpa). Benefícios primários: sensação de relaxamento e de prazer. Ganhos: melhora a memória; melhora o bom humor; aumenta a resistência física e mental; melhora o sistema imunológico; possui ação antienvelhecimento, pois remove os radicais livres; elimina ou reduz a depressão e a ansiedade. Pode ser gerada por meio de exercícios comunicativos neuroemocionais corporais de alegria e prazer.

- **Dopamina (atividade estimulante do SNC):** é produzida por sentimentos de amor. Partes do cérebro que a ciência chama de "encharcadas" são receptores de dopamina. Ganhos: aumento de energia e sensação de felicidade. Falta de dopamina: Mal de Parkinson; esquizofrenia e depressão; dependência de jogos, compulsão por sexo e vício em álcool e drogas. É estimulada pela manifestação de amor: gestos, palavras e ações. Ex.: pessoas depressivas que voltam a viver depois que se apaixonam; os velhos que se rejuvenescem depois do nascimento de um neto.

- **Serotonina e variantes:** em níveis normais trazem autopercepção e capacidade de perceber circunstâncias ambientais e nos colocar nela apropriadamente. Em quantidades insuficientes, geram as seguintes patologias: ansiedade, síndrome do pânico, déficit de atenção, hiperatividade, depressão, obesidade, enxaqueca, esquizofrenia e outras. Patologias manifestam-se geralmente em pessoas carentes, solitárias e que não se sentem amadas. Solução: vivência de situações em que a pessoa se sinta amada e amparada. Antidepressivos criam artificialmente a disponibilidade dessas substâncias nas sinapses neurais.

A mudança da comunicação não verbal está diretamente ligada à mudança de nossa fisiologia, conforme observamos na charge da **Imagem 4.3.4b** dos episódios de Charlie Brown, de Charles M. Schulz.

Reprogramação emocional

Imagem 4.3.4b Comunicação não verbal e fisiologia

Em última instância, nossos resultados são diretamente proporcionais à qualidade de nossa comunicação.

É também pela comunicação que expressamos amor. No livro de Gary Chapman, *As cinco linguagens de amor*, observamos que comunicamos amor em diferentes frequências, com toque físico, presentes, elogios ou tempo de qualidade. Nossa presença e ausência também estão comunicando algo aos outros.

Fomos criados em amor e para amar. Para sentir o amor, devemos antes comunicar o amor em atos e palavras. Tudo começa com uma decisão, uma atitude. Para comunicar amor, devemos desobstruir os canais, criando novos hábitos, de forma que façam parte integralmente da pessoa que queremos nos tornar. Isso produzirá um novo estado de recursos e nos permitirá acessar nossos melhores recursos.

Como vimos nos princípios da PNL, mente e corpo fazem parte do mesmo sistema. Portanto, assim como aquilo que pensamos afeta nossa fisiologia, também a nossa fisiologia afeta a qualidade de nossos pensamentos.

PENSAMENTOS

Nossa mente pode ser um grande campo de batalha da mente. De um lado, as vozes críticas, sabotadoras, limitantes e depreciativas. Do outro, a voz de esperança, de fé, de coragem e de vida.

Sim, há algo muito poderoso e muito profundo a respeito da qualidade daquilo que pensamos.

4
Reprogramação emocional

Se alguém busca mudança em sua vida, deverá mudar sua mente primeiro. A mente é uma ferramenta espetacular e poderosa. Com ela podemos nos transportar para o passado ou ainda nos projetar num futuro imaginado. Mas a mente não atua só no passado e futuro, ela também molda nosso presente.

Há um exercício muito simples que você pode fazer enquanto lê este livro. Leia todas as instruções, depois feche seus olhos e experimente, preferencialmente sem saber o que esperar no final:

- **Passo 1:** estenda seus dois braços bem esticados para a frente com as palmas da mão para cima e com os olhos fechados.

- **Passo 2:** bem concentrado, durante três vezes consecutivas, você se imaginará colocando um saco de areia na sua mão direita e amarrando um balão de ar de gás hélio na sua mão esquerda, puxando sua mão para cima.

- **Passo 3:** após fazer o Passo 2 três vezes, abra seus olhos e observe como estão seus braços.

Esse exercício é uma excelente ilustração do poder e da influência da mente em nosso presente.

CONTROLANDO SEUS PENSAMENTOS

O psicanalista e autor Augusto Cury, no seu livro *Ansiedade – Como enfrentar o mal do século*, defende que as crises de ansiedade que afetam milhões de pessoas no mundo são resultado da chamada Síndrome do Pensamento Acelerado (SPA). Trata-se de um excesso de pensamentos em resposta às inúmeras atividades intelectuais com as quais uma sociedade se vê envolvida, bem como do excesso de informação e de estímulos visuais e auditivos em todo nosso tempo ativo. A mente não para de funcionar e gerar pensamentos contínuos.

Isso resulta na hiperconstrução de pensamentos que provocam preocupações, antecipações de situações do futuro e ruminação de experiências passadas. Como uma das principais consequências disso, adultos são agitados, ansiosos, insatisfeitos, especialistas em reclamar, não têm paciência, querem tudo na hora, estressam-se.

Cury sugere um conceito do "Eu Gestor do meu intelecto (pensamentos)", impedindo que eu acumule lixo e entulhos na qualidade daquilo que penso. Gestão é fundamental para que uma família, uma empresa, uma instituição, uma pessoa, sobreviva. Toda gestão tem etapas e processos que precisam ser bem observados. Segundo, podemos e precisamos gerir a nossa psique. Cury ainda afirma (2008): "*Um Eu passivo, alienado, frágil, que não assume seu papel de líder da psique, perpetua suas mazelas e misérias, preserva sua fobias, inseguranças, humor depressivo, impulsividade*".

Portanto, se você anda deprimido, pergunte-se sobre o que você tem pensado. Qual tem sido a qualidade dos seus pensamentos?

Reprogramação emocional   4

Você descobrirá rapidamente a causa de sua depressão. Devemos sempre informar ao nosso cérebro aquilo que queremos, e não o que não queremos. Ainda sobre pensamentos, o livro da sabedoria de Provérbio diz: "Porque, como se imaginou no seu coração, assim é ele."

Pensamentos podem ser compostos de imagens mentais, diálogos internos ou visualizações como uma terceira pessoa. Temos uma capacidade infinita de construir em nossa mente o que queremos. Já que podemos escolher a qualidade do que pensamos, encontramos inspiração na carta de Filipenses, capítulo quatro, verso oito (BÍBLIA de Estudo Genebra, 1999, p. 1418), do que podemos cultivar em nossa mente:

> ... tudo o que é _verdadeiro_, tudo o que é _honesto_, tudo o que é _justo_, tudo o que é _puro_, tudo o que é _amável_, tudo o que é de _boa fama_, se há alguma _virtude_, e se há algum _louvor_, **nisso pensai**.

SENTIMENTOS

É o produto do foco dos meus pensamentos e também da minha comunicação. Tanto um quanto o outro acionam gatilhos emocionais que nada mais são do que a linguagem compreendida em nosso subconsciente.

Portanto, se eu controlo o que falo, como falo e o que penso, também controlo aquilo que sinto.

Ao contrário do que muitos imaginam, nós somos responsáveis 100% pela forma como nos sentimos.

Uma frase muito comum nas pessoas é: "Você me fez sentir envergonhada." É verdade que há coisas que pessoas podem fazer que nos ofendem e nos expõem. Contudo, ninguém pode nos fazer sentir de uma forma ou de outra. Cada um de nós escolhe a forma como quer se sentir.

Vamos supor que alguém chegue até mim e, procurando satirizar minha altura, faça uma piada de "nanico" ou "tampinha". De maneira alguma ficaria ressentido, acharia inclusive que a pessoa tem um problema de senso de humor, pois tenho uma estatura maior do que a média, e não crises de autoestima com a minha altura. Mas vamos supor que alguém faça uma piada com a minha queda de cabelo (com a qual eu estou lutando terrivelmente), chamando-me de "careca", "pista de pouso de mosquito", "Kinder Ovo" ou qualquer apelido relacionado a isso. Nesse caso, possivelmente eu me ofenderia, pelo simples fato de estar sensível e inseguro sobre essa metamorfose de início de meia-idade.

Qual a diferença entre a primeira e a segunda piada? Na segunda, diferentemente da primeira, havia uma insegurança já dentro de mim sobre aquilo, por isso me senti envergonhado, diferente da primeira situação, em que não há em mim nenhuma insegurança.

4.4 Reedição de crenças

Tudo o que aprendemos até este momento da vida foi usando nosso sistema visual, auditivo e sinestésico. Foi por meio dele também que nossas crenças foram formadas em nossa mente inconsciente, e será usando esse sistema que conduziremos a chamada reedição de crenças.

ESTILOS DE APRENDIZAGEM VISUAL, *AUDITORY AND KINESTHETIC* – VAK

Cada pessoa tem um estilo de aprendizagem próprio. Alguns são altamente sensíveis a estímulos visuais, outros ao auditivo e outros ao tatual ou físico, conforme demonstrado na **Tabela 4.4**.

Tabela 4.4 Estilo de aprendizagem

ESTILO DE APRENDIZAGEM	DESCRIÇÃO
Visual	Visualizando, observando, lendo
Auditivo	Ouvindo e falando
Sinestésico	Tocando e fazendo

O modelo de estilos de aprendizagem VAK – Visual, Auditory and Kinesthetic (VAS – Visual, Auditivo e Sinestésico) é uma Teoria de Aprendizagem que nos permite compreender nosso próprio estilo de aprendizagem com conceitos e ferramentas visando à compreensão global da personalidade, preferências e pontos fortes – o que é sempre uma mistura em cada indivíduo.

Os conceitos originais de VAK foram inicialmente desenvolvidos por psicólogos e professores (da educação infantil) especialistas, como Fernald, Keller, Orton, Gillingham, Stillman e Montessori, começando na década de 1920. A Teoria VAK é hoje a favorita na comunidade de Aprendizagem Acelerada, pois os seus princípios e benefícios se estendem a todos os tipos de aprendizagem e desenvolvimento, muito além de suas primeiras aplicações. O modelo de estilos de aprendizagem Visual, Auditiva e Sinestésica não sobrepõe as Múltiplas Inteligências de Gardner, ou a Teoria de Kolb, em vez do modelo VAK (Inglês) ou VAS (Português), pois fornece uma perspectiva diferente para compreender e explicar o estilo de pensamento e de aprendizagem preferido ou dominante de uma pessoa, bem como seus pontos fortes.

Seja qual for seu estilo de aprendizagem ou de seus futuros coachees, a aprendizagem se dará exclusivamente por esse sistema.

A partir de uma abordagem chamada Processo VAS, veremos como aplicar exercícios emocionais que visam à reedição de crenças e à ativação de recursos emocionais no coachee.

4.4.1 Processo VAS

CAMINHOS DA REPROGRAMAÇÃO

O Método CIS, desenvolvido e mantido pela Federação Brasileira de Coaching Integral Sistêmico (FEBRACIS), propôs um pacote de Exercícios Emocionais, em torno do Processo VAS, visando à reedição de crenças. Essa abordagem profunda e transformadora usará:

Reprogramação emocional

- A visão – real ou imaginada
- A audição – real ou imaginada
- Sensações – reais ou imaginadas

Como estrutura básica de reprogramação de crenças, tem uma abordagem emocional na idade adulta, porém viajando no tempo: passado e futuro.

COMO CONDUZIR UM EXERCÍCIO EMOCIONAL

A condução dos Exercícios Emocionais será realizada em cinco etapas, conforme demonstrado na **Imagem 4.4.1**.

1. PSICOGEOGRAFIA
2. RESPIRAÇÃO
3. ORIENTAÇÃO
4. TOM DE VOZ
5. EMOÇÃO

PROCESSO VAS

Fonte: <www.coaching4.com>.
Imagem 4.4.1 Processo VAS da FEBRACIS

● ETAPA 1: *PSICOGEOGRAFIA*

Consiste em preparar um ambiente com as condições necessárias para a concentração e o relaxamento do coachee. Isso significa:

- Espaço.
- Privacidade.
- Isolamento auditivo.
- Isolamento visual.

● ETAPA 2: *RESPIRAÇÃO*

Ajuda a acentuar a concentração, também conhecida como "transe". O que é um estado de transe?

Transes são estados mentais estimulados. Sua origem é científica, e foi muito utilizado em uma fase da medicina na qual não estavam desenvolvidos agentes de anestesia para o processo cirúrgico. Promovem um alto nível de autoconsciência e um estado mental mais aberto a sugestões. Esse processo é conduzido por um estado de relaxamento físico e mental.

Vivenciamos esse estado em várias situações e atividades. Por exemplo:

- Quando, dirigindo por uma estrada, de repente se dá conta de que perdeu a entrada que queria.

4

Reprogramação emocional

- Lendo um livro, meditando ou assistindo TV a ponto de não perceber alguém entrar na sala ou chamar o seu nome.

Relaxamento é imprescindível no processo VAS: certifique-se de que seu coachee esteja suficientemente relaxado para a eficácia da aplicação. Não pule essa etapa, dela depende o sucesso do que será aplicado.

EXERCÍCIO DE RELAXAMENTO

Experimente aplicar esse exercício em uma dupla como treinamento de concentração. Siga os passos a seguir:

Passo 1: Sinta-se confortável e relaxado

- Sente reto, relaxe as pernas e os braços. Remova ou ajuste alguma coisa que está lhe deixando fisicamente desconfortável.
- Encha seus pulmões de ar e focalize em um objeto.
- Solte o ar lentamente e depois inspire novamente.
- Lentamente, deixe seus olhos perderem o foco, à medida que continua sua respiração.
- Relaxe os músculos por todo seu corpo, começando dos seus pés e subindo pela cabeça.
- Contagem regressiva, fechando os olhos, seguida de contagem progressiva abrindo os olhos.

Passo 2: Tom de voz

- Use palavras-chave como: relaxe, mais leve, mais fundo.
- Use a entonação que a palavra expressa: r-e-l-a-x-e... (lentamente)
    - CINCO, relaxe, respire fundo
    - QUATRO, relaxe, inspire e expire
    - TRÊS, relaxe, respire fundo
    - DOIS, relaxe, respire fundo
    - UM, relaxe, inspire e expire
    - ZERO, paz, calmo, relaxe

ETAPA 3: *ORIENTAÇÃO*

Oferecer informações importantes sobre a condução do exercício, visando seu melhor aproveitamento.

- Não se trata de explicar o processo, mas apenas orientar.
    Você não precisa conhecer todos os princípios da física para andar de bicicleta.

ETAPA 4: *TOM DE VOZ*

É o uso correto do timbre de voz, ritmo, entonação vocal, altura da voz, velocidade da fala.

- Tom de voz acelerado e alto: evoca energia.
- Tom de voz pacífico e suave: evoca um estado relaxado.

ETAPA 5: *EMOÇÃO*

Consiste em ativar um estado de recurso interno, um padrão químico que marque a experiência imaginada como real.

- Pelo **sistema representacional**, podemos vivenciar experiências passadas ou futuras **como se fossem emocionalmente reais**.
- Criação de **pseudorrealidades**: muitas vezes, usam-se recursos metafóricos que produzem identificação **dissociada** ou mesmo **associada**.

4.4.2 As pseudorrealidades

A "pseudorrealidade" é o termo utilizado para expressar a ideia de algo irreal, imaginado ou criado, mas que dá a impressão de ser real e verdadeiro.

Criamos pseudorrealidades usando os sistemas representacionais, a visualização criativa e o Processo VAS.

A mente inconsciente não distingue realidade de fantasia ou imaginação, por isso uma pseudorrealidade promove as mesmas sensações e emoções de uma experiência real, com os mesmos efeitos.

Para ilustrar essa ideia, pense que esteja em seu ambiente de trabalho ou em sua escola ou faculdade. Chega uma pessoa que geralmente o cumprimenta, mas não fala nada, passando por você como se você nem existisse.

Você fica intrigado e bastante incomodado com isso. Na plataforma da imaginação, você abstrai uma possível conversa com essa pessoa. Você se imagina perguntando a ela se tinha algo de errado e ela responde rispidamente que não quer conversar. Você, na sua imaginação, vê-se perplexo e ofendido com aquela ideia.

Quando se dá conta, sua respiração está alterada, seu batimento cardíaco acelerado, toda sua fisiologia mudou, apenas com uma ideia imaginada.

Usamos as pseudorrealidades para construir exercícios emocionais que permitem ao coachee experimentar novas e intensas emoções em situações imaginadas e criadas intencionalmente com esse fim.

4.4.3 Exercícios emocionais

Exercícios emocionais são exercícios para serem aplicados durante suas sessões de coaching. No ciclo de coaching, o estágio emocional é observado como última etapa para a viabilização de recursos emocionais que amplificam a capacidade de concretização de alvos e resultados pretendidos. Os exercícios emocionais podem e devem ser usados sempre que for necessário ativar recursos emocionais importantes no progresso do coachee. Sem o combustível emocional, novos passos podem ficar comprometidos. Observe também que cada um dos exercícios emocionais é concluído com um indicador de progresso, especialmente *insights* e decisões. Defina com o coachee o que é possível agora com um novo recurso emocional disponível.

Neste livro, você encontrará cinco tipos de exercícios emocionais usados por milhares de coaches, cada um com seu respectivo objetivo, o modelo de aplicação e o tempo médio aproximado que leva para realizá-lo. Esta última informação é especialmente importante no planejamento da sessão, para não se exceder no tempo comprometido.

AS CHAVES VISUAIS

Exercícios emocionais em sua maioria iniciam com uma entrevista usando-se perguntas eficazes. Essas entrevistas visam colher memórias ou projetar novas realidades. Para isso, é importante o coach estar familiarizado com as chaves visuais. Estas revelam qual atividade cerebral está usada pela indicação do movimento que fazemos com os nossos olhos, seja quando buscamos recordar uma imagem ou quando somos estimulados a criar de maneira imaginativa alguma imagem ou som que desconhecemos. As diferentes chaves visuais podem ser identificadas na **Imagem 4.4.3**.

AS CHAVES VISUAIS
Para destros. Inverso para canhotos

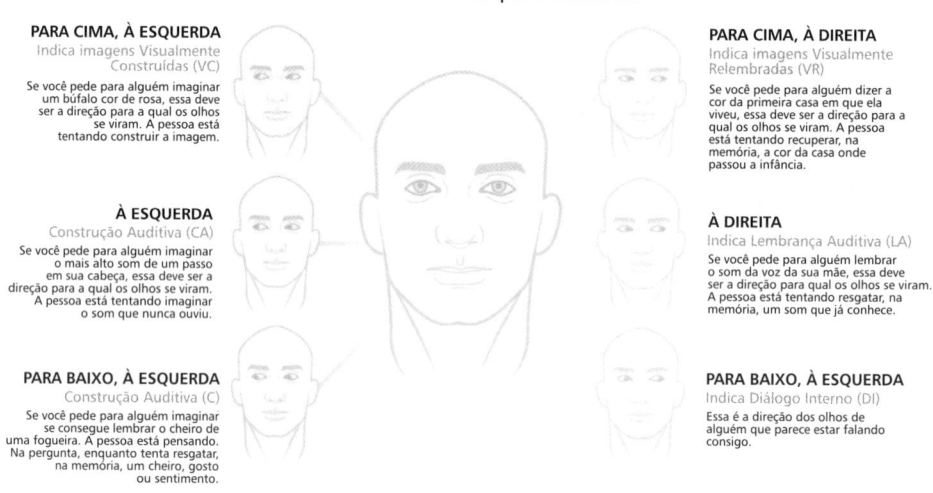

PARA CIMA, À ESQUERDA
Indica imagens Visualmente Construídas (VC)
Se você pede para alguém imaginar um búfalo cor de rosa, essa deve ser a direção para a qual os olhos se viram. A pessoa está tentando construir a imagem.

PARA CIMA, À DIREITA
Indica imagens Visualmente Relembradas (VR)
Se você pede para alguém dizer a cor da primeira casa em que ela viveu, essa deve ser a direção para a qual os olhos se viram. A pessoa está tentando recuperar, na memória, a cor da casa onde passou a infância.

À ESQUERDA
Construção Auditiva (CA)
Se você pede para alguém imaginar o mais alto som de um passo em sua cabeça, essa deve ser a direção para a qual os olhos se viram. A pessoa está tentando imaginar o som que nunca ouviu.

À DIREITA
Indica Lembrança Auditiva (LA)
Se você pede para alguém lembrar o som da voz da sua mãe, essa deve ser a direção para qual os olhos se viram. A pessoa está tentando resgatar, na memória, um som que já conhece.

PARA BAIXO, À ESQUERDA
Construção Auditiva (C)
Se você pede para alguém imaginar se consegue lembrar o cheiro de uma fogueira. A pessoa está pensando. Na pergunta, enquanto tenta resgatar, na memória, um cheiro, gosto ou sentimento.

PARA BAIXO, À ESQUERDA
Indica Diálogo Interno (DI)
Essa é a direção dos olhos de alguém que parece estar falando consigo.

Fonte: adaptada de O'Connor (2013).

Imagem 4.4.3 As chaves visuais

OS CINCO EXERCÍCIOS EMOCIONAIS

I. Metáfora da gaivota
II. Caminho de recursos
III. Eliminação de impeditivos
IV. Efeito borboleta
V. Criação de autoimagem positiva

Reprogramação emocional 4

I. METÁFORA DA GAIVOTA[3]

Objetivo	Associar realidade e potencial de mudança por novas escolhas.
Aplicação	É uma narrativa indutiva realizada pelo coach. A metáfora é em torno de uma Gaivota (Pessoa) em uma ilha pedregosa com chuva (Estado Atual) com a sensação de obstáculos, problemas de relacionamento, provisão limitada, sofrimentos, inadequação, despreparo, solidão e outros sentimentos (Sensações). A metáfora provoca um estímulo de se lançar no novo, confiar em um ser supremo e fazer o que nunca foi feito (fé e novas escolhas).
Tempo médio	20-30 min.
Música indicada	*Fields of Coral*, Vangelis

PASSO A PASSO

Narração descritiva do coach:

● PASSO 1 | PREPARAÇÃO

"Fique bem atento(a) à minha voz. Agora, você percebe no **olho esquerdo a palavra "paz"** e no **olho direito a palavra "liberdade"**. Você consegue ver as duas palavras ao mesmo tempo e as duas vão se fundindo. **Após se fundirem, elas viram uma gaivota**, uma linda e bela gaivota que voa, voa... E você está focado(a) nessa imagem e a gaivota vai voando...".

● PASSO 2 | DESCREVA O CENÁRIO 1 – ESTADO ATUAL

Ilha pedregosa com chuva, nuvens, vento, tempestade e raios. Insere **a gaivota que voa com dificuldade** no seu dia a dia.

Jogada nos penhascos contra o vento (obstáculos do dia a dia); **jogada contra outras gaivotas** (problemas de relacionamento); **vento e ondas revoltas tentam engolir a gaivota quando ela está pescando** (buscando provisão); **o mar, por ser revolto,** não é claro, por isso ela precisa mergulhar muitas vezes para pegar um pequeno peixe (provisão limitada). Mora numa toca, num ambiente frio e suas penas estão molhadas e úmidas (sofrimento, inadequação, despreparo e condições adversas).

● PASSO 3 | DESCREVA O ESTADO EMOCIONAL

Tristeza, solidão, medo, insegurança, despreparo, raiva, mágoa, preguiça.

Obs.: cuidado para não ser detalhista demais a ponto de a pessoa não se ver como a gaivota. O(A) coachee preenche o que está faltando.

● PASSO 4 | DESCREVA A BUSCA

A gaivota pede ao ser supremo mudança, chorando e implorando.

---

[3] Exercício adaptado do Método CIS.

Ela ouve uma voz do alto dizendo: "Vem, vem para o alto que Eu vou te mostrar." (Repete várias vezes).

A gaivota dorme chorando, enquanto pede ao ser supremo uma mudança.

Acorda no meio da noite e pensa em sair da toca, mas, quando vai sair, o medo impede que ela vá. E por não ter ido, ela **volta para a situação do passado**.

Depois de alguns dias, ela pede novamente mudança ao ser supremo, pois ela não quer aquela vida, e dorme chorando.

Acorda mais uma vez no meio da noite, mas dessa vez ela sai sem pensar e vai feliz voando e não se importa com os desafios, porque ela sabe qual é a sua missão, e voa horas e horas (ela está pagando o preço da mudança), fazendo o que nenhuma outra gaivota fez até então, voando uma, duas, três, quatro, cinco, seis horas. Até que chega a sétima hora e uma fresta se abre no céu e ela vê o azul do céu e o céu vai se tornando todo azul. Nunca perde a perspectiva da voz, até que ela vê um brilho intenso e ofuscante, e ela sabe que é Deus. O brilho vai aumentando, aumentando... e quando o brilho desaparece ela vê uma linda e grande águia prateada, que é o Deus das aves.

A águia, o Deus das aves, diz: "Você veio para o alto com coragem e bravura, você pagou o preço e agora eu vou te mostrar o caminho." (repete várias vezes) (quem trilha o caminho é a pessoa – autorresponsabilidade).

A águia mostra a ilha e diz: "Olha, olha bem! Olha com teu coração, olha com a tua alma, olha bem!"

A gaivota diz: "Mas eu vim daí...". Então, ela vê a ilha separada por uma cordilheira – de um lado o ambiente revolto, do outro lado o paraíso, céu azul, brisa suave, mar transparente e repleto de peixes, areia branca, rios de água doce.

A águia diz: "Vai, é a tua promessa, vai, é a tua promessa!"

A gaivota vai como um foguete/uma bala de canhão, foca, não pensa, está determinada, segue destemida e corajosa, com bravura e fortaleza! E mesmo tendo que enfrentar a tempestade para chegar do outro lado da ilha, ela não liga e segue vencendo todo desafio.

● PASSO 5 | DESCREVA O ESTADO DESEJADO

E quando chega, abre as asas e voa suavemente; o sol aquece e seca suas asas; ela olha para o mar e vê o mar azul, repleto de peixes; ela voa lado a lado com outras gaivotas sem se bater, apenas encostando as asas suavemente. E ela usufrui daquele momento; ela mergulha no mar e traz com ela três peixes – o primeiro ela dá, com o segundo ela se alimenta e o terceiro ela guarda para o futuro. E ali, ela é a gaivota mais feliz do mundo! E segue para o outro lado da ilha para buscar o seu clã (família) ou parte dele. E lá chegando, diz o que viu do lado paradisíaco da ilha e convida o seu clã (família) a ir com ela, mas entende e respeita os que não querem ir. Mas os que foram com ela, esses viram o paraíso e ficaram gratos pelo convite.

Ela constrói o mais lindo ninho de todos (que pode ser construído sozinho ou com outras gaivotas). Ali elas se multiplicaram/procriaram e viveram a liberdade e a prosperidade, felizes para sempre. (Repete várias vezes de forma bem suave.)

Reprogramação emocional

■ PASSO 6 | COMANDO DO COACH PARA A FINALIZAÇÃO DO EXERCÍCIO

"Respire fundo, mexa as mãos suavemente, mexa suavemente a cabeça, os ombros, os pés, respire profundamente, respire novamente e vá voltando para o aqui e agora (voz forte). E quando eu contar até 5 você volta. 1 – _____, 2 – _____, 3 – _____, 4 – _____, 5 – fulano (coachee)." (Cura, sucesso, liberdade, foco, paz, vitória, coragem, segurança, provisão, prosperidade etc.)

■ PASSO 7 | ESCOLHA E DECISÃO

Qual a escolha e decisão que você pode tomar agora que mudará sua vida? (Registre a decisão.)

II. CAMINHO DE RECURSOS[4]

Objetivo	Instalar crenças, competências emocionais, comportamentos e atitudes necessários para realização do objetivo.
Aplicação	Ativam-se recursos que já existem, mas estão bloqueados no coachee. A cada passo do caminho, o coach estimula a memória do coachee de situações em que usou o recurso que diz precisar hoje para chegar ao seu objetivo.
Tempo médio	40-50 min.
Músicas indicadas	■ Parte 1 (Passos do Caminho): *Paradise* (Peponi – African Style), The Piano Guys ■ Parte 2 (Visualização Final): *A Thousand Years*, The Piano Guys

PASSO A PASSO

ORGANIZAÇÃO: Coloca os recursos em ordem lógica de ação. Colocá-lo no chão de maneira equidistante até o destino.

■ **1. (PSICOGEOGRAFIA):** *Posiciona o coachee diante da figura e pede para confirmar a data de hoje...*

■ **2. (CONCENTRAÇÃO):** *Coach prepara – "Respire fundo e olhe atentamente para a figura. Descreva-a para mim com o coração."*

■ **3. (ORIENTAÇÃO/TOM DE VOZ):**

■ **3.1 (O destino de um caminho):** Fulano se concentra no caminho que está diante de você. Até hoje, você não sabia como chegar até o seu destino, agora você

---

[4] Exercícios adaptados do Método CIS.

está vendo um caminho claro, passos claros. Perceba para onde este caminho vai te levar... perceba que ele tem destino! VOCÊ TEM UM DESTINO!

- **3.2 (Recursos internos):** Da mesma forma que um pântano precisa de lugares seguros para você pisar, assim é este caminho na sua vida. Cada recurso é absolutamente necessário como parte da sua jornada e durante o seu caminho você vai precisar se apropriar de cada um deles para seguir em frente!

- **4. (EMOÇÃO/MÚSICA):**

- **4.1 (Olhe para o primeiro recurso):** Se concentre no primeiro recurso. Por que ele faz parte deste caminho? Como ele se torna importante nesta jornada? Como isso vai ajudá-lo?

- **4.2 (Dê o passo e se aproprie):** Agache e pegue e se aproprie disso, coloque-o no seu peito, na sua alma, e feche os olhos (só abra quando eu disser). Exemplos:
  - Pense em uma situação de vitória/conquista na sua vida.
  - Lembre-se de uma situação na sua vida que você teve que superar/que persistir (que desistir não era uma opção).
  - Lembre-se de um momento em que amou intensamente em cada palavra ou gesto.
  - Traga à sua memória um momento em que a fé foi fundamental na sua vida, em que você foi capaz de transpor uma grande provação.
  - Procure se lembrar como a esperança já o salvou antes, não é a primeira vez que você se encontrou com ela.

- **4.3 (Descreva o momento/aprendizado):** Descreva e visualize agora este momento diante de você. Onde estava? O que estava fazendo? Quem estava com você? O que aconteceu? Como isso o fez sentir?

  Qual ficha cai quando você percebe que o amor/a fé/a esperança... o leva a grandes mudanças?

  Insira esse recurso em você, como um chip, uma programação que é sua. Guarde com você este recurso.

- **ABRA OS OLHOS E FAÇA QUEBRA DE ESTADO:** *Agora, com este recurso, você pode continuar andando. Você percebe que com este recurso você está mais perto do seu objetivo?*

- **REPITA O PROCESSO PARA TODOS OS RECURSOS:** *No penúltimo recurso, você já conquistou coisas importantes para trazê-lo ao seu objetivo, mas você quer algo duradouro e sólido, você vai atrás do último recurso.*

- **(ASSOCIAÇÃO/MUDANÇA DE MÚSICA):** *Bem lentamente, veja que você está se fundindo com essa imagem, como que entrando dentro dela, associando-se a ela. Ela faz parte de você e você faz parte dela.*

  Perceba o entusiasmo de quem trilhou a jornada e conquistou, de quem não existiu, de quem sabiamente aprendeu e ativou recurso na sua vida.

Reprogramação emocional

Bem lentamente vai voltando... olhos fechados.

- Qual ficha cai, sabendo que este recurso está dentro de você?
- Qual o sentimento?
- Qual a decisão?

CONTAGEM REGRESSIVA CITANDO OS RECURSOS!

III. ELIMINAÇÃO DE IMPEDITIVOS[5]

Objetivo	Eliminar impedimentos comportamentais e emocionais que bloqueiam o progresso e avanço do coachee.
Aplicação	Identificam-se e confrontam-se bloqueios interiores no coachee para alcançar seus objetivos, podendo ser emoções tóxicas ou crenças impeditivas. Este exercício requer toque físico, criando-se, dentro de pseudorrealidade, a sensação de estar preso e levando-o a uma atitude e decisão de se soltar/libertar daquilo que identificou e que o prende. É bastante intenso e requer energia especial do coach e coachee.
Tempo médio	40-50 min
Músicas indicadas	<ul><li>Parte 1 (Passos do Caminho): Trevor Morris, *The Pillars of the Earth*</li><li>Parte 2 (Visualização Final): *This Could Be Heaven*, Seal</li></ul>

PASSO A PASSO

Coachee constrói uma imagem extraordinária em uma folha de papel. A imagem pode incluir diferentes pilares e deve tê-lo como parte da figura.

- **1. (PSICOGEOGRAFIA):** *Posiciona o coachee diante da figura. Coach prepara.*

- **2. (CONCENTRAÇÃO):** *Respire fundo e olhe atentamente para a figura. Enquanto você olha esta figura, deixe a minha voz ir guiando você. Descanse, confie, prepare o seu coração, você não está só, você não está perdido. Você sabe para onde está indo e ajuda para você chegar lá chegou. Está na hora de enfrentar os obstáculos.*

- **3. (ORIENTAÇÃO/TOM DE VOZ):**

  - **3.1 (O dilema interior):** Perceba que, enquanto você olha pra essa imagem, seus detalhes e o seu significado, há um misto de sentimentos dentro de você: você sente o seu presente o empurrando, dizendo: está na hora de avançar, na hora de mudar, está na hora de sair da caverna, de confrontar o medo, confrontar o passado, de confrontar a dor. Há um outro lado de você que de certa maneira o

---

[5] Exercício adaptado do Método CIS.

bloqueia, traz dúvida, faz você hesitar: Nós vamos chamar isso de impeditivos! Podem ser emoções, pensamentos, hábitos, crenças, mentalidade... coisas que estão dentro de você!

- **3.2 (Ódio dos impeditivos):** Você se dá conta de que os impeditivos são o que realmente o está separando da realidade desse sonho. A sua tarefa é identificar com clareza e, sem misericórdia, eliminá-lo da sua vida. Enquanto você decide atravessar esse caminho, os impeditivos vão tentar segurá-lo. É a sua chance de vencê-los de uma vez!

- **4. (EMOÇÃO/MÚSICA):**

- **4.1 (Absorva a imagem e feche os seus olhos):** Absorva agora a imagem do sonho dentro de você. Você vai vê-la com sua visão interior; feche os olhos e respire fundo três vezes.

- **4.2 (Veja a imagem e veja o caminho):** Chegou a hora da sua decisão: Você quer ir em frente? Então prepare coração, alma, espírito: 100% de você está agora, há uma força maior que está com você e vai ajudá-lo com sabedoria. NO MEU COMANDO, VOCÊ VAI DAR UM PRIMEIRO PASSO À FRENTE EM DIREÇÃO À SUA VISÃO!

- **PRIMEIRO PASSO:** *Respire fundo, prepare-se para dar seu primeiro passo em direção à sua visão! Erga os ombros, a cabeça, cerre os punhos, sinta a decisão que você tomou o empurrando. No meu comando, no 3, você vai dar seu primeiro passo... um... dois... três! (Estala o dedo e segura a camisa.)*

- Você está sentindo? Tem alguma coisa segurando você. Eu quero que você se concentre e identifique o que é isso. O que está prendendo a sua vida, o que está impedindo você de avançar? Você só pode lutar contra aquilo que você percebe!

- **IDENTIFIQUE O IMPEDITIVO:** *Diga-me o que é. Excelente, agora você precisa de uma ferramenta, de uma arma para se livrar disso.*

- **RECEBA A AJUDA SUPREMA:** Abra a sua mão, você está recebendo um presente, uma ferramenta nova e poderosa. Ela está descendo lentamente até você; à medida que ela se aproxima, ela vai tomando forma e você consegue identificar o que é. Quando ela chegar nas suas mãos, dê uma forma a ela e fale pra mim o que é. Qual o material? Qual a cor? Qual é a textura?

- **ATITUDE DE REJEIÇÃO:** Com essa arma na mão, você se sente empoderado de se livrar desse impeditivo. Você vai rejeitar esse impeditivo dentro de você, ele não o governa e ele não vai prender você.

- **COMANDO E LIBERTAÇÃO:** Você está pronto para assumir o controle e dar uma ordem de comando para o seu impeditivo: Repita comigo: "ME SOLTA!". Mais forte: "ME SOLTA!". Você vai dizer mais uma vez esse comando o mais alto que puder e com um movimento da sua ferramenta você se soltar! Prepara, um, dois, três! Yes.

- Está livre, você está solto, perceba que agora a sua visão está realmente mais próxima.

Reprogramação emocional

SEGUNDO/TERCEIRO PASSO

- **ACESSE A VISÃO (MUDE A MÚSICA)**

Sinta agora que você é livre! Celebre seu corpo, a sensação de liberdade, de possibilidade, de oportunidade e decisão que você tomou.

- **FINAL:** Olhe e concentre-se na visão, ela está diante você, pronta para ser vivida e experimentada, como resultado de quem pagou o preço e venceu.

O que está vendo? Onde você está? Quem está com você? O que estão lhe dizendo? Qual é seu sentimento?

DECISÃO... CONTAGEM REGRESSIVA!

IV. EFEITO BORBOLETA

Objetivo	Reeditar memória emocional e promover a cura de traumas que causam disfunções emocionais. Ideal para superação de crenças de inferioridade, reprodução de padrões, mágoas do passado, crise de identidade e valor.
Aplicação	Identificação de evento doloroso (forte impacto emocional) relacionado ao pai, mãe ou responsáveis. Descreve-se o episódio em cenas como telas de um filme e editam-se as telas dolorosas substituindo-as por uma memória feliz. O episódio de dor é feito de forma dissociada (3ª pessoa) e a memória feliz de forma associada (1ª pessoa).
Tempo médio	40-50 min.
Músicas indicadas	*Autumn*, Vangelis

PASSO A PASSO

- **Passo 1:** Resgate de memória traumática

- Peça ao coachee para resgatar e detalhar um momento de muita dor de sua infância, até 12 anos.
- É importante que o pai, a mãe ou um substituto estejam envolvidos ou por ação ou por omissão (é necessário que estejam).
- Peça ao coachee para descrever de maneira geral o evento e verifique se é uma memória importante para aplicação do exercício.

- **Passo 2:** Organize a memória em cenas

- Como em um filme fotográfico, organize a memória em cenas. Nesse momento, você vai pedir detalhes de lugar, pessoas presentes, o que viu, ouviu e sentiu como criança:

Cena 1: Imagem neutra – criança feliz: Antes da dor

Cena 2: Início do episódio da dor

Cena 3: Ápice da dor (o evento que causou o trauma)

Cena 4: Registro do sofrimento logo após o trauma (criança sofrendo sozinha)

Cenas 5 e 6: Os dois últimos quadros serão usados para substituir as cenas de dor por novas cenas extraordinárias e cheias de amor.

● **Passo 3:** Etapas do VAS

Psicogeografia: Com todas as cenas desenhadas, você vai preparar a psicogeografia do ambiente com música.

Concentração: Encontre uma postura confortável, bem ereto e numa postura positiva e relaxada. Feche os olhos, respire fundo, relaaaaxeeee...

Orientação/Tom de Voz: "Nós agora vamos apagar da sua mente este momento ruim e no lugar dele imprimir um novo e extraordinário momento, que eliminará da sua vida os resultados negativos deste momento em sua vida."

1. Você está vendo na sua frente uma parede de vidro de 30 cm de espessura, ela é um pouco opaca e atrás dela tem uma tela de TV. Qual é a cor dessa tela? Qual é o tamanho?
2. Essa tela está conectada a um vídeo em que está gravado esse momento ruim de sua infância, o qual vamos apagar.
3. Tudo o que você verá neste filme não o fará mal, pois o mal que poderia fazer já fez. E além do mais, você está apenas vendo a imagem e por trás de um vidro blindado, que não passa de um vídeo do seu passado.
4. Ligamos esse vídeo e você vê a primeira cena: Você criança (coach detalha a Cena 1).
5. Coach fala com força e com credibilidade que agora vamos voltar as cenas, apagando uma a uma.
6. Você vê a Cena 2: coach detalha a Cena 2 e reforça que é apenas um filme do outro lado da parede de vidro. É inofensivo para você! Pede para o coache com um "mouse imaginado" apagar toda a imagem até que fique totalmente branca.
7. Coach detalha a Cena 3. Novamente o coache orienta.
8. Coach detalha a Cena 4 e pede para o coachee com coragem apagar até ver só um cenário branco.
9. Coach volta para a Cena 1 e pede ao coachee para respirar fundo.

● **Passo 4:** Associação nas imagens extraordinárias

10. Coach pede para coachee entrar e se associar na criança no Quadro 1 (com movimento da cabeça) e detalha a Cena 1 tendo o coachee associado.
11. Coach detalha a Cena 5 tendo o cliente associado.
12. Coach detalha a Cena 6 tendo o cliente associado.
13. Coach finaliza a Cena 6 com a criança usufruindo todo o amor, validação, respeito dos pais e substitutos.

Reprogramação emocional

14. Pode-se repetir a sequência das cenas positivas reforçando a nova experiência emocional, sendo as duas últimas de maneira dissociada até que a televisão é desligada e com autoridade e amor o coach diz: aconteceu! Acooonteceu!
15. O coach conclui fazendo a contagem regressiva e traz o cliente para o aqui e agora.
16. Pede-se: Aprendizado e Decisões.

V. CRIAÇÃO DE AUTOIMAGEM POSITIVA

Objetivo	Refazer a crença de identidade através de submodalidades visuais e auditivas. Ideal para pessoas que sofrem de baixa autoestima, crise de identidade, falta de missão e inferioridade.
Aplicação	Faz-se a projeção de futuro extraordinário por meio da visualização criativa e do uso de submodalidades críticas. O coach conduz a experiência partindo de uma visão dissociada e terminando em vivência associada, com uso do VAS.
Tempo médio	40-50 min.
Músicas indicadas	*Bethoven's 5 Secrets*, The Piano Guys

PASSO A PASSO

- **Passo 1 | Criação de uma imagem extraordinária:** Desenhar duas cenas fortes de vida extraordinária, onde coachee esteja nela.

- Coach pede: Descreva detalhadamente cada uma das duas cenas, sendo você o foco principal e sempre dando **foco na autoimagem**. Escolha a mais importante!

- **Passo 2 | Concentração e visualização desassociada:** Respire fundo – se veja nessa cena mais importante (somente ela no campo de visão mental):

- Descreva como está vestido.
- O que escuta... veja a cena...
- Onde está essa imagem? (No canto no campo de visão mental.)

- **Passo 3 | Posicionamento da imagem:** Coach diz ao coachee: – Faça um movimento com as mãos para pegar essa imagem e leve para o canto esquerdo no alto (se for destro), ao estalar dos meus dedos... pronto.

- Onde ela está? – no canto ESQUERDO.
- Coloque mais cor nessa imagem... aumente essa imagem OU a DIMINUA.
- CABE MAIS BRILHO ou menos... de que tamanho está? – grande, pequeno?
- Tem mais alguma coisa que gostaria de mudar nessa foto?

- **Passo 4 | Tire as fotos:** Tire cinco fotos dessa imagem agora, vamos começar com as três primeiras... click, click, click...

4   Reprogramação emocional

- **Passo 5 | Primeira foto:** Vamos agora definir onde você vai querer colocar cada uma delas...

- Faça um movimento com as mãos e coloque a primeira foto lá – Qual sentimento? (Explore VAS.)

- **Passo 6 | Segunda e terceira foto:** Onde vai colocar a outra foto? – ... pregue-a lá.

- Qual sentimento?
- E a terceira foto, onde colocará? – pregue-a... Veja a foto e sinta sensação, realização.

- **Passo 7 | Duas fotos biológicas – A primeira:** As duas últimas fotos estão em um papel especial – um papel biológico – coloque essa foto fortemente no seu coração.

- Descreva qualidades da foto confirmando identidade...
- Veja o fluxo sanguíneo entrando no seu coração.
- E cada célula com pontos brancos, entrando em você... é real, aconteceu...

- **Passo 8 | A segunda foto biológica:** A outra foto biológica, você envolve seu cérebro – sinta essa imagem entrando em sua cabeça.

- Todo pensamento racional e sentimento são envolvidos por essa imagem...
- Toda escolha o direciona a essa nova pessoa... inspire, respire fundo, essa imagem se funde a você, vocês são a mesma pessoa...
- A imagem continua em você e você a sente em todo seu corpo...

- **Passo 9 | Associação da imagem:** Entre nas três cenas e vivencie a imagem positiva de forma forte e emocional.

- Cena 1, Cena 2, Cena 3: O que é que as pessoas que o amam dizem como elogio a respeito da realização dessas imagens? Ouça e viva cada elogio.
- O que você diz em forma de elogio a você mesmo?

- **Passo 10 | Incorpore identidade:** Inspire esse sentimento de capacidade, certeza, determinação. Em seu corpo, onde você colocaria? Coloca com coragem em algum lugar do corpo.

- Respire fundo, veja como bem instalado está esse sentimento de capacidade amarelo, pulsante, vibrante... como você se sente?
- Nessa paz, nessa certeza, nessa capacitação... qual é a certeza que o invade?

- **Passo 11 | Decisão:** Qual a primeira coisa que irá fazer para isso realizar? Detalhe essa decisão.

Reprogramação emocional

- **Passo 12 | Volta e Insights:** Respire fundo... Respire fundo... Voltando... Vou contar até 5 e você abre os olhos... 1 certeza, 2 capacidade, 3 realização, 4 vitória, 5 amor, snap... (estalar dos dedos).

- O que está claro pra você agora? (Registro.)

4.5 Traumas e memórias feridas

AUTOIMAGEM DISTORCIDA

A crença de identidade é a crença soberana, mãe de todas as crenças.

Essa crença define algo que chamamos de autoimagem. Pode-se dizer que a nossa autoimagem é um espelho que cada um de nós carrega dentro de si. Quando você olha para esse espelho, vê o seu reflexo pelas suas próprias lentes. Quando esse espelho está rachado, a nossa autoimagem fica fragmentada e a nossa aparência disforme. É assim que milhares de pessoas se enxergam. Diante de uma autoimagem distorcida, podemos ter as melhores metas do mundo, nunca nos sentiremos capazes, adequados ou merecedores de alcançá-las. O problema não está no fruto, está na raiz.

Nesta seção, vamos compreender de onde vem nossa autoimagem e como traumas e memórias feridas podem causar dor e danos que, se não tratados, levarão à reprodução de padrões comportamentais doentios, vícios emocionais e químicos.

FLUXO DE RUPTURA DE TRAUMAS E PADRÕES COMPORTAMENTAIS

A **Imagem 4.5** é um mapa importante com que o coach deve estar familiarizado. Nele observamos como traumas e vícios emocionais são formados em uma pessoa, chamados de Zona Vermelha e, mais importante, como eles podem ser tratados, chamados de Zona Azul.

Observe que a coluna da esquerda fala como os traumas se estabelecem em nós, quais são seus resultados e abaixo como podem ser tratados e curados. Já na coluna da direita, observamos os vícios emocionais, como se estabelecem em nós, quais resultados geram e por fim como podem ser tratados e curados.

Note que, nos traumas, somos vítimas dos erros e abusos de outros. Já nos vícios emocionais, somos de fato os articuladores de hábitos que passamos a incorporar em nossas vidas.

Por fim, um trauma ou memória ferida é uma porta aberta para um vício emocional que foi estabelecido como uma forma de compensação ao déficit de amor experimentado durante o período crítico da nossa infância. Nesta e nas próximas três seções, trataremos de aspectos desse fluxo.

Reprogramação emocional

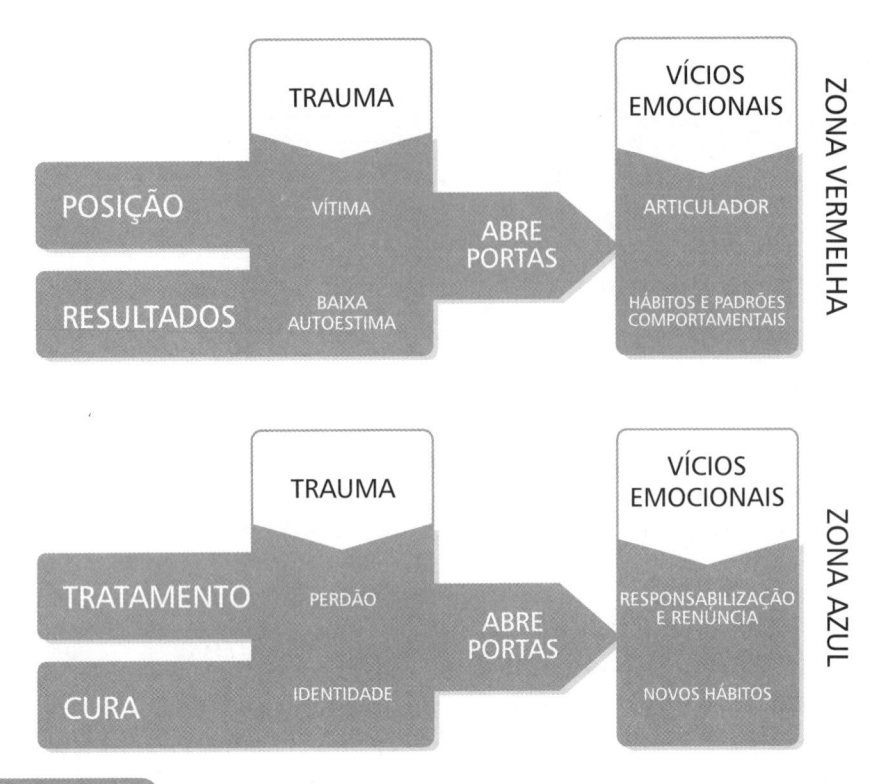

ZONA VERMELHA
- POSIÇÃO → VÍTIMA
- TRAUMA → ABRE PORTAS → VÍCIOS EMOCIONAIS → ARTICULADOR
- RESULTADOS → BAIXA AUTOESTIMA → HÁBITOS E PADRÕES COMPORTAMENTAIS

ZONA AZUL
- TRATAMENTO → PERDÃO
- TRAUMA → ABRE PORTAS → VÍCIOS EMOCIONAIS → RESPONSABILIZAÇÃO E RENÚNCIA
- CURA → IDENTIDADE → NOVOS HÁBITOS

Imagem 4.5 Fluxo de ruptura de traumas e padrões comportamentais

4.5.1 Diagnóstico de feridas e vergonha

O QUE OS OLHOS NÃO VEEM O CORAÇÃO NÃO SENTE

Para quem entende que existe a mente inconsciente, sabe que esse dito é uma grande enganação. Há muitas coisas invisíveis, mas bem reais e guardadas dentro de nós. Até então, não sabíamos nem que existiam, quanto menos que estavam ativas e governando nosso modo de vida.

DIAGNÓSTICO DE FERIDAS

Ninguém escapa das feridas! Viver a experiência humana implica também ferir e ser ferido e sofrer o resultado das imperfeições uns dos outros. Pelo fato de sermos seres emocionais e afetivos nos tornamos vulneráveis às coisas que acontecem e nos afetam positiva ou negativamente. Ser humano é viver uma aventura emocional cheia de altos e baixos. Ser uma pessoa emocionalmente saudável não significa que nunca tenha vivenciado trauma e memória ferida, portanto a pergunta que trataremos aqui não é se fui ferido ou se vou me ofender, mas sim: Como vou lidar com a minha dor?

O QUE É UM TRAUMA?

É todo comportamento disfuncional aprendido sob forte impacto emocional de algo que viu, ouviu e sentiu. Seu passado não passa de uma memória. A sua memória é o

Reprogramação emocional

único vínculo que tem com o seu passado. Quando sofremos danos emocionais em nosso passado, principalmente na infância, cria-se um trauma, ou seja, é aprendida uma disfunção emocional (um comportamento, uma crença) na forma de uma "falsa verdade" programada no seu inconsciente pela linguagem emocional.

FERIDAS NÃO TRATADAS

Assim como uma ferida no corpo que não é tratada e pode se tornar doente e infeccionada, feridas emocionais que não são curadas pelo tempo precisam ser confrontadas, expostas e tratadas. Uma ferida que perdura por meses e até anos pode se tornar um trampolim para uma série de doenças emocionais.

CICLO DESTRUIDOR DAS MEMÓRIAS FERIDAS

Segundo Sandra Wilson, autora do livro *Hurt People, Hurt People* (*Pessoas feridas ferem*), as memórias feridas nos trazem consequências. Elas mudam, debilitam, limitam e ditam como será nossa personalidade. Mais do que isso, as feridas nos trazem sentimento de vergonha. Não se sabe ao certo quando e como ela entrou em nossas vidas, mas desde pequenos de alguma forma temos essa sensação de que deveríamos ser perfeitos, livres de falhas e erros, mas, conforme crescemos, percebemos que erramos e começamos a nos enxergar como um erro. Sandra Wilson explica que o sentimento de vergonha está intimamente ligado à percepção de não sermos o que supostamente deveríamos e, portanto, queremos nos ocultar e esconder.

A VERGONHA APRISIONADORA

A vergonha aprisionadora é a crença profunda de que existe algo de muito errado comigo, de que sou um erro e o único a ter esses problemas. A sensação da vergonha aprisionadora e de se ver como uma lagarta no mundo das borboletas.

Quando estou aprisionado pela vergonha, toda a minha percepção de quem eu sou e do mundo está contaminada. Não só eu creio que sou um erro e não tenho valor, como estou convencido de que a única forma de me conectar com outros é convencendo-os de que eu posso preencher uma lacuna em suas vidas ou posso fazer com que acreditem que eu também sou perfeito.

A vergonha distorce a visão de quem somos realmente, e nos traz a sensação de que a única forma de ser aceito é sendo perfeito diante dos outros. Portanto, quando percebo que há erros e falhas na minha vida, começo um processo de isolamento e abandono dos meus relacionamentos.

Sandra Wilson explica ainda que a vergonha pode ter se iniciado em nós de diferentes formas, mas todas vinculadas ao nosso relacionamento com pais ou cuidadores no período de infância.

A VERGONHA BIOLÓGICA

A vergonha biológica é aquela causada pela comparação e ridicularização da fisiologia da criança quando comparada com a de um adulto. Sua origem vem da sensação, quando crianças, de sermos inferiores aos adultos. A questão-chave é a sensação de inferioridade e inadequação que fica registrada uma vez que a criança não tem a total compreensão de que ainda se desenvolverá e crescerá.

Exemplos negativos:

- **Você é** um desastrado, menino, não consegue segurar nada direito!
- Vamos, filha, **você é** muito lenta.
- Ihh, que fracote que ele é.

Exemplo do ideal:

- "Vai que você está quase me alcançando... nossa, como **você está ficando forte**!"

Mesmo que a criança cresça para se tornar um adulto, suas feridas deixam a impressão de que ela nunca será boa, rápida ou esperta o suficiente.

MACHUCADO PELOS DESPREPARADOS OU INDISPONÍVEIS

Pessoas recebem mais instrução de como dirigir um carro do que de como ser pai ou mãe. Uma das principais funções da vida não oferece nenhum tipo de preparo.

Mesmo não intencionalmente, como pai, cometi e cometerei muitos erros, assim como meus pais cometeram comigo e seus pais com eles e assim por diante. Não se trata de olhar o quão adequado ou inadequado tem sido o nosso desempenho como pais, ou o desempenho dos nossos pais, mas de nos conscientizarmos da necessidade de nos vitimarmos por erros cometidos pelos nossos progenitores, antes compreendendo a origem da vergonha em nós e confrontá-la.

Ferido por pais com problemas pessoais: pais distraídos por suas dores pessoais não enxergam as aflições ou conquistas de seus filhos. Sem recursos emocionais que também nunca receberam e não tinham o que dar, projetaram sua dor nos filhos pelo jeito rude, exigente, violento, ausente...

Ferido por pais com prioridades ruins: alguns crescem em famílias cujos **pais estão muito ocupados**, muito cansados ou muito importantes para estarem disponíveis. *"Tudo era mais importante do que estar comigo, passar tempo, sentar, olhar pra mim, conversar, me dar atenção, inclusive nas coisas bobas, coisas de criança. Eu não fui importante para eles e não sou importante hoje."*

Feridos pelas mensagens: os pais são os espelhos dos filhos. Você se lembra da história da Branca de Neve e dos Sete Anões? Quando a bruxa procurava sua autoafirmação no espelho perguntando: "Espelho, espelho meu, existe alguém mais bela do que eu?". O espelho que mostrava a verdade revelava a identidade real. Da mesma forma, os filhos se aproximam dos pais, querendo se enxergar como num espelho quem são e perguntam: "Papai, mamãe, quem sou eu?". Muitas vezes recebem mensagens distorcidas e mentirosas dos pais a respeito de sua própria identidade.

Feridos por pais indisponíveis e necessidades não supridas: quando o pai ou a mãe são desconhecidos, rejeitaram, abandonaram e/ou são indiferentes aos filhos.

Reprogramação emocional

FERIDOS POR MENTIROSOS E LADRÕES

Quando aqueles que foram colocados como protetores e provedores se tornam os ladrões e malfeitores na vida dos filhos.

Roubando a segurança: em vez de prover um lar que seja um porto seguro, um lugar de descanso e refúgio da fragilidade da criança, a casa se torna um lugar de violência, chantagens e ameaças: "Se não fizer o que eu mando, você vai embora desta casa."

Roubando estabilidade: Não provê para a criança e inclusive tira dela para tomar para si mesmo, colocando-se sempre em primeiro lugar.

Roubando proteção: não oferece proteção contra outros e vive a violência dentro da sua própria casa.

Proteção física: autoridade paterna vira legitimação de espancamento e projeta-se toda a dor e miséria interior nos filhos.

Proteção sexual: expõe a sexualidade, a identidade sexual e a imaturidade dos filhos. Muitas vezes os pais estimulam seus filhos a assumir a identidade sexual antes do tempo.

Pais que mentem para seus filhos imprimem mentira em suas vidas. "Eu faço porque eu posso." Ou "Eu faço porque você merece, você é sujo, não vale nada." Há muitas ameaças, e se a criança contar para alguém, vai sofrer consequências. "Se você contar, eu pego seu irmão mais novo", ou "Ninguém nunca vai acreditar em você."

A mentira também gera uma série de abusos:

- Abuso físico (espancamento).
- Abuso emocional (mensagens depreciativas).
- Abuso sexual (tocou de uma maneira impura).

4.5.2 Desarmando crenças destrutivas

Ao contrário do que se pensa, a forma de encontrar a cura de feridas e traumas não é guardando e se fechando, e sim abordando, confessando e expondo. No coaching, respeitada a privacidade, estimulamos o coachee a fazê-lo e para isso usando recursos para superar a mágoa e o ressentimento.

TIPOS DE RESSENTIMENTO

A palavra "ressentimento" significa alguém sentir a mesma dor várias e várias vezes. Toda vez que uma memória é acionada, há o sentimento de dor. Por isso, muitas pessoas não querem tocar no assunto, falar sobre isso e preferem enterrar suas emoções. Há, portanto, dois tipos de ressentimento:

- **Ressentimento com o próximo:** mágoa, raiva, ódio = Vitimação.
- **Ressentimento consigo:** culpa = Não merecimento.

4 Reprogramação emocional

Viver no ressentimento significa cultivar uma comunicação rancorosa, gerar pensamentos rancorosos, que por sua vez geram sentimentos rancorosos e vitimados, que geram crenças limitantes e destruidoras.

Guardar as feridas é decidir beber um pouco de veneno todos os dias. Isso é psicossomático e trará efeitos físicos severos ao longo do tempo.

A FALTA DE PERDÃO

Pessoas que decidem guardar e nutrir suas mágoas descrevem-se emocionalmente como uma das seguintes metáforas:

- Bolas de ferro.
- Grilhões.
- Querer voar e não conseguir.
- Querer correr e não conseguir.
- Saber do que é capaz e nunca alcançar.
- Os ossos estão secando.
- Viver em função de quem odeio.

O QUE É O PERDÃO?

Essa é a arma mais poderosa contra a amargura e o ressentimento. É uma habilidade e uma decisão que requer treino.

Ao perdoar, você coloca em liberdade duas pessoas que estavam presas dentro de você. Seu ofensor e você mesmo.

- Perdão é assumir responsabilidade pela forma como você se sente.
- Perdão é recuperar sua força e o seu destino.
- Perdão é a paz que você aprende a sentir quando libera alguém que lhe fez mal.
- Perdão é para você, e não para seu ofensor.
- Perdão é o seu processo de cura, e não do seu ofensor.
- Perdão é uma escolha e uma decisão.
- Perdão é tornar-se um herói feliz, e não uma vítima sofredora.

RESPONSABILIZAÇÃO PELOS SEUS SENTIMENTOS

Você pode culpar alguém pelo que fez, mas não pode culpar ninguém pela forma como se sente.

FASES DO PERDÃO

Muitas vezes perdoar pode ser uma batalha interior, portanto precisamos compreender seus estágios...

Reprogramação emocional

- **Indiferença:** o extremo oposto do amor não é o ódio, mas a indiferença. A rejeição prolongada pode produzir um sofrimento tão agudo que mata os sentimentos e aniquila qualquer tipo de consideração com o agressor.
- **Raiva:** ao perceber que não temos alternativa senão perdoar, a indiferença começa a se transformar em raiva. A ferida está sendo exprimida.
- **Conflito:** mediante a convicção interior, a raiva vai perdendo a força e a pessoa já consegue lidar com seus sentimentos. Consegue enfrentar, mas parece não querer. Um sentimento forte de "o ofensor não merece" vem à tona.
- **Frustração:** nesse estágio, a pessoa está totalmente convencida de que tem que perdoar e de que pode perdoar, apesar de não gostar da ideia. Vem um certo sentimento de tristeza e frustração.
- **Aceitação (virada):** conforma-se com a ideia, colocando a atitude acima dos sentimentos.
- **Paz:** após sustentar com firmeza a postura de perdoar, começa a desfrutar de paz que há tanto tempo perdera. Esse é o indubitável sinal de vitória sobre a amargura.
- **Memória cicatrizada:** sente-se totalmente consolada no seu interior. Confortavelmente pode se lembrar das injustiças sofridas. A cicatriz não dói mais.
- **Bom humor:** o sintoma de uma memória curada é o bom humor em relação ao que se experimentou. Alguns chegam até mesmo a fazer piadas da situação vivida. O bom humor é a menor distância entre duas pessoas.

Muitas vezes as pessoas são egocêntricas, ilógicas e insensatas.
De qualquer forma, perdoe-as.
Se você é gentil, as pessoas podem acusá-lo de egoísta, interesseiro.
De qualquer forma, continue gentil.
Se você é um vencedor, terá alguns falsos amigos e alguns inimigos verdadeiros.
De qualquer forma, vença.
Se você é honesto e franco, as pessoas podem enganá-lo.
De qualquer forma, permaneça honesto.
O que você levou anos para construir, alguém pode destruir de uma hora para outra.
De qualquer forma, construa.
Se você tem Paz, é Feliz, as pessoas podem sentir inveja.
De qualquer forma, seja Feliz.
Dê ao mundo o melhor de você, mas isso pode nunca ser o bastante.
De qualquer forma, sempre dê o melhor de si.
Veja você que no final das contas, é entre você e Deus.
De qualquer forma, nunca foi entre você e as outras pessoas.

Poema atribuído a *Madre Teresa de Calcutá*

4.6 Vícios emocionais

O QUE É UM VÍCIO EMOCIONAL

Vício emocional são padrões e hábitos repetitivos e recorrentes, relacionados a um déficit emocional presente, que desenvolvemos e se manifesta na forma de comportamentos, circunstâncias criadas, sentimentos, tipos de relacionamentos e resultados de vida:

- "Por que vivo repetindo situações de tristeza, dor e conflitos na minha vida?"
- "Por que meus relacionamentos terminam em traição, abandono, rejeição?"
- "É terrível! Quando tudo está calmo, se alguém não criar confusão, eu crio."
- "Basta eu me apaixonar que deixo de dar atenção e valor à pessoa e o relacionamento acaba sempre da mesma maneira."

Vícios emocionais seguem o mesmo princípio de um vício comum: "o prazer seguido da dor". O prazer nesse caso é mais uma compensação aprendida como substituto à falta de amor em quantidade ou qualidade que nunca foi recebido. Todo vício emocional tem sua origem na falta de amor. Vícios causam prejuízos e consequências para nós e para as pessoas que nos cercam.

VÍCIOS ESTÃO RELACIONADOS COM FUGA DA REALIDADE

Nossa autoestima é formada pela qualidade e quantidade do amor dado pelos pais ou substitutos. Pessoas com baixa autoestima precisam de sensações fortes a todo instante: baladas na sexta, sábado e domingo, álcool, sexo constante com qualquer pessoa. O vício produz uma fuga ou compensação de uma realidade que nunca existiu.

> VÍCIOS EMOCIONAIS = BAIXA AUTOESTIMA = CORAÇÕES QUEBRADOS

AMOR NEGATIVO

É o aprendizado de que sofrer é uma forma de se sentir amado ou seguro. O amor negativo experimentado na infância é reproduzido inconscientemente, trazendo as mesmas sensações vividas e aprendidas na infância, mesmo que sejam negativas. Esses hábitos já foram incorporados, e fazemos coisas que atraem realidades semelhantes às vividas na infância, mesmo sem termos consciência disso.

É possível carregarmos os mais diferentes tipos de vícios, como resultado da reprodução da vida. Há pessoas viciadas em serem pobres, traídas, doentes, sofrerem abandono, estarem envolvidas em confusão, e a lista continua.

É a realidade de alguém que viveu toda a sua infância sob um mesmo sentimento. Na vida adulta, esse sentimento faz parte de quem a pessoa se tornou. Mesmo que inconscientemente, tende a reproduzi-lo pelo resto de sua vida.

Reprogramação emocional

REPRODUÇÃO DE PADRÃO FAMILIAR

As histórias se repetem de geração em geração. Na ignorância de que cadeias geracionais podem e devem ser quebradas, através do perdão, crianças, quando adultas, seguirão as referências e os padrões que tiveram, sejam eles positivos ou negativos.

VÍCIOS QUÍMICOS E EMOCIONAIS

Por que as pessoas bebem e se drogam?

Pessoas bebem, fumam e se drogam para entrar em um estado alterado de consciência e acessar recursos que, sóbrios, não conseguiriam.

- **Drogas:** mudam estado de recurso, a forma como se sentem, sentem-se mais seguros, corajosos e capazes.
- **Bebida:** tornam-se mais comunicativos em público, mais confiantes e seguros, saem do estado de timidez para um estado de segurança.
- **Cigarro:** fumar o fazem sentir mais autoconfiantes.

Seja qual for o motivo, não é necessário usar nenhum tipo de droga para mudar seu estado de espírito ou de recurso.

TIPOS DE VÍCIO EMOCIONAL

A **Tabela 4.6** apresenta os sete tipos diferentes de vícios emocionais.

Tabela 4.6 Tipos de vícios emocionais

1. Padrão julgamental, crítico e murmuração	Presente em pessoas com baixa autoestima; resulta na autossabotagem de sua felicidade. Foca-se sempre no negativo, sempre procurando a perspectiva ruim de tudo. Envenenam-se e se contaminam com sua crítica e sentem-se profundamente infelizes. Quando a felicidade aparece, logo procuram algo para criticar e reproduzir a sensação de infelicidade novamente.
2. Padrão duvidoso e descrente	Presente em pessoas que carregam traumas, decepções e frustrações. Resulta em impaciência e impulsividade. Procura-se racionalizar tudo. Sua vida está limitada à sua capacidade de compreensão. O que a mente não compreende considera mentira. São conduzidos por uma crença de que não podem confiar em nada ou em ninguém. Não se permitem viver novas experiências pelo medo de sofrer nova decepção.
3. Padrão ansioso e preocupado	Presente em pessoas que carregam uma dúvida sobre seu real valor. Vivem para provar a si e aos outros seu valor pelo que fazem. Querem ter o controle inclusive do que não se controla e saber de tudo.

Continua

3. Padrão ansioso e preocupado	Sempre vivendo na expectativa e na incerteza do futuro, guardam medos ocultos e cultivam frequentes diálogos internos. Não se satisfazem em viver só o presente e se veem continuamente num estado de descontentamento com o agora.
4. Padrão confuso e incerto	Geralmente são vítimas da síndrome da gaiola dourada. Viveram a vida inteira presos, tendo outros para pensarem por eles(as). Não conseguem tomar simples decisões, desistem e são instáveis. Tornam-se pessoas inconstantes, totalmente influenciáveis pelo contexto e pela realidade que as cercam. Falta de visão e missão de vida.
5. Padrão passivo	É viver sob a negação da responsabilidade. Mente preguiçosa, avessa a decisões. Sempre tiveram alguém fazendo tudo por eles e cuidando da sua vida. Nunca foram obrigados a assumir responsabilidade. Homens que tiveram mães possessivas e controladoras são a situação mais comum.
6. Padrão de comparação de si mesmo e dos outros	Cresceram sob a comparação com os outros. Sempre resultando em inveja e ciúmes. As comparações distorcem nossa visão de nós mesmos e afetam nossa autoestima, tendendo a nos depreciar em detrimento a um atributo e características que os outros têm aparentemente melhor. Por sentirem-se inferiores e desqualificados, começam um processo de autossabotagem através do ciúme e inveja. Comparações feitas pelos pais produzem rótulos: "Sou burro, porque o coleguinha tira notas melhores que eu." "Sou lento, porque o fulaninho corre mais rápido que eu." "Sou feio, porque a capa da revista tem 0% de gordura e cabelos brilhosos." As comparações vão apenas gerar ansiedade. Sempre queremos ter o que outro tem e ser como os outros. Esse viés é tóxico, na verdade você não quer a vida de ninguém. A vida é uma dádiva para ser vivida em plenitude.
7. Padrão de vitimismo e autocomiseração	Carregam um medo de serem eles mesmos e ficam presos à piedade dos outros. Alguns de nós aprendemos na infância que sofrer significa ser amado, pois quando adoeciam experimentavam uma atenção especial dos pais. Criou-se um paradigma e a crença de que sofrer atrai as pessoas e o amor delas, por isso criam o hábito de produzir para si situações de sofrimento.

Reprogramação emocional

VÍCIO DE APROVAÇÃO

Muitas pessoas em nossos dias têm uma necessidade incontrolável de afirmação, e são incapazes de se sentirem bem consigo mesmas sem ela, o geralmente que causa problemas no seu relacionamento com as outras pessoas.

Viciados em aprovação passam todo o tempo em uma luta constante contra:

- a baixa autoestima;
- a desordem emocional.

O vício de aprovação está ligado à nossa necessidade de perfeccionismo e autocrítica, de forma a conquistar o amor das pessoas não por quem somos, mas pelo que fazemos. Por isso geramos uma carência de aprovação, de completa aceitação.

A culpa é outro fator que afeta o senso de valor. Quem vive sob as correntes da culpa busca contínua e inconscientemente uma forma de sabotar a felicidade e o sucesso alinhando a sensação de perda como um alívio para a culpa que carrega dentro de si. Tristemente, a maior parte das crianças se sente culpada quando os pais brigam em sua frente frequentemente ou mesmo se separam. Elas se consideram a razão dessa separação.

O PERFECCIONISMO

Fracassar não faz de ninguém um fracassado. Fracasso faz parte da natureza humana e de seu crescimento. Se tentarmos ser perfeitos, vamos nos decepcionar com os outros e com nós mesmos, pois somos seres humanos imperfeitos. A conscientização do perfeccionismo já é metade do problema resolvido. No coaching, ajudamos nossos coachees a renunciarem a seu padrão de perfeição humana, aceitando-se a si mesmos e declarando liberdade contra:

- A expectativa de olharem para nós dos pés à cabeça e dizerem: Perfeito!
- A expectativa de olharem nosso trabalho e dizerem: Perfeito!
- A expectativa de olharem nossa aparência física e dizerem: Perfeito!

SITUAÇÕES E SENTIMENTOS QUE SISTEMATICAMENTE VOLTAM A ATORMENTAR PESSOAS

SITUAÇÕES

- Dificuldade financeira
- Separação amorosa
- Problemas de saúde
- Perda de amigos
- Ser enganado
- Trair
- Ser traído
- Abandonar
- Ser abandonado
- Humilhar
- Ser humilhado
- Acidente
- Ser roubado
- Discórdia no lar ou trabalho
- Obesidade

SENTIMENTOS

- Medo
- Ansiedade
- Mágoa
- Solidão
- Frustração
- Culpa
- Tristeza
- Remorso
- Ressentimento
- Raiva
- Inferioridade
- Não merecimento
- Insegurança
- Incapacidade

NOSSO CÉREBRO É UMA FARMÁCIA

Vícios emocionais se materializam quimicamente. As secreções neuro-hormonais são resultado da química que as nossas emoções geram uma vez que são percebidas e codificadas pelo cérebro.

O déficit de determinada química corporal é fruto das emoções que cultivamos frequentemente. Nossas emoções não passam ilesas pelo nosso corpo, elas deixam as suas marcas, quer sejam positivas ou negativas. Portanto, a vida emocional de alguém determinará muito sobre seu equilíbrio químico e emocional.

Quando crescemos convivendo com certa emoção tóxica, tendemos a continuar reproduzindo essas sensações por meio da nossa fisiologia (Comunicação Não Verbal), dos pensamentos que cultivamos e dos sentimentos que experimentamos. A comunicação que gera pensamentos e sentimentos é codificada pelo nosso sistema límbico profundo, que se encarrega de inundar o nosso corpo em milésimos de segundo com a química compatível com aquela emoção.

O SISTEMA LÍMBICO PROFUNDO

O cérebro pode ser dividido em três áreas principais, cada uma com sua estrutura e complexidade, mas trabalhando juntas. Uma dessas áreas, de absoluto interesse do coach, é o sistema límbico profundo. Essa área, que não mede mais do que cinco centímetros, é responsável por uma das funções mais maravilhosas do cérebro: os sentimentos e as emoções.

Conforme visualiza-se na **Imagem 4.6**, esse sistema é composto por tálamo, hipotálamo, amídala cerebelosa e hipocampo.

Reprogramação emocional

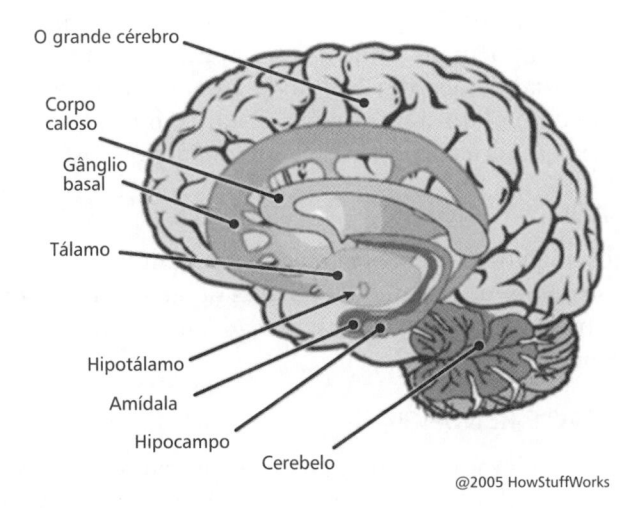

Fonte: adaptada de HowStuffWorks (2005).

Imagem 4.6 Sistema límbico profundo

Tálamo: localizado na parte superior do tronco encefálico, retransmite mensagens da medula espinhal.

Hipotálamo: localizado na base do cérebro, regula as secreções neuro-hormonais, regula as atividades metabólicas e monitora as funções corporais, como a pressão sanguínea, a temperatura do corpo, o peso e o apetite.

Amídala cerebelosa: localizada no centro do sistema límbico, está no comando de muitas necessidades básicas e emocionais. Ela dispara emoções fortes como raiva, medo, amor, luxúria, ciúme e assim por diante. Também relacionada à depressão e ao autismo.

Esse sistema une o sistema nervoso e endócrino (hormonal) e regula as secreções neuro-hormonais da hipófise, que representam a nossa farmácia corporal.

QUÍMICA CORPORAL

Como ilustração, pense em um sentimento de raiva. Quando estamos com raiva e prontos para brigar, as glândulas suprarrenais produzem adrenalina, um hormônio que nos deixa preparados para um confronto com contração muscular e explosão muscular aumentadas, ausência de dores (no momento da descarga emocional), aumento dos batimentos cardíacos, aumento do nível de açúcar no sangue, sentidos aguçados e reflexo dobrado.

Tudo isso está sendo comandado e orquestrado pelo sistema límbico profundo. O sentimento é automaticamente interpretado, codificado, a adrenalina é enviada para todo o corpo, preparando cada célula do corpo para um conflito.

O mesmo é verdadeiro na sedução masculina ou feminina, em que hormônios e neuro-hormônios são secretados, mudando a química corporal e preparando a fisiologia para o ato sexual.

É interessante observar, todavia, que não são só os sentimentos que acionam gatilhos químicos, mas também pensamentos e a nossa própria fisiologia corporal. Experimente fazer o ritual do acordar com toda a intensidade, ou ainda cerrar os punhos, contrair sua musculatura e franzir a testa, respirando de forma curta e acelerada, mudará sua química corporal. Faça isso por alguns instantes e perceberá.

PSEUDORREALIDADES

Perceber que os pensamentos e a fisiologia afetam sua química é mais um bloco que colocamos para o uso das pseudorrealidades. São as situações imaginadas que levam o coachee a reviver ou experimentar uma sensação emocional diante da realidade criada imaginativamente.

RESPONSABILIZAÇÃO E RENÚNCIA

Vícios emocionais se instalaram em nós a partir da dor emocional experimentada. Mas, diferentemente dos traumas, o vício teve nossa permissão e colaboração para se instalar. Assumir responsabilidade pelo vício é a forma mais poderosa de combatê-lo, seguida por uma renúncia absoluta com forte linguagem emocional.

Use o exercício emocional Caminho de Impeditivo para trabalhar esse aspecto com o seu coachee.

4.7 A crença master: identidade

"Desafie as limitações do seu passado e de sua cultura, para demonstrar quem você realmente é!"

Anthony Robbins

QUAIS SÃO AS SUAS CRENÇAS

Faça o seguinte exercício. Sem pensar muito qual é a primeira definição que lhe vem à cabeça, pare e escreva abaixo ou em um pedaço de papel.

- HOMENS _____
- MULHERES _____
- CASAMENTO _____
- AMOR _____
- TRABALHO _____
- SAÚDE _____
- DINHEIRO _____
- SUCESSO _____
- FRACASSO _____
- DEUS _____

CRENÇAS CONFLITANTES OU LIMITANTES

Releia tudo o que escreveu e observe se existe alguma crença conflitante ou limitante.

Quantas dessas frases você claramente identifica que estão limitando algum progresso que poderia experimentar em áreas ou pilares da sua vida?

A boa notícia é esta: crenças foram aprendidas e da mesma forma que as aprendemos podemos as reaprender e substituir por outras melhores e fortalecedoras.

IDENTIDADE: A MAIOR DE TODAS AS CRENÇAS

Quem é você? Nenhuma crença é mais importante que a de nossa identidade. Trata-se da mãe de todas as crenças e é aquela que terá o maior impacto sobre as características da vida que teremos. Identidade é um conjunto de características próprias e exclusivas que nos define. Com a maior sinceridade possível, defina em uma frase: Quem é você? O que vê quando se olha no espelho?

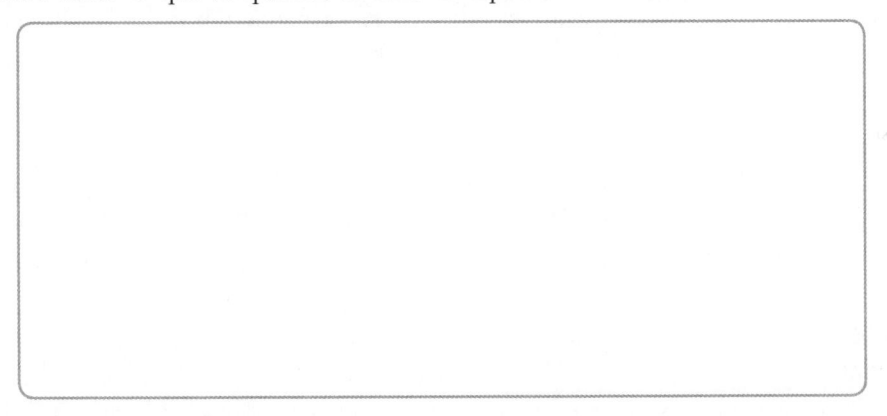

Observe o que escreveu sobre si e identifique o que acha que mais tem identificado você:

- O que você tem (posses)?
- O que você faz?
- Quais pessoas você conhece?
- Como é sua aparência?
- O que os outros dizem a seu respeito?
- Como as pessoas o tratam?

Muito da nossa identidade superficial está vinculada a pessoas que supomos que somos, pelas coisas que fazemos. No livro *Cavaleiro preso na armadura*, o protagonista tinha uma visão superficial de si totalmente alienada daquela que realmente era verdadeira e ficava escondida atrás de uma armadura, ou, se preferir, de máscaras que escondem o que realmente está dentro de nós. Um excelente teste de identidade é a aposentadoria: pessoas que se aposentam perdem o sentido da vida, pois o valor e a identidade estavam naquilo que faziam, na importância social que desfrutavam.

AS TRÊS LEIS UNIVERSAIS

No coaching e na vida, uso três leis universais simples e altamente poderosas que afetam a identidade de cada ser humano em valor e singularidade. Estão vinculadas ao nosso *design* e criação e certamente afetam um senso de propósito que cada um carrega dentro de si.

1. **Potencial ilimitado:** feito à imagem e semelhança do Criador e, portanto, dotado de possibilidades infinitas.
2. **Feito sob *design* para um propósito:** assim como uma chave é feita para uma fechadura, eu existo para um propósito único e singular.
3. **Criados para imortalidade:** mais do que a longevidade, carregamos o anseio pelo eterno dentro de nós, nos recusamos a nos entregar à morte e ao fim.

O QUE TEM COMUNICADO?

Decida não falar mais coisas negativas sobre você. Você tem livre-arbítrio para crer, ver e pensar no que quiser. Assuma o compromisso:

> **EU NÃO TENHO O DIREITO DE ME OFENDER.**

"Eu decido nunca mais deixar que palavras negativas saiam da minha boca a meu respeito."

Cuidado com os rótulos que os outros e nós mesmos colocamos sobre nossa identidade.

Ajude seu coachee a se livrar de rótulos mentirosos e sabotadores, que afetam e diminuem o valor e a singularidade de quem são.

SABER QUEM VOCÊ É MUDA TUDO

Uma pessoa sem uma identidade aceita sobre si o que vier. Não se dá crédito, valor para lutar pelo que sonha. Milhares de pessoas sentem-se inseguras para viverem suas vidas, pois não sabem quem são nem por que existem.

Uma forma simples de reconduzir a construção de identidade está em um processo chamado autovalidação. Trata-se de criar uma lista verdadeira de quem é, baseada nas três leis universais, fazendo uma descrição detalhada de atributos extraordinários que fazem parte de seu *design*.

Uma forma de trabalhar isso com o coachee é um Exercício Pontual Dinâmico (Relação de 70 características pessoais/profissionais positivas que lista) combinado com o Exercício Emocional Autoimagem Positiva.

Lembre-se de que a identidade precisa ser experimentada na mente consciente e inconsciente. Há uma diferença entre saber quem (Mente) eu sou e sentir quem (Coração) eu sou. Como coach, ajude seu coachee a viver os dois.

4.8 Reconstrução de hábitos e padrões

RECONSTRUÇÃO DE HÁBITOS

Começamos nas seções anteriores descrevendo a **Imagem 4.5** e observando como um trauma se estabelece e abre uma janela para incorporar vícios emocionais. Falamos como podemos tratar e curar os traumas e como podemos nos responsabilizar pelos vícios e renunciarmos sua perpetuação em nossa vida.

Passamos pela reconstrução da identidade, como ponto de partida de uma nova vida, cheia de possibilidades e potencial que até então eram impossíveis. É somente a partir do fundamento de uma identidade transformada que nos empoderamos para redefinir e reconstruir todo o nosso sistema de hábitos que estava sendo governado pelo sistema de crenças sabotadoras vivido até aqui. Nesta última seção, trazemos passos práticos, agora empoderados pela crença da identidade de fazer-se mudanças substanciais e definitivas de vida.

TOTAL *STRETCH*

Encoraje seu coachee: "Faça o que até então acha impossível ser feito."

Uma das formas práticas de criar rupturas dos padrões atuais para criar novos é por meio do *Total Stretch* (traduzido: estiramento total).

O *Total Stretch* representa você estressar os padrões a tal ponto que os leve a romper limites ou, melhor, criar novos limites. Nessa analogia, é como você esticar um elástico até o limite do seu estiramento, levando-o a uma ruptura. Na prática, fazemos isso como uma dose de ataque. Quebre vícios, reinvente seu estilo pessoal, renove sua forma de pensar, mude comportamentos que sempre teve, faça isso com empenho e foco, fortalecido pela sua crença de identidade. Isso requer empenho e foco, que podem ser encontrados em um processo de coaching, e, se continuar esticando, chegará a uma ruptura e a um novo patamar de vida e de relacionamentos.

ENTRE A TEORIA DOS SISTEMAS E A TEORIA DO CAOS

Sim, as mudanças abalam o nosso *status quo* e a nossa inércia de vida. Colocam o nosso conhecido sistema de vida em caos. Mas esse caos é apenas uma desordem momentânea para que uma nova arrumação seja feita. Quando o sistema entra em pânico e não se sabe o que vai acontecer, isso parece uma ameaça e haverá uma força que tentará puxá-lo de volta para o conhecido. Essa força agirá dentro e fora de você. Uma parte de nós prefere ficar onde está, pois é mais seguro e conhecido. Pessoas também vão tentar segurá-lo, especialmente aquelas que forem confrontadas pelas suas mudanças, o que revelará a passividade delas.

Pense em você fazendo o que não fazia antes. Entre no elevador e dê bom dia para o vizinho, que ele até se assustará. Dê um beijo no seu pai ou na sua mãe e eles talvez até debochem, dizendo: "Ihh, vai querer dinheiro." Ou talvez prepare um jantar romântico para alguém especial e não receba a resposta que esperava. Lembre-se de que, assim como nós, as pessoas à nossa volta são resistentes a mudanças.

NOVA ROTINA: SETE NOVOS HÁBITOS

Novos hábitos requerem novas sinapses neurais, gerando novas atitudes baseadas em compromisso e decisão consciente. Adaptado do livro *Sete hábitos de pessoas altamente eficazes*, de Stephen R. Covey, vamos encerrar esta parte encorajando sete novos hábitos poderosos que acelerarão mudanças e progresso desejado.

1. SER PROATIVO (Autorresponsável)
2. COMEÇAR COM UM OBJETIVO EM MENTE
3. ESTABELECER ALVOS DO TEMPO
4. SEMEIE AMOR
5. PROCURAR PRIMEIRO COMPREENDER, DEPOIS SER COMPREENDIDO
6. CRIE ALIANÇAS PODEROSAS
7. CRESCIMENTO CONTÍNUO

Imagem 4.8 Os 7 hábitos (adaptado)

● HÁBITO 1 | SER PROATIVO E AUTORRESPONSÁVEL

Use uma das armas mais poderosas que está à sua mão: a escolha.

Você tem liberdade de escolher como vai responder a tudo o que acontece à sua volta. A **Imagem 4.8a** demonstra dois diferentes modelos de resposta. À esquerda, o modelo da reatividade que provoca a resposta impulsiva, sem filtro, sem valores, sem criatividade, e sem responsabilidade. Já à direita, vemos o modelo da proatividade, que considera a escolha uma ferramenta de resposta aos estímulos do mundo à nossa volta.

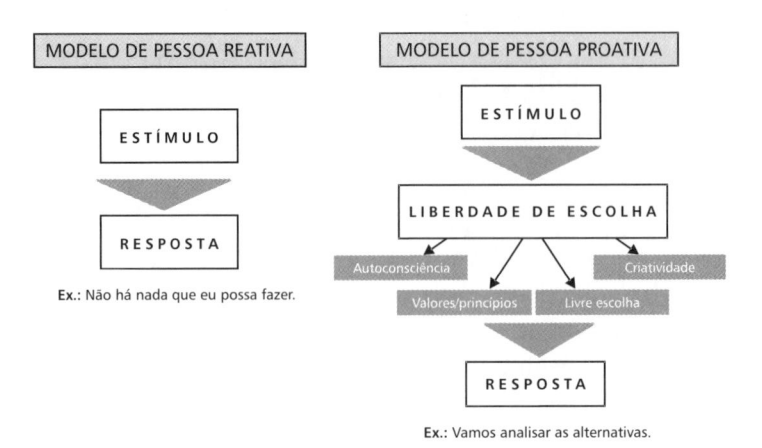

MODELO DE PESSOA REATIVA

ESTÍMULO → RESPOSTA

Ex.: Não há nada que eu possa fazer.

MODELO DE PESSOA PROATIVA

ESTÍMULO → LIBERDADE DE ESCOLHA (Autoconsciência, Valores/princípios, Livre escolha, Criatividade) → RESPOSTA

Ex.: Vamos analisar as alternativas.

Fonte: adaptada de Vieira (2008).

Imagem 4.8a Sistemas de resposta

Reprogramação emocional

Pessoas reativas são escravas das circunstâncias externas. Se o ambiente está bom, eu estou bem. Se o ambiente está pesado, eu fico pesada. Tentam absolver sua responsabilidade e culpam suas ações nas coisas e pessoas, dizendo: "Não posso fazer nada para mudar minha vida."

ASSUMA RESPONSABILIDADE PELA SUA VIDA

Reconheça a diferença entre influência e controle. Seja feliz e decida focar seu tempo e energia naquilo que pode efetivamente controlar, e não nas coisas que o preocupam (Zona de Preocupação) fora de seu controle, conforme observado à direita da **Imagem 4.8b**.

MODELO AUTORRESPONSÁVEL
- Não perde tempo reclamando
- Foca naquilo que pode mudar
- Valoriza pontos fortes das pessoas em vez de criticar seus erros
- Suas palavras são otimistas e agradáveis

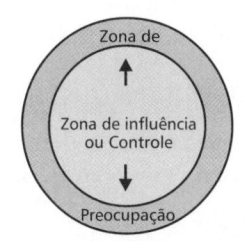

MODELO REATIVO
- Resiste à mudança
- Foca prioritariamente nos problemas
- Autovitimação
- Murmuração e reclamação
- Ansiosa e preocupada

A pessoa autorresponsável concentra-se na zona de influência e controle.

A pessoa reativa tende a diminuir cada vez mais sua zona de influência e controle.

Fonte: adaptada de Vieira (2008).

Imagem 4.8b Zona de influência e zona de preocupação

● HÁBITO 2 | COMEÇAR COM UM OBJETIVO EM MENTE

Escolha ser movido por uma visão e viva por uma missão. Estabeleça sua visão: Crie seu Mural da Vida Extraordinária! Lembre-se de que a visão é uma memória de um futuro que você já viu!

Defina também sua Missão de Vida, começando com a declaração: Eu existo para...

Comece cada dia com um fim em mente, congruente com os seus valores de vida.

Pergunte para um arquiteto. Todas as coisas são criadas duas vezes. Uma dentro e outra fora de nós. Crie o hábito de visualizar as coisas antes de sair para fazê-las. Planeje na sua mente os resultados que irá conseguir. Use a visualização criativa.

● HÁBITO 3 | ESTABELEÇA ALVOS DO TEMPO

Use o sistema de Alvos do Tempo e fuja do estresse do urgente. Eu *tenho* que fazer? Quanto mais "tenhos" você tiver em sua vida, mais estresse sentirá. Considere também que há pelo menos **três opções de escolhas** para cada situação de vida que enfrenta. Por isso nunca diga "Não tenho escolha." Você sempre tem. Lembrar disso o ajudará a criar novas escolhas em sua vida!

ALVO DO TEMPO

Quanto do seu tempo está dedicado ao ALVO? Veja a **Imagem 2.4.3b** na Parte 2.

A DIMENSÃO DA DISTRAÇÃO: NÃO IMPORTANTE E NÃO URGENTE

Aqui é aonde a maioria das pessoas vai quando está estressada, pois são atividades nas quais não se precisa pensar.

A DIMENSÃO DA DESILUSÃO: URGENTE

A desilusão ocorre sempre que interrompemos ou substituímos coisas importantes em nossa vida por uma demanda urgente. Fazemos isso, por exemplo, quando interrompemos uma conversa íntima com alguém para ler uma mensagem que acabou de chegar no celular ou para atender uma ligação. Nem tudo que requer sua atenção imediata é importante. A desilusão, todavia, é confundir estes dois e privilegiar aquilo que é urgente em vez do que é importante e de real valor em nossa vida.

A DIMENSÃO DA DEMANDA: URGENTE E IMPORTANTE

Há uma série de situações na vida que não podemos prever e que podem se tornar urgentes e muito importantes, como, por exemplo, um colega de trabalho ou seu filho sofre um acidente. Precisará responder a isso!

O ALVO: IMPORTANTE, MAS NÃO URGENTE

Este é o lugar onde quer dedicar a maior parte do seu tempo. Chamamos de ALVO! Essa é área que produz a verdadeira satisfação de vida.

O que caberia nessa categoria para você? Tempo com pessoas queridas? Trabalhando em um projeto não urgente, mas antecipando uma vantagem competitiva? Fortalecendo seu time? Marketing? Lendo? Exercitando? Pensando?

■ *HÁBITO 4 | SEMEIE AMOR*

O que você planta, você colhe. Compreenda que a sua vitória não necessariamente acontece às custas da derrota de outra pessoa. A melhor forma de aumentar o seu valor para as pessoas é fazendo por elas mais do que todos os outros.

*Semeie um **ato**, e você colhe um **hábito**.*
*Semeie um **hábito** e você colhe um **caráter**.*
*Semeie um **caráter**, e você colhe um **DESTINO**.*

Charles Reade

Segundo Covey, em negociações com outras pessoas, há duas alternativas: ganhar/ganhar e perder/perder. Pois se somente um ganha em detrimento do outro, o que perdeu não depositará confiança e lealdade no relacionamento para o longo prazo.

Quer dizer, você pode ganhar fazendo a outra parte perder, mas isso afetará a próxima negociação. Se não pode alcançar um trato ganhar/ganhar, é preferível não fazer o trato. Pelo menos manter a relação, abrindo o campo para um acordo ganhar/ganhar no futuro.

A CORRENTE DO BEM

Assuma este desafio: Pense em três coisas grandes que pode fazer por três pessoas, que elas não poderiam fazer por si mesmas e inicie uma cadeia de bondade e amor. Este pode ser o seu jeito de mudar o mundo e fazer dele um lugar melhor.

● HÁBITO 5 | PROCURAR PRIMEIRO COMPREENDER, DEPOIS SER COMPREENDIDO

Um estudo conduzido por Patrick Lencione mostra que as pessoas apreciam muito mais o serem ouvidas do que terem sua opinião acatada! Quem é ouvido colabora e tem suas defesas baixadas! Portanto, crie o hábito de compreender primeiro, escutando com empatia:

- Somos treinados a falar, mas não a ouvir.
- A maioria das pessoas escuta com a intenção de responder, e não de entender.
- Escutar com empatia é uma ferramenta muito poderosa para se conectar com pessoas. Ouça sem preconceitos.

SUAS PALAVRAS TÊM PODER

Reaprenda a usar a sua comunicação. A respeito do que falamos encontramos sabedoria no livro de Provérbios, capítulo dezoito e versos vinte e vinte um (BÍBLIA de Estudo de Genebra, 1999, p. 751):

> *Do fruto da boca o coração se farta, do que produzem os lábios se satisfaz.* **A morte e a vida estão no poder da língua**.

O que você fala afeta a forma como você vê o mundo. Você vive de suas palavras: Auto-hipnose. A auto-hipnose acontece todas as vezes que repetimos a crença vez após vez, até que ela se torne uma verdade para nós.

Guardar as nossas palavras também evita conflitos e poupa a nossa alma de angústias.

● HÁBITO 6 | CRIE ALIANÇAS PODEROSAS

Foque naquilo que é bom e crie alianças com pessoas que complementem suas fragilidades!

Ao fazer uma aliança, considere a sua natureza:

- Pactos de fidelidade, cooperação com sacrifícios e benefícios mútuos em busca de um alvo.
- Alianças são unilaterais (escolha bem).
- Criam sinergias e alcançam níveis que o melhor das duas partes não conseguiria sozinho.

4 — Reprogramação emocional

● HÁBITO 7 | CRESCIMENTO CONTÍNUO

Aplique o *Total Stretch* Sistêmico. Estabeleça um pacote de ações profundas para ganhos imediatos; equivalente a 1 ponto por pilar, conforme demonstrado na **Imagem 4.8c**.

Em seguida, dê sustentação a essas ações incorporando-as em sua agenda extraordinária. Defina:

> AÇÕES DE RUPTURA – SEMANA 1
> AÇÕES DE RUPTURA – SEMANA 2
> AÇÕES DE RUPTURA – SEMANA 3

TOTAL *STRETCH*

Descrições que levam a novas rupturas.

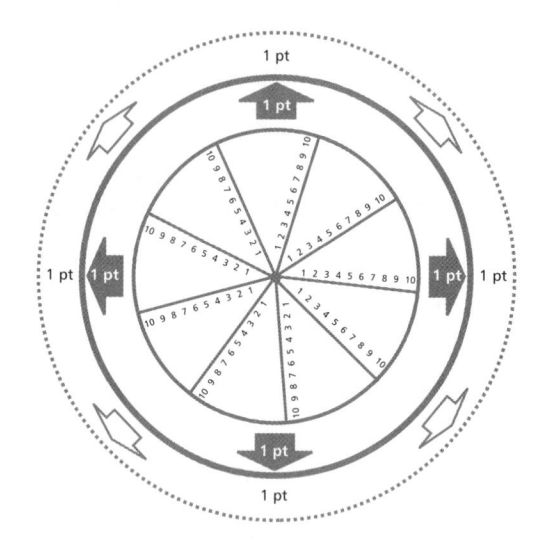

Imagem 4.8c *Total Stretch* Sistêmico

5
CRITÉRIOS DE FORMAÇÃO PROFISSIONAL

5.1 O coaching é profissão regulamentada?

Não. O coaching não é uma profissão regulamentada, seja no Brasil ou no exterior. Apesar de haver projetos tramitando para sua regularização, há muitos coaches, órgãos e escolas de formação que são céticos de que se chegue a um consenso sobre isso tão cedo. O coaching não tem uma única metodologia de aplicação, tampouco é resultado de uma única patente ou direito, além de envolver conceitos de diversas ciências, como já apresentado.

Uma outra razão contestando a necessidade de regulamentação da profissão, usada em países onde já se tentou regulamentar a profissão, está no fato de o coach não exercer uma função de aconselhamento ou de diagnóstico de saúde física, mental ou ainda aconselhamento conjugal e financeiro. Para fazer isso é necessário dispor das respectivas credenciais para exercício profissional, como um médico, um terapeuta ou ainda um consultor financeiro.

Por isso não existe um conselho federal ou regional, uma entidade, associação, fundação ou Federação que seja autoridade certificadora ou fiscalizadora absoluta da profissão.

REQUISITOS EDUCACIONAIS DO COACH

Não há requisitos educacionais mandatórios para iniciar uma carreira como coach. No Brasil, você inclusive não é obrigado a ser certificado ou licenciado para começar a fazer coaching. No entanto, os coaches bem-sucedidos percebem que uma educação e um treinamento sólido são imperativos para uma carreira profissional de sucesso. Aspirantes à carreira de coaching podem escolher um número de caminhos diferentes para começar. Se você estiver considerando uma carreira como coach profissional, poderá encontrar programas de treinamento e certificações que atendam aos seus interesses.

Você pode querer considerar ainda ser credenciado a uma determinada federação ou associação específica, que estabelecem autonomamente critérios de qualidade nos seus processos de formação profissional. Dependendo do perfil de organizações ou da clientela específica que deseja atingir, adquirir uma credencial de coaching pode ser necessário ou altamente recomendado. Além disso, as credenciais podem ajudar a expandir a sua credibilidade profissional em outros países, reforçando sua integridade profissional nacional e internacionalmente.

Como veremos adiante, a obtenção de uma credencial profissional de coaching pelos principais órgãos internacionais exige elevados padrões profissionais, compromisso com um forte código de ética e elevado conhecimento e nível de habilidade.

EXERCÍCIO PROFISSIONAL

Um dos desafios na indústria de coaching é justamente a falta de critérios mínimos ou uniformes no exercício da profissão. Há um número expressivo de coaches atuantes hoje que não receberam nenhum tipo de treinamento. Alguns leram um livro, ou assistiram a um programa de TV, ou possuem credenciamento a partir de um treinamento de três horas, praticamente uma palestra.

Critérios de formação profissional

O fato de o exercício profissional do coaching não ser regulamentado não diminui a importância de sua profissionalização. Isso significa que para aplicar o coaching é necessário **passar por um treinamento específico**, baseado em técnicas, ferramentas e abordagens desenvolvidas por especialistas nos últimos 30 anos.

Nesta parte, vamos aprofundar os requisitos básicos de uma formação profissional em coaching, os principais órgãos de referência internacional e a necessidade de integridade no exercício dessa profissão.

5.2 Órgãos de referência

ASSOCIAÇÕES E FEDERAÇÕES PROFISSIONAIS

Ao avaliar as diferentes associações e federações de coaching, tanto nacionais como internacionais, observe sua credibilidade no mercado e se ela demonstra clareza e acessibilidade quanto às normas para a prática profissional. Aspirantes ao credenciamento precisam aderir a tais normas. Padrões são na maioria das vezes expressos por meio de um código de conduta ou de um código de ética. Esses padrões servem para orientar seus membros no que diz respeito a lidar com o público e entre si. Organizações diferem quanto ao grau de monitoramento, avaliação ou disciplina sobre os membros no que se refere à adesão ou violação de tais códigos e padrões. Na maioria dos casos, tais códigos e padrões são desenvolvidos por profissionais dentro da organização e podem ser atualizados de tempos em tempos à medida que surgem novas questões práticas. Tais códigos ou normas normalmente vão além das obrigações morais pessoais dos membros individuais.

International Coaching Federation (ICF)

O ICF é a instituição mais respeitada por todos e considerada o **centro mundial que orienta e cria os princípios de atuação para os coaches profissionais**. Trata-se de uma organização sem fins lucrativos, formada por membros-profissionais individuais que praticam coaching em todo o mundo. Fundada em 1995, é a líder mundial do setor, contando com mais de 25 mil membros em 126 países. O ICF defende mundialmente padrões profissionais uniformes dentro da profissão de coaching, e fornece certificação independente para coaches profissionais (pelo ICF Credencial) e programas de treinamento (o ICF Programa de Formação de Acreditação).

Oferece três níveis de certificação, credenciamento de escolas, uma conferência anual, uma lista das normas e competências, um conjunto de orientações éticas, um serviço de referência de coaching, e outras atividades de desenvolvimento profissional e apoio aos coaches membros.

Sede: Estados Unidos

Website: <www.coachfederation.org>

Worldwide Association of Business Coaches (WABC)

WABC é a primeira associação de coaching dedicada exclusivamente ao coaching de negócios. Além disso, é a única associação de treinamento avançada que tem padrões de admissão e de renovação para a adesão com base na experiência profissional, experiência como coach, e referências. Além disso, exige que seus membros forneçam evidência de suas titulações acadêmicas e designações profissionais. Os membros também são guiados por um código de ética e integridade de coaching de negócios. Essas normas têm resultado em atrair alguns dos negócios mais influentes, Business Coaches e Executivos no mundo.

Sede: Canadá

Website: <www.wabccoaches.com>

■ Association for Coaching (AC)

Lançada em julho de 2002 e com sede no Reino Unido, esta organização baseada em membros se esforça para ser uma importante associação para coaches, atuais e aspirantes. Eles se concentram em sete valores-chave: padrões elevados, a integridade, aberto, receptivo, focado no cliente, educacionais e progressivas. Eles fornecem um Código de Ética e Boas Práticas, um procedimento para reclamações, uma lista de recursos de coaching, seguro de responsabilidade profissional e uma série de outros recursos.

Sede: Reino Unido

Website: <www.associationforcoaching.com>

■ The International Association of Coaching (IAC)

O IAC é um órgão global independente e certificador de coaching, cuja missão é inspirar a contínua evolução e aplicação das normas de coaching universais. Difere de outros organismos de certificação, uma vez que em seu rigoroso processo de certificação avalia-se o domínio do coach por meio da demonstração, em vez de comprovar a conclusão de uma formação e documentar sua experiência específica. Usando o *IAC Coaching Masteries* como seu padrão, eles oferecem a oportunidade para os treinadores de todas as origens para avaliar e verificar se suas habilidades de coaching estão no mais alto nível de maestria de forma clara. Essa avaliação baseada no desempenho oferece oportunidades de aprendizagem profundas para coaches, e apoia o desenvolvimento dos sistemas de formação de coaching, tornando-os mais eficientes. A independência do IAC de organizações de formação de coaching lhe permite incentivar o mercado a aprender e desenvolver formas mais eficientes de ensinar coaching.

O IAC também fornece a seus membros um Código de Ética, boletim mensal, filiais locais e muitos outros benefícios para membros, como descontos em treinamento e *assessments*.

Sede: Estados Unidos

Website: <www.certifiedcoach.org/>

■ Association of National Organisations for Supervision in Europe (ANSE)

Em 1997, as organizações profissionais nacionais de supervisão da Áustria, Alemanha (DGSV), Hungria (MSZT), Países Baixos (LVSB) e Suíça (BSO) estabeleceram a ANSE como uma associação europeia guarda-chuva baseada em Viena, para atender à necessidade de cooperação e intercâmbio europeu de perspectivas profissionais.

Critérios de formação profissional

A organização representa hoje mais de 8 mil supervisores qualificados e coaches na área de consultoria em 22 países europeus e mais de 80 instituições de formação. Verifique seu *website* para conhecer mais sobre suas condições de adesão, o seu conjunto de princípios éticos, suas datas de conferências de verão e seu ponto de vista sobre coaching e supervisão.

Sede: Alemanha

Website: <www.anse.eu>

● Institute of Coaching Professional Association (ICPA)

Foi criado em janeiro de 2011 com a intenção de traduzir a ciência em prática de coaching. Oferece bolsas de pesquisa no campo da liderança, saúde e bem-estar e coaching pessoal. Não oferece certificação, programas de formação ou serviços de coaching, mas produz "master classes", fóruns de discussão, acesso aos recursos (incluindo mídia, revistas e *podcasts*), um Relatório de Coaching mensal e CEUs para vários eventos. Três níveis de adesão estão disponíveis (taxas atuais em US$): *"Affiliate"*, $ 150,00; *"Founding"*, $ 500,00; e *"Fellows"*, $ 1.000,00. Todos os membros têm acesso à revista mensal, 10 *master classes* (*podcasts*, *webinars* etc., contudo os *"affiliates"* recebem apenas quatro por ano, enquanto outras categorias recebem todas 10); recursos para coaching de saúde e bem-estar, psicologia positiva, e coaching de liderança; acesso a assinaturas de revistas de coaching; e o acesso a uma biblioteca. Informações sobre taxas de adesão estão descritas em seu *website*, bem como informações sobre "doações" e dedutibilidade fiscal.

Sede: Estados Unidos

Website: <www.instituteofcoaching.org>

● Behavioral Coaching Institute

O Behavioral Coaching Institute (Instituto de Coaching Comportamental) é uma das mais respeitadas escolas de coaching e centro de pesquisa sobre a profissão. Dedica-se a promover a prática de coaching baseado em pesquisas empíricas e comportamentais. Oferece uma certificação "BCI Accredited" ao cumprir os requisitos do programa de quatro dias "Certified Master Coach", que deve ser seguido de uma de suas opções de licenciamento, que pode ser focada na aplicação corporativa ou na carreira profissional como coach, ou ainda como um facilitador autorizado.

Sede: Estados Unidos

Website: <www.behavioral-coaching-institute.com/>

BOLSAS DE PESQUISA

Instituições como essas reconhecem o enorme progresso que a indústria de coaching precisa fazer no campo da pesquisa e da ciência. Muito do trabalho do coaching é fruto de pesquisa de outros campos científicos que nem sempre podem ser traduzidos com completa integridade nas práticas de coaching.

A essência do trabalho de coaching, o exemplo que consiste na ideia de que as pessoas dispõem de recursos potenciais completos para atingirem seus objetivos, hoje dispõe de embasamento científico do campo da psicologia positiva.

Com um pouco de paciência, o aspirante a encontrar subsídios para pesquisa no campo de coaching e áreas relacionadas pode localizar algumas instituições dedicadas a isso. Não são muitas, mas vemos um crescimento de verba crescente destinada à indústria de coaching:

- Institute of Coaching (<instituteofcoaching.org>)
- The Harnisch Foundation (<thehf.org>)
- Mestrado na pscilogia de Coaching, The University of Sydney (<sydney.edu.au/courses/master-of-science-in-coaching-psychology>). Este programa de Mestrado conta com subsídios de pesquisa financiados pelo Governo da Austrália, dedicado a temas que envolvem desenvolvimento de liderança e alcance de objetivos.

5.3 O Código de Ética

O CÓDIGO DE ÉTICA DO COACH

Como no exercício de qualquer profissão, o coach deve reconhecer e aderir a princípios éticos na conduta de suas atividades profissionais. Esse é mais um motivo pelo qual um processo de formação deve estar sujeito a uma entidade certificadora respeitável, com critérios e requisitos de formação e conduta ética bem definidos e alinhados às Boas Práticas de Mercado.

Não corresponder aos princípios de conduta elementares incorre em necessidade de reciclagens, suspensões ou mesmo na perda da licença para o exercício profissional.

CÓDIGO DE ÉTICA DO ICF

Por não ser uma profissão regulamentada ou dispor de um órgão regulador e fiscalizador, não há um único código de ética, apesar de haver harmonia entre as propostas das principais entidades mundiais que dispõem de critérios éticos e conduta profissional sobre o exercício do coaching.

O ICF tem liderado o desenvolvimento de uma filosofia profissional no coaching e no estabelecimento de um **padrão ético de referência mundial**.

Trataremos a seguir de conhecer as seções previstas neste Código. O Código de Ética na íntegra poderá ser conferido no **Anexo 4** deste livro.

- **Parte 1 (Seção 1):** Definições (papéis e responsabilidades)

Esta seção dedica-se a esclarecer e definir o que é coaching, qualificar uma relação profissional de coaching, enfatizar a importância de dominar as onze competências do coach e seguir os princípios éticos profissionais. Por fim, estabelecem-se os papéis no coaching, primeiramente o do coach (aquele que exerce o coaching), o do coachee (aquele que recebe o coaching) e, por fim, o de um patrocinador (aquele que subsidia o processo de coaching), caso houver, determinando-se um acordo de coaching entre as partes.

Critérios de formação profissional

■ Parte 2 (Seção 1): Conduta profissional geral

Trata-se dos princípios de conduta ética definindo clareza e honestidade comercial na divulgação de um programa de coaching, sujeição a leis e regulamentos, respeito aos princípios da confidencialidade, inclusive em pesquisas científicas. Demonstra respeito às diferentes linhas e abordagens de coaching, não deturpando outros colegas de profissão (especialmente visando criar diferenciais comerciais).

■ Parte 2 (Seção 2): Conflito de interesse

Orienta a ausentar-se em qualquer situação de conflito, relatar quando houver ganhos de terceiros por indicação, não obter vantagens profissionais ou monetárias de uma relação coach-cliente além daquelas determinadas no acordo de coaching.

■ Parte 2 (Seção 3): Conduta profissional com clientes

Determina-se o respeito ao direito do cliente de terminar o relacionamento quando não vir benefícios no processo. Não se envolver intimamente com o cliente. Estabelecer limites de toque físico e imparcialidade no assunto tratado.

■ Parte 2 (Seção 4): Confidencialidade e privacidade

Determina-se o respeito absoluto ao princípio de privacidade e confidencialidade do cliente, esclarecendo inclusive os limites de informações que podem ser compartilhadas com um eventual patrocinador.

■ Parte 3: O juramento de ética do ICF (Final)

Consiste no juramento exigido para coaches certificados pelo ICF de honrar suas obrigações éticas e legais diante de clientes, patrocinadores, colegas e público em geral.

5.4 As onze competências do coach

Nesta seção, trataremos das onze competências essenciais do coach segundo os padrões profissionais estabelecidos pelo ICF. Como coach, é fundamental que compreenda e exiba estas competências durante seu trabalho de coaching. Para adquirir uma certificação básica pelo ICF é necessário que demonstre habilidade nestas onze competências, conforme descreveremos a seguir.

AS ONZE COMPETÊNCIAS DO COACH – ICF

A. **ESTABELECER O FUNDAMENTO**
 - Corresponder as diretrizes éticas e padrão profissional
 - Estabelecer um acordo de coaching

B. **PROMOVER UMA RELAÇÃO DE PARCERIA**
 - Estabelecer confiança e intimidade com o cliente
 - Presença do coach

C. COMUNICAÇÃO EFETIVA
- Ouvir ativamente
- Perguntas eficazes
- Comunicação direta

D. FACILITAR APRENDIZAGEM E RESULTADOS
- Promover autoconsciência
- Designar ações
- Planejamento e estabelecimento de metas
- Gerenciamento de progresso e autorresponsabilidade

DESCRIÇÃO DE CADA COMPETÊNCIA

1. CORRESPONDER AS DIRETRIZES ÉTICAS E PADRÃO PROFISSIONAL

Compreensão da ética profissional e padrões de qualidade na aplicação do coaching, bem como demonstração da capacidade de aplicá-los de forma adequada em todas as situações de coaching.

- Compreende e demonstra em seus próprios comportamentos os Padrões de Conduta Ética do ICF, seguindo suas orientações.
- Comunica claramente as distinções entre coaching, consultoria, psicoterapia e outras profissões de apoio.
- Recomenda o cliente para outro profissional especialista quando necessário, discernindo quando isso se fizer necessário e dispondo dos recursos disponíveis.

2. ESTABELECER UM ACORDO DE COACHING

Capacidade de compreender o que é necessário na interação específica de coaching e chegar a um acordo com o potencial e novo cliente sobre o processo e relacionamento de coaching.

- Compreende e discute efetivamente com o cliente as orientações específicas e o parâmetro do relacionamento de coaching (por exemplo, logística, honorários, agendamentos, inclusão de outros, se for o caso).
- Chega a um acordo sobre o que é e não é apropriado nesse relacionamento, o que está e não está sendo oferecido e acerca das responsabilidades do coach e do cliente.
- Determina se existe uma correspondência eficaz entre seu método de coaching e a necessidade do cliente em potencial.

3. ESTABELECER CONFIANÇA E INTIMIDADE COM O CLIENTE

Capacidade de criar um ambiente seguro e de apoio que produz um contínuo respeito mútuo e confiança.

- Mostra preocupação genuína pelo bem-estar e o futuro do cliente.
- Continuamente demonstra integridade pessoal, honestidade e sinceridade.

Critérios de formação profissional

- Estabelece acordos claros e mantém promessas.
- Demonstra respeito pelas percepções do cliente, seu estilo de aprendizagem e sua personalidade.
- Fornece suporte contínuo e valoriza novos comportamentos e ações, incluindo os que envolvem assumir riscos e o medo do fracasso.
- Pede permissão para o cliente para tratar assuntos sensíveis ou novas áreas.

4. PRESENÇA DO COACH

Capacidade de ser totalmente consciente e criar um relacionamento espontâneo com o cliente, empregando um estilo aberto, flexível e confiante.

- Está presente e é flexível durante o processo de coaching, "dançando" no momento.
- Acessa a própria intuição e confia em sua sabedoria interior – "vai com o intestino".
- É aberto a não saber e assume riscos.
- Vê muitas maneiras de trabalhar com o cliente, e escolhe no momento o que é mais eficaz.
- Usa efetivamente o humor para criar leveza e energia.
- Confiantemente altera suas perspectivas e experimenta novas possibilidades.
- Demonstra confiança em trabalhar com emoções fortes, de que pode se autoadministrar e não ser dominado ou enredado pelas emoções do cliente.

5. OUVIR ATIVAMENTE

Capacidade de se concentrar completamente no que o cliente está dizendo e no que não está dizendo, para entender o sentido do que está sendo dito no contexto desejado pelo cliente e para apoiar a autoexpressão do cliente.

- Atende o cliente e a prioridade do cliente, e não a prioridade do coach para o cliente.
- Ouve as preocupações do cliente, suas metas, seus valores e crenças sobre o que é ou não é possível.
- Distingue entre as palavras, o tom de voz e a linguagem corporal.
- Resume, parafraseia, reitera, espelha de volta o que o cliente disse para garantir clareza e compreensão.
- Encoraja, aceita, explora e reforça a expressão dos sentimentos do cliente, suas percepções, preocupações, crenças, sugestões etc.
- Integra e edifica sobre uma ideia ou sugestão do cliente.
- Compreende a essência da comunicação do cliente e o ajuda a chegar lá, em vez de se envolver em histórias descritivas e longas.
- Permite que o cliente desabafe ou "limpe" a situação de forma desprendida e sem julgamento, a fim de passar para as próximas etapas.

6. PERGUNTAS EFICAZES

Capacidade de fazer perguntas que revelam a informação necessária para o maior benefício à relação de coaching e ao cliente.

- Faz perguntas que refletem que o cliente foi ouvido ativamente e há uma compreensão de sua perspectiva.
- Faz perguntas que evocam descoberta, *insight*, compromisso ou ação (por exemplo, aquelas que desafiam as suposições do cliente).
- Aplica perguntas abertas que criam uma maior clareza, possibilidade ou nova aprendizagem.
- Faz perguntas que movem o cliente para onde ele deseja, e não questões que pedem para o cliente justificar-se ou olhar para trás.

7. COMUNICAÇÃO DIRETA

Capacidade de se comunicar eficazmente durante as sessões de coaching e de usar uma linguagem que tenha o maior impacto positivo sobre o cliente.

- É claro, articulado e direto na partilha de *feedback*.
- Reformula e articula para ajudar o cliente a entender de outra perspectiva o que ele/ela quer ou sobre o que está incerto.
- Afirma claramente os objetivos do coaching, o calendário de sessões, a finalidade das técnicas ou dos exercícios empregados.
- Usa uma linguagem adequada e respeitosa com o cliente (por exemplo, não sexista, não racista, não técnica ou com jargão).
- Usa metáforas e analogias para ajudar a ilustrar um ponto ou pintar um quadro verbal.

8. PROMOVER AUTOCONSCIÊNCIA

Capacidade de integrar e precisamente avaliar as múltiplas fontes de informação, e realizar interpretações que ajudam o cliente a ganhar autoconsciência e, assim, alcançar resultados acordados.

- Vai além do que é dito e avalia as preocupações do cliente, não ficando preso somente à descrição usada por ele.
- Evoca questionamento para uma maior compreensão, consciência e clareza.
- Identifica para o cliente seus/suas preocupações subjacentes, formas típicas e frequentes de perceber a si mesmo(a) e para o mundo, as diferenças entre os fatos e a interpretação, as disparidades entre pensamentos, sentimentos e ações.
- Ajuda o cliente a descobrir por si mesmo novos pensamentos, crenças, percepções, emoções, humores etc. que reforcem a sua capacidade de agir e alcançar o que é importante para ele.
- Comunica perspectivas mais amplas para o cliente, inspirando-o a um compromisso de mudar o seu ponto de vista e encontrar novas possibilidades de ação.
- Ajuda o cliente a ver os diferentes fatores e as inter-relações que afetam seu comportamento (por exemplo, pensamentos, emoções, fisiologia, histórico).

Critérios de formação profissional

- Expressa *insights* para o cliente de maneira que lhe sejam úteis e significativos.
- Identifica os principais pontos fortes *versus* as áreas críticas para a aprendizagem e o desenvolvimento e o que é mais importante abordar durante o coaching.
- Solicita que o cliente distinga entre assuntos triviais e significativos, comportamentos situacionais e comportamentos recorrentes, e detecte uma separação entre o que está sendo afirmado e o que está sendo feito.

9. DESIGNAR AÇÕES

Capacidade de criar ao lado do cliente oportunidades de aprendizagem contínua, tanto durante o coaching quanto em situações de trabalho/vida, e para a tomada de novas ações que efetivamente conduzam a resultados acordados de coaching.

- *Brainstorm* e auxilia o cliente na definição de ações que o permitam demonstrar, praticar e aprofundar novo aprendizado.
- Ajuda o cliente a focalizar e explorar sistematicamente preocupações específicas e oportunidades que são centrais às metas de coaching acordadas.
- Envolve o cliente a explorar ideias e soluções alternativas, para avaliar opções e tomar decisões relacionadas.
- Promove a experimentação ativa e a autodescoberta, em que o cliente aplica o que foi discutido e aprendido durante as sessões ou imediatamente depois em seu trabalho ou configuração de vida.
- Comemora o sucesso do cliente e capacidades para futuro crescimento.
- Desafia os pressupostos e as perspectivas do cliente para provocar novas ideias e encontrar novas possibilidades de ação.
- Defende ou traz pontos de vista que estão alinhados com os objetivos do cliente e, sem apego, engaja o cliente a considerá-los.
- Ajuda o cliente a "tomar uma ação imediata" durante a sessão de coaching, fornecendo total apoio.
- Incentiva a esticar e desafiar o aprendizado e os desafios, mas também o faz em um ritmo confortável.

10. PLANEJAMENTO E ESTABELECIMENTO DE METAS

Capacidade de desenvolver e manter um plano de coaching eficaz com o cliente.

- Consolida as informações coletadas e estabelece um plano de coaching e metas de desenvolvimento com o cliente que abordam preocupações e áreas críticas para aprendizado e desenvolvimento.
- Cria um plano com resultados que são alcançáveis, mensuráveis, específicos e tenham um alvo de data.
- Faz ajustes do plano como garantido pelo processo de coaching e pelas mudanças situacionais.
- Ajuda o cliente a identificar e acessar diferentes recursos de aprendizagem (por exemplo, livros, outros profissionais).
- Identifica e mira em sucessos primários que são importantes para o cliente.

11. GERENCIAMENTO DE PROGRESSO E AUTORRESPONSABILIDADE

Capacidade de manter o foco no que é importante para o cliente e deixar a responsabilidade de ação com o cliente.

- Solicita claramente ao cliente ações que o moverão em direção a suas metas declaradas.
- Acompanha as ações e os compromissos assumidos pelo cliente durante a(s) sessão(ões) anterior(es).
- Reconhece aquilo que foi feito ou não pelo cliente (atividades e decisões tomadas em sessões anteriores), bem como aquilo que foi aprendido ou assimilado até o momento.
- Prepara efetivamente, organiza e revisa com o cliente informações obtidas durante as sessões.
- Mantém o cliente no caminho entre as sessões, mantendo a atenção no plano de coaching e nos resultados, acordos de Plano de Ação e temas para futura(s) sessão(ões).
- Foca no plano de coaching, mas também está aberto a ajustar os comportamentos e as ações com base no processo de coaching e nas mudanças de direção durante as sessões.
- É capaz de discernir se a perspectiva do cliente é focada ou ampliada daquilo que se analisa, ajudando o cliente a estabelecer um contexto para o que está sendo discutido e para onde o cliente deseja ir.
- Promove a autodisciplina do cliente e o responsabiliza no que ele disse que iria fazer tanto para atingir os resultados de uma ação pretendida como para cumprir um plano específico com prazos relacionados.
- Desenvolve a capacidade do cliente para tomar decisões, aborda as principais preocupações, e o(a) desenvolve (para obter *feedback*, determinar prioridades e definir o ritmo de aprendizagem, refletindo o que aprendeu com as experiências).
- Positivamente, confronta o cliente com o fato de ele/ela não ter tomado ações acordadas.

5.5 Critérios de certificação

Cada programa de formação estabelecerá seus próprios critérios para certificação de seus coaches. Não há regras. Contudo, dispor de um sistema claro e robusto de avaliação fala muito sobre o perfil de formação de coaches de determinado programa.

Como critério básico de formação, apresentamos os requisitos mínimos de certificação pelo ICF na modalidade *Associate Certified Coach* (ACC).

1. 60 HORAS MÍNIMAS DE TREINAMENTO ESPECÍFICO DE COACHING

Pelo menos 60 horas de treinamento específico de coaching com a documentação robusta.

Das 60 horas necessárias, pelo menos 48 horas devem ser:

Critérios de formação profissional

- Horas (relógio) de contato direto entre estudante e instrutor estudante e em tempo real, permitindo interações síncronas entre professores e alunos. Isso pode incluir o tempo gasto na instrução direta, nas discussões em tempo real, na observação e *feedback* de sessões práticas de coaching e *mentoring* dos estudantes.
- Treinamento específico desenvolvido e entregue com base nas onze competências essenciais do ICF. Todas as onze competências precisam ser abordadas.

Das 60 horas necessárias, não mais do que 12 horas podem ser:

- Trabalhos de casa/Estudos Independentes (horas de relógio) – dedicados fora da interação em tempo real entre professores e alunos (assíncrono). Podem incluir leituras, escrita (trabalhos de conclusão), pesquisa e diversas outras atividades que possam ocorrer fora do ambiente síncrono. Todas as horas assíncronas devem fazer parte do programa de treinamento e necessitam de algum método de validação de que a atividade foi concluída pelo aluno.

- **TREINAMENTOS QUE SÃO ACEITOS COMO FORMAÇÃO ESPECÍFICA DE COACHING:**

- Formação em Coaching por um programa credenciado (ACTP) ou um programa que tenha recebido do ICF uma designação de horas específicas (ACSTH).
- Treinamentos de um Provedor de Educação Continuada em Coaching (CCE), conferências do ICF, eventos regionais (limitados a 12 horas no máximo).
- Treinamento especificamente comercializado como ensino de habilidades de coaching, ou que ensina como aplicar determinadas habilidades usando o processo e as ferramentas de coaching, estando também em conformidade com as competências essenciais do ICF.

- **TREINAMENTOS QUE NÃO SÃO ACEITOS COMO FORMAÇÃO ESPECÍFICA DE COACHING:**

- Formações que são comercializadas como ensinando outras habilidades, embora as capacidades possam ser utilizadas por um coach de alguma maneira.
- Cursos de desenvolvimento pessoal.
- Educação em outras áreas, como psicologia, aconselhamento, PNL etc., não conta como formação específica de coaching.

- **DAR AULAS DE COACHING NÃO CONTA COMO FORMAÇÃO ESPECÍFICA PARA O COACH, A MENOS QUE:**

- O coach tenha criado a classe.
- O coach também tenha ensinado a classe.
- A formação se enquadre na definição da formação específica de coaching.

2. 100 HORAS DE PRÁTICAS DE SESSÃO

O Coaching Log de Cliente deve demonstrar 100 horas (75 pagas) de sessões de coaching com pelo menos oito clientes. Para todos os candidatos à certificação do nível básico (ACC), será necessário completar 100 horas de sessão após o início da sua formação específica de coaching. Além disso, pelo menos 25 dessas horas devem ocorrer dentro dos 18 meses anteriores à apresentação do pedido para credenciamento.

Assim que começar a fazer coaching, você deve iniciar o registro de suas horas usando a Planilha de Coaching Log, localizada no Anexo 4. Há quatro tipos de clientes que podem ser incluídos no registro de coaching:

- Clientes individuais – sessões individuais com contrato (mesmo *pro bono*).
- Clientes do grupo – em sessões de grupo não se multiplicam as horas pelo número de participantes.
- Clientes internos – na mesma empresa, mas sem subordinação direta.
- Clientes de terceiros – clientes patrocinados por uma empresa, como programas de *executive coaching*.

A hora de coaching é de 60 minutos de coaching real com um cliente que o contratou como um coach, e não para qualquer outra capacidade (treinador, consultor, mentor etc.).

Sessões de coaching de menos de 60 minutos vão contar como horas de coaching parciais (por exemplo, 30 minutos de treinamento cliente contam como horas de treinamento 0,5 cliente). O coaching deve ser feito pessoalmente, por telefone ou por outra tecnologia de voz a voz.

Com o devido consentimento do cliente, é recomendada para sua avaliação de desempenho a gravação em áudio e transcrição por escrito da uma sessão de coaching completa.

3. 10 HORAS DE *MENTORING* COACHING

Receber no mínimo 10 horas durante um período mínimo de três meses de mentoreamento por um coach qualificado. Para o ICF, seu coach mentor precisa também ser certificado.

Um mínimo de três das 10 horas de orientação deve ser de sessões de um em um com o mentor. Mentoreamento em grupo poderá ser no máximo de sete horas das 10 exigidas. O grupo orientado não pode consistir em mais de 10 participantes.

4. ATIVIDADES EXTRAS

Outras atividades extras podem ser exigidas em aderência a aplicação de uma determinada metodologia. Poderão ser exigidos livros, filmes e aplicação de exercício e rotineiros, de maneira que coach demonstre conhecimento satisfatório sobre os recursos que poderão ser usados em sessão.

5.6 Carreira como coach

Um coach pode optar por uma Carreira X ou Y, ou ainda as duas combinadas.

Critérios de formação profissional

A CARREIRA X NO COACHING

A carreira X não dispõe de uma uniformidade no mercado ou de critérios padrões. Isso deverá variar de acordo com o órgão e a filosofia do programa de coaching a que decidir aderir.

Segundo o ICF, a Carreira X do coach tem três níveis:

- Associate Certified Coach – ACC.
- Professional Certified Coach – PCC.
- Master Certified Coach – MCC.

A **Tabela 5.6a** compara as principais diferenças e exigências para cada um dos três níveis.

Tabela 5.6a Exigências mínimas do ICF de níveis no coaching

	ACC	PCC	MCC
Horas de Treinamento Específico (hs)	60	125	200
Horas de Mentoreamento (hs)	10	10	10
Horas de Sessão (hs)	100	750	2.500
Número mínimo de clientes	8	25	35

O ICF ainda tabela o padrão de desenvolvimento esperado para cada uma das onze competências considerando esses três níveis. A **Tabela 5.6b** exemplifica para a Competência Perguntas Eficazes as diferentes habilidades apresentadas para cada nível de coaching.

Critérios de formação profissional

Tabela 5.6b Categorias de perguntas eficazes

PERGUNTAS EFICAZES	ACC	PCC Dominar habilidades do ACC e:	MCC Dominar habilidades do ACC/PCC e:
Capacidade de fazer perguntas que revelam a informação necessária para o maior benefício à relação de coaching e ao cliente.	▪ O coach se concentra em questionar em vez de dizer. ▪ A maioria das perguntas não deve conter respostas já predeterminadas pelo coach. ▪ As questões devem atender a uma agenda ou questões definidas pelo cliente e não pelo coach.	▪ A sequência de perguntas está sendo dirigida pelo cliente e não pelo coach. ▪ O coach vai além das perguntas padronizadas de coaching ou das de seu próprio modelo mental.	▪ O coach faz perguntas evocativas que pedem que o cliente pare e pense em um espaço ou contexto maior ou experimental, relacionadas às prioridades do cliente e a seus objetivos declarados. ▪ O coach frequentemente usa perguntas que levam o cliente a pensar adiante e não focado no presente e no passado. ▪ As perguntas fazem frequente uso da linguagem e do pensamento do cliente e da criação de um estilo aprendido sobre o cliente.

Critérios de formação profissional

A CARREIRA Y: ESPECIALIZAÇÕES NO COACHING

O coach poderá escolher ainda uma especialização ou área de conhecimento na qual poderá aprofundar sua *expertise* e se tornar referência naquele campo específico. Isso, combinado à sua desenvoltura como coach e assessorado por ferramentas específicas de desenvolvimento, aumenta sua habilidade de conduzir sessões nesse campo.

A seguir, listamos algumas das diferentes ideias de especialização em coaching com que você tenha maior afinidade:

- Coach de Família
- Coach para Pais
- Coach Esportivo
- Fitness Coach
- Coach de Bem-estar
- Coach de Concursos
- Coach de Comunicação
- Coach de Vendas
- Coach de Liderança (*Executive*)
- Coach de Energia
- Coach de Negócios (*Business*)
- Coach Financeiro
- Coach de Aposentadoria
- Coach de Crises e Transições
- Coach para Casais
- Coach Espiritual
- Coach de Emoções
- Coach de Superação
- Coach de Transformação
- Coach de Empreendedorismo
- Coach Educacional
- Coach de Férias
- Coach de Carreira
- Coach de Vida (*Life*)
- Coach de Equipes
- Coach de Tempo e Agenda

6
COACHING COMO NEGÓCIO

6

Coaching como negócio

6.1 Mercado de coaching

"O princípio mais forte de crescimento repousa sobre a escolha humana."

George Eliot

DEMANDA POR COACHING

As últimas pesquisas vêm confirmando uma tendência de crescimento contínuo da indústria de coaching. Isso deve continuar por mais alguns anos, antes de a curva começar a chegar a um certo equilíbrio.

O **Gráfico 6.1a** revela uma pesquisa realizada pelo ICF em 2012, mostrando que a renda média e o número de clientes aumentaram para mais da metade da população de coaches pesquisados.

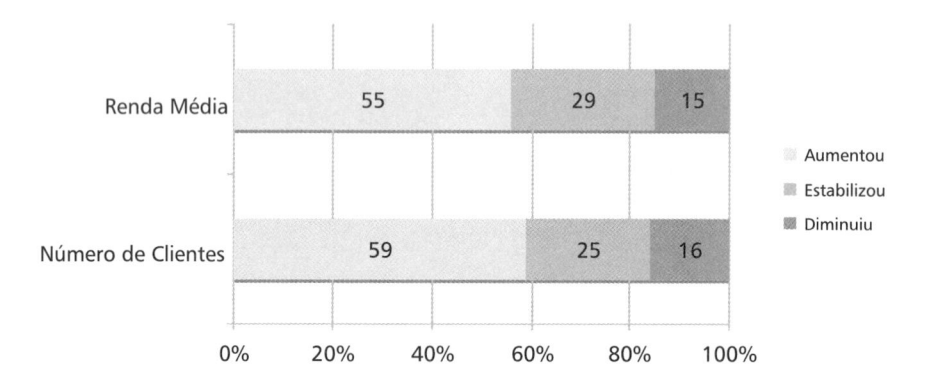

	Aumentou	Estabilizou	Diminuiu
Renda Média	55	29	15
Número de Clientes	59	25	16

Fonte: baseado em ICF (2012). Extraído de: <www.coaching4.com>.

Gráfico 6.1a Aumento de renda e número de clientes (Pesquisa ICF, 2012)

HORAS SEMANAIS COMO COACH

A procura pela carreira de coaching também se deve à flexibilidade dessa profissão com outras atividades profissionais e por não necessariamente ocupar todo o tempo disponível de coach. Atender 16 clientes simultaneamente significa atender quatro clientes por dia durante quatro dias, variando de quatro a seis horas de trabalho diário, quatro dias por semana e recebendo uma renda de aproximadamente R$ 25,6 mil a um preço-base tabelado.

O **Gráfico 6.1b** demonstra quantas horas semanais são ocupadas proporcionalmente ao número de clientes em uma carteira.

Coaching como negócio

Clientes Ativos

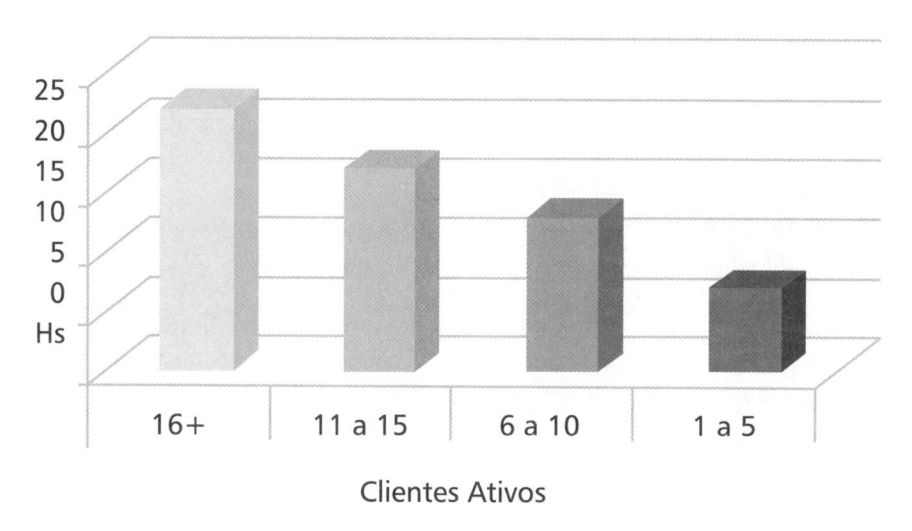

Fonte: baseado em ICF (2012). Extraído de: <www.coaching4.com>.

Gráfico 6.1b Horas efetivamente usadas em sessões

O MERCADO DE COACHING

Pesquisa realizada pela American Society for Training and Development (ASTD) em parceria com o ICF e organizada pela PWC verificou as tendências de crescimento da indústria.

O coaching continuará em franca expansão na próxima década! Veja as estatísticas (ICF, 2012):

- A previsão de crescimento no Brasil está entre 35-50% nos próximos anos.
- Existe um coach para cada 4,4 milhões de habitantes (América Latina).
- Coaches apontaram crescimento nos quatro indicadores da pesquisa (número de clientes, valor de honorários, número de sessões e receita).
- Segundo o Instituto Brasileiro de Coaching (IBC), a cada 100 novos coaches, 20 são subsidiados por suas empresas.

Esse cenário revela que não só gestores e líderes estão buscando aprimorar suas habilidades gerenciais, mas também os empresários, que acreditam no coaching como uma excelente forma de ampliar suas estratégias de negócio.

No Brasil, uma pesquisa publicada no jornal *Folha de S.Paulo* revelou que os executivos que passaram por "coaching" melhoraram **90% em produtividade**, **80%** se mostraram mais abertos para **mudanças organizacionais** e **70% deles conseguiram melhorar o ambiente e o relacionamento** no trabalho.

Pesquisas qualitativas em várias indústrias demonstram os seguintes benefícios:

- Aumento do **desempenho individual**.
- Aumento de **autoconhecimento** e **autoatualização**.

- Aumento da **satisfação e do nível de realização**.
- Aumento da **abertura ao novo e ao processo de aprendizagem** e desenvolvimento, habilidade de usar talentos e o potencial de forma mais efetiva, entre outros.

PREÇO MÉDIO POR SESSÃO (USD)

O **Gráfico 6.1c** apresenta outro dado de pesquisa publicada pelo ICF, com base em 2012. O preço médio por sessão (em dólares americanos) de coaching é proporcional ao tipo e ao perfil do cliente. Observe que o preço varia de acordo com o nível de maturidade e potencialmente de complexidade dos problemas e objetivos. O coaching executivo requer um perfil de coach mais experiente, que demonstre maior domínio das onze competências essenciais de coaching.

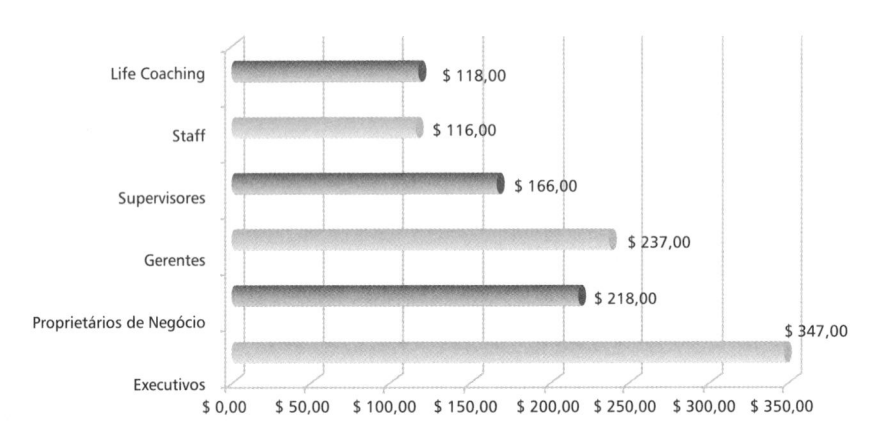

Perfil	Preço
Life Coaching	$ 118,00
Staff	$ 116,00
Supervisores	$ 166,00
Gerentes	$ 237,00
Proprietários de Negócio	$ 218,00
Executivos	$ 347,00

Fonte: baseado em ICF (2012). Extraído de: <www.coaching4.com>.

Gráfico 6.1c Ganho varia de acordo com o perfil do cliente

SERVIÇOS ADICIONAIS OFERECIDOS POR COACHES

Segundo pesquisa conduzida pelo ICF,[1] 94% dos coaches entrevistados declaram um ou mais serviços adicionais ao coaching em seu portfólio. Na média, um coach oferece outros três serviços adicionais além do coaching. A **Tabela 6.1** lista os principais.

Tabela 6.1 Lista de atividades adicionais oferecidas

% de coaches	Atividade adicional oferecida
62	Consultoria
60	Treinamento
50	Facilitação

Continua

---
[1] 2012 ICF Global Coaching Study.

% de coaches	Atividade adicional oferecida
34	Mentoreamento
29	Ensino
17	Aconselhamento
18	Outros

Essa pesquisa também afirma que, quanto maiores os anos de experiência do coach, maior o número de serviços adicionais ele oferece.

6.2 Atrativos da profissão

A profissão de coaching tem tido uma imensa procura. Isso se deve a alguns motivos centrais. A seguir listamos os nove principais atrativos da profissão que a têm colocado no radar de milhares de pessoas.

1. Extremamente realizador

Imagine ter um trabalho que consiste em ver e ajudar as pessoas a mudarem suas vidas para melhor todos os dias. Da via profissional a relacionamentos íntimos, um coach tem o privilégio de contemplar o novo nascendo, novas decisões, conquistas e superação contínua. Imagine trabalhar com um serviço que termina com imensa gratidão das pessoas por você, pela sua dedicação, seu profissionalismo, sua sensibilidade e pela sua assertividade. No coaching, o seu trabalho é dedicado a uma diferença enorme na vida de pessoas e ver novos resultados aparecerem rapidamente. Coaching é realização.

2. Mobilidade de trabalho

A tecnologia tem viabilizado a acessibilidade remota onde quer que esteja. Tenho, por exemplo, podido trabalhar com clientes de outros países, sem ter os custos de viagem, sem enfrentar horas de trânsito e no conforto do meu *home office*. O coaching pode ser executado por telefone, por videoconferência ou presencialmente. Seja como for, o coaching pode lhe dar mobilidade e escolhas de como e onde trabalhar.

3. Flexibilidade de agenda

A flexibilidade de agenda permite acomodar imprevistos e oportunidades que a vida nos traz. No coaching, você tem essa possibilidade, além de poder planejar de antemão que horários da sua semana desejará ocupar com atividades de coaching.

4. Ótimos rendimentos

O coaching pode lhe oferecer uma carreira com ótimos rendimentos. Com um bom trabalho, é natural que a demanda pelos seus serviços aumente, e perceberá que poderá aumentar o preço de suas horas por sessão. Seus rendimentos dependem do volume de coaching que terá em sua agenda e do preço por sessão que estiver praticando. Se estiver iniciando sua carreira como coach, não se preocupe com os ganhos, e sim em adquirir horas de experiência. Os retornos virão em breve.

5. Empreenda com baixo investimento inicial

Iniciar uma carreira pode custar caro, quanto mais um negócio próprio. O coaching oportuniza seus rendimentos com baixo investimento. Comece seu negócio e carreira no coaching com apenas 10% de um investimento tradicional.

6. Crie um crescimento pessoal contínuo

Como coach, você terá seu negócio "Eu S/A". Investir no seu negócio significa investir em você mesmo e no seu crescimento profissional. Antes de aplicar o coaching em outros, você trilhará o processo por si mesmo, pois não podemos levar ninguém onde nunca estivemos. Em sua jornada, você fará descobertas maravilhosas e novas sobre você, suas paixões, sua missão e seu futuro. Não só isso, mas durante as próprias sessões, enquanto faz perguntas a seus clientes, você nutrirá em si um hábito de conscientização de suas próprias realidades. Experimentará *insights* e crescimento contínuo.

7. Cooperação e trabalho em rede

Estão cada vez mais comuns grupos de coaching que se organizam visando cooperação e fortalecimento de nicho de trabalho, buscando trocar experiências, crescimento profissional e promover seus negócios. Aumente suas chances de prospectar novos clientes juntando-se a grupos regionais e diluindo seus custos fixos.

8. Coaching permite especializações

Sua experiência profissional pode lhe ser muito proveitosa para escolher uma especialização ou um nicho dentro do coaching. Por ser hábil a uma linguagem e um contexto, isso lhe colocará em uma posição privilegiada de ajudar seus clientes. Não só isso, mas no coaching você pode se manter ligado a setores e temas de sua preferência, especializando-se nisso.

9. Profissão integradora

O coaching lhe permite integrar diferentes atividades profissionais, aumentando seu leque e portfólio de trabalho. Conforme demonstrado na **Tabela 6.1**, existem diferentes formas de compor sua nova carreira.

6.3 Definições do seu coaching como negócio

Dominar as onze competências essenciais de coaching é um dos grandes fatores de sucesso do seu trabalho. Contudo, é preciso entender que coaching é um negócio e precisa ser planejado e gerenciado para que cresça de maneira sustentável. Nesta seção, você encontrará recursos que lhe ajudarão a esclarecer e definir com clareza seu público-alvo e seu modelo de negócio.

Coaching como negócio

SEU CLIENTE IDEAL

Assim como em um negócio, no coaching é muito importante conhecer que tipo de pessoas serão seu público-alvo. Quanto mais claramente você puder identificar o protótipo de cliente, mais fácil será encontrar uma forma de se comunicar com ele sobre coaching.

● **Exercício 1:** *Pense em uma descrição do seu cliente ideal de coaching...*

_____
_____
_____
_____
_____

● **Exercício 2:** *Para definir seu nicho, crie um **Mapa Mental** de como você se conecta com ele.*

A **Imagem 6.3a** é um exemplo de um coach que deseja se especializar em trabalhar com mulheres que sofreram com traição conjugal e buscam superação. Construa o Mapa Mental que melhor defina seu nicho.

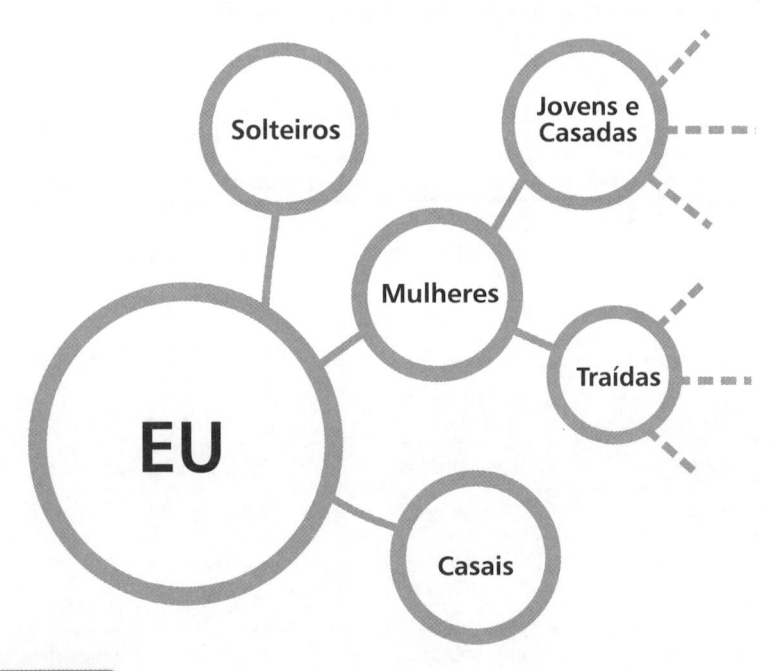

Imagem 6.3a Mapa Mental de conexão com seu nicho

SEU *ELEVATOR PITCH*

Defina seu *Elevator Pitch*, ou seja, seu discurso de venda em uma frase. A ideia deste exercício é estar preparado para uma oportunidade de encontrar alguém, como num elevador, e falar sobre o que faz, despertando um interesse para um próximo contato antes que o elevador pare no próximo andar.

Use o seguinte padrão:

> Eu + (verbo) + (alguém específico) + para/a + (benefício)

Exemplos:

- "Eu instrumentalizo líderes para efetivamente empoderarem seus colaboradores a distância."
- "Eu ajudo homens ocupados a encontrarem uma vida mais equilibrada e com mais satisfação."
- "Eu inspiro casais a revitalizarem o romance da vida a dois."

Procure um vocabulário que dinamize o que faz...

VERBO	ALGUÉM ESPECÍFICO	BENEFÍCIO
Acelerar	Homens	Sobressair profissional e pessoalmente
Acelerar a aprendizagem para	Mulheres	Superarem uma transição cultural
Ajudar	Famílias	Ótima saúde
Assistir	Casais	Alcançar suas metas
Associar	Adolescentes	Fazerem além do que pensam que podem
Ativar	Pais	Encontrar equilíbrio
Catalisar	Mães solteiras	Ser mais produtivo
Colaborar	Solteiros	Revitalizar o romance
Conscientizar	Divorciados	Desenvolver sua equipe
Construir	Viúvos	Transição profissional
Criar	Aposentados	Independência financeira
Dar	Empreendedores	Sair do endividamento
Defender	Líderes	Deixar um legado para três gerações

Continua

Coaching como negócio

VERBO	ALGUÉM ESPECÍFICO	BENEFÍCIO
Descobrir	Times	Sentir um amor incondicional
Dialogar	Supervisores	Obter mais energia
Elaborar estratégias	Executivos	Reduzir os drenos emocionais
Empoderar	CEOs	Superar a depressão
Encorajar	Talentos	Definir visão
Endorsar	Atletas	
Energizar	Obesos	
Ensinar	Pastores	
Equipar	Missionários	
Esticar	Professores	
Expandir	Coaches	
Explorar	Jovens escolhendo carreira	
Falar a verdade	Casais em crise	
Focar	Dependentes químicos	
Fortalecer	Pessoas em depressão	
Inspirar	Pessoas em crise financeira	
Melhorar	Investidores	
Motivar	Milionários	
Mover		
Navegar com		
Ouvir		
Possibilitar		
Provocar		
Servir		
Sinergizar		
Transformar		

■ **Exercício:** *Crie o seu* Elevator Pitch

Use a tabela anterior para construir seu próprio *Elevator Pitch*.

_____
_____
_____
_____
_____
_____
_____

OFEREÇA SEU COACHING *PRO BONO*

É muito importante começar a oferecer às pessoas seus serviços como coach. Pessoas do seu convívio podem não saber que você oferece esse serviço, ou mesmo que esteja muito ocupado para atendê-las. Então ofereça!

Redefina relacionamentos atuais. Transforme a gestão dos seus funcionários em coaching. Ou seu mentoreamento e discipulado em relacionamentos de coaching. Isso lhe proporcionará novas possibilidades.

Algumas sugestões de abordagem com esses relacionamentos:

- Será que isso seria algo que gostaria de tentar? Sem custo.
- Isso parecer útil a você, vamos iniciar um ciclo?
- Se eu puder ajudá-lo nisso, me avise.
- Talvez você possa me ajudar, pois parte do meu programa de formação em coaching é efetivamente aplicá-lo em pessoas.

Não se preocupe com o retorno financeiro neste primeiro estágio. As suas horas de experiência e sua rede trarão os retornos tangíveis em breve!

COMO AS PESSOAS ESCOLHEM SEUS COACHES

Um estudo conduzido em 2006 nos EUA pela Executive Development Associates revelou que líderes empresariais procuram um Executive Coach considerando:

- *Rapport*: 87%
- Experiência em negócios: 74%
- Cultura organizacional compatível: 49%
- Experiência na indústria: 35%
- Recomendação: 34%
- Titulação: 18%
- Credenciamento: 17%
- Custo: 8%

Coaching como negócio

AUMENTE SUAS CHANCES: DEFINA SEU PLANO DE NEGÓCIO

Como qualquer *Business*, seu negócio de coaching precisa ser bem planejado e estruturado. Sei que, para aqueles que gostam de se considerar "espírito aventureiro", "planejamento" pode ser uma palavra assustadora. Por isso tornamos esse processo o mais simples possível, mas que resulte em repostas claras que lhe ajudarão a avançar e progredir de maneira sustentável com seu negócio de coaching.

Seu Plano de Negócio será definido em cinco partes, conforme demonstrado na **Imagem 6.3b**, cada uma com perguntas direcionadoras para você pensar e responder. Suas respostas consistem no seu Plano de Negócio e na forma que vai escolher operar seu trabalho como coach.

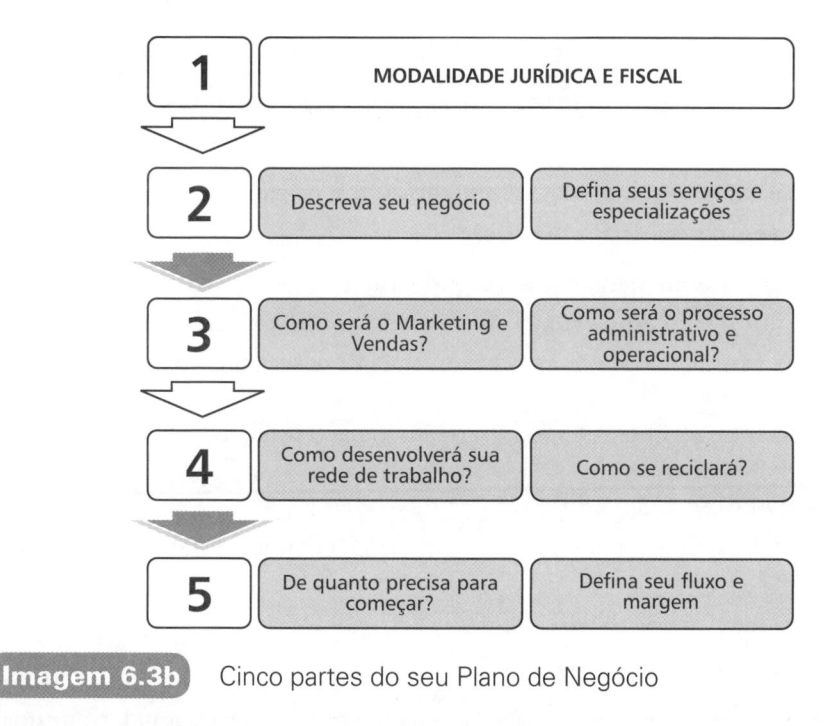

1 — MODALIDADE JURÍDICA E FISCAL

2 — Descreva seu negócio | Defina seus serviços e especializações

3 — Como será o Marketing e Vendas? | Como será o processo administrativo e operacional?

4 — Como desenvolverá sua rede de trabalho? | Como se reciclará?

5 — De quanto precisa para começar? | Defina seu fluxo e margem

Imagem 6.3b Cinco partes do seu Plano de Negócio

● PARTE 1 | DEFINA SUA ESTRUTURA

Como coach, você poderá atuar como um autônomo ou uma empresa (Pessoa Jurídica), dependendo do tipo de negócio que espera desenvolver.

Responda às perguntas a seguir:

- Como irá operar como autônomo ou empresa? Se for empresa, qual modalidade jurídica será? (Recomendação: Empresa Individual de Responsabilidade Limitada – EIRELI.)
- Se for uma empresa, optará por ser tributado pelo Simples Nacional?
- Trabalhará em sociedade com alguém ou individualmente?

- Quais outros cuidados legais, regulatórios e reputacionais devem ser observados?

■ PARTE 2 | DEFINA SUA IDENTIDADE DE NEGÓCIO E SERVIÇOS

Tendo claros seu público-alvo e nicho de trabalho, defina sua especialização de coaching e serviços do seu negócio.

Responda às perguntas a seguir:

- Qual será sua especialização de coaching?
- Qual segmentação ou nicho irá desenvolver?
- Qual público-alvo potencial deseja alcançar?
- Quais os serviços que oferecerá?
- Qual será seu escopo de negócios (regional, virtual, internacional)?

■ PARTE 3 | DEFINA SEU POSICIONAMENTO DE MERCADO

Defina como irá acessar seu mercado e se comunicará com ele. Como aumentará sua visibilidade e direcionará o relacionamento com seus clientes.

Detalhe as seguintes informações:

- Analise e descreva o mercado onde pretende atuar.
- Quais as forças de mercado: competidores e outras influências?
- Qual será sua estratégia de comunicação? *Site*? Redes sociais? Mídia? *Webinar*? Marketing de conteúdo?
- Você terá uma marca? Qual? (Cuidado para não incorrer no problema de marcas e patentes.)
- Como prospectará seu mercado?
- Como fará seu trabalho comercial? Usará alguma ferramenta para *Leads*? Como usará sua rede?
- Como irá gerenciar o relacionamento com seus clientes?

DEFINA SEU *MODUS OPERANDI*

Aqui você deverá pensar e descrever como será o seu processo operacional: contratos, agendamentos, local das sessões, sistema de informações, canais de pagamento etc.

Detalhe as seguintes informações:

- Quais as etapas de efetivação para contratação de seus serviços?
- Qual será sua modalidade de sessões? Presencial? Vídeo? Fone? Mista?
- Se presencial, onde?
- Como gerenciará os agendamentos e as informações ao coachee?

■ PARTE 4 | DEFINA SUA EQUIPE E ESTRUTURA FUNCIONAL

Nesta seção se qualificará o perfil profissional de sua equipe ou sua rede profissional, se houver. Descreva suas características.

Coaching como negócio

Detalhe as seguintes informações:

- **Qualificações e competências** do quadro funcional
- **Definição do modelo de gestão** (alinhado com a estratégia)
- **Organograma:** divisões do negócio
- **Definição de políticas e estratégias:** remuneração, atribuição de tarefas e responsabilidades etc.

PARTE 5 | DEFINA A VIABILIDADE FINANCEIRA

Como seu corpo precisa de oxigênio, seu negócio precisa de caixa. Pense e descreva com quem financiará o investimento inicial do negócio e qual será o fluxo de caixa esperado.

Detalhe as seguintes informações:

- Quanto precisa para começar?
- Onde pode encontrar esse dinheiro?
- Quanto espera receber por mês no primeiro ano do seu trabalho?
- Quanto espera gastar por mês no primeiro ano do seu trabalho?
- Quanto cobrará pelos seus serviços? Qual será sua margem de lucro?
- Quantas sessões por mês são necessárias para atingir seu ponto de equilíbrio (zero a zero)?

6.4 Estabelecendo um acordo de coaching

COMO ESTABELECER UM ACORDO DE COACHING?

Estabelecer um acordo de coaching é uma das onze competências essenciais do coach. Não só isso consiste no primeiro contato que fará com seu cliente, mas também no fundamento que será lançado para construir todo o seu trabalho de coaching. Clareza é poder, por isso seja o mais claro possível, alinhe expectativas, papéis e responsabilidades e não faça promessas que não pode cumprir.

É fundamental que toda a relação de coaching seja profissional, mesmo que seu cliente seja *pro bono*. Por isso, dedicar algum tempo neste estágio é muito importante para seu trabalho.

Vamos listar cinco passos simples de como você poderá estabelecer de maneira segura seu acordo de coaching:

1. Prospecção & Indicação
2. *Briefing* de coaching & Objetivos
3. Pacote de sessões
4. Contrato de Coaching & Código de Ética
5. Agenda de sessões

PASSO 1 | PROSPECÇÃO & INDICAÇÃO

Há duas formas de iniciar um relacionamento de coaching: prospectando novos clientes ou recebendo indicações de clientes e contatos. Em ambos os casos, use sua rede.

- **PROSPECÇÃO**

    Sua carteira de cliente será constituída ao longo do tempo. No começo, precisará prospectar, oferecer vantagens financeiras, oferecer degustações etc.

- **INDICAÇÃO**

    Com o tempo, formará sua carteira, e cada novo cliente indicará outros três. Mantenha excelência nos seus serviços e verifique a oportunidade de maior visibilidade.

PASSO 2 | *BRIEFING* DE COACHING & OBJETIVOS

Um dos maiores obstáculos do coaching, segundo o ICF, é a confusão que existe no mercado sobre o que é coaching e seus benefícios.

- ***Briefing* de coaching**

    Tenha uma cartilha pronta para esclarecer o que é um processo de coaching e porque o tipo de trabalho que faz é especial. Esclareça a dinâmica das sessões e os resultados.

- **Objetivos**

    Esclareça os objetivos de seu potencial cliente e confira se o coaching que você oferece é a melhor opção para ele.

PASSO 3 | PACOTE DE SESSÕES

Defina com seu cliente o pacote de sessões que será contratado.

Nesta etapa deverão estar claros:

- O número de sessões
- O preço por sessão
- As condições de pagamento

PASSO 4 | CONTRATO DE COACHING & CÓDIGO DE ÉTICA

O acordo de coaching deve ser formalizado por meio de um contrato comercial, observando também o Código de Ética do ICF.

- **Contrato comercial** (Modelo no Anexo 4)

    O contrato deverá esclarecer as condições nas quais o serviço será desenvolvido, bem como as responsabilidades das partes.

- **Código de Ética**

    Deverá ser observado no início e durante as sessões se esse acordo não fere nenhum princípio ético previsto no Código de Ética. Preze sempre pela integridade, imparcialidade, independência, confidencialidade e privacidade do cliente.

● PASSO 5 | AGENDA DE SESSÕES

A agenda é um compromisso mútuo assumido no acordo de coaching, que afetará os resultados do trabalho.

- **Agenda de coaching**

    Estabeleça a agenda logo na primeira sessão, definindo-se dia da semana, frequência, horário de início e de término.

NÃO FAÇA COACHING DE PROBLEMAS, FAÇA COACHING DE PESSOAS

O tempero do sucesso na profissão de coaching nenhum livro ou curso poderá lhe ensinar. Trata-se de amor. Amar pessoas genuinamente e sem preconceitos é o ingrediente de um coach extraordinário. O amor tem uma linguagem universal que expressa o valor pessoal e individual de cada pessoa que passa pela sua vida. Não trabalhamos com massas e multidões anônimas. Trabalhamos com nomes, rostos e histórias reais de pessoas que ficarão marcadas para sempre. Para aqueles que estão abertos a isso, coaching nunca será só uma profissão ou um meio de renda, mas uma missão de vida.

Como um coach, você deverá sempre buscar resultado e superação, mas nunca se esqueça da essência e do coração desse trabalho: **Fazemos coaching de pessoas!**

Pronto para começar?

ANEXO 1
Templates de Sessão

Anexo 1 | *Templates* de sessão

1. Círculo da Vida
2. Ordenação de Valores de Resultados Profissionais
3. Ordenação de Valores Pessoais
4. Ordenação de Valores de Trabalho
5. Lista de sonho – *Dream-List*
6. Smartirização de metas
7. Autocoaching
8. Plano de Ação – 5W2H
9. Os alvos do tempo
10. Minha agenda extraordinária
11. Criando personagens para as categorias da sua vida
12. Minha agenda personificada

1. Círculo da Vida

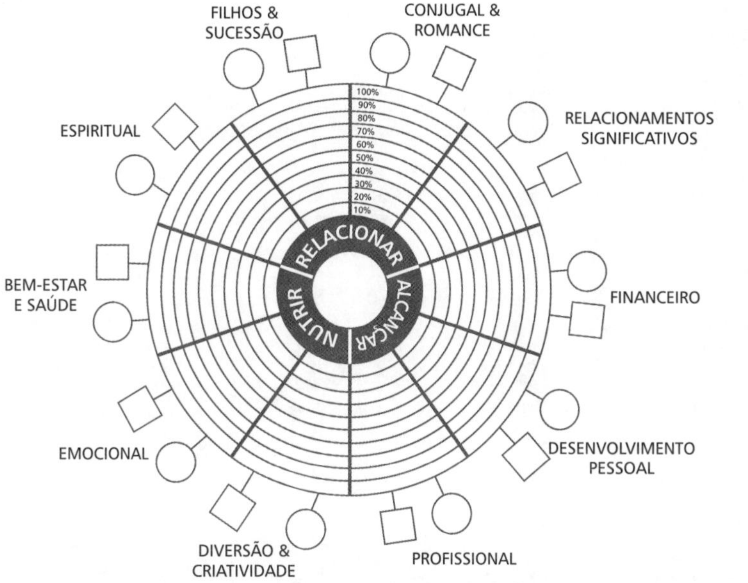
FILHOS &
SUCESSÃO
CONJUGAL &
ROMANCE
RELACIONAMENTOS
SIGNIFICATIVOS
FINANCEIRO
DESENVOLVIMENTO
PESSOAL
PROFISSIONAL
DIVERSÃO &
CRIATIVIDADE
EMOCIONAL
BEM-ESTAR
E SAÚDE
ESPIRITUAL
100%
90%
80%
70%
60%
50%
40%
30%
20%
10%
RELACIONAR
ALCANÇAR
NUTRIR

		___/___/___	___/___/___	
	PILARES-FOCO	NOTA ATUAL	NOTA IDEAL	GAP
1				
2				
3				

ESCALA DE AVALIAÇÃO

GAP = 0 (PLENITUDE)
GAP = 1 (ACEITÁVEL)
GAP = 2 e 3 (CRÍTICO)
GAP = 4 e ACIMA (MUITO CRÍTICO)

2. Ordenação de Valores de Resultados Profissionais

ORDENAÇÃO DE VALORES

CATEGORIA 2 | RESULTADOS PROFISSIONAIS

Nome do Cliente		Data	

VALORES	DEFINIÇÃO	NOTA	RANKING
PLANO DE CARREIRA	Valoriza cargos que oferecem um plano de carreira bem definido, podendo ascender dentro da empresa com o aumento de responsabilidade e autoridade.		
EDUCAÇÃO CONTINUADA	Busca crescer continuamente e se desenvolver como profissional em seu campo de atuação. Valoriza fazer cursos, seminários e ter educação formal.		
AJUDAR O PRÓXIMO	Valoriza contribuir para o bem-estar e o crescimento de outras pessoas, e isso deve ser parte integrante do seu trabalho.		
SALÁRIO ALTO	Procura alta remuneração por esforços no trabalho. Ser bem pago é forma de se sentir bem-sucedido no seu trabalho.		
ESTÍMULO INTELECTUAL	Procura situações que permitam analisar questões complexas e resolver os problemas de maneira lógica. Valoriza adquirir novos conhecimentos e usar a inteligência.		
LIDERANÇA	Valoriza situações em que é responsável por recursos e pessoas. Prefere o comando, delega bem tarefas e gosta de tomar decisões em nome de um grupo.		
RECONHECIMENTO	Valoriza o trabalho duro para ser reconhecido como alguém que deixou sua marca. Reconhecimento é seu grande motivador de trabalho.		
SEGURANÇA	Valoriza ter garantia de emprego no longo prazo.		

Fonte: adaptado do Career direct.

Anexo 1 | *Templates* de sessão

3. Ordenação de Valores Pessoais

ORDENAÇÃO DE VALORES

CATEGORIA 3 | VALORES PESSOAIS

Nome do Cliente: _____ Data: _____

VALORES	DEFINIÇÃO	NOTA	RANKING
EMPREENDER	Estabelece metas ousadas e busca excelência em tudo o que faz. Quer sempre atingir seu potencial máximo.		
ESTÉTICA	Expressar livremente seu talento artístico e criatividade são prioridades em sua vida. Gosta de se envolver em atividades que tornam a vida mais bonita e possibilitam a sensibilidade.		
LAZER	Ter tempo de lazer e recreação são prioridades em sua vida. Valoriza poder se dedicar aos seus *hobbies* e interesses.		
FAMÍLIA	Valoriza estar próximo da família e cuidar dela sempre que ela precisar de você. Quer estar disponível sempre que necessário. Passar tempo com ela é prioridade.		
AMIGOS	Fazer e cultivar amizades é uma prioridade na sua vida. Gosta de passar tempo com os amigos, tê-los próximos, ajudando-os no que precisarem.		
AJUDAR OS OUTROS	Contribuir para o bem-estar do próximo é imprescindível e lhe traz profunda satisfação pessoal.		
INTEGRIDADE	Valoriza uma vida com relacionamentos em que a palavra vale. Honestidade é essencial. Não mede esforços para manter seus compromissos e segue alto padrão de justiça e verdade.		
FÉ	Viver seus princípios de fé em harmonia com o transcedental.		
GANHAR DINHEIRO	Valoriza o acúmulo de riqueza como parte essencial da sua felicidade. Valoriza um estilo de vida sem privações com patrimônio, conforto e lazer. Valoriza poder ajudar e ser generoso.		

Fonte: adaptada do Career direct.

4. Ordenação de Valores de Trabalho

ORDENAÇÃO DE VALORES

CATEGORIA 1 | VALORES DE TRABALHO

Nome do Cliente: _____ Data: _____

VALORES	DEFINIÇÃO	NOTA	RANKING
AVENTURA & RISCO	Gosta de estar em ação mesmo quando isso envolve riscos. Precisa de aventura e gosta de lidar com situações novas e inesperadas.		
DESAFIO	Quer oportunidades para resolver problemas difíceis e lidar com questões cruciais. Procura tarefas complexas para superar. Gosta de trazer ordem ao caos.		
AMBIENTE LIMPO	Não gosta de se sujar ou ficar exposto a odores fortes. Gosta de ambiente limpo de trabalho, organizado e saudável.		
IGUALDADE	Aprecia estar em um ambiente onde as pessoas são tratadas de maneira justa, independentemente de raça, sexo, crença, religião ou nacionalidade.		
HORÁRIO FLEXÍVEL	Valoriza poder conciliar seu horário de trabalho com outras atividades. Gosta de ter controle de suas horas trabalhadas e de flexibilidade.		
HARMONIA	Valoriza ambiente profissional pacífico e agradável. Evita situações de confronto e busca harmonia com seus supervisores e integrar-se com uma equipe com a qual se identifica.		
INTERDEPENDÊNCIA	Valoriza tomar decisões sozinho. Procura autonomia do seu trabalho. Fazer as coisas do seu jeito é importante. Prefere não ter supervisão do seu trabalho.		
TRABALHO EXTERNO	Valoriza trabalhar ao ar livre ao invés de ambientes fechados. Busca oportunidades para ter contato com a natureza, mesmo que isso signifique trabalhar no calor ou no frio.		
ESTABILIDADE	Valoriza rotinas e um trabalho previsível. Valoriza horários, salário e cronogramas bem estabelecidos.		
VIAGENS	Procura atividades que lhe permitam viajar e conhecer lugares. Aprecia conhecer gente nova, fazer viagens e ter compromissos fora do escritório.		
VARIEDADE	Valoriza trabalhos com variedade. Mudanças frequentes de atividades farão com que não se sinta entediado. Valoriza trabalhar diariamente com pessoas e situações diferentes.		
BOA ORGANIZAÇÃO	Valoriza um ambiente bem estruturado e organizado. Busca carreira em local que promova ordem, limpeza e processos sistemáticos.		

Fonte: adaptada do Career direct.

Anexo 1 | *Templates* de sessão

5. Lista de sonho – *Dream-List*

SONHADOR(A):_____em_____
Se tudo fosse como queria, como seria...

- _____
- _____
- _____
- _____
- _____
- _____
- _____
- _____
- _____
- _____
- _____
- _____
- _____
- _____
- _____
- _____
- _____
- _____

6. Smartirização de metas

SMARTIRIZAÇÃO DE METAS

"Sonhos geram inspiração e evocam propulsores de mudança"
"Metas geram direção e aumentam nossas chances de chegar aonde queremos"

LISTA DE SONHOS	Pilar	Específica	Positivo	Desafiador/Realista	Ecológico	Você Controla	Indicador	Prazo	METAS SMARTIRIZADAS
1.									1.
2.									2.
3.									3.
4.									4.
5.									5.
6.									6.
7.									7.
8.									8.
9.									9.
10.									10.

Prazos
Curtíssimo Prazo: Até 3 meses
Curto Prazo: 1-2 anos
Médio Prazo: 3-4 anos
Longo Prazo: 5-10 anos
Longuíssimo Prazo: 11-30 anos

Anexo 1 | *Templates* de sessão

7. Autocoaching

AUTOCOACHING

É o processo com base em *Perguntas Eficazes* que o levará na direção do RESULTADO que busca, promovendo autorresponsabilidade, clareza de propósitos e um pacote de ações e decisões consistentes.

Nome		Data das Perguntas		Responder em	

ESTABELEÇA O RESULTADO DESEJADO, A PARTIR DE SEU OBJETIVO SMARTIRIZADO

ETAPA 1: A partir de seu Objetivo, estabeleça o Resultado Desejado "O que mudarei no meu comportamento para <u>conquistar vitalidade física até Dez./16</u>"
ETAPA 2: Elabore pelo menos 15 perguntas basedas neste Resultado Desejado.
ETAPA 3: Após 2 dias, responda com riqueza de detalhes.

ESTABELEÇA 15 PERGUNTAS QUE TERMINEM COM A SUA META

Pergunta 1 (P1):
Resposta:
P2
P3
P4
P5
P6
P7
P8
P9
P10
P11
P12
P13
P14
P15

Fonte: adaptada de Método CIS, Paulo Vieira.

8. Plano de Ação – 5W2H

PLANO DE AÇÃO

Selecione as respostas mais críticas de seu Autocoaching e elabore um Plano de Ação efetivo e exequível (Check-list)

	Objetivo						
	Pilar		Data				

	O QUE FAZER (Etapas e subetapas)	POR QUE SERÁ FEITO (Justificativas/Razões)	ONDE SERÁ FEITO (Local/Situação)	QUANDO SERÁ FEITO (Início/Término/Frequência)	POR QUEM SERÁ FEITO (Envolvidos)	COMO SERÁ FEITO (Método/Estratégia)	QUANTO CUSTARÁ (Recursos/Tempo/Custo)	NÍVEL DE CRITICIDADE (Alto/Médio/Baixo)
1								
2								
3								
4								
5								

Anexo 1 | *Templates* de sessão

Anexo 1 | *Templates* de sessão

9. Os alvos do tempo

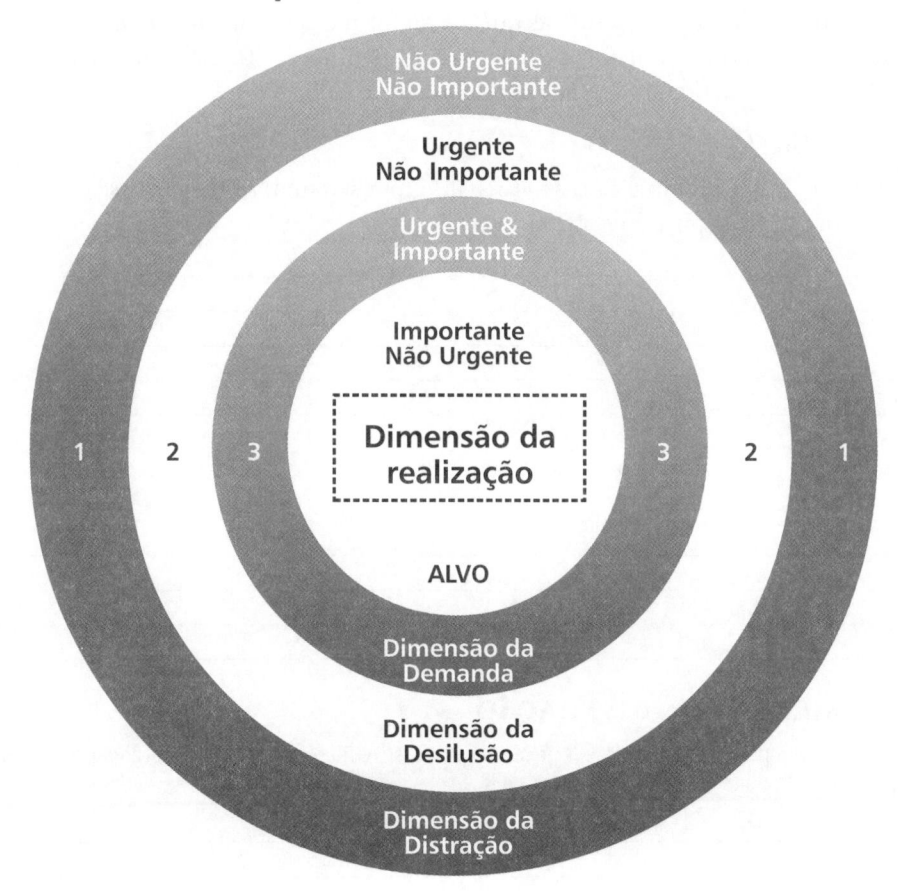

- Não Urgente Não Importante
- Urgente Não Importante
- Urgente & Importante
- Importante Não Urgente

Dimensão da realização

1 2 3   3 2 1

ALVO

- Dimensão da Demanda
- Dimensão da Desilusão
- Dimensão da Distração

Fonte: traduzida de Robbins (2006).

1

Anexo 1 | *Templates* de sessão

REDIRECIONANDO O FOCO DO SEU TEMPO...

Escreva abaixo todas as coisas típicas que fez na última semana (ou em uma semana típica sua) que se enquadrem embaixo de cada dimensão e defina o número de horas estimadas a que se dedicou a cada uma delas.

● *PERGUNTA INCIAL...*

O que faria se tivesse algumas horas livres a mais por semana? O que faria se ganhasse algumas horas extras para investir em você?

_____
_____
_____
_____
_____

Quanto tempo isso custaria a mais na semana?

_____
_____
_____
_____
_____

( ) DIMENSÃO DA DISTRAÇÃO

O que você faz para escapar? O que faz para se distrair quando está estressado? Por quanto tempo?

_____
_____
_____
_____
_____

( ) DIMENSÃO DA DESILUSÃO

Quais são as coisas que faz e que mais tarde se sente frustrado por tê-las feito? Ou seja, ainda que houvesse coisas mais importantes, você achava que tinha que fazê-las, pois pareciam urgentes no momento (ex.: demandas de outras pessoas). Por quanto tempo?

_____
_____
_____
_____
_____

Anexo 1 | *Templates* de sessão

(   ) DIMENSÃO DA DEMANDA

Escreva coisas que você precisou fazer imediatamente e também eram muito importantes. Por quanto tempo?

_____
_____
_____
_____
_____

(   ) DIMENSÃO DA REALIZAÇÃO

Quais foram as coisas que você não tinha que fazer nesta semana, mas escolheu fazê-las porque sabia serem importantes? Quais são as coisas que não tinham *deadline*, mas conscientemente decidiu investir nelas? Por quanto tempo?

_____
_____
_____
_____
_____

PREPARAÇÃO PARA AGENDA EXTRAORDINÁRIA

Dedique-se ao que faz de melhor. Consiga outras pessoas para fazer o resto!

CONCLUSÃO 1 – A maioria das pessoas é pega sobrevivendo à rotina em vez de viverem segundo seu *design*. Pessoas estressadas vivem geralmente menos do que **25%** do tempo delas na **Zona de Realização** (fazendo coisas importantes, mas não urgentes) e pensam a maior parte do tempo na **Dimensão da Demanda** (vício do Urgente).

CONCLUSÃO 2 – Se deseja sentir-se realizado e conquistar outros patamares em sua vida, você precisa dedicar de **40-70%** do seu tempo na **Zona de Realização**.

1
Anexo 1 | *Templates* de sessão

10. Minha agenda extraordinária

MINHA AGENDA EXTRAORDINÁRIA

Inclua suas novas ações e decisões em sua agenda extraordinária. Lembre-se: esta agenda não é movida por necessidade, mas por visão.

	Segunda	Terça	Quarta	Quinta	Sexta	Sábado	Domingo
06:00							
06:30							
07:00							
07:30							
08:00							
08:30							
09:00							
09:30							
10:00							
10:30							
11:00							
11:30							
12:00							
12:30							
13:00							
13:30							
14:00							
14:30							
15:00							
15:30							
16:00							
16:30							
17:00							
17:30							
18:00							
18:30							
19:00							
19:30							
20:00							
20:30							
21:00							
21:30							
22:00							
22:30							
23:00							
23:30							

Fonte: adaptado de Bulding Champions, Daniel Harkavy.

Anexo 1 | *Templates* de sessão

11. Criando personagens para as categorias da sua vida

> Quais são os personagens que quer usar em cada categoria de sua vida? Pense em palavras que o energizem. Que tal...
> **"O Homem da Vida dela"** ou **"O Mestre dos Negócios"**?
> Olhe para as diferentes categorias de sua vida e crie personagens divertidos e empoderadores que deem sabor, de forma que dê vontade de passar tempo neles.

1. CATEGORIA:_____
PERSONAGEM 1:_____
PERSONAGEM 2:_____
PERSONAGEM 3:_____

2. CATEGORIA:_____
PERSONAGEM 1:_____
PERSONAGEM 2:_____
PERSONAGEM 3:_____

3. CATEGORIA:_____
PERSONAGEM 1:_____
PERSONAGEM 2:_____
PERSONAGEM 3:_____

4. CATEGORIA:_____
PERSONAGEM 1:_____
PERSONAGEM 2:_____
PERSONAGEM 3:_____

5. CATEGORIA:_____
PERSONAGEM 1:_____
PERSONAGEM 2:_____
PERSONAGEM 3:_____

1 — Anexo 1 | *Templates* de sessão

12. Minha agenda personificada

MINHA AGENDA PERSONIFICADA

Defina papéis divertidos e que geram combustível emocional para viver sua Agenda Extraordinária.

	Segunda	Terça	Quarta	Quinta	Sexta	Sábado	Domingo
06:00							
06:30							
07:00							
07:30							
08:00							
08:30							
09:00							
09:30							
10:00							
10:30							
11:00							
11:30							
12:00							
12:30							
13:00							
13:30							
14:00							
14:30							
15:00							
15:30							
16:00							
16:30							
17:00							
17:30							
18:00							
18:30							
19:00							
19:30							
20:00							
20:30							
21:00							
21:30							
22:00							
22:30							
23:00							
23:30							

ANEXO 2
Templates de Registro e Informação

2

Anexo 2 | *Templates* de registro e informação

1. *Prework*: questionário inicial
2. Cartilha de pré-sessão
3. Agenda de sessões
4. Guia do coach
5. Mapa de progresso
6. Relatório final: quantitativo
7. Relatório final: qualitativo

Anexo 2 | *Templates* de registro e informação

1. *Prework*: questionário inicial

Tome alguns minutos para responder às perguntas abaixo, com total sinceridade e seriedade:

1. Quais áreas da sua vida mais anseia por mudança e progresso hoje?
_____
_____
_____
_____
_____

2. Quais são seus objetivos pessoais, profissionais e financeiros para o ano à sua frente?
- Objetivos pessoais:_____
- Objetivos pessoais:_____
- Objetivos pessoais:_____

3. Qual é a sua visão de vida (pessoal e profissional) para os próximos dez anos?
_____
_____
_____
_____
_____

4. Quais são as principais lições que sua história de vida lhe ensinou?
_____
_____
_____
_____
_____

5. Qual é a sua missão de vida? (Comece com esta declaração: "Eu existo para ...".)
_____
_____
_____
_____

6. Quais você considera serem suas forças e fraquezas profissionais?
_____
_____
_____
_____
_____

7. Complete as frases abaixo, segundo suas crenças:
- Sucesso é _____
- Trabalho é _____
- Dinheiro é _____
- Casamento é _____
- Homens são _____
- Mulheres são _____
- Amor é _____
- Deus é _____

8. O que pensa sobre você?
Eu sou _____

9. O que você espera de mim como seu coach em nosso trabalho juntos?
_____
_____
_____
_____
_____

2. Cartilha de pré-sessão

BEM-VINDO(A)!
Como seu coach, sinto-me honrado em poder participar de seu Projeto de Vida!
Antes de começar o nosso trabalho, é importante esclarecer as etapas da nossa jornada e afinarmos o que significa um processo de coaching bem-sucedido.

1) O QUE É COACHING?
Coaching é um processo de mudanças e transformação que foca nas futuras possibilidades e não nos erros do passado.
Os resultados do coaching vêm de um relacionamento de parceria entre coach e coachee e do estilo de comunicação que se desenvolve.

2) VOCÊ REALMENTE SABE DO QUE É CAPAZ?
As pessoas reproduzem invariavelmente as crenças dos seus mentores a respeito de sua capacidade. Portanto, o coaching consiste em desbloquear o potencial das pessoas para maximizar seu próprio desempenho.
Isso permite que cada um se visualize em termos do seu potencial e não do seu desempenho.

Obs.: *Pesquisas apontam que a maioria das pessoas sente que só 40% do seu potencial é realmente usado no trabalho.*

3) QUAIS SÃO OS DOIS ELEMENTOS-CHAVE DO PROCESSO DE COACHING?

a) **Autoconsciência:** é produto do foco, atenção, concentração e clareza. No coaching se pretende aumentar a quantidade (fatos) e a qualidade (relevância) do nível de consciência. Só posso controlar aquilo de que tenho consciência; já aquilo que é inconsciente me controla. Portanto, a autoconsciência me empodera.

b) **Responsabilidade:** demanda escolha. Escolha implica liberdade. Quando tomamos responsabilidade por aquilo que pensamos, sentimos e agimos, aumentamos nosso nível de comprometimento e melhoramos nossa performance.

4) REGISTRO DAS SESSÕES

- **Aprendizado:** *insights*, ideias e novas percepções.
- **Decisões:** novas ações, atitudes e comunicação.
- **Ganhos:** registro de mudanças (deve haver mecanismos de celebração)

5) MATRIZ DE CRENÇA

Trata-se da nossa programação neural inconsciente, que determinará o padrão e o tipo de vida que teremos. Nossas crenças determinam como interpretamos um fato ou uma informação quando chega até nós.

- Comunicação – Pensamento – Sentimento – Crença (Autorrealizável)
- São formadas por repetição ou alto impacto emocional.
- Trauma: é uma vivência disfuncional aprendida sob forte impacto emocional.
- Rupturas neurais: o ciclo que só pode ser reeditado gerando novas sinapses neurais.

6) PLANEJAMENTO

- Agenda de Sessões/Reagendamentos somente com 24 horas de antecedência.
- Horário e pontualidade
- Frequência
- Modalidade das sessões (Presencial – Vídeo – Fone)
- Duração
- Caderno dos sonhos
- Atividade de casa
  - Rotineiros (redefinindo sua rotina)
  - Exercícios dinâmicos pontuais
  - Livro
  - Filme

3. Agenda de sessões

AGENDA DE SESSÕES

Planejamento de Agenda: Encontros Presenciais ou Virtuais

Nome	
Idade	

Destro/Canhoto	
Coach	

Cel.	
E-mail	

CICLO _____

Descrição	Sessão 1: _____		Sessão 2: _____		Sessão 3: _____		Sessão 4: _____		Sessão 5: _____	
	Programado	Realizado	Programado	Realizado	Programado	Realizado	Programado	Realizado	Programado	Realizado
Data										
Início às										
Término às										
Duração										

Anexo 2 | *Templates* de registro e informação

4. Guia do coach

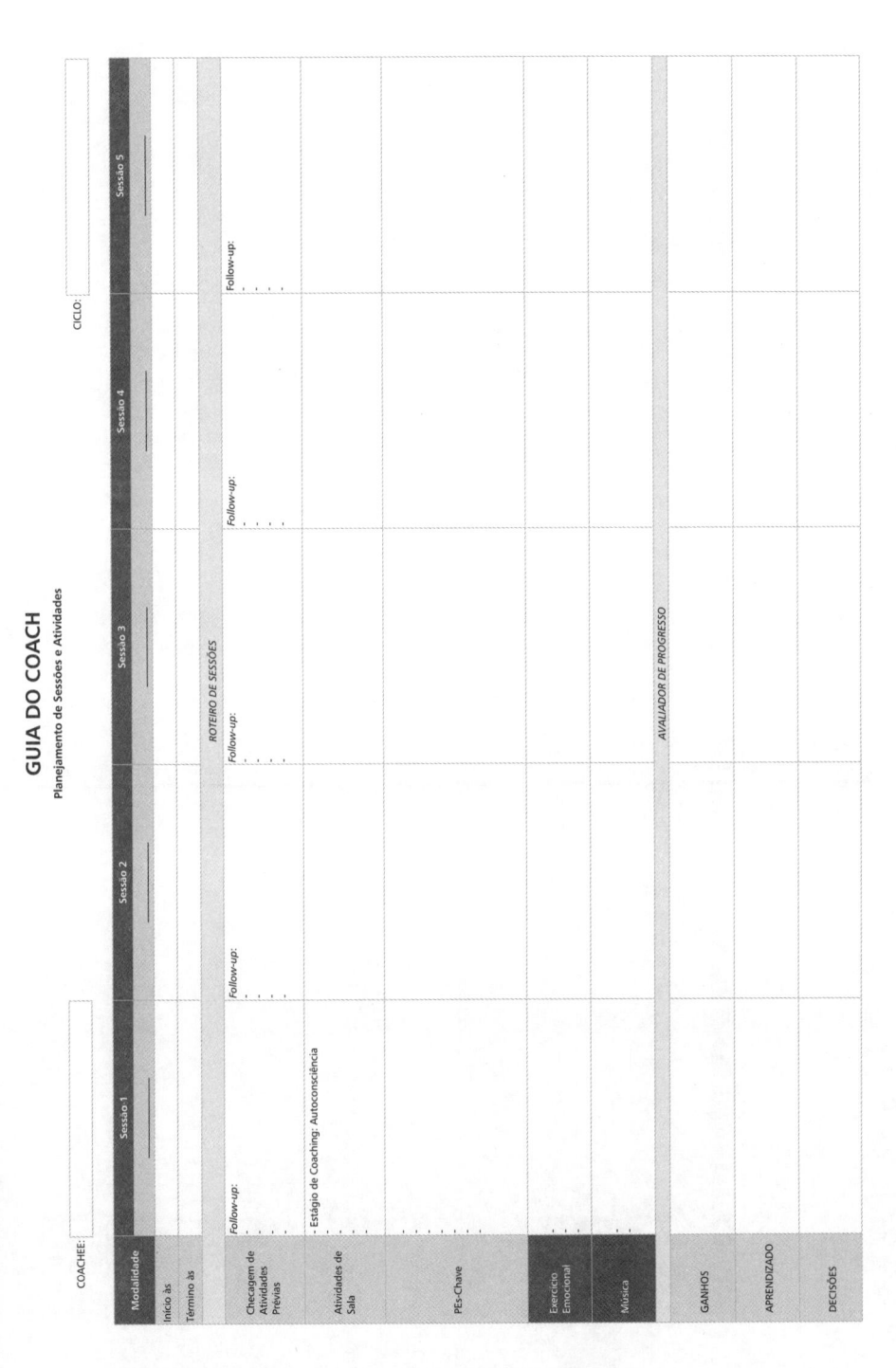

GUIA DO COACH
Planejamento de Sessões e Atividades

COACHEE: _____   CICLO: ____

	Sessão 1	Sessão 2	Sessão 3	Sessão 4	Sessão 5
Modalidade					
Início às					
Término às					
	Follow-up:	*Follow-up:*	*Follow-up:*	*Follow-up:*	*Follow-up:*
Checagem de Atividades Prévias					
	— Estágio de Coaching: Autoconsciência				
Atividades de Sala					
PEs-Chave					
Exercício Emocional					
Música					
	AVALIADOR DE PROGRESSO				
GANHOS					
APRENDIZADO					
DECISÕES					

ROTEIRO DE SESSÕES

5. Mapa de progresso

MAPA DE PROGRESSO
Check-list de Atividades de Casa

COACHEE: _____   CICLO: _____

Descrição	Sessão 1		Sessão 2		Sessão 3		Sessão 4		Sessão 5	
		CHECK		CHECK		CHECK		CHECK		CHECK
Data da Sessão										
Data de Entrega										
FILME										
LIVRO										
ROTINEIRO										
EXERCÍCIO PONTUAL										
ATIVIDADE DE SESSÃO										

ATIVIDADES DE CASA

ANOTAÇÕES & QUESTÕES

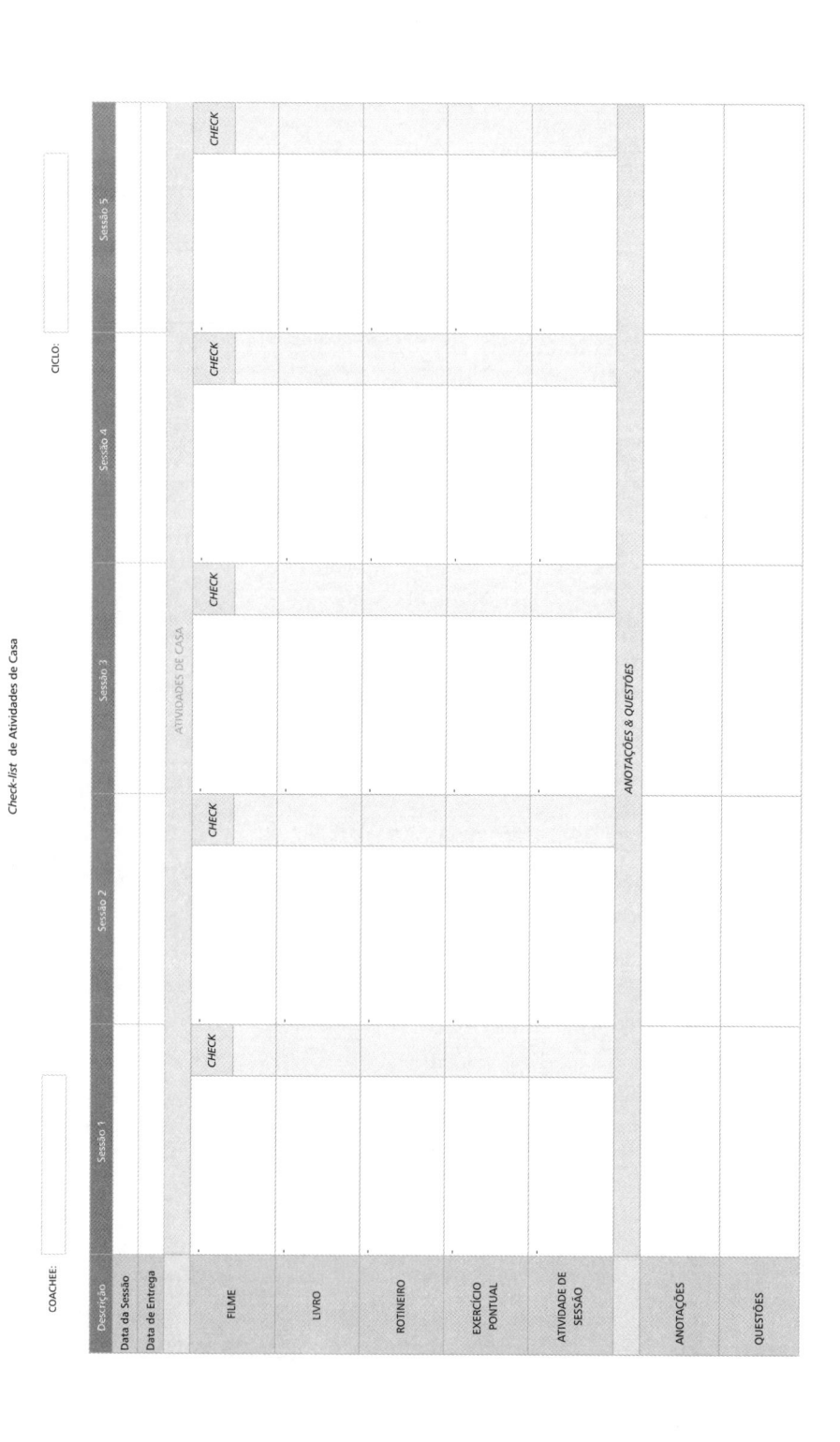

| ANOTAÇÕES | |
| QUESTÕES | |

Anexo 2 | *Templates* de registro e informação

6. Relatório final: quantitativo

Relatório Final - Quantitativo
Resumo Quantitativo das Sessões de Coaching

Coachee: _____   E-mail do Coach: _____
Coach: _____   Data Final: _____

1. DADOS DE SESSÃO

REALIZADO
- Número de Sessões Presenciais
- Número de Sessões por Vídeo/Fone
- Tempo Médio por Sessão (Min)
- Tempo Total de Sessões (hs)
- Prazo de Início e Término do Processo (dias)

PLANEJADO
- Número de Sessões Presenciais
- Número de Sessões por Vídeo/Fone
- Tempo Médio por Sessão (Min)
- Tempo Total de Sessões (hs)
- Prazo de Início e Término do Processo (dias)

2. DESENVOLVIMENTO DE PILARES CRÍTICOS

PILARES
- Número de Pilares Críticos
- GAP Médio Inicial do Ciclo da Vida
- GAP Médio Final do Ciclo da Vida
- Valor do maior avanço de GAP
- Valor do menor avanço de GAP

CLASSIFICAÇÃO CICLO DA VIDA	GAP
Plenitude	0
Aceitável	1
Crítico	2 e 3
Muito Crítico	4 e acima

3. METAS & AÇÕES DEFINIDAS

METAS
- Número de Metas Definidas
- Número de Pilares Incluídos
- Número de Metas de Curto Prazo (até 2 anos)

PLANO DE AÇÃO
- Ações média por Meta
- Ações de Severidade Alta
- Ações com Prazo inferior a 90 dias

4. MAPA DE PROGRESSO

LISTA DE FILMES ASSISTIDOS

LISTA DE ROTINEIROS

LISTA DE LIVROS LIDOS

EXERCÍCIOS PONTUAIS DINÂMICOS

7. Relatório final: qualitativo

Relatório Final - Qualitativo

Resumo do progresso e principais resultados do Ciclo de Coaching

Coachee: _____ E-mail do Coach: _____
Coach: _____ Data Final: _____

1. (ESTADO ORIGINAL) ME CONSCIENTIZEI DE QUE:
-
-
-
-

2. PILARES DE FOCO: *Dream-List*
O QUE ME INSPIRA:
-
-
-
-

QUAIS SÃO MEUS ALVOS:
-
-
-
-
-

3. (GANHOS) O QUE MUDOU E COMO SOU DIFERENTE
-
-
-
-
-
-

4. (*INSIGHTS*) COMO CRESCI, APRENDI E AMPLIEI MINHA VISÃO
-
-
-
-
-
-

5. (DECISÕES) O QUE DECIDI COM COMPROMISSO
-
-
-
-

ANEXO 3
Templates de Diagnóstico Profundo

3

Anexo 3 | *Templates* de diagnóstico profundo

1. Autorresponsabilidade
2. Avaliação multidirecional I.E.
3. Avaliação multidirecional de habilidades gerenciais
4. Avaliação multidirecional de vendas
5. Avaliação multidirecional de eficácia no trabalho
6. 15 estratégias para restaurar relacionamentos pessoais
7. Evolução de crenças PCM
8. Autobiografia
9. Mapa da Zona de Preocupação
10. 101 perguntas terapêuticas

Anexo 3 | *Templates* de diagnóstico profundo

1. Autorresponsabilidade

AUTORRESPONSABILIDADE

Autorresponsabilidade é a certeza absoluta (crença) de que você é o único responsável pela vida que tem levado. Consequentemente, você é a única pessoa que pode mudá-la.

Nome do Cliente: _____   Data: _____

Complete as frases considerando sua compreensão do princípio da Autorresponsabilidade

1) Para mim, autorresponsabilidade significa...	
2) Aceitar a responsabilidade pela minha felicidade implica mudar as seguintes características em mim...	
3) Eu me vi fugindo das minhas responsabilidades quanto a(o) quando...	
4) Às vezes fico passivo diante de...	
5) Se meu sucesso _____ depende de mim, então...	
6) Se sou o único que pode mudar a minha vida, então...	
7) Não é fácil admitir que...	
8) Sinto-me mais autorresponsável quando...	
9) Sinto-me menos autorresponsável quando...	
10) Estou me conscientizando de que...	

Práticas diárias para Conquista da Autorresponsabilidade

1) NÃO CRITICAR NADA OU NINGUÉM
2) NÃO JUSTIFICAR SEUS ERROS
3) NÃO SE FAZER DE VÍTIMA
4) NÃO BUSCAR CULPADOS
5) NÃO RECLAMAR DE NADA

2. Avaliação multidirecional I.E.

QUESTIONÁRIO DE AVALIAÇÃO MULTIDIRECIONAL I.E.
Competências Emocionais - Pessoais

Nome: Data:

	Precisa de Desenvolvimento	O nível nesta habilidade está adequado			É alto
Autoconsciência Emocional: identifica suas próprias emoções e reconhece seu impacto nas ações e decisões.	1	2	3	4	5
Autoavaliação Precisa: conhece seus próprios limites e possibilidades, sem se supervalorizar ou subestimar.	1	2	3	4	5
Autoconfiança: um sólido senso de nosso próprio valor, capacidades e potencial.	1	2	3	4	5
Autocontrole Emocional: manter as emoções e impulsos destrutivos sob controle.	1	2	3	4	5
Superação: ímpeto para melhorar o desempenho a fim de satisfazer padrões interiores de excelência.	1	2	3	4	5
Iniciativa: prontidão para agir e aproveitar oportunidades.	1	2	3	4	5
Transparência: ser honesto, íntegro, digno de confiança.	1	2	3	4	5
Adaptabilidade: flexibilidade na adaptação a pessoas com estilos diferentes a situações voláteis, ou em pensar e se comportar em situações antagônicas.	1	2	3	4	5
Otimismo: ver o lado bom dos acontecimentos em qualquer situação.	1	2	3	4	5
TOTAL					

Fonte: adaptado do Método CIS, Paulo Vieira.

Anexo 3 | *Templates* de diagnóstico profundo

Competências Emocionais – Sociais

	Precisa de Desenvolvimento	O nível nesta habilidade está adequado			É alto
Empatia: perceber as emoções alheias, compreender seus pontos de vista e interessar-se ativamente por suas preocupações.	1	2	3	4	5
Consciência Organizacional: identifica e compreende as tendências, redes de decisão e a política em nível organizacional.	1	2	3	4	5
Serviço: reconhece e satisfaz as necessidades dos subordinados e clientes, servindo-os e ajudando-os a melhorarem seu desempenho e alcançarem seus objetivos.	1	2	3	4	5
Liderença Inspiradora: orienta e motiva com uma visão instigante, conduzindo pessoas a objetivos de ganhos mútuos.	1	2	3	4	5
Influência: dispor de capacidade de persuadir e influenciar pessoas.	1	2	3	4	5
Desenvolvimento dos Demais: cultivar as capacidades alheias por meio do *feedback* e orientação.	1	2	3	4	5
Catalisação de Mudanças: iniciar e gerenciar mudanças e liderar pessoas em uma nova direção.	1	2	3	4	5
Gerenciamento de Conflitos: solucionar divergências entre pessoas, levando-as a integração e aceitação mútua.	1	2	3	4	5
Trabalho em Equipe: conquistar a colaboração e o trabalho em equipe com alto desempenho.	1	2	3	4	5
TOTAL					

Fonte: adaptado do Método CIS, Paulo Vieira.

Anexo 3 | *Templates* de diagnóstico profundo

QUADRO-RESUMO

Nome: Data:

COMPETÊNCIAS EMOCIONAIS: PESSOAIS	Pontos de Autoavaliação	Pontuação de *Feedback* P1	Pontuação de *Feedback* P2	Pontuação de *Feedback* P3	Pontuação Média de *Feedback*
Autoconsciência Emocional: identifica suas próprias emoções e reconhece seu impacto nas ações e decisões.					
Autoavaliação Precisa: conhece seus próprios limites e possibilidades, sem se supervalorizar ou subestimar.					
Autoconfiança: um sólido senso de nosso próprio valor, capacidades e potencial.					
Autocontrole Emocional: manter as emoções e impulsos destrutivos sob controle.					
Superação: ímpeto para melhorar o desempenho a fim de satisfazer padrões interiores de excelência.					
Iniciativa: prontidão para agir e aproveitar oportunidades.					
Transparência: ser honesto, íntegro, digno de confiança.					
Adaptabilidade: flexibilidade na adaptação a pessoas com estilos diferentes, a situações voláteis, ou em pensar e se comportar em situações antagônicas.					
Otimismo: ver o lado bom dos acontecimentos em qualquer situação que seja.					

Nome: Data:

COMPETÊNCIAS EMOCIONAIS: SOCIAIS	Pontos de Autoavaliação	Pontuação de *Feedback* P1	Pontuação de *Feedback* P2	Pontuação de *Feedback* P3	Pontuação Média de *Feedback*
Empatia: perceber as emoções alheias, compreender seus pontos de vista e interessar-se ativamente por suas preocupações.					
Consciência Organizacional: identifica e compreende as tendências, redes de decisão e a política em nível organizacional.					
Serviço: reconhece e satisfaz as necessidades dos subordinados e clientes, servindo-se e ajudando-os a melhorarem seu desempenho e alcançarem seus objetivos.					
Liderança Inspiradora: orienta e motiva com uma visão instigante, conduzindo pessoas a objetivos de ganhos mútuos.					
Influência: dispor de capacidade de persuadir e influenciar pessoas.					
Desenvolvimento dos Demais: cultivar as capacidades alheias por meio do *feedback* e orientação.					
Catalisação de Mudanças: iniciar e gerenciar mudanças e liderar pessoas em uma nova direção.					
Gerenciamento de Conflitos: solucionar divergência entre pessoas, levando-as a integração e aceitação mútua.					
Trabalho em Equipe: conquistar a colaboração e o trabalho em equipe com alto desempenho.					

Fonte: adaptado do Método CIS, Paulo Vieira.

Anexo 3 | *Templates* de diagnóstico profundo

GRÁFICO Q.E.

Nome: Data:

COMPETÊNCIAS EMOCIONAIS: PESSOAIS	Precisa de Desenvolvimento	O nível nesta habilidade está adequado	É alto	
Autoconsciência emocional	1	2	3	4	5
Autoavaliação precisa	1	2	3	4	5
Autoconfiança	1	2	3	4	5
Autocontrole emocional	1	2	3	4	5
Superação	1	2	3	4	5
Iniciativa	1	2	3	4	5
Transparência	1	2	3	4	5
Adaptabilidade	1	2	3	4	5
Otimismo	1	2	3	4	5
TOTAL					
COMPETÊNCIAS EMOCIONAIS: SOCIAIS	**Precisa de Desenvolvimento**	**O nível nesta habilidade está adequado**	**É alto**	
Empatia	1	2	3	4	5
Consciência organizacional	1	2	3	4	5
Serviço	1	2	3	4	5
Liderança inspiradora	1	2	3	4	5
Influência	1	2	3	4	5
Desenvolvimento dos demais	1	2	3	4	5
Catalisação de mudanças	1	2	3	4	5
Gerenciamento de conflitos	1	2	3	4	5
Trabalho em equipe	1	2	3	4	5
TOTAL					

Fonte: adaptado do Método CIS, Paulo Vieira.

3. Avaliação multidirecional de habilidades gerenciais

AVALIAÇÃO MULTIDIRECIONAL
HABILIDADES GERENCIAIS

Nome: Data:

	1. LIDERANÇA	Precisa de		O nível nesta habilidade		É alto
HG 1	1.1 Explica claramente aos subordinados a visão da organização.	1	2	3	4	5
	1.2 Traduz a visão em metas e prioridades para o pessoal na sua área.	1	2	3	4	5
					NOTA HG 1 =	
HG 2	1.3 Explica quais são os comportamentos e resultados que espera da equipe.	1	2	3	4	5
	1.4 Estabelece e comunica padrões específicos de desempenho individual.	1	2	3	4	5
					NOTA HG 2 =	
HG 3	1.5 Gera entusiasmo e compromisso com o atingimento de metas comuns.	1	2	3	4	5
	1.6 Dedica tempo a motivar individualmente os membros da equipe.	1	2	3	4	5
					NOTA HG 3 =	
HG 4	1.7 Comporta-se de maneira consistente com a visão, as metas e as prioridades da organização.	1	2	3	4	5
	1.8 Assume responsabilidade pessoal pelo seu desempenho.	1	2	3	4	5
					NOTA HG 4 =	
HG 5	1.9 Demonstra apoio à equipe, comunicando as opiniões e as decisões desta a pessoas fora dela.	1	2	3	4	5
	1.10 Fala bem da equipe ao lidar com pessoas de fora (por exemplo, clientes ou fornecedores).	1	2	3	4	5
					NOTA HG 5 =	

	2. IMPLEMENTAÇÃO	Precisa de		O nível nesta habilidade		É alto
HG 6	2.1 Comunica e desenvolve planos bem elaborados para o futuro.	1	2	3	4	5
	2.2 Proporciona recursos, sistemas e procedimentos adequados para implementação dos planos.	1	2	3	4	5
					NOTA HG 6 =	
HG 7	2.3 Procura contar com a opinião dos outros ao tomar decisões importantes.	1	2	3	4	5
	2.4 Mostra respeito pelas opiniões dos membros da equipe.	1	2	3	4	5
					NOTA HG 7 =	
HG 8	2.5 Ao solucionar um problema, assegura que estes tenham sido corretamente identificados e compreendidos.	1	2	3	4	5
	2.6 Consegue gerar boa variedade de soluções, avaliar os prováveis resultados e agir com confiança.	1	2	3	4	5
					NOTA HG 8 =	
HG 9	2.7 Aplica as mesmas normas e regras para si mesmo e para todos os membros da equipe.	1	2	3	4	5
	2.8 Consegue reconhecer princípios que foram injustamente aplicados e fazer devidas correções.	1	2	3	4	5
					NOTA HG 9 =	
HG 10	2.9 Desenvolve sistemas de medida claros e práticos que ajudam os outros a melhorar o desempenho e os resultados globais.	1	2	3	4	5
	2.10 Propicia oportunidades para rever o progresso da equipe e acompanhar resultados.	1	2	3	4	5
					NOTA HG 10 =	

Continua

Anexo 3 | *Templates* de diagnóstico profundo

	3. DESENVOLVIMENTO	Precisa de		O nível nesta habilidade		É alto
HG 11	3.1 Assegura que as necessidades de treinamento e desenvolvimento individuais e de equipe estejam corretamente avaliadas.	1	2	3	4	5
	3.2 Promove métodos eficazes para proporcionar o desenvolvimento.	1	2	3	4	5
					NOTA HG 11 =	
HG 12	3.3 Consegue designar pessoas certas para os trabalhos certos, nas horas certas.	1	2	3	4	5
	3.4 Ao delegar o trabalho, confia dando orientações claras.	1	2	3	4	5
					NOTA HG 12 =	
HG 13	3.5 Dá *feedback* positivo regularmente às pessoas e à equipe pelas suas realizações.	1	2	3	4	5
	3.5 Consegue dar *feedbacks* construtivos para obter melhorias no desempenho.	1	2	3	4	5
					NOTA HG 13 =	
HG 14	3.7 Ajuda os membros da equipe a avaliarem de forma realista suas opções para desenvolvimento e oportunidades para crescimento.	1	2	3	4	5
	3.8 Promove os valores de iguais oportunidades em todos os níveis.	1	2	3	4	5
					NOTA HG 14 =	
HG 15	3.9 Participa das atividades que fortalecem o relacionamento na equipe.	1	2	3	4	5
	3.10 Cria relacionamentos construtivos com gente de fora da equipe (por exemplo, fornecedores, clientes etc.).	1	2	3	4	5
					NOTA HG 15 =	

	4. GESTÃO DA MUDANÇA	Precisa de		O nível nesta habilidade		É alto
HG 16	4.1 Procura ativamente maneiras de melhorar o negócio.	1	2	3	4	5
	4.2 Incentiva os outros a pensarem criativamente e usarem de iniciativa para melhorar.	1	2	3	4	5
					NOTA HG 16 =	
HG 17	4.3 Está disposto a encontrar novas maneiras de fazer as coisas.	1	2	3	4	5
	4.4 Ao tentar coisas novas, consegue aprender com os erros e se adaptar de maneira positiva.	1	2	3	4	5
					NOTA HG 17 =	
HG 18	4.5 Comunica-se regularmente com a equipe sobre mudanças.	1	2	3	4	5
	4.6 Ao dar informações sobre mudanças, demonstra sensibilidade ao impacto delas nos membros da equipe.	1	2	3	4	5
					NOTA HG 18 =	
HG 19	4.7 Busca ativamente ideias da equipe sobre o processo de mudança.	1	2	3	4	5
	4.8 Consegue dar atenção às preocupações demonstradas pela equipe.	1	2	3	4	5
					NOTA HG 19 =	
HG 20	4.9 Consegue efetivamente identificar os motivos da resistência às mudanças.	1	2	3	4	5
	4.10 Identifica maneiras de superar a resistência e conquistar um compromisso com as mudanças.	1	2	3	4	5
					NOTA HG 20 =	

Fonte: adaptado do Método CIS, Paulo Vieira.

Anexo 3 | *Templates* de diagnóstico profundo

QUADRO-RESUMO
HABILIDADES GERENCIAIS

HABILIDADES GERENCIAIS	Pontos de Autoavaliação	Pontuação de *Feedback* P1	Pontuação de *Feedback* P2	Pontuação de *Feedback* P3	Pontuação Média de *Feedback*
HG 1					
HG 2					
HG 3					
HG 4					
HG 5					
HG 6					
HG 7					
HG 8					
HG 9					
HG 10					
HG 11					
HG 12					
HG 13					
HG 14					
HG 15					
HG 16					
HG 17					
HG 18					
HG 19					
HG 20					

Fonte: adaptado do Método CIS, Paulo Vieira.

Anexo 3 | *Templates* de diagnóstico profundo

GRÁFICO DE HABILIDADES GERENCIAIS

HABILIDADES	O NÍVEL DESTA HABILIDADE								
1. LIDERANÇA	Precisa de Desenvolvimento			É adequado			É alto		
HG1 - Comunicar a visão	2	3	4	5	6	7	8	9	10
HG2 - Esclarecer as expectativas	2	3	4	5	6	7	8	9	10
HG3 - Inspirar e motivar	2	3	4	5	6	7	8	9	10
HG4 - Ser um bom exemplo	2	3	4	5	6	7	8	9	10
HG5 - Representar a equipe	2	3	4	5	6	7	8	9	10
2. IMPLEMENTAÇÃO	Precisa de Desenvolvimento			É adequado			É alto		
HG6 - Planejar e organizar	2	3	4	5	6	7	8	9	10
HG7 - Consultar quanto a decisões	2	3	4	5	6	7	8	9	10
HG8 - Solucionar problemas	2	3	4	5	6	7	8	9	10
HG9 - Agir com justiça	2	3	4	5	6	7	8	9	10
HG10 - Concentrar-se nos resultados	2	3	4	5	6	7	8	9	10
3. DESENVOLVIMENTO	Precisa de Desenvolvimento			É adequado			É alto		
HG11 - Orientar e treinar	2	3	4	5	6	7	8	9	10
HG12 - Delegar trabalho	2	3	4	5	6	7	8	9	10
HG13 - Dar *feedback*	2	3	4	5	6	7	8	9	10
HG14 - Planejar a carreira	2	3	4	5	6	7	8	9	10
HG15 - Fomentar a colaboração	2	3	4	5	6	7	8	9	10
4. GESTÃO DA MUDANÇA	Precisa de Desenvolvimento			É adequado			É alto		
HG16 - Buscar oportunidades de melhoria	2	3	4	5	6	7	8	9	10
HG17 - Assumir riscos	2	3	4	5	6	7	8	9	10
HG18 - Informar os outros	2	3	4	5	6	7	8	9	10
HG19 - Reagir bem ao *feedback*	2	3	4	5	6	7	8	9	10
HG20 - Obter compromisso com a mudança	2	3	4	5	6	7	8	9	10
	TOTAL:								

Fonte: adaptado do Método CIS, Paulo Vieira.

4. Avaliação multidirecional de vendas

AVALIAÇÃO MULTIDIRECIONAL
DESENVOLVIMENTO EM VENDAS

Nome: Data:

	DESENVOLVIMENTO EM VENDAS	Precisa de Desenvolvimento		O nível nesta habilidade está adequado		É alto
DV 1	1.1 Conhece as características e necessidades do mercado.	1	2	3	4	5
	1.2 É proativo em se manter atualizado em relação ao seu ramo de atividade.	1	2	3	4	5
					DV 1 =	
DV 2	2.1 Utiliza os sistemas e os procedimentos a sua disposição de modo competente.	1	2	3	4	5
	2.2 Conhece os pontos fortes das principais pessoas com quem trabalha.	1	2	3	4	5
					DV 2 =	
DV 3	3.1 Sabe descrever com clareza a linha de produtos/serviços que comercializa.	1	2	3	4	5
	3.2 Consegue explicar com clareza as características e os benefícios de cada produto ou serviço.	1	2	3	4	5
					DV 3 =	
DV 4	4.1 Empenha-se em atingir metas desafiantes.	1	2	3	4	5
	4.2 Procura constantemente maneiras de aumentar o próprio desempenho.	1	2	3	4	5
					DV 4 =	
DV 5	5.1 Preserva a autoconfiança mesmo depois de rejeições consecutivas.	1	2	3	4	5
	5.2 Mantém a persistência ao longo do tempo.	1	2	3	4	5
					DV 5 =	
DV 6	6.1 É pontual em reuniões e outros compromissos.	1	2	3	4	5
	6.2 Prioriza as tarefas de maneira eficaz, evitando a perda de tempo.	1	2	3	4	5
					DV 6 =	
DV 7	7.1 Mostra disposição para ajudar os outros.	1	2	3	4	5
	7.2 Oferece mais do que o esperado aos clientes.	1	2	3	4	5
					DV 7 =	
DV 8	8.1 Sempre presta muita atenção nos detalhes.	1	2	3	4	5
	8.2 Executa eficientemente todas as tarefas administrativas.	1	2	3	4	5
					DV 8 =	
DV 9	9.1 Obtém entrosamento através de saudações e usando o nome do cliente.	1	2	3	4	5
	9.2 Cria uma primeira impressão de profissionalismo, pela aparência e modo de falar.	1	2	3	4	5
					DV 9 =	
DV 10	10.1 Mostra respeito pelas necessidades individuais e preocupações do cliente.	1	2	3	4	5
	10.2 Comunica-se com facilidade com uma grande variedade de clientes.	1	2	3	4	5
					DV 10 =	

Continua

Anexo 3 | *Templates* de diagnóstico profundo

DV 11	11.1 Faz perguntas relevantes para determinar a necessidade do cliente.	1	2	3	4	5
	11.2 Consegue obter informações úteis dos clientes.	1	2	3	4	5
					DV 11 =	
DV 12	12.1 Escuta com atenção e faz um resumo para verificar se entendeu.	1	2	3	4	5
	12.2 Não interrompe as pessoas durante a conversa.	1	2	3	4	5
					DV 12 =	
DV 13	13.1 Responde prontamente às perguntas e preocupações.	1	2	3	4	5
	13.2 Cumpre suas promessas e compromissos.	1	2	3	4	5
					DV 13 =	
DV 14	14.1 Encontra oportunidades para promover o negócio.	1	2	3	4	5
	14.2 É criativo na busca de clientes em potencial.	1	2	3	4	5
					DV 14 =	
DV 15	15.1 Motiva e inspira pessoas quando apresenta produtos/serviços.	1	2	3	4	5
	15.2 Destaca os diferenciais do negócio que oferece, sem exageros.	1	2	3	4	5
					DV 15 =	
DV 16	16.1 Oferece produtos/serviços adequados às necessidades do cliente.	1	2	3	4	5
	16.2 Consegue fazer a ligação entre os benefícios e as necessidades do cliente.	1	2	3	4	5
					DV 16 =	
DV 17	17.1 Mostra firmeza ao propor uma venda maior.	1	2	3	4	5
	17.2 Encontra oportunidades para vendas adicionais a clientes existentes.	1	2	3	4	5
					DV 17 =	
DV 18	18.1 Antevê e supera as objeções antes que sejam levantadas.	1	2	3	4	5
	18.2 Utiliza diversas técnicas para transformar objeções em oportunidades.	1	2	3	4	5
					DV 18 =	
DV 19	19.1 Transforma um simples interesse em venda, de maneira consistente.	1	2	3	4	5
	19.2 Negocia com eficácia quando necessário.	1	2	3	4	5
					DV 19 =	
DV 20	20.1 Mantém contato com o cliente após a venda.	1	2	3	4	5
	20.2 Gera grande lealdade dos clientes.	1	2	3	4	5
					DV 20 =	

Fonte: adaptado do Método CIS, Paulo Vieira.

Anexo 3 | *Templates* de diagnóstico profundo

QUADRO-RESUMO
DESENVOLVIMENTO DE VENDAS

DESENVOLVIMENTO DE VENDAS	Pontos de Autoavaliação	Pontuação de *Feedback* P1	Pontuação de *Feedback* P2	Pontuação de *Feedback* P3	Pontuação Média de *Feedback*
DV 1					
DV 2					
DV 3					
DV 4					
DV 5					
DV 6					
DV 7					
DV 8					
DV 9					
DV 10					
DV 11					
DV 12					
DV 13					
DV 14					
DV 15					
DV 16					
DV 17					
DV 18					
DV 19					
DV 20					

Fonte: adaptado do Método CIS, Paulo Vieira.

Anexo 3 | *Templates* de diagnóstico profundo

GRÁFICO DE DESENVOLVIMENTO EM VENDAS

HABILIDADES	O NÍVEL DESTA HABILIDADE								
1. ATUALIZAÇÃO COM O RAMO	Precisa de Desenvolvimento			É adequado			É alto		
DV1 - Compreender o mercado	2	3	4	5	6	7	8	9	10
DV2 - Compreender o negócio	2	3	4	5	6	7	8	9	10
DV3 - Compreender o produto/serviço	2	3	4	5	6	7	8	9	10
2. HABILIDADES DE REALIZAÇÃO	Precisa de Desenvolvimento			É adequado			É alto		
DV4 - Ter motivação para o sucesso	2	3	4	5	6	7	8	9	10
DV5 - Manter o alto nível de vitalidade	2	3	4	5	6	7	8	9	10
DV6 - Administrar bem o tempo	2	3	4	5	6	7	8	9	10
DV7 - Concentrar-se em atender o cliente	2	3	4	5	6	7	8	9	10
DV8 - Administrar com eficiência	2	3	4	5	6	7	8	9	10
3. HABILIDADES INTERPESSOAIS/COMUNICAÇÃO	Precisa de Desenvolvimento			É adequado			É alto		
DV9 - Causar impressão positiva	2	3	4	5	6	7	8	9	10
DV10 - Criar relacionamentos	2	3	4	5	6	7	8	9	10
DV11 - Fazer perguntas eficazes	2	3	4	5	6	7	8	9	10
DV12 - Escutar com atenção	2	3	4	5	6	7	8	9	10
DV13 - Reagir adequadamente	2	3	4	5	6	7	8	9	10
4. HABILIDADES EM VENDAS	Precisa de Desenvolvimento			É adequado			É alto		
DV14 - Gerar novos negócios	2	3	4	5	6	7	8	9	10
DV15 - Apresentar produtos	2	3	4	5	6	7	8	9	10
DV16 - Atender às necessidades do cliente	2	3	4	5	6	7	8	9	10
DV17 - Criar oportunidades de vendas adicionais	2	3	4	5	6	7	8	9	10
DV18 - Superar objeções	2	3	4	5	6	7	8	9	10
DV19 - Fechar vendas	2	3	4	5	6	7	8	9	10
DV20 - Maximizar pedidos repetidos	2	3	4	5	6	7	8	9	10
	TOTAL:								

Fonte: adaptado do Método CIS, Paulo Vieira.

5. Avaliação multidirecional de eficácia no trabalho

AVALIAÇÃO MULTIDIRECIONAL
EFICÁCIA NO TRABALHO

Nome: Data:

	EFICÁCIA NO TRABALHO	Precisa de Desenvolvimento		O nível nesta habilidade está adequado		É alto
ET 1	1.1 Tem um compromisso assumido com as metas da organização.	1	2	3	4	5
	1.2 Atinge os resultados desejados.	1	2	3	4	5
					ET 1 =	
ET 2	2.1 Presta muita atenção aos detalhes.	1	2	3	4	5
	2.2 Procura trabalhar consistentemente num alto nível.	1	2	3	4	5
					ET 2 =	
ET 3	3.1 Resolve problemas rapidamente.	1	2	3	4	5
	3.2 Toma decisões apropriadas quando necessário.	1	2	3	4	5
					ET 3 =	
ET 4	4.1 Contribui com ideias e sugestões para melhoria.	1	2	3	4	5
	4.2 É receptivo às ideias dos outros para melhorar.	1	2	3	4	5
					ET 4 =	
ET 5	5.1 Consegue administrar as grandes prioridades.	1	2	3	4	5
	5.2 Tem práticas e sistemas eficientes para o seu trabalho individual.	1	2	3	4	5
					ET 5 =	
ET 6	6.1 Transmite as informações relevantes aos outros de maneira eficiente.	1	2	3	4	5
	6.2 Consegue destacar os pontos principais ao se comunicar.	1	2	3	4	5
					ET 6 =	
ET 7	7.1 Acompanha todos os seus compromissos.	1	2	3	4	5
	7.2 Informa os outros quando não terá condições de cumprir uma promessa.	1	2	3	4	5
					ET 7 =	
ET 8	8.1 Fica à vontade ao expressar suas opiniões.	1	2	3	4	5
	8.2 É habilidoso ao dar e receber *feedback* sobre desempenho.	1	2	3	4	5
					ET 8 =	
ET 9	9.1 Consegue lidar com situações de conflito de maneira colaborativa.	1	2	3	4	5
	9.2 Ajuda a mediar conflitos entre outras pessoas.	1	2	3	4	5
					ET 9 =	
ET 10	10.1 Mostra disposição para ajudar clientes internos e externos.	1	2	3	4	5
	10.2 Procura exceder as expectativas dos clientes sempre que possível.	1	2	3	4	5
					ET 10 =	

Continua

Anexo 3 | *Templates* de diagnóstico profundo

ET 11	11.1 É receptivo às mudanças, procurando sempre melhorar seu desempenho.	1	2	3	4	5
	11.2 Mantém-se disposto a trabalhar pela implementação das mudanças.	1	2	3	4	5
					ET 11 =	
ET 12	12.1 Age de maneira proativa ao buscar oportunidades para aprender.	1	2	3	4	5
	12.2 Adapta-se com facilidade a novos sistemas e processos.	1	2	3	4	5
					ET 12 =	
ET 13	13.1 Compreende bem as tecnologias atuais de trabalho e futuras.	1	2	3	4	5
	13.2 Usa a tecnologia de maneira eficaz para melhorar o desempenho no trabalho.	1	2	3	4	5
					ET 13 =	
ET 14	14.1 Assume a responsabilidade pelo próprio desenvolvimento profissional.	1	2	3	4	5
	14.2 Tem planos realistas para atingir suas metas profissionais atuais.	1	2	3	4	5
					ET 14 =	
ET 15	15.1 Antevê problemas que poderão comprometer o desempenho.	1	2	3	4	5
	15.2 Busca oportunidades para o crescimento profissional e pessoal.	1	2	3	4	5
					ET 15 =	
ET 16	16.1 Sente-se à vontade mesmo quando o futuro é incerto.	1	2	3	4	5
	16.2 Continua trabalhando com eficácia, mesmo quando lhe faltam informações relevantes.	1	2	3	4	5
					ET 16 =	
ET 17	17.1 Sabe lidar bem com recursos limitados.	1	2	3	4	5
	17.2 Ajusta-se bem a um aumento na carga de trabalho.	1	2	3	4	5
					ET 17 =	
ET 18	18.1 Consegue assumir outras funções quando necessário.	1	2	3	4	5
	18.2 Consegue mudar seu ponto de vista quando lhe apresentam dados convincentes.	1	2	3	4	5
					ET 18 =	
ET 19	19.1 Não se aborrece nem se abala facilmente.	1	2	3	4	5
	19.2 Consegue mudar seu ponto de vista quando lhe apresentam dados convincentes.	1	2	3	4	5
					ET 19 =	
ET 20	20.1 Dispõe-se a experimentar novas maneiras de se fazer as coisas.	1	2	3	4	5
	20.2 Consegue ter ideias novas, mesmo quando sob pressão.	1	2	3	4	5
					ET 20 =	

Fonte: adaptado do Método CIS, Paulo Vieira.

Anexo 3 | *Templates* de diagnóstico profundo

QUADRO-RESUMO
EFICÁCIA NO TRABALHO

EFICÁCIA NO TRABALHO	Pontos de Autoavaliação	Pontuação de *Feedback* P1	Pontuação de *Feedback* P2	Pontuação de *Feedback* P3	Pontuação Média de *Feedback*
ET 1					
ET 2					
ET 3					
ET 4					
ET 5					
ET 6					
ET 7					
ET 8					
ET 9					
ET 10					
ET 11					
ET 12					
ET 13					
ET 14					
ET 15					
ET 16					
ET 17					
ET 18					
ET 19					
ET 20					

Fonte: adaptado do Método CIS, Paulo Vieira.

Anexo 3 | *Templates* de diagnóstico profundo

GRÁFICO DE EFICÁCIA NO TRABALHO

HABILIDADES	O NÍVEL DESTA HABILIDADE								
1. PRODUTIVIDADE	Precisa de Desenvolvimento			É adequado			É alto		
ET1 - Concentrar-se nos resultados	2	3	4	5	6	7	8	9	10
ET2 - Manter a qualidade	2	3	4	5	6	7	8	9	10
ET3 - Tomar a iniciativa	2	3	4	5	6	7	8	9	10
ET4 - Buscar melhorias	2	3	4	5	6	7	8	9	10
ET5 - Organizar-se bem	2	3	4	5	6	7	8	9	10
2. TRABALHO EM EQUIPE/HABILIDADES INTERPESSOAIS	Precisa de Desenvolvimento			É adequado			É alto		
ET6 - Comunicar informações	2	3	4	5	6	7	8	9	10
ET7 - Cumprir promessas	2	3	4	5	6	7	8	9	10
ET8 - Ser franco e sincero	2	3	4	5	6	7	8	9	10
ET9 - Resolver conflitos produtivamente	2	3	4	5	6	7	8	9	10
ET10 - Voltar-se sempre para o cliente	2	3	4	5	6	7	8	9	10
3. RECEPTIVIDADE AO FUTURO	Precisa de Desenvolvimento			É adequado			É alto		
ET11 - Ser positivo diante das mudanças	2	3	4	5	6	7	8	9	10
ET12 - Aprender rapidamente	2	3	4	5	6	7	8	9	10
ET13 - Conviver bem com a tecnologia	2	3	4	5	6	7	8	9	10
ET14 - Administrar a própria carreira	2	3	4	5	6	7	8	9	10
ET15 - Pensar à frente	2	3	4	5	6	7	8	9	10
4. CAPACIDADE DE TRABALHAR SOB PRESSÃO	Precisa de Desenvolvimento			É adequado			É alto		
ET16 - Tolerar bem a incerteza	2	3	4	5	6	7	8	9	10
ET17 - Fazer mais com menos	2	3	4	5	6	7	8	9	10
ET18 - Ser muito flexível	2	3	4	5	6	7	8	9	10
ET19 - Ter estabilidade emocional	2	3	4	5	6	7	8	9	10
ET20 - Buscar inovação	2	3	4	5	6	7	8	9	10
	TOTAL:								

Fonte: adaptado do Método CIS, Paulo Vieira.

6. As 15 estratégias para restaurar relacionamentos pessoais

AS 15 ESTRATÉGIAS PARA RESTAURAR RELACIONAMENTOS PESSOAIS

Vou restaurar meu relacionamento com: _____   Até: ___/___/___

ESTRATÉGIAS	ATUAL	SEM. 1	SEM. 2	SEM. 3
1. **Afeto:** beijo, toque, abraço.				
2. *Rapport*: em todas as situações (sem pré-conceitos).				
3. **Diálogo:** falar com respeito e ouvir com atenção.				
4. **Validação:** frequente nas virtudes e nos acertos.				
5. **Profetizar:** nos sonhos e necessidades da pessoa.				
6. **Cuidar:** das necessidades emocionais e físicas (dia a dia).				
7. **Socorrer:** atender às necessidades físicas e emocionais (emergenciais).				
8. **Participar:** da vida e interesses.				
9. **Limite:** com respeito e saber dizer não.				
10. **Paciência:** sob estresse, boa atitude enquanto espera.				
11. **Respeito:** como indivíduo e suas diferenças e estilos.				
12. **Serviço:** prontidão em ajudar em tarefas e problemas.				
13. **Surpreender:** quebrar a rotina do relacionamento e renovar.				
14. **Presentear:** sem cobrar nada em troca.				
15. **Perdoar:** não se contaminar com o passado.				

Plano de Ação semana 1 | Foco nos pontos críticos:

Plano de Ação semana 2:

Plano de Ação semana 3:

Fonte: adaptado do Método CIS, Paulo Vieira.

Anexo 3 | *Templates* de diagnóstico profundo

7. Evolução de crenças PCM

CRENÇAS PCM		
Checando os Limitantes que impedem a realização das Metas		
Nome do Cliente		Data
TRANSCREVA SUA META OUSADA E CONFIRA SUAS CRENÇAS SOBRE ELA...		

Atribua notas mais altas de acordo com seu nível de confiança!

CRENÇAS LIMITANTES	PERGUNTA	NOTA	SEVERIDADE
RECURSOS (Pessoas, tempo, dinheiro, etc.)	Consigo acessar os recursos que preciso para minha meta?		
POSSIBILIDADE	É possível alcançar minhas metas?		
CAPACIDADE	Tenho habilidade/capacidade de atingir a meta?		
CLAREZA	Minhas metas são claras?		
INCERTEZA	Minha meta está congruente com meus valores?		
MEDO	Tenho medo de confiar, fracassar ou arriscar demais com essa meta?		
MÉRITO	Eu mereço os resultados dessa meta?		
MÉRITO	A meta realmente vale a pena?		
ECOLOGIA	Minhas metas promovem todas as áreas e pessoas importantes da minha vida?		

Defina dois pontos críticos como impeditivos para a realização da sua meta.

CRENÇAS LIMITANTES	COMO O FAZEM SENTIR?	O QUE O FAZ PENSAR QUE SÃO IMPEDIMENTOS?

8. Autobiografia

AUTOBIOGRAFIA

Meu nome é _____, nasci em _____ e, nessa época, minha família vivia em _____ de forma _____
_____
_____
_____
_____
_____
_____
_____

_____
_____
_____
_____
_____
_____
_____
_____
_____
_____
_____
_____

Fonte: adaptado do Método CIS, Paulo Vieira.

9. Mapa da Zona de Preocupação

MAPA DA ZONA DE PREOCUPAÇÃO

Exercício de combate à ansiedade e redirecionamento de foco

- **Passo 1:** *Identifique suas principais preocupações hoje e liste-as como as* **TOP 5**, *causadoras de ansiedade e crises.*

    Dica: *Possivelmente estão ligadas ao pilar mais crítico.*

- TOP 5 | PREOCUPAÇÕES

1._____
2._____
3._____
4._____
5._____

- **Passo 2:** *Dessa lista, defina sobre o que você tem influência ou controle e sobre o que não tem, assinalando abaixo:*

	Zona de Influência/ Controle	Zona de Preocupação
1.		
2.		
3.		
4.		
5.		

Anexo 3 | *Templates* de diagnóstico profundo

● **Passo 3:** *Focalize seu tempo, energia e emoções naquilo que pode controlar ou influenciar em sua vida. Defina abaixo um* **Plano de Ação de Influência** *usando o 5W2H para cada item apontado acima.*

Recurso: Acessar *template* 5W2H.

10. 101 perguntas terapêuticas

101 PERGUNTAS TERAPÊUTICAS

● *PREPARAÇÃO*

Antes de começar a responder, tire alguns minutos para se concentrar. Com os seus olhos fechados, faça respirações profundas e se concentre por alguns instantes. Procure ficar bem relaxado e esquecer-se de outras atividades. Se concentre no agora e gradativamente deixe sua mente navegar por memórias do seu passado, sem regras, sem épocas, só momentos, pessoas, lugares, qualquer coisa que vier. Faça este exercício por cinco minutos antes de começar.

● *AO RESPONDER*

Anote tudo conectado com a emoção e permita-se sentir de novo a infelicidade e a dor do passado, sempre que houver.

● *GESTAÇÃO E NASCIMENTO*

1. Visualize-se e sinta-se na barriga da sua mãe. Você realmente estava sendo querido pela sua mãe e pelo seu pai?
2. Quando você nasceu, você era do sexo errado? Você foi concebido porque ter um bebê era "uma coisa que se tem que fazer?" Você era bonzinho?
3. Depois que você deixou de ser um bebê, quando foi que você se lembra da sua mãe e do seu pai terem lhe abraçado e dito que o amavam muito?

● *MEMÓRIAS DE INFÂNCIA*

4. Como era a sua casa da infância? Era limpa, confortável, segura e aconchegante?
5. A casa era uma bagunça? Ou talvez ela era antisséptica igual a uma enfermaria, onde não se permitia ter nada sujo?
6. Seu pai e/ou mãe trabalhavam fora?
7. Você ficava sozinho? Como se sentia?
8. Papai era muito tirano ou conversava, ouvia e entendia?
9. A sua mãe e seu pai deixavam você para os outros cuidarem?

● *SUA HISTÓRIA*

10. Sofreu abandono, literal ou psicologicamente?
11. Você foi abandonado através do divórcio ou da morte?
12. Você foi adotado?

13. Mamãe e papai fizeram uma aliança com você e os outros filhos para que ficassem do lado um do outro? (em algumas famílias existe uma divisão das crianças, alguns são da mamãe e alguns do papai, o que causa eternos conflitos).

● CARACTERÍSTICAS DA FAMÍLIA COM A QUAL VIVEU

14. Você gostava de estar com sua família? Era divertido? Cheia de amor? Alegre? Real? Ou era deprimente? Anestesiada e morta? Solitária? Ou não era nada?
15. Qual era a maior preocupação na sua família? Era o dinheiro? O trabalho? O sucesso?
16. O que era o mais importante na família? A educação? O *status*? As aparências? A saúde? A nutrição? A limpeza? A Igreja?
17. Como eram as mensagens não verbais e os comportamentos?

Por exemplo: "sorria sempre", "mantenha a cara", "esconda os seus verdadeiros sentimentos".

18. Você recebia olhares atravessados? Como se sentia?
19. A sua família era aberta? Eles realmente se comunicam e escutam uns aos outros?
20. O que transmitia a linguagem corporal deles? Eles eram tensos, controlados?
21. Como a sua família se comportava quando estava infeliz ou deprimida? Eles falavam sobre isso?
22. Eles expressavam e colocavam os seus sentimentos diretamente? Ou era tudo escondido, secreto e ignorado?
23. Quem era a vítima ou o mártir no seu sistema familiar?

● FORMAS DE COMUNICAÇÃO DA FAMÍLIA

24. Como eram as interações e a comunicação na sua família?
25. Qual era o assunto predominante que conversavam, se é que conversavam?
26. Quem dominava a conversa e quem nunca falava?
27. A sua mãe e o seu pai eram calados, fechados, zumbizados e mortos?
28. Como eram as demonstrações de afeto na sua família?
29. Como as pessoas da sua família reagem diante ao contato físico, se é que existe algum?
30. Sua mãe e seu pai manifestam carinho físico um com o outro, se abraçando, dando carinho?

● CARACTERÍSTICAS SOBRE COMO SEUS PAIS SE EXPRESSAVAM

31. Qual era o tipo de atmosfera que os seus pais criavam na sua casa?
32. Como eles agiam quando estavam zangados?
33. Seu pai demonstrava raiva explicitamente?
34. A sua família gritava e berrava?
35. O que eles faziam com a raiva deles e como é que você reagia?
36. Eles encobriam, suprimiam e abafavam a raiva com um sorriso? Eles eram autênticos ou falsos?

Anexo 3 | *Templates* de diagnóstico profundo

37. Mamãe e papai demonstravam a raiva da mesma maneira? Ou de maneiras opostas?

● COMPORTAMENTOS GERAIS DOS SEUS PAIS

38. Mamãe era o modelo para todas as mulheres e papai o modelo para todos os homens. A maneira pela qual você se relacionou com os seus pais quando era criança é como você se relaciona hoje em dia com as mulheres, e os homens, os amantes, os cônjuges e com os seus filhos?
39. Mãe e pai faziam companhia a você com amor e interesse ou eles pensavam neles primeiro?
40. Os seus pais eram centrados ou estáveis ou eles corriam de um lado para outro igual barata tonta?
41. Como eles reagiam quando surgiam problemas repentinos? Com ansiedade e medo? Com equilíbrio? Ou eles entravam em pânico? Eles ficavam paralisados?
42. Como seus pais lidavam com frustrações e decepções?
43. Eles se distraíam com outras tarefas sem importância?
44. Como se comportavam quando você ficava doente ou quando eles ficavam doentes? Ou você aprendeu que se fingir de doente era a única maneira de conseguir atenção negativa?
45. O seu pai ou a sua mãe eram alcoólatras, viciados em drogas ou hipocondríacos?

● SEUS IRMÃOS E IRMÃS

46. Quando nascia mais um filho, um nenê, lhe ensinaram que era o nosso nenê, para que assim você pudesse aceitar amorosamente o nosso nenê, ou ele era o nenê de mamãe e papai?
47. Você se sentiu deixado de lado, rejeitado e inseguro com a chegada de um novo irmão ou irmã?
48. Como foi que a ordem de nascimento dos irmãos lhe afetou?
49. Como era ser filho único? Ser o filho mais velho? Ser o mais novo?
50. Os seus pais davam força à rivalidade entre irmãos?

● PODER E AUTORIDADE

51. Quem era a figura de autoridade, o patrão, na sua família?
52. Quem tinha o poder? Como você reagia a esse poder?
53. Como eram manifestados o poder, a autoridade e o controle?
54. O que acontecia quando o controle dos pais era desafiado, se é que eram desafiados?
55. Papai tinha medo de mamãe ou mamãe tinha medo de papai?
56. Você tinha medo de um deles ou dos dois?
57. Você tinha medo dos seus irmãos ou irmãs?
58. Ou você aterrorizava seus pais ou seus irmãos ou irmãs?
59. Como é que era aterrorizado?

Anexo 3 | *Templates* de diagnóstico profundo

● SUA IDENTIDADE

60. Quem era? O obediente, o submisso, o tristinho, o doentinho, o zangado, o rebelde, a vítima, o mártir, o dedo-duro?
61. Você foi... O salvador? Aquele que ajuda? Aquele que apronta? Mãe ou pai substituto para os seus pais, irmãos? O meu menino, a garota-problema? Ou o delinquente? O pateta? O palhaço?
62. Você era a criança perfeita com a qual mamãe e papai ficavam abobados? Se você era, você está sempre tentando provar o seu valor e tentando viver à altura da expectativa deles?

● SENTIMENTOS REINANTES

63. Seus pais diziam que o amavam?
64. Você se sentiu consistentemente amado e aceito pela mamãe e pelo papai?
65. Mamãe e papai estavam ali, mas não estavam realmente nem aí?
66. Você se sentia cuidado por amor ou por dever?
67. Qual era o clima de negatividade mais frequente na sua casa?
68. O que é que você fazia com a sua raiva?
69. Permita-se relembrar uma cena específica em que a raiva era o traço que estava sendo exibido pelos seus pais. Procure se lembrar de uma cena em que você estava com raiva da mamãe ou do papai. Qual era o motivo? Experimente de novo o que você sentiu.

● MEMÓRIAS FINANCEIRAS

70. Como a sua família se relacionava com dinheiro?
71. O dinheiro era a causa de muitas preocupações?
72. Eles falavam muito sobre dinheiro?
73. Eles lidavam com o dinheiro de uma forma realista?
74. O dinheiro era um assunto principal na vida dos seus pais?
75. Eles eram extravagantes e mesquinhos?
76. Eles brigavam, reclamavam, resmungavam por dinheiro?
77. Qual o exemplo financeiro predominante da sua infância?
78. Eles tinham problemas financeiros?
79. Como eles lidavam com dinheiro?

● MEMÓRIAS SOBRE CASTIGOS

80. O que é que seus pais fazem quando você ou seus irmãos se comportam mal?
81. Como é que você e seus irmãos eram castigados?
82. Você tinha que ouvir um sermão ou você levava um tapa, uma palmada, um soco, um pontapé ou uma surra?
83. Você recebia um castigo com mão de ferro e faziam com que você se sentisse rejeitado?

84. Ou você nunca foi castigado e assim você aprendeu que o comportamento negativo vale a pena?
85. Ou sua mãe e seu pai usavam a disciplina de mão de ferro coberta pela luva de veludo do amor, lhe ensinando a distinguir o que é bom e o que é ruim, de tal forma que você podia aceitar um castigo justo sem se sentir rejeitado, magoado ou abandonado?

■ DATAS ESPECIAIS DA INFÂNCIA

86. Como eram os dias especiais na sua família? Natais, aniversário, eram dias seus ou deles?
87. Esses dias eram considerados uma dor de cabeça necessária ou experiências de amor?

■ DESEMPENHO ESCOLAR

88. Quando você trazia o boletim para casa, como isso era recebido?
89. Era uma experiência feliz?
90. Era a maneira pela qual você comprava a aprovação dos seus pais?
91. Ou era uma ocasião cheia de apreensão dos seus pais ou você por vingança se rebelava e ganhava notas baixas para aborrecê-los e também estragar o seu próprio desenvolvimento nos estudos?
92. Seu pai deixava que sua mãe lhe castrasse, ou vice-versa?
93. Você foi humilhado por eles na frente de amigos ou de estranhos?

■ FORMA COMO O SEXO ERA TRATADO

94. Como a sua mãe e seu pai se sentiam sobre sexo?
95. Existia fidelidade sexual? Ou tinham casos secretos? Havia incesto?
96. Você foi molestado sexualmente? Ou tem vergonha da sua identidade sexual?
97. Eles mostravam o sexo como uma coisa sadia, limpa e bonita?
98. O sexo era uma parte amorosa, alegre da vida deles, e adequada para se falar? Ou era uma coisa escondida, suja e que provocava ansiedade?
99. Eles faziam com que o sexo fosse algo para se ter medo?
100. A mensagem era: faça o que quiser, mas não se deixe apanhar?
101. Era um dever? Era algo para se ter ressentimento do marido ou da mulher? Alguma coisa que dava dor de cabeça? Algo que moça direita não fazia? Uma coisa que era pecado a não ser se for casado?

Fonte: adaptado do Método CIS, Paulo Vieira.

4
ANEXO
Recursos de Formação e Acordo de Coaching

4

Anexo 4 | Recursos de formação e acordo de coaching

1. Modelo de contrato de coaching
2. Coaching Log
3. Código de Ética – ICF
4. *Check-list* de formação

Anexo 4 | Recursos de formação e acordo de coaching

1. Modelo de contrato de coaching

CONTRATO DE PRESTAÇÃO DE SERVIÇO DE COACHING

Por meio deste instrumento particular, _____ portador da cédula de identidade R.G. nº _____ inscrito junto ao Ministério da Fazenda sob o CPF/CNPJ MF nº _____, doravante simplesmente chamada de **CLIENTE**, de um lado, e _____, com sede à _____, _____ – Bairro _____ – Cidade _____ – ____, inscrito junto ao Ministério da Fazenda sob o CNPJ/CPF nº _____ doravante simplesmente chamada de **COACH**, e por fim, _____ inscrito junto ao Ministério da Fazenda sob o CPF/CNPJ MF nº _____, doravante simplesmente chamada de **PATROCINADOR**, caso este seja diferente do CLIENTE, firmam o presente CONTRATO DE PRESTAÇÃO DE SERVIÇOS DE COACHING, sob a forma da Lei nº 9.870, de 23/11/99, e demais legislações pertinentes, mediante as cláusulas e condições a seguir especificadas e a cujo cumprimento se obrigam mutuamente:

CLÁUSULA PRIMEIRA DO OBJETO – O presente contrato tem por objeto a prestação de **serviços de coaching na submodalidade "Life Coaching"**. Estes serviços serão prestados (modalidade) _____, identificado no preâmbulo deste instrumento, uma vez por semana, compondo-se um total de _____ (_____) sessões consecutivas, durante noventa minutos, com horário acordado previamente entre as partes.

Parágrafo Primeiro: O **COACH** declara dispor de qualificações, especializações, experiência, certificações e credenciais para o exercício do processo de coaching, sendo de sua exclusiva competência e responsabilidade a orientação técnica durante a aplicação das sessões.

Parágrafo Segundo: O **COACH** se compromete a agir sempre de maneira respeitosa e sigilosa quanto ao conteúdo de suas sessões e reconhece que eles também estão sujeitos a leis e regulamentos aplicáveis.

Parágrafo Terceiro: O **COACH** atesta e reconhece que conduzirá a qualidade e idoneidade de seus trabalhos segundo o Código de Ética da *International Coaching Federation* (ICF).

CLÁUSULA SEGUNDA – DA REMUNERAÇÃO – O valor por sessão é de R$ 000,00, que corresponde a um valor total de contrato de R$ 000,00, a ser pago em 00 parcelas de R$ 000,00 (Xxx reais).

Parágrafo Primeiro: Caso o **CLIENTE** não compareça à sessão previamente combinada entre as partes sem comunicar ao contratado com no mínimo 24 horas de antecedência, por escrito, fica facultado ao **COACH** considerar esta sessão como executada e o valor correspondente devido, de forma que o **CLIENTE** não fará jus à devolução no caso de rescisão, nos termos da Cláusula Quinta.

Parágrafo Segundo: A primeira parcela será paga no ato do contrato e as demais parcelas têm vencimento para o mesmo dia da assinatura do contrato de cada mês subsequente, e o pagamento efetuado após a data do vencimento será acrescido de multa de 2% (dois por cento) sobre o valor da prestação em atraso, sem prejuízo da atualização monetária de acordo com o IGPM-FGV – Índice Geral de Preços e Mercado da Fundação Getulio Vargas, além de juros de 1% (um por cento) ao mês sobre o valor corrigido da parcela.

CLÁUSULA QUARTA – DA VIGÊNCIA – O presente contrato é válido pelo período das sessões, a contar da data de realização da primeira sessão e tem carga horária total e máxima de ___ (_____) horas, já incluída a pré-sessão.

CLÁUSULA QUINTA – DA RESCISÃO – O presente contrato pode ser rescindido por qualquer uma das partes, a qualquer tempo, bastando apenas comunicar por escrito (carta registrada, fax ou e-mail, estes devidamente confirmados) com no mínimo duas sessões de antecedência, sob pena de pagamento do valor correspondente às mesmas.

CLÁUSULA SEXTA – DO FORO – As partes atribuem ao presente contrato eficácia e força executiva extrajudicial. Fica eleito o foro de _____, para dirimir as dúvidas que o presente contrato possa suscitar. E, por estarem as partes de acordo com todos os termos e condições do presente instrumento, assinam o presente contrato em duas vias de igual teor e forma, juntamente com duas testemunhas, para que se produzam todos os efeitos da lei.

_____, _____ de _____ de 20___.

CLIENTE	COACH	PATROCINADOR

TESTEMUNHAS E CPF   TESTEMUNHAS E CPF
01 – _____   02 – _____

Fonte: adaptado de International Coaching Federation.

2. Coaching Log

COACHING LOG DE CLIENTES

Nome do Cliente	Informações de Contato	Individual/ Grupal	Número do Grupo	Data de Início	Data de Término	Horas Pagas	Horas *Pro Bono*

Fonte: adaptado de International Coaching Federation.

3. Código de Ética

CÓDIGO DE ÉTICA – ICF
International Coaching Federation

■ Parte Um: Definição de Coaching

■ *Seção 1: Definições*

- **Coaching:** Coaching é assumir uma parceria com clientes em um processo criativo e mentalmente provocativo que os inspire a maximizarem seu potencial pessoal e profissional.
- **A relação de coaching profissional:** Existe uma relação de coaching profissional, quando o coaching inclui um acordo de negócio ou contrato que define as responsabilidades de cada parte.
- **Um Coach Profissional ICF:** Um coach profissional ICF também concorda em praticar as competências essenciais do ICF e responsabiliza-se perante o Código de Ética do ICF.

A fim de esclarecer papéis no relacionamento de coaching, muitas vezes é necessário distinguir entre o cliente e o patrocinador. Na maioria dos casos, o cliente e o patrocinador são a mesma pessoa e, portanto, referidas em conjunto como o cliente. Para fins de identificação, no entanto, a *International Coaching Federation* define estes papéis da seguinte forma:

- **Cliente:** O "cliente" é a pessoa a receber o coaching.
- **Patrocinador:** O "patrocinador" é a entidade (incluindo seus representantes) pagando por e/ou providenciando que os serviços de coaching sejam oferecidos.

Em todos os casos, o contrato de engajamento no coaching ou acordos devem estabelecer claramente os direitos, papéis e responsabilidades, tanto para o cliente quanto para o patrocinador, caso eles não sejam a mesma pessoa.

■ Parte Dois: Os Padrões ICF de Conduta Ética

> *Preâmbulo: Coaches profissionais ICF aspiram a se comportar de uma maneira que reflita positivamente sobre a profissão de coaching; são respeitosos às diferentes abordagens de coaching e reconhecem que eles também estão sujeitos a leis e regulamentos aplicáveis.*

■ *Seção 1: Conduta Profissional Geral*

Como coach:

1) Eu não farei conscientemente qualquer declaração pública que seja falsa ou enganosa sobre o que oferecerei como coach ou farei afirmações falsas por escrito relativas à profissão de coaching ou minhas credenciais ou a ICF.
2) Eu vou identificar com precisão minhas qualificações, especializações, experiência, certificações e credenciais como coach (do ICF).

3) Eu vou reconhecer e honrar os esforços e contribuições de outros e não deturpá-las, assim como as minhas. Eu entendo que violar esta norma poderá me deixar sujeito a recurso judicial por terceiros.

4) Eu irei, em todos os momentos, me esforçar para reconhecer questões pessoais que possam prejudicar, conflitar ou interferir com o meu desempenho como coach ou meus relacionamentos profissionais no coaching. Sempre que necessário, vou imediatamente procurar ajuda profissional para determinar a ação a ser tomada, inclusive se é apropriado suspender ou encerrar a minha relação de coaching.

5) Eu vou me conduzir de acordo com o Código de Ética do ICF em todas as atividades de treinamento, mentoreamento, tutoria e supervisão.

6) Eu vou conduzir e relatar pesquisas com competência, honestidade e dentro dos padrões científicos reconhecidos e das diretrizes referentes aos assuntos estudados. Minha pesquisa será realizada com o devido consentimento e aprovação dos envolvidos e por meio de uma abordagem que proteja seus participantes de qualquer dano potencial. Todos os esforços de pesquisa serão realizados de uma forma que está em conformidade com todas as leis aplicáveis do país em que a pesquisa é realizada.

7) Eu vou manter, armazenar e dispor de todos os registros criados durante o meu negócio de coaching de uma forma que promova a confidencialidade, segurança e privacidade, e esteja em conformidade com todas as leis e normas aplicáveis.

8) Vou usar informações do ICF apenas na forma e na medida autorizada pelo ICF.

Seção 2: Conflitos de Interesse

Como coach:

9) Eu vou procurar evitar conflitos de interesse e potenciais conflitos de interesse e abertamente anunciar quaisquer conflitos. Vou voluntariamente oferecer-me para ser removido quando um conflito surgir.

10) Vou divulgar antecipadamente a meus clientes e seus patrocinadores todas as compensações a terceiros que eu possa pagar ou receber por referências desse cliente.

11) Só vou trocar meus serviços por bens ou outra remuneração não monetária quando isso não prejudicar o relacionamento de coaching.

12) Eu não vou conscientemente tomar qualquer vantagem pessoal, profissional ou monetária ou me beneficiar da relação coach-cliente, a não ser por uma forma de compensação, tal como acordado no acordo ou contrato.

Seção 3: Conduta Profissional com Clientes

Como coach:

13) Eu não vou intencionalmente enganar ou fazer afirmações falsas sobre o que o meu cliente ou patrocinador receberá do processo de coaching ou de mim como coach.

14) Eu não darei aos meus potenciais clientes ou patrocinadores informações ou conselhos que sei ou acredito serem enganosos ou falsos.

15) Terei contratos ou acordos claros com os meus clientes e patrocinadores. Vou honrar todos os meus acordos ou contratos celebrados no âmbito das relações profissionais de coaching.

16) Vou explicar cuidadosamente e me esforçar para garantir que, antes ou durante a sessão inicial, o meu cliente de coaching e patrocinador entendam a natureza do coaching, a natureza e os limites da confidencialidade, acordos financeiros, e quaisquer outros termos do acordo ou contrato de coaching.

17) Eu vou ser responsável por estabelecer limites claros, apropriados e culturalmente sensíveis que regem qualquer contato físico que eu possa ter com os meus clientes ou patrocinadores.

18) Eu não me tornarei sexualmente íntimo com qualquer um dos meus clientes ou patrocinadores atuais.

19) Respeitarei o direito do cliente de terminar o relacionamento de coaching, a qualquer momento durante o processo, sem prejuízo das disposições do acordo ou contrato estabelecidos. Estarei atento a indícios que mostrem que o cliente não está mais se beneficiando de nosso relacionamento de coaching.

20) Incentivarei meus clientes ou patrocinadores a mudarem de coach ou recurso, caso acredite que o cliente ou patrocinador seria melhor servido em suas necessidades.

21) Vou sugerir meu cliente procurar os serviços de outros profissionais quando julgar necessário ou apropriado.

● *Seção 4: Confidencialidade/Privacidade*

Como coach:

22) Manterei os níveis mais rígidos de confidencialidade de informações de todos os meus clientes e patrocinadores. Terei um acordo claro ou contrato antes de divulgar informações a outra pessoa, salvo se legalmente exigido por autoridades.

23) Vou ter um acordo claro sobre como a informação de coaching será trocada entre coach, cliente e patrocinador.

24) Ao agir como um instrutor de coaching, esclarecerei as políticas de confidencialidade com todos os alunos.

25) Terei coaches associados e outras pessoas sob minha gestão a serviço de meus clientes e seus patrocinadores tanto voluntariamente como pagos, realizarem acordos claros ou contratos e aderirem ao Código de Ética Parte 2, Seção 4, do ICF: normas Confidencialidade/Privacidade e de todo o Código de Ética do ICF em sua aplicabilidade.

● **Parte Três:** O Juramento de Ética do ICF

Como um Profissional de Coaching (ICF ou não), reconheço e concordo em honrar minhas obrigações éticas e legais para meus clientes de coaching e patrocinadores, colegas, e ao público em geral. Comprometo-me a cumprir o Código de Ética do ICF e praticar estes padrões com aqueles a quem presto coaching.

Anexo 4 | Recursos de formação e acordo de coaching

Se eu violar este Juramento de Ética ou qualquer parte do Código de Ética do ICF, concordo que o ICF ou minha credenciadora, a seu exclusivo critério, pode me responsabilizar por tê-lo feito. Eu também concordo que a minha responsabilidade perante o ICF por qualquer violação pode incluir sanções, como a perda das minhas credenciais.

Eu,_____
_____enquanto futuro Coach, me comprometo a seguir o código de conduta e ética acima, na prática da minha profissão.

_____   _____
               Assinatura   Data

Fonte: International Coaching Federation.

4. *Check-list* de formação

As cinco exigências a seguir, compostas neste *check-list*, são baseadas no catálogo de formação do ICF – International Coaching Federation.

■ ( ) 60 HORAS DE TREINAMENTO DE COACHING

Mínimo de 60 horas de treinamento específico em coaching (com documentação suporte). Das 60 horas necessárias, pelo menos:

- **(80%) 48h devem ser de contato direto com o aluno** – dedicadas a interações síncronas (em tempo real) entre professores e alunos. Isso pode incluir o tempo gasto na instrução direta (treinamento de voz para voz ou em pessoa), discussões em tempo real, observação e *feedback* de sessões de coaching práticos e *mentoring* de alunos.

    Obs.: o treinamento de coaching cursado deve ter como base as Competências do ICF (todas as 11 Competências do ICF devem ser cobertas).

- **(20%) 12h podem ser trabalhos de Casa/Estudo Independente** – horas dedicadas fora da interação em tempo real entre professores e alunos (assíncronos). Estes podem incluir leitura externa, escrita, pesquisa, anotações diárias e várias outras atividades que podem ocorrer fora da configuração síncrona. Todas as horas assíncronas devem ser parte do programa de treinamento e exigir algum método de validação de que a atividade foi concluída pelo aluno.

■ ( ) 10 HORAS DE MENTOREAMENTO

Mentoreamento do coach significa que um candidato está sendo orientado em suas habilidades de coaching em vez de receber coaching de um coach mais experiente.

Um mínimo de três destas 10 horas de *mentoring* deve ser sessões individuais do coach com o mentor. Sessões de *Mentoring* para grupos podem compor um máximo de 7 horas para a exigência do ICF. Adicionalmente, o grupo a ser orientado não pode ser composto por mais de 10 participantes.

Anexo 4 | Recursos de formação e acordo de coaching

Neste processo, você deverá ser instruído por um coach mentor, que disponha de experiência para observar e orientar suas sessões práticas. Para ter validade no ICF, é necessário que o mentor tenha suas credenciais ACC, PCC ou MCC e esteja devidamente registrado no ICF como mentor.

( ) 100 HORAS MÍNIMAS DE SESSÃO (Documentadas)

100 horas de experiência de coaching, 75 delas remuneradas, com pelo menos oito clientes após, válidas após ter iniciado seu treinamento em coaching. Pelo menos 25 dessas horas devem ocorrer dentro dos 18 meses anteriores à apresentação do pedido de credencial no ICF.

Assim que começar seus atendimentos de coaching, registre as horas de sessão por cliente; pode ser em uma planilha simples, conforme o Coaching Log que disponibilizamos neste livro. Para o ICF, apenas quatro tipos de clientes podem ser incluídos no seu Coaching Log:

- clientes individuais – sessões individuais.
- clientes de grupo – sessões sincronizadas com grupos de até 15 pessoas.
- clientes internos – coaching como parte do seu trabalho na organização onde esteja empregado, não sendo seus subordinados diretos.
- clientes de terceiros – quando há um patrocinador que lhe contrata para serviços de coaching a terceiros.

Por padrão, uma hora de coaching são de 60 minutos de coaching real com um cliente que contratou o profissional na condição de coach e não em qualquer outra capacidade (mentoreamento, treinamento, aconselhamento e terapia não são consideradas sessões de coaching).

As sessões de coaching com clientes de menos de 60 minutos contarão como horas parciais de coaching (por exemplo, 30 minutos de coaching contarão como 0,5 horas de coaching). O coaching deve ser feito pessoalmente ou por telefone ou com outra tecnologia de voz ou vídeo.

Quanto à forma de pagamento pelas sessões de coaching de um cliente, esta pode ser em qualquer montante, ou troca de bens ou serviços, incluindo coaching por coaching.

( ) AVALIAÇÃO DE DESEMPENHO

A avaliação de desempenho consiste em uma sessão gravada em áudio e com transcrição escrita da sessão de coaching. As sessões devem durar de 20 a 60 minutos. As sessões devem demonstrar habilidade nas 11 competências de coaching, bem como do código ética.

Obs.: Na cartilha do ICF, esta etapa é dispensada quando o coach concluiu seu treinamento de coaching em uma escola credenciada ao ICF (ACTP) ou com treinamentos autorizados (ACSTH).

Anexo 4 | Recursos de formação e acordo de coaching

● ( ) AVALIAÇÃO DE CONHECIMENTO DE COACHING

Trata-se de um teste com 155 questões de múltipla escolha que deve ser completado em até três horas e que visa verificar o nível de conhecimento de coaching apresentado pelo candidato. Este teste cobre os seguintes campos de conhecimento:

- Estabelecendo-se o fundamento para o coaching
- Desenvolvendo um relacionamento de confiança
- Comunicação efetiva
- Facilitando aprendizagem e resultados
- Fundamentos de coaching e base de conhecimento

Obs.: Na cartilha do ICF, esta etapa é dispensada quando o coach conclui seu treinamento de coaching em uma escola credenciada ao ICF (ACTP).

Fonte: International Coaching Federation.

BIBLIOGRAFIA

AUBELE, Teresa; FREEMAN, Douglas; HAUSNER, Lee; REYNOLDS, Susan. **Mentes milionárias**. São Paulo: Universo dos Livros, 2013.

AUERBACH, J. E. Cognitive Coaching. In: STOBER, Dianna; GFRANT, A. (Eds.). **Evidence based coaching handbook**: Putting best practices to work for your clients Hoboken, NJ: John Wiley & Sons Inc, 2006. p. 103-127.

ANDERSEN, Erika. 21 Quotes From Henry Ford On Business, Leadership And Life. In: **Forbes**, 31 maio 2013. Disponível em: <http://www.forbes.com/sites/erikaandersen/2013/05/31/21-quotes-from-henry-ford-on-business-leadership-and-life/#-4ca8e9093700>. Acesso em: 15 nov. 2016.

BERGLAS, Steven. The very real dangers of executive coaching. **Harvard Business Review**, Boston, p. 3-8, jun. 2002.

BLOCH, S. Coaching tomorrow's top managers. **Executive Development**, Chestnut Hill, v. 8, p. 20-22, 1995.

BRIDGES, William. **Managing Transitions**: making the most out of change. Philadelphia: Perseus Books Group, 2009.

BROCK, Vikki G. **Grounded theory of the roots and emergence of coaching**. 2008. 496 f. Dissertação (Doctor of Philosophy in Coaching and Human Development) – International University of Professional Studies, Maui.

CUDDY, Amy J. C.; WILMUTH, Caroline A.; CARNEY, Dana R. The Benefit of Power Posing Before a High-Stakes Social Evaluation. **Harvard Business School Working Paper**, n. 13-027, sept. 2012.

DOWNS, Alan. **Secrets of an executive coach**. New York: AMACOM, 2002.

EKER, T. Harv. **Os segredos da mente milionária**. Rio de Janeiro: Sextante, 2006.

FISHER, Robert. **O cavaleiro preso na armadura**: uma fábula para quem busca a trilha da verdade. 15. ed. Rio de Janeiro: Record, 2011.

GALLWEY, Timothy. **The Inner Game of Tennis**: the classic guide to the mental side of peak performance. New York: Random House Trade Paperback, 2008.

GOLEMAN, Daniel. **Inteligência emocional**: a teoria revolucionária que define o que é ser inteligente. Rio de Janeiro: Objetiva, 2012.

GOTTMAN, John. **Inteligência emocional e a arte de educar nossos filhos**. Rio de Janeiro: Objetiva, 2000.

HALL, Liz. **US coaches judged by experience**. Hitchin: Coaching at Work, 2006. Vol. 1, Issues 5. p. 11.

HARKAVY, Daniel. **Becoming coaching leader**: the proven strategy for building own team of champions. Nashville: Thomas Nelson, 2007.

HATHAWAY, Michael. **The everything hypnosis book**. Avon: Adams Media, 2003.

HUDSON, Frederic M. **The Handbook of Coaching**. San Francisco: Jossey-Bass, 1999.

Bibliografia

INTERNATIONAL COACH FEDERATION (ICF). **ICF Global Coaching Study**, 2012. Disponível em: <http://www.coachfederation.org/files/includes/media/docs/ICF-Exec-Summary-FINAL-Portuguese.pdf>. Acesso em: 15 nov. 2016.

JACKON, Thomas. **Email stress**. Disponível em: <http://www.profjackson.com/email_stress.html>. Acesso em: 15 nov. 2016.

JAMES, Tad; WOODSMALL, Wyatt. **Time Line Therapy and the Basis of Personality**. St. Louis: Silver Arch Book, 1988.

LAGES, Andrea; O'CONNOR, Joseph. **Como o coaching funciona?** O guia essencial para a história e prática do coaching eficaz. Rio de Janeiro: Qualitymark, 2011.

LENCIONE, Patrick. **Os 5 desafios das equipes**: uma fábula sobre liderança. Rio de Janeiro: Elsevier, 2009.

LYONS, Laurence S. **Coaching at the heart of strategy**. Laurence: In Marshall Goldsmith, 2000.

MACEDO, Luciano Lira. Por que a culpa é sempre do outro? **Jornal Correio da Semana**, Sobrado (CE). Edição de 8 out. 1994.

MALDONADO, Ernani. **Fortalezas da mente**. 3. ed. Vinhedo: IFC Editora, 2008.

MARTIN, Iris. **From couch to corporation**: becoming a successful corporate therapist. New York: John Wiley & Sons, 1996.

MEYER, Joyce. **Battlefield of the mind**: winning the battle in your mind. New York: Faith Words, 2011.

O'CONNOR, Joseph. **Manual de programação neurolinguística**: PNL – um guia prático para alavancar resultados que você quer. Rio de Janeiro: Qualitymark, 2013.

PEALE, Norman. **The power of positive thinking**. New York: Fireside, 2003.

PETERSON, D. B. Executive coaching at work: The art of one-on-one change. **Consulting Psychology Journal**, v. 48, n. 2, p. 78-86, 1996.

REDSHAW, B. **Do we really understand coaching?** How can we make it work better? Bingley: Industrial and Commercial Training, 2000.

ROBBINS, Tony. **The time of your life**. San Diego: Robbins Research International, 1998.

_____. **The time of your life**. San Diego: Robbins Research International, 2006.

SKINNER, B. My experience with the baby-tender. **Psychology Today**, p. 28-31, 34, 37-38, 40, March 1979. (an expanded excerpt from The Shaping of a Behaviorist [1979])

STAMATEAS, Bernardo. **Emoções tóxicas**: como se livrar dos sentimentos que fazem mal a você. Rio de Janeiro: Thomas Nelson Brasil, 2010.

STOBER, Dianna; GFRANT, A. (Eds.). **Evidence Based Coaching Handbook**: putting best practices to work for your clients. Hoboken, NJ: John Wiley & Sons Inc, 2006.

STOLTZFUS, Tony. **Coaching questions**: a Coach's Guide to powerful asking Skills. Virginia Beach: ebook, 2008.

SWINDOLL, Charles R. **The Grace Awakening**: Believing in grace is one thing. Living it is another. Grand Rapids: Thomas Nelson Publisher, 2010.

TRACY, J. L.; SHARIFF, A. F.; ZHAO, W.; HENRICH, J. Cross-culture evidence that the nonverbal expression of pride is an automatic status signal. **Journal of Experimental Psychology**: General, v. 142, n. 1, p. 163-180, 2013.

VIEIRA, Paulo. **Eu líder eficaz**: manual prático de liderança pessoal e profissional com ferramentas de programação neurolinguística e inteligência emocional. 7. ed. Fortaleza: Premius, 2008.

_____. **O poder verdadeiro**. Fortaleza: Premius, 2010.

WARREN, Rick. **Uma vida com propósitos**: você não está aqui por acaso. 2. ed. São Paulo: Vida, 2008.

WHITMORE, John. **Coaching for performance**: GROWing Human Potential and Purpose – The Principles and Practice of Coaching and Leadership. 4. ed. New York: Random House Trade Paperback, 2009.

WILSON, Sandra. **Hurt People Hurt People**: hope and healing for yourself and your relationships. Michigan: DHP, 2001.

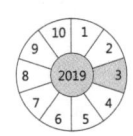

Cromosete
Gráfica e editora ltda
Impressão e acabamento
Rua Aguapeí, 480
Santa Maria-Cep 09070-090
Santo André - SP
Tel: (011) 4473-3290
vendas@cromosete.com.br